"十二五"普通高等教育本科国家级规划教材

全国优秀畅销书

东北财经大学会计学系列教材

刘永泽 傅荣 主编

高级财务会计

Advanced Financial Accounting

第6版

东北财经大学出版社
Dongbei University of Finance & Economics Press
大连

图书在版编目（CIP）数据

高级财务会计 / 刘永泽，傅荣主编. —6版. —大连：东北财经大学出版社，2018.8（2021.1重印）
（东北财经大学会计学系列教材）
ISBN 978-7-5654-3200-2

Ⅰ.高…　Ⅱ.①刘…②傅…　Ⅲ.财务会计-高等学校-教材　Ⅳ.F234.4

中国版本图书馆CIP数据核字（2018）第131801号

东北财经大学出版社出版
（大连市黑石礁尖山街217号　邮政编码　116025）
网　址：http://www.dufep.cn
读者信箱：dufep@dufe.edu.cn
大连图腾彩色印刷有限公司印刷　　东北财经大学出版社发行

幅面尺寸：185mm×260mm　字数：506千字　印张：22.25　插页：1
2018年8月第6版　　2021年1月第31次印刷

责任编辑：田世忠　王芃南　王　丽　　责任校对：惠　莉
吴　茜　高　铭
封面设计：冀贵收　　版式设计：钟福建

定价：43.00元

教学支持　售后服务　联系电话：（0411）84710309

如有印装质量问题，请联系营销部：（0411）84710711

东北财经大学会计学系列教材编委会

重印说明

此次重印过程中，我们根据2018年以来企业会计准则的最新动态，结合教学实践的需要，对教材第四章即租赁会计专题的内容进行了全面修订；同时，也对其他章节的相关内容进行了必要的完善和补充。

书中可能存在的不足与不当之处，敬请专家和读者批评指正。

编　者

2020年1月于大连

卷首语

谁都不能否认，经济与会计的关系越来越密切，尤其是全球经济一体化的趋势让全世界的会计准则制定机构都走上了会计准则的国际趋同和等效之路；谁也不能否认，我国的会计改革紧跟了我国和世界经济发展的步伐，尤其是20世纪90年代初至今，会计改革经历了与国际接轨、趋同和等效的阶段；谁都必须承认，会计人才的培养要适应经济与社会的发展变化，尤其要适应建设社会主义市场经济的需要。另外，一整套优秀的系列教材对于培养会计人才的重要性是显而易见的，尤为重要的是教材必须紧跟时代进步的节奏，把握好经济与会计发展的脉搏。

纵观“东北财经大学会计学系列教材”的生命线会发现，她之所以能常青，正是上述认识指引的硕果。

20世纪90年代初，我们编写了东北财经大学第1套会计学系列教材，其奉行的理念是：积数十年教材编写之经验，融十几位教授之心血，编系列精品教材。在20多年中，我们一直坚持这样的原则，前后共出版过4套系列教材，每一套系列教材都修订过若干次，总销量近千万册，其足迹踏遍祖国的大江南北。在20多年中，会计学系列教材伴随着一批又一批的大学生成长，并且以教材编写为契机，在高等学府中培养了一代又一代的教师精英。

从时间上来推算，本套会计学系列教材是20多年中的第5套。本套会计学系列教材的第1版诞生于2007年1月，正好踏着2006年财政部发布“企业会计准则”体系的节拍。在近年来的教材使用过程中，尽管我们作了一些修订，但始终未能跳出小修小改的圈子。在此期间，我们又掌握和理解了更新的会计准则与规范，积累和领会了更多的专业知识，尤其是对会计准则与会计教材之间的关系有了更深刻的认识。基于此，我们才有了这一次的大修订，并以新版的形式呈现在读者面前。

东北财经大学会计学系列教材修订的主要依据是财政部最近几年来修订或发布的企业会计、行政事业会计、税收、财务管理、管理会计等方面的法规：

- 就企业会计准则而言，2014年以来陆续修订、制定了多项具体准则，其中，制定了《企业会计准则第39号——公允价值计量》等4项准则，修订了《企业会计准则第2号——长期股权投资》等10项准则；最近几年来财政部又发布了若干项《企业会计准则解释》，这些准则及其解释公告对财务会计类教材影响比较大；同时，我们根据新发布的2018年度一般企业财务报表格式对相关内容进行了调整。
- 从管理会计来看，财政部先后印发了《管理会计基本指引》和《管理会计应用指引》，不仅有利于加强管理会计指引体系建设，还将对制定案例示范起统领作用。
- 就成本会计而言，继《企业产品成本核算制度（试行）》发布后，财政部又发布了《企业产品成本核算制度——石油石化行业》和《企业产品成本核算制度——钢铁行业》

等，对大中型石油化工企业和钢铁企业等的成本核算业务进行规范。

- 财政部和国家档案局联合发布的新《会计档案管理办法》自2016年1月1日起施行。

- 财政部和国家税务总局发布《关于调整增值税税率的通知》，自2018年5月1日起执行。

这些对于会计学系列教材建设都提出了新的挑战。

在修订的过程中，我们更加注重提升同教材配套的“习题与案例”、“电子课件”以及“教学大纲”的平台建设质量。首先，关于习题与案例。按照修订后的教材内容体系，根据各章内容的安排重新进行习题与案例的修订。一是加大习题量，适当提高习题的难度。二是更换部分案例，使案例与实践更加贴近，学生通过案例的学习得到进一步启发。三是配置阶段性综合习题，根据内容模块设置习题，便于学生综合性地理解和掌握几个章节的内容，循序渐进，达到深入学习的效果。其次，关于电子课件。电子课件的制作摒弃了复制主教材各级标题的简单做法，由各主教材的作者亲自主持制作，这样能更好地把握授课内容，对各章节的内容进行更深入的讲解和逻辑勾勒，真正起到辅助和深化的作用。另外，在介质上向独立光盘的方向发展，增强互动性和形象性。最后，关于教学大纲。本套教材配有电子版教学大纲，为教师提供课时分配、重难点提示、教学结构等参考信息，进一步方便教师教学。

为保证质量，我们陆续推出新版东北财经大学会计学系列教材，分别有：《基础会计》《中级财务会计》《高级财务会计》《成本会计》《管理会计》《财务管理》《会计信息系统》《内部控制》《财务分析》《会计学》《审计》《审计（精编版）》，共计12种。值得一提的是，截至目前，本套系列教材入选“十二五”普通高等教育本科国家级规划教材的有7种，普通高等教育“十一五”国家级规划教材的有4种，普通高等教育精品教材的有1种，“十二五”普通高等教育本科省级规划教材的有9种，获得全国优秀畅销书奖的有6种，省级优秀畅销书奖的有6种，所支撑的课程获得国家级精品课程称号的有5种，所支撑的课程获得省级精品课程称号的有6种，获得国家级精品资源共享课称号的有5种，获得省级精品资源共享课称号的有2种。

由于我们的时间和精力有限，教材中难免存在缺点乃至谬误，我们恳请广大读者批评指正。

每次修订仅仅是一个新的起点，而不是终点，我们将随着经济的发展与会计环境的变化不断修订，使东北财经大学会计学系列教材紧随时代步伐，及时反映学科的最新进展。

东北财经大学会计学系列教材编委会

第 6 版 前 言

“东北财经大学会计学系列教材”之一的《高级财务会计》一直坚持的原则是：正确处理《高级财务会计》教材与《中级财务会计》教材的关系；正确处理本科教学与研究生教学的关系；正确处理教材建设与会计准则的关系。鉴于《高级财务会计》的特殊地位及其对教材的理论深度、专题务实性以及内容时效性的较高要求，根据教学实践和企业会计准则的最新变化情况，我们启动了对《高级财务会计》（第6版）的修订。

根据2017年以来企业会计准则的最新动态，结合教学实践的需要，我们对第5版教材主要进行了以下修订：

1.根据《企业会计准则第42号——持有待售非流动资产、处置组和终止经营》和《一般企业财务报表格式》，对合并财务报表和外币折算等章节的相关内容进行了增补。

2.根据修订后的《企业会计准则第22号——金融工具确认和计量》、《企业会计准则第23号——金融资产转移》和《企业会计准则第24号——套期保值》，对衍生金融工具会计的相关内容进行了增补与修改。

3.结合国际财务报告准则的相关变动以及我国修订《企业会计准则第21号——租赁》的征求意见稿，对租赁会计的相关内容进行了完善。

4.对各章的内容都进行了必要的文字修改、增补与完善。

第6版《高级财务会计》仍设置十章，分别介绍企业合并会计、合并财务报表、外币业务会计、租赁会计、衍生金融工具会计、股份支付会计、中期财务报告、分部报告、清算会计以及特殊行业会计十个专题。

本书由东北财经大学会计学院刘永泽教授、傅荣教授主编，由本院“高级财务会计”课程组全体老师采用专人专题的方式进行撰写，各专题分工情况为：刘永泽（第一章）、傅荣（第二章、第五章）、解维敏（第三章）、梁爽（第四章、第七章、第八章）、孙光国（第六章、第十章第二节）、陈玉媛（第九章、第十章第一节）、姜欣（第十章第三节）。

书中可能存在不足与不当之处，敬请专家和读者批评指正。

编　者

2018年6月于大连

第 1 版 前 言

高级财务会计究竟如何定位？经过多年的教学实践，结合财务会计学科的发展，我们认为：从学科衔接的角度来看，高级财务会计应该是对中级财务会计的延伸；从学科侧重的角度来看，高级财务会计与中级财务会计应该是特殊与一般的关系。基于这种认识，本书第二版在秉承前版的既要兼顾国际惯例与中国国情又要协调前瞻性与实用性的合理思路的基础上，对以下几个关系给予了充分关注：

1.《高级财务会计》教材与《中级财务会计》教材的关系。我们对《高级财务会计》教材的内容定位是："特殊业务、特殊行业、特殊呈报"的会计理论与实务。根据这一定位，我们对本书原有专题进行了调整，将所得税会计等专题归于中级财务会计，并且增设了油气开采会计等若干特殊业务、特殊行业的会计专题。

2.本科教学与研究生教学的关系。我们对本教材使用对象的定位是：会计学专业或其他相关专业的本科教学。由于研究生教学阶段将对高级财务会计学科的某些内容进行深入广泛的研究，所以，本书立足于介绍相关会计专题的基本理论、基本方法，既要力求内容丰富、夯实基础，又要避免繁论冗叙、与研究生教材重复。

3.教材与准则的关系。本书的编写和修订，是以中国的企业会计准则和国际会计准则（或国际财务报告准则）为主要依据，以各专题近年来相关会计理论和实务的发展与完善为框架依托，以全体参与者多年的相关教学经验和科研成果为客观保证，以满足实务工作对相关专题会计处理原理的系统把握和技能的自如应用为切实需要。

本书设合并及合并报表会计、外币业务会计、租赁会计、衍生金融工具会计、物价变动会计、企业清算与重组会计、投资性房地产会计、生物资产会计、油气开采会计和保险合同会计等十个专题，由十二章组成。

本书由东北财经大学会计学院刘永泽教授、傅荣教授主编，由本院相关教师采用专人专题的方式进行修订和编写。参与修订和编写的人员分别为：傅荣（第一章、第二章、第三章），于显国（第四章），冯兆大（第五章），梁爽（第六章），罗兵（第七章），刘永泽、陈玉媛（第八章、第十章），曲明（第九章），孙光国（第十一章），姜欣（第十二章）。

由于作者水平有限，加之内容复杂、新知识较多，书中难免存在纰漏甚至不当之处，敬请专家和读者批评指正。

编　者

2007年1月于大连

目录

第一章

企业合并会计

第一节　企业合并概述

一、企业合并的含义

企业合并是企业发展的需要。在市场经济条件下，随着企业间竞争的日益激烈，发展对于企业已是生死攸关。企业寻求发展的有效途径之一便是进行企业间的联合。企业合并无论是从宏观经济的角度还是从微观经济的角度来看，都有重大意义。因此，企业合并经常发生。根据ChinaVenture投中集团旗下金融数据产品CVSource统计显示，2013年1—11月中国并购市场宣布交易案例数量4 507起，披露拟交易规模2 994.29亿美元，宣布案例数量和拟交易规模较去年同期（3 379起、2 660.7亿美元）分别增长33.38%和12.5%。据扬子晚报2013年08月16日的报道[①]，全球领先的中文互联网服务提供商百度公司（NASDAQ：BIDU），8月14日宣布，其全资子公司百度（香港）有限公司已签署一项最终并购协议，从网龙公司（HKEx：777）和其他股东处收购91无线网络有限公司（以下简称91无线）100%股权。据了解，91无线是中国领先的手机应用分发平台和手机游戏运营商之一。2013年7月数据显示，国内用户通过百度与91无线平台下载应用总数达日均6 900万，而其中绝大部分的下载来源于移动设备。按照该协议，百度将以现金形式向网龙公司（持股91无线57.4%）和其他股东收购91无线100%股权。据7月15日双方签署公布的谅解备忘录，并购交易总金额约为19亿美元，由于91无线为持有价值5 206万美元特别股的股东派发有条件股息，实际收购总金额为18.5亿美元。“收购91无线将显著增强我们的移动应用分发能力，并进一步提升百度在中国蓬勃发展的移动互联网生态中的主导地位。”百度创始人、董事长兼CEO李彦宏表示。据介绍，正式签约之后如一切进展顺利，该交易预计在2013年第四季度完成，91无线将成为百度的全资附属公司，并继续在其当前的管理团队领导下作为一个独立公司运营。据业内人士分析，成功收购91无线进一步完善

① 徐晓风．百度19亿美元收购91无线［N］．扬子晚报，2013-08-16．

了百度的移动布局，标志着百度移动生态系统的确立。

那么，什么是企业合并呢？

中国《企业会计准则第20号——企业合并》对企业合并的定义为“将两个或者两个以上单独的企业合并形成一个报告主体的交易或事项”。国际会计准则理事会（IASB）的《国际财务报告准则第3号——企业合并》（IFRS3）中，将企业合并定义为“将单独的主体或业务集合成为一个报告主体”。

理解企业合并的定义时，至少应该注意到以下几个问题：

（1）“单独的主体”既是独立的法人主体也是独立的报告主体，即作为独立的法人单位，单独的主体应定期提供单独的会计报告。

（2）“合并形成一个报告主体”，是指多个主体合并后形成的合并体作为一个报告主体，它应该是经济意义上的一个整体，而从法律意义上看可能是一个法人主体，也可能是多个法人主体。当一个企业将其他一个或几个企业的资产和负债吸收并入本企业，被合并的企业解散，实施合并的企业继续保留其法人地位时，合并体既是一个法人主体，也是一个报告主体；当两家或两家以上企业合并组成一个新的企业，参与合并的原各企业均不复存在时，这个新的企业作为合并体也同时是一个法人主体和报告主体；而由一家企业通过购买其他企业股份或通过交换股份取得其他企业股份的方式，取得对其他企业的控制权的合并中，在保留合并前各法人主体的前提下，合并体构成一个经济意义上的整体，从而产生一个需要提供合并会计信息的新的报告主体。

[例1-1] 合并概念的理解。

现有A、B两个企业。如果A、B合并后只存留下A企业，合并后的报告主体是A企业；如果A、B合并创设一个新企业C，合并后的报告主体是C企业；如果A、B合并后A、B作为独立的法人主体仍都存在，但A取得对B的控制权，则A、B虽然互为独立的法律主体但却构成一个经济意义上的整体，从编制合并财务报表的角度来看，这个整体就是一个报告主体。

（3）企业合并是一项交易还是一个事项，这实际上是关于企业合并的性质问题。企业合并的“交易”性将决定公允价值的使用，而合并“事项”只能使用账面价值进行企业合并的确认与计量。

二、企业合并的类型

企业合并可以从不同的角度进行分类。

（一）按合并双方合并前、后最终控制方是否变化进行分类

按合并双方合并前、后是否同属于同一方或相同的多方最终控制，企业合并分为同一控制下的企业合并和非同一控制下的企业合并两类。

1.两类合并的概念比较

同一控制下的企业合并，是指参与合并的企业在合并前、后均受同一方或相同的多方最终控制且该控制并非暂时性的。

非同一控制下的企业合并，是指参与合并的各方在合并前、后不属于同一方或相同的多方最终控制。

简而言之，同一控制下的企业合并，参与合并的各方在合并前与合并后均属于相同的最终控制方控制；非同一控制下的企业合并，参与合并的各方在合并前与合并后分属于不

同的最终控制方控制。

为了正确理解这两类企业合并的定义，至少应当明确以下几个问题：

（1）关于“同一方”“相同的多方”。

所谓同一方，是指对参与合并的企业在合并前、后均实施最终控制的投资者。

所谓相同的多方，是指根据投资者之间的协议约定，在对被投资单位的生产经营决策行使表决权时发表一致意见的两个或两个以上的投资者。

这就明确了一个非常重要的问题：投资是此处所称“控制”的前提。

（2）关于“控制”“最终控制”。

所谓控制，是指投资方拥有对被投资方的权力，通过参与被投资方的相关活动而享有可变回报，并且有能力运用对被投资方的权力影响其回报金额。①在直接控制的情况下，控制方对被控制方的控制就应该是最终控制；在存在间接控制的情况下，间接控制方拥有对被控制方的最终控制权。能够对参与合并各方在合并前、后均实施最终控制的一方，通常是指企业集团中的母公司。

（3）关于“控制并非暂时性”。

所谓控制并非暂时性，是指参与合并各方在合并前、后较长的时间内受同一方或相同的多方控制的时间通常在1年以上（含1年）。

［例1-2］同一控制下企业合并与非同一控制下企业合并的比较。

资料：A企业与B企业是两个归属于不同母公司的企业。甲、乙、丙、丁、丑、寅均为股份有限公司，其中，A企业直接拥有甲企业80%的表决权，直接拥有乙企业70%的表决权；甲企业直接拥有丙企业60%的表决权；B企业直接拥有丁企业80%的表决权，直接拥有丑企业70%的表决权；丁企业直接拥有寅企业60%的表决权。以上各项表决权的拥有期间都超过1年。

要求：根据上述资料，说明合并前存在的最终控制关系以及合并后下列各种合并关系的类别：A、B合并；甲、乙合并；乙、丙合并；甲、B合并；丁、丑合并；丙、丁合并；丙、寅、丑合并。

分析：第一，合并前存在的最终控制关系：

（1）A企业直接控制甲企业和乙企业，间接控制丙企业；甲企业直接控制丙企业；A企业是甲、乙和丙三个企业的最终控制方。

（2）B企业直接控制丁企业和丑企业，间接控制寅企业；丁企业直接控制寅企业；B企业是丁、丑和寅三个企业的最终控制方。

第二，如果分别发生上述合并关系，有关各项合并分类见表1-1。

表1-1　各项合并分类表

同一控制下的企业合并		非同一控制下的企业合并
合并前、后均受A企业最终控制	合并前、后均受B企业最终控制	
甲、乙合并 乙、丙合并	丁、丑合并	A、B合并 甲、B合并 丙、丁合并 丙、寅、丑合并

① 关于“控制”的具体内容，参见第二章。

2.两类合并的实质比较

同一控制下的企业合并，一方面，由于合并各方在合并前、后的最终控制方没有发生变化，合并双方的合并行为可能不完全是自愿进行和完成的，这种合并不能算作“交易”，只是一个对合并各方资产、负债进行重新组合的经济事项；另一方面，即使想作为交易来看，合并交易的作价往往因受最终控制方的影响而难以达到公允。因此，同一控制下的企业合并其实质是一桩“事项”。

非同一控制下的企业合并，一方面，由于参与合并各方在合并前、后不属于同一方或相同的多方最终控制，这种合并是非关联企业之间的合并；另一方面，这种合并以市价为基础，确定的合并作价相对公允。因此，其实质上是一种交易——合并各方自愿进行的交易，其结果是合并方购买了被合并方的控制权。正因为如此，相应的会计处理中需要遵循交易规则，以自愿交易的双方都能够接受的价值——公允价值为计量基础。

3.两类合并的参与方称谓比较

正因为两类合并的实质不同，属于经济事项的同一控制下的企业合并和属于购买交易的非同一控制下的企业合并，参与合并各方的称谓不同。同一控制下的企业合并，在合并日取得对其他参与合并企业控制权的一方为合并方，参与合并的其他企业为被合并方；非同一控制下的企业合并，在合并日取得对其他参与合并企业控制权的一方即合并方，也称购买方，参与合并的其他企业即被合并方，也称被购买方。

4.合并日或购买日的确定

合并日或购买日是指被合并方或被购买方净资产或生产经营决策的控制权转移给合并方或购买方的日期。由合并实质所决定，同一控制下的企业合并，合并方实际取得对被合并方净资产或生产经营决策的控制权的日期，称为“合并日”；非同一控制下的企业合并的购买方实际取得被购买方的净资产或生产经营决策的控制权的日期，称为“合并日”或“购买日”。

同时满足以下条件的，可认定为实现了控制权的转移：

（1）企业合并协议已获股东大会等内部权力机构通过；

（2）企业合并事项需要经过国家有关部门实质性审批的，已取得有关部门的批准；

（3）参与合并各方已办理了必要的财产交接手续；

（4）合并方或购买方已支付了合并价款的大部分（一般应超过50%），并且有能力支付剩余款项；

（5）合并方或购买方实际上已经控制了被合并方或被购买方的财务和经营政策，并享有相应的利益及承担风险。

值得一提的是，就非同一控制下的企业合并而言，有时候“购买日”（即合并日）与股权投资的“交易日”可能不一致。如果企业合并是通过一次股权交易实现的，股权交易日就是购买日；如果企业合并是通过多次股权交易分步实现的，交易日是各单项投资在投资方财务报表中确认之日，购买日则是购买方获得对被购买方控制权之日。

[例1-3] 股权交易日与企业合并日的比较。

资料： 甲公司于2×18年7月1日用银行存款2 500万元取得乙公司20%的股份；2×18年11月1日，甲公司又以6 800万元的价格进一步购入乙公司40%的股份，至此，甲公司获得了对乙公司的控制权。

问题：如何区分股权交易日与企业合并日？

分析：这里，2×18年7月1日、11月1日都属于股权交易日，但购买日（或合并日）只能是2×18年11月1日。

5.两类合并的合并对价形式比较

两类合并下支付的合并对价形式没有太大区别。同一控制下企业合并的合并方和非同一控制下企业合并的购买方，都可能以支付资产、发生或承担负债以及发行权益性证券等作为合并对价。所不同的是，前者支付的合并对价应按账面价值计量，后者支付的合并对价则需以公允价值计量。此乃不同类别的企业合并实质使然。

（二）按合并后主体的法律形式不同进行分类

按合并后主体的法律形式不同，企业合并分为吸收合并、新设合并和控股合并三类。

无论是同一控制下的企业合并还是非同一控制下的企业合并，从合并后主体的法律地位上看，都有可能产生两种结果：一种结果是合并不形成母子公司关系，另一种结果是合并形成母子公司关系。不形成母子公司关系的企业合并，包括吸收合并和新设合并两种情况；形成母子公司关系的企业合并，就是通常所说的控股合并。

1.吸收合并

吸收合并（merger），或称兼并，是指合并方（或购买方）通过企业合并取得被合并方（或被购买方）的全部净资产，合并后注销被合并方（或被购买方）的法人资格，被合并方（或被购买方）原持有的资产、负债，在合并后成为合并方（或购买方）的资产、负债。吸收合并的具体方法可以是由主并企业用现金、债券、发行股票或签发出资证明等换取被并企业的净资产。吸收合并的结果是主并企业作为保留下来的单一经济主体和法律主体处理其会计事务，接受参与合并的各企业的资产并承担其债务，在通过换股方式实现的吸收合并中已解散的各被并企业的股东则成为主并企业的股东。

2.新设合并

新设合并（consolidation），或称创立合并，是指两家或两家以上企业合并组成一个新的企业，参与合并的原各企业均不复存在的合并类型。新设合并的方法是由参与合并的诸家企业以其净资产换取新设企业的股份。新设合并的结果是新设企业作为保留下来的单一经济主体和法律主体处理其会计事务，拥有丧失法人地位的各被并企业的资产并承担其债务。

3.控股合并

控股合并（acquisition），是指合并方（或购买方）在企业合并中取得对被合并方（或被购买方）的控制权，被合并方（或被购买方）在合并后仍保持其独立的法人资格并继续经营，合并方（或购买方）确认企业合并形成的对被合并方（或被购买方）的投资。控制的标志是有权决定一个企业的财务和经营政策，并能据以从该企业的经营活动中获取收益。控股的实施途径是一企业直接或间接拥有另一企业半数以上表决权资本，或者一企业拥有另一企业表决权资本不足半数但是通过拥有的表决权资本和其他方式达到控制。控股合并并不是法律意义上的合并，控股企业和被控股企业仍分别为独立的法人，但前者对后者的财务和经营决策的控制权决定了二者事实上是一个经济整体。

表1-2、表1-3中列示了2012年度中国并购市场的20起重大并购案。其中，当年已经完成的9宗并购交易中，大多属于控股合并。

表 1-2 2012年中国并购市场重大跨境并购案例

标的企业	CV行业	买方企业	交易金额US$M	交易股权	交易状态
尼克森	能源及矿业	中海油	15 100.00	100.00%	进行中
Repsol YPF	能源及矿业	中石化	15 000.00	57.40%	已失败
AMC娱乐	制造业	万达集团	2 600.00	100.00%	已完成
Weetabix	农林牧渔	光明食品	1 182.09	60.00%	已完成
水井坊	食品饮料	帝亚吉欧	1 066.94	60.29%	进行中
康辉控股	制造业	美敦力	816.00	N/A	进行中
斐雪派克	制造业	海尔集团	737.12	N/A	已完成
RENE	公用事业	国家电网	538.02	25.00%	已完成
普茨迈斯特	制造业	三一重工	450.44	90.00%	已完成
1号店	互联网	沃尔玛	N/A	50.00%	已完成

资料来源：佚名. 2012年中国并购市场重大跨境并购案例［EB/OL］.［2012-12-03］. http://www.ChinaVenture.com.cn.

表 1-3 2012年中国并购市场重大境内并购案例

标的企业	CV行业	买方企业	交易金额US$M	交易股权	交易状态
阿里巴巴	互联网	阿里巴巴	7 100.00	21.00%	已完成
中国燃气	公用事业	中石化新奥能源	1 179.86	52.68%	已失败
边锋游戏	互联网	浙报传媒	537.01	100.00%	进行中
李宁	制造业	非凡中国	174.51	25.23%	进行中
文思	IT	海辉软件	73.97	100.00%	已完成
红孩子	互联网	苏宁电器	66.00	N/A	进行中
浩方在线	互联网	浙报传媒	49.34	100.00%	进行中
漫游谷	互联网	博瑞传播	N/A	70.00%	进行中
土豆网	互联网	优酷网	N/A	100.00%	已完成
国都证券	金融	西南证券	N/A	100.00%	已失败

资料来源：佚名. 2012年中国并购市场重大境内并购案例［EB/OL］.［2012-12-03］. http://www.ChinaVenture.com.cn.

以上两种企业合并分类方法的关系简图如图1-1所示。

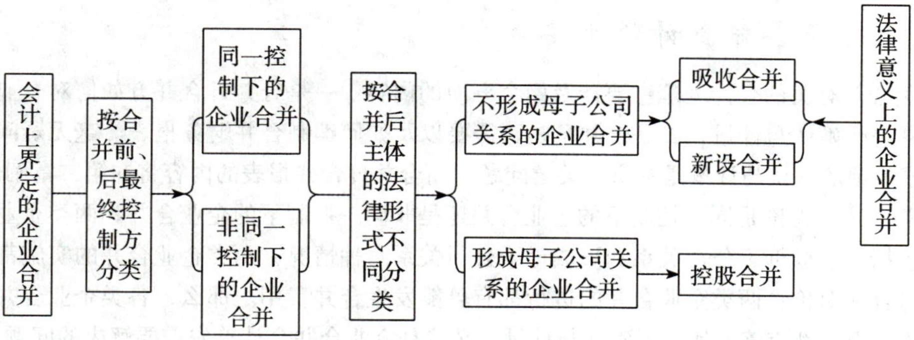

图1-1　两种企业合并分类方法的关系简图

值得一提的是，无论是不形成母子公司关系的吸收合并、新设合并，还是形成母子公司关系的控股合并，合并方（或购买方）在企业合并中都取得了对其他参与合并的企业的“控制权”。不过，这种“控制权”有两种表现形式：在吸收合并或新设合并下，这个“控制权”表现为取得的被合并方（或被购买方）的净资产；在控股合并下，这个“控制权”表现为取得的被合并方（或被购买方）的股权。这一点对企业合并的会计确认与计量至关重要，同时对正确理解企业合并与长期股权投资的关系也很重要。企业合并与长期股权投资具有密切的联系。根据企业会计准则，企业合并与长期股权投资的关系简图如图1-2所示。

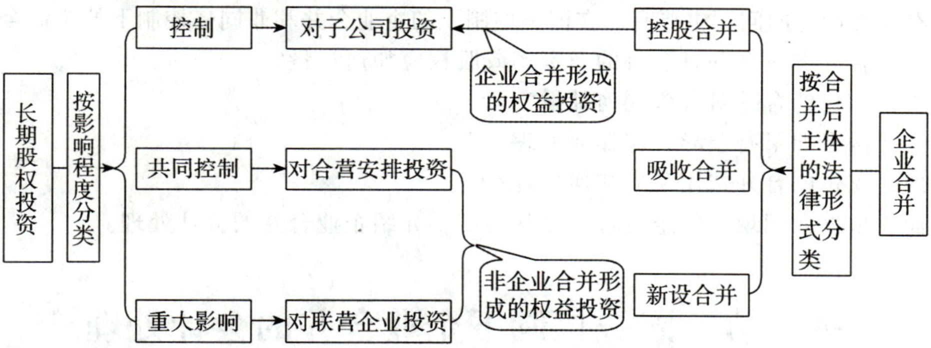

图1-2　企业合并与长期股权投资的关系简图

（三）按涉及行业的不同进行分类

企业合并按涉及行业的不同可分为横向合并、纵向合并和混合合并三种。

横向合并或称水平式合并，是指同行业或相近行业的有关企业的合并，参与合并的企业在生产工艺、产品或劳务等方面相同或相近。横向合并的目的是发展规模经济、实现规模效益、优势互补，提高竞争能力。例如，若干家零售商业企业合并组成大型零售商业企业集团等。

纵向合并或称垂直式合并，是指不同行业的有关企业的合并，参与合并的企业在生产工艺、产品或劳务等方面虽然不相同或不相近，但却有一定的联系。纵向合并的目的往往是保证生产经营活动的配套、产供销各环节的畅通。例如，速冻食品生产企业与粮油业、水产业、畜牧业甚至快餐业企业合并。

混合合并是指生产工艺、产品或劳务并没有内在联系的诸企业的合并。混合合并的目的一般是为了分散经营风险。例如，房地产开发企业购买造船企业的股权、电子生产企业并购酿酒企业等。

三、企业合并会计的主要内容

企业合并有关的会计处理主要涉及两个方面的内容：一是合并日合并方如何对企业合并事项或交易进行确认与计量；二是合并日是否需要以及如何编制合并财务报表。毫无疑问，对合并交易或事项的确认与计量是本章的关键问题，而合并日合并报表的内容将在第二章阐述。

如前所述，无论是同一控制下的企业合并还是非同一控制下的企业合并，两类企业合并的结果都包括不形成母子公司关系和形成母子公司关系两种情况；两类企业合并的实施都需要合并方支付合并对价；两类企业合并的进行都有可能发生合并费用。那么，各类企业合并业务中的这些相关内容都应该如何进行确认与计量，必然是企业合并会计首先需要解决的问题。

合并日合并方对企业合并进行确认与计量的账务处理基本思路见表1-4。

表1-4 企业合并账务处理基本思路

吸收合并、新设合并	控股合并
借：有关资产账户 } ［取得的净资产］ 贷：有关负债账户 } 银行存款 } 库存商品 } ［支付的合并对价］ 应付债券、股本等 } 银行存款等 ［支付的合并费用］	借：长期股权投资 ［取得的股权］ 贷：银行存款 } 库存商品 } ［支付的合并对价］ 应付债券、股本等 } 银行存款等 ［支付的合并费用］

现在需要回答的问题主要有，在同一控制下的企业合并和非同一控制下的企业合并中：

第一，合并方对合并日取得的净资产或股权应如何计量？

第二，支付的合并对价应如何计量？

第三，两者如果有差异，应如何处理？

第四，支付的合并费用又应如何处理？

下面将依据我国现行的企业合并会计准则，介绍企业合并的会计处理。

第二节　同一控制下企业合并的会计处理

一、确认与计量的基本要求

1.合并方取得的净资产或股权投资——按账面价值入账

同一控制下企业合并的合并方，对吸收合并和新设合并中取得的资产和负债，按照合并日被合并方有关资产、负债的账面价值计量；对控股合并中取得的长期股权投资，按照合并日享有的被合并方在最终控制方合并财务报表中所有者权益账面价值的份额作为其初始投资成本。

2.合并方支付的合并对价——按账面价值转账

对作为合并对价所付出的资产、发生或承担的负债，合并方按其账面价值结转；发行的股份按面值总额记录。也就是说，不需要确认支付的合并对价的转让损益。

3.股东权益的调整

合并方取得的净资产或长期股权投资的账面价值与所支付的合并对价的账面价值（或发行股份面值总额）之间如有差额，应当调整资本公积（股本溢价）；需要调整减少资本公积时，资本公积（股本溢价）不足冲减的，调整减少留存收益。[①]

4.合并费用的处理

合并方为进行企业合并发生的审计费用、评估费用、法律服务费用等各项直接相关费用，应当于发生时计入当期损益。

合并方为进行企业合并发生的其他费用，分别以下两种情况进行处理：合并方为进行企业合并发行的债券或承担其他债务支付的手续费、佣金等，应当计入所发行债券或其他债务的初始计量金额，即构成有关债务的入账价值的组成部分；合并方在企业合并中发行权益性证券发生的手续费、佣金等，应当抵减权益性证券溢价收入，溢价收入不足冲减的，冲减留存收益。

总之，对于合并方而言，无论是吸收合并、新设合并还是控股合并，其所支付的评估、审计、咨询等费用，以及为发行证券（作为合并对价）所支付的发行费用，都不计入吸收合并或新设合并取得的净资产的入账价值，也不计入控股合并取得的长期股权投资的初始投资成本。

二、一次投资实现企业合并的账务处理

根据上述原则，同一控制下企业合并时，合并方确认合并业务账务处理的基本思路是：

（一）吸收合并与新设合并

（1）支付资产实施的企业合并：

借：有关资产账户	[取得的被合并方资产账面价值]	A
贷：有关负债账户	[承担的被合并方负债账面价值]	B
银行存款、库存商品等	[支付的合并对价的账面价值]	C
资本公积	[（A-B）大于C的差额]*	D

注：*如果需要借记“资本公积”科目，则以合并方“资本公积”科目的股本溢价贷方余额为上限，不足部分冲减合并方“留存收益”账面余额。以下同。

（2）发行债券或承担其他债务实施的企业合并：

借：有关资产账户	[取得的被合并方资产账面价值]	A
贷：有关负债账户	[承担的被合并方负债账面价值]	B
应付债券	[发行债券的面值-手续费、佣金等][②]	C
银行存款等	[实际发生的与债务相关的手续费、佣金等]	D
资本公积	[差额]	E

（3）发行权益性证券实施的企业合并：

借：有关资产账户	[取得的被合并方资产账面价值]	A
贷：有关负债账户	[承担的被合并方负债账面价值]	B
股本	[发行证券的面值总额]	C

---

① 从权益结合法的原理来看，还应当对合并前被合并方的留存收益进行调整。虽然被合并方在吸收合并时已注销了账面留存收益，但从合并前双方就被视为一个经济整体的立场考虑，合并方需将被合并方合并前留存收益调整回来，并在贷记“留存收益”相关科目的同时借记“资本公积”科目（以合并方股本溢价余额为最高限）。

② 具体进行账务处理时，对于手续费、佣金等支出，借记“应付债券——利息调整”科目；对于债券面值，贷记“应付债券——面值”科目。

贷：银行存款等　　[实际发生的与证券相关的手续费、佣金等]　　D

　　资本公积　　[差额]　　E

(4) 支付的与企业合并相关的评估、审计、咨询费用：

借：管理费用

　贷：银行存款等

(二) 控股合并

(1) 支付资产实施的企业合并：

借：长期股权投资　　[按享有的被合并方净资产账面价值份额]　　A

　贷：银行存款、库存商品等　　[支付的合并对价的账面价值]　　B

　　资本公积　　[A-B的差额]*　　C

注：*如果需要借记“资本公积”科目，则以合并方“资本公积”科目的股本溢价贷方余额为上限，不足部分冲减合并方“留存收益”账面余额。以下同。

(2) 发行债券或承担其他债务实施的控股合并以及发行权益性证券实施的控股合并：

借：长期股权投资　　[按享有的被合并方净资产账面价值份额]　　A

　贷：股本　　[发行证券的面值总额]　　B1

　　应付债券　　[发行债券的面值-手续费、佣金等]　　B2

　　银行存款等　　[实际发生的与证券相关的手续费、佣金等]　　C

　　资本公积　　[A与（B1+B2+C）的差额]*　　D

(3) 支付的与企业合并相关评估、审计、咨询等费用：

借：管理费用

　贷：银行存款等

下面举例予以说明。

[例1-4] 以发行股票作为合并对价的吸收合并。

资料：表1-5、表1-6分别是甲公司、乙公司2×17年12月31日的资产负债表（简表），假定在甲公司合并乙公司之前，乙公司在最终控制方合并财务报表中所有者权益账面价值等于100万元。2×18年1月初，假设甲公司发行每股面值为10元的普通股80 000股对乙公司进行吸收合并。

表1-5　　甲公司资产负债表

2×17年12月31日　　单位：万元

资产（年末数）		负债和所有者权益（年末数）	
流动资产		流动负债	
货币资金	100	短期借款	28
应收票据及应收账款	5	应付票据及应付账款	18
存货	35	其他应付款	14
非流动资产		非流动负债	
固定资产	340	长期借款	200
无形资产	8	所有者权益	
		股本	160
		资本公积	25
		留存收益	43
资产总计	488	负债和所有者权益总计	488

表 1-6

乙公司资产负债表

2×17 年 12 月 31 日　　单位：万元

资产（年末数）		负债和所有者权益（年末数）	
流动资产		流动负债	
货币资金	60	短期借款	8
应收票据及应收账款	15	应付票据及应付账款	30
存货	25	其他应付款	12
非流动资产		非流动负债	
固定资产	200	长期借款	150
无形资产	0	所有者权益	
		股本	60
		资本公积	10
		留存收益	30
资产总计	300	负债和所有者权益总计	300

要求：根据上述资料进行甲公司吸收合并乙公司双方的账务处理，编制合并后甲公司的资产负债表，分析合并前后净资产的变化。

分析：

1.双方的账务处理（简化）

（1）乙公司注销净资产（假定固定资产原值2 600 000元，累计折旧600 000元）：

借：累计折旧	600 000	
短期借款	80 000	
应付账款等	300 000	
其他应付款	120 000	
长期借款	1 500 000	
股本	600 000	
资本公积	100 000	
盈余公积、利润分配	300 000	
贷：库存现金等货币资金		600 000
应收账款等		150 000
库存商品等存货		250 000
固定资产		2 600 000

（2）甲公司取得净资产：

借：库存现金等货币资金	600 000	
应收账款等	150 000	
库存商品等存货	250 000	
固定资产	2 000 000	
贷：短期借款		80 000
应付账款等		300 000
其他应付款		120 000

贷：长期借款 1 500 000

股本 800 000

资本公积 200 000

2.合并后甲公司资产负债表，见表1-7

表1-7 甲公司资产负债表

2×18年1月1日 单位：万元

资产（年末数）		负债和所有者权益（年末数）	
流动资产		流动负债	
货币资金	160	短期借款	36
应收票据及应收账款	20	应付票据及应付账款	48
存货	60	其他应付款	26
非流动资产		非流动负债	
固定资产	540	长期借款	350
无形资产	8	所有者权益	
		股本	240
		资本公积	45
		留存收益	43
资产总计	788	负债和所有者权益总计	788

3.合并前、后净资产的变化

（1）根据表1-5、表1-6，已知：

合并前两个公司资产总额合计=488+300=788（万元）

合并前两个公司负债总额合计=260+200=460（万元）

合并前两个公司所有者权益总额合计=228+100=328（万元）

（2）根据表1-7，合并后甲公司资产总计为788万元，负债总计为460万元，所有者权益总计为328万元。

可见，甲公司对乙公司采用增发股票方式实施的吸收合并，并未增加合并后主体的资产和负债，所有者权益账面价值总额也没有变化。对于参与合并的同一控制下的两个公司而言，此项合并导致了所有者权益按账面价值的结合。

[例1-5] 以发行股票作为合并对价的控股合并。

资料：见例1-4，只是假定2×18年1月初甲公司对乙公司实施的是控股合并，取得乙公司全部股权。

要求：根据上述资料进行甲公司控股合并乙公司的账务处理。

分析：甲公司对企业合并事项的账务处理：

借：长期股权投资 1 000 000

贷：股本 800 000

资本公积——股本溢价 200 000

[例1-6] 以支付资产作为合并对价的吸收合并和100%控股合并比较。

资料：A公司与B公司为甲公司的两个子公司。2×18年6月末A公司用账面价值500万元、公允价值580万元的库存商品和100万元的银行存款支付给甲公司，实施与B公司的合并。合并前A公司、B公司净资产价值资料见表1-8、表1-9，假定在甲公司合并财务报表中B公司的所有者权益账面价值也等于700万元。

表 1-8 合并方净资产价值资料 单位：万元

资产		权益	
项目	账面价值	项目	账面价值
货币资金	500	应付账款等	1 000
库存商品等	800	股本	1 000
固定资产	1 500	资本公积	380
		盈余公积	200
		未分配利润	220

表 1-9 被合并方净资产价值资料 单位：万元

资产		权益	
项目	账面价值	项目	账面价值
原材料等	200	应付账款等	400
固定资产	900	股本	400
		资本公积	100
		盈余公积	50
		未分配利润	150

要求：根据上述资料，按吸收合并和100%控股合并两种情况分别进行合并日合并方的会计处理。

分析：相关会计处理见表1-10。

表 1-10 A公司合并日确认合并事项的账务处理 单位：元

吸收合并			控股合并		
借：原材料等	2 000 000		借：长期股权投资	7 000 000	
固定资产	9 000 000		贷：库存商品		5 000 000
贷：应付账款等		4 000 000	银行存款		1 000 000
库存商品		5 000 000	资本公积		1 000 000**
银行存款		1 000 000			
资本公积		1 000 000*			

注：*1 000 000=（2 000 000+9 000 000−4 000 000）−（5 000 000+1 000 000）

**1 000 000=7 000 000−（5 000 000+1 000 000）

从例1-6可以看出：无论是吸收合并还是控股合并，合并方由于取得的净资产（或股权）的账面价值700万元大于支付的资产账面价值600万元，这就使得A公司合并后净资产增加100万元，并导致确认了100万元的资本公积[①]。

[例1-7] 非100%控股的情形。

资料：见例1-6，假定A公司只是取得了B公司80%的股份，其他资料不变。

要求：根据上述资料进行合并日合并方的账务处理。

分析：合并日合并方的账务处理如下：

借：长期股权投资	5 600 000	
资本公积	400 000	
贷：库存商品		5 000 000
银行存款		1 000 000

[例1-8] 吸收合并时合并费用的处理。

资料：见例1-4，假定甲公司为企业合并另付审计费用、评估费用、法律服务费用等各项直接相关费用20 000元、发行股票手续费10 000元。

要求：根据上述资料进行合并日合并方的账务处理。

分析：合并日甲公司有关企业合并的账务处理如下：

借：库存现金等货币资金	600 000	
应收账款等	150 000	
库存商品等存货	250 000	
固定资产	2 000 000	
管理费用	20 000	
贷：短期借款		80 000
应付账款等		300 000
其他应付款		120 000
长期借款		1 500 000
股本		800 000
库存现金等货币资金		30 000
资本公积——股本溢价		190 000

[例1-9] 控股合并时合并费用的处理。

资料：见例1-5，假定甲公司为合并另付审计费用、评估费用、法律服务费用等各项直接相关费用20 000元、发行股票手续费10 000元。

要求：根据上述资料进行合并日合并方的账务处理。

分析：合并日甲公司有关控股合并的账务处理如下：

借：长期股权投资	1 000 000	
管理费用	20 000	
贷：股本		800 000
资本公积——股本溢价		190 000
库存现金等货币资金		30 000

① 如果从例1-5可以看出权益结合法的实质要求，例1-6则是对权益结合法的扩展应用。

三、分步投资实现企业合并的账务处理

通过多次股权投资分步实现的同一控制下企业合并，合并日确认企业合并的账务处理思路是：

（一）分步实现的控股合并

（1）以按持股比例计算的合并日应享有被合并方所有者权益账面价值的份额作为该项股权投资的初始投资成本。这里所谓的被合并方账面所有者权益，是指被合并方的所有者权益相对于最终控制方而言的账面价值。

（2）合并日长期股权投资初始投资成本与达到合并前的原股权投资账面价值加上合并日进一步取得股份而新支付对价的账面价值之和的差额，调整资本公积（股本溢价或资本溢价）；如需冲减资本公积，资本公积不足冲减的冲减留存收益。

（二）分步实现的吸收合并

如果通过多次投资分步实现同一控制下吸收合并的，按照前述同一控制下吸收合并相同的原则进行处理。

（三）合并日之前持有的被合并方股权涉及其他综合收益的

合并日之前持有的被合并方股权因采用权益法核算而涉及其他综合收益的，暂不进行会计处理，直至处置该项投资时采用与被投资单位直接处置相关资产或负债相同的基础进行会计处理；因采用权益法核算而确认的被投资单位净资产中除净损益、其他综合收益和利润分配以外的所有者权益其他变动，暂不进行会计处理，直至处置该项投资时转入当期损益。合并日之前持有的被合并方股权分类为以公允价值计量的金融资产而确认的其他综合收益，在合并日也暂不进行会计处理，直至处置该投资时再转入处置当期的投资收益。

下面举例予以说明。

[例1-10] 分步投资实现同一控制下的控股合并。

资料：甲公司与乙公司在实现合并前即为同受A公司控制的两个公司。甲公司于2×17年7月初用银行存款2 500万元取得乙公司20%的股份，当日乙公司可辨认净资产账面价值为9 800万元、公允价值为10 000万元。取得投资后甲公司派人参与乙公司的生产经营决策，对该投资采用权益法核算。2×17年下半年乙公司实现净利润1 500万元，甲公司确认投资收益300万元（假定本例中投资时被投资方可辨认净资产公允价值与账面价值之差对权益法下投资收益的确定没有产生影响）；在此期间，乙公司未宣告发放现金股利或利润。2×18年1月，甲公司支付6 800万元进一步购入乙公司40%的股份，从而因拥有乙公司60%的表决权资本实现了与乙公司的合并。合并日乙公司可辨认净资产的账面价值为11 300万元、公允价值为15 000万元。假定：乙公司净资产公允价值高于账面价值的差额属于固定资产的评估增值；甲、乙公司合并日乙公司在最终控制方A公司合并财务报表中的所有者权益账面价值为11 300万元。不考虑相关税费及其他会计事项。

要求：根据上述资料，进行甲公司的有关会计处理。

分析：有关会计处理如下：

（1）与个别报表有关的确认与计量。

①2×17年7月初进行股权投资时：

借：长期股权投资——投资成本　　25 000 000

贷：银行存款　25 000 000

②2×17年确认投资收益时：

借：长期股权投资——损益调整　3 000 000

贷：投资收益　3 000 000

③2×18年1月追加投资时：

借：长期股权投资　68 000 000

贷：银行存款　68 000 000

④将此前持有的原投资由权益法转为成本法：

借：长期股权投资　28 000 000

贷：长期股权投资——投资成本　25 000 000

——损益调整　3 000 000

⑤调整长期股权投资账面价值：

初始投资成本与其原长期股权投资账面价值加上合并日进一步取得股份而新支付对价的账面价值之和的差额，调整资本公积。

合并日的初始投资成本=11 300×60%=6 780（万元）

合并日长期股权投资的账面价值=2 500+300+6 800=9 600（万元）

应调整金额=9 600−6 780=2 820（万元）

编制调整分录：

借：资本公积　28 200 000

贷：长期股权投资　28 200 000

至此，合并日甲公司对作为子公司的乙公司的长期股权投资账面余额为6 780万元。

（2）与合并日合并财务报表有关的会计处理见第二章。

［例1-11］原持有股权分类为以公允价值计量的金融资产。

资料：见例1-10，只是假定2×17年7月初甲公司将对乙公司的股权投资分类为以公允价值计量且其变动计入其他综合收益的金融资产，且2×17年年末该投资的公允价值为2 510万元。

要求：根据上述资料进行甲公司会计处理。

分析：甲公司与个别报表有关的会计处理如下：

（1）2×17年7月初进行股权投资时：

借：其他权益工具投资——成本　25 000 000

贷：银行存款　25 000 000

（2）2×17年年末确认公允价值变动时：

借：其他权益工具投资——公允价值变动　100 000

贷：其他综合收益　100 000

（3）2×18年1月追加投资时：

借：长期股权投资　68 000 000

贷：银行存款　68 000 000

（4）将此前持有的投资进行转账：

借：长期股权投资　25 100 000

贷：其他权益工具投资——成本　25 000 000

——公允价值变动　100 000

（5）调整长期股权投资账面价值：

合并日的初始投资成本=11 300×60%=6 780（万元）

合并日长期股权投资的账面价值=2 510+6 800=9 310（万元）

应调整金额=9310-6 780=2 530（万元）

编制调整分录：

借：资本公积　25 300 000

贷：长期股权投资　25 300 000

至此，合并日甲公司对作为子公司的乙公司的长期股权投资账面余额为6 780万元。

四、信息披露

同一控制下的企业合并，合并方应当在合并当期报表附注中披露下列有关信息：

（1）参与合并企业的基本情况。

（2）属于同一控制下企业合并的判断依据。

（3）合并日的确定依据。

（4）以支付现金、转让非现金资产以及承担债务作为合并对价的，所支付对价在合并日的账面价值；以发行权益性证券作为合并对价的，合并中发行权益性证券的数量及定价原则，以及参与合并各方交换有表决权股份的比例。

（5）被合并方的资产、负债在上一会计期间资产负债表日及合并日的账面价值；被合并方自合并当期期初至合并日的收入、净利润、现金流量等情况。

（6）合并合同或协议约定将承担被合并方或有负债的情况。

（7）被合并方采用的会计政策与合并方不一致所作调整情况的说明。

（8）合并后已处置被合并方资产、负债的账面价值、处置价格等。

第三节　非同一控制下企业合并的会计处理

一、确认与计量的基本要求

（一）购买方取得的可辨认净资产按其公允价值入账，取得的长期股权投资按合并成本作为初始投资成本

非同一控制下的企业合并，其实质是一项“交易”。作为购买交易中取得的资产、承担的负债或取得的股权，需要采用公允价值计量，而不应该采用账面价值计量。取得可辨认净资产或股权的具体计量方法分别为：

（1）吸收合并和新设合并情况下，购买方需要将取得的被购买方可辨认净资产按其公允价值入账。

（2）控股合并的情况下，购买方应当在购买日按所确定的合并成本作为长期股权投资的初始投资成本入账，以确认取得的被购买方的股权份额。

（二）购买方合并成本的确定

（1）一般情况下合并成本的确定。购买方的合并成本一般等于购买日为取得对被购买方的控制权而付出的资产、发生的负债以及发行的权益性证券的公允价值。这就意味着：一方面，购买方在合并中付出的资产（或发生的负债），其公允价值构成合并成本；另一方面，购买方在合并中付出的资产在按其账面价值予以注销（表示相关资产退出企业）的同时，需将相关资产公允价值与账面价值的差额，作为资产转让损益计入当期损益。

（2）关于计入合并成本的预计负债。在合并合同或者协议中对可能影响合并成本的未来事项做出约定的，购买日估计未来事项很可能发生并且对合并成本的影响金额能够可靠计量的，购买方应将其计入合并成本。

（3）关于合并成本的调整。在企业合并发生在当期期末的情况下，如果合并中取得的可辨认资产、负债及或有负债的公允价值或者购买方的合并成本只能暂时确定的，则购买方应当以所确定的暂时价值为基础，对合并交易进行确认和计量；如果购买日后12个月内对确认的暂时价值进行了调整，则所调整的部分视为在购买日进行的确认和计量。

（三）合并商誉的确认与计量

购买方对合并成本与取得的被购买方可辨认净资产或股权的公允价值份额之间的差额，分别以下两种情形进行处理：

1.合并成本大于取得的可辨认净资产或股权的公允价值份额的差额，确认为合并商誉

企业合并交易中，购买方一方面要按公允价值对取得的被购买企业可辨认净资产或取得的被购买方股权份额进行入账；另一方面要按合并成本反映付出的合并对价的公允价值。这时，后者大于前者的差额，可能与被购买方的地理位置、产品品牌、员工素质、管理水平、市场潜力、企业合并的协同效应等诸种对合并主体获利能力的影响因素有关。这就涉及合并商誉的确认。

首先，合并商誉的确认与初始计量。商誉是“由不能分别辨认并单独确认的资产所形成的未来经济利益”（见IFRS3）。目前，国际会计界尚没有确认和计量企业自创商誉的规范，只有企业合并才有可能确认合并商誉。根据IFRS3和第20号企业会计准则，购买方应当将合并成本超过合并中取得的被购买方可辨认净资产公允价值份额的差额，确认为商誉[①]。

值得一提的是，不形成母子公司关系的企业合并交易，即吸收合并和新设合并，购买日购买方的账务处理中就能够单独确认商誉，从而在合并后存续企业的个别资产负债表中单项列示；而形成母子公司关系的控股合并交易，因合并日账务处理中作为长期股权投资的初始投资成本入账的合并成本中就包括商誉价值，所以，在合并日购买方的个别资产负债表中商誉并未单独列报，而是包含在“长期股权投资”项目中；而在合并日合并资产负债表中才需要单独列报合并商誉。也就是说，如果企业的个别资产负债表中列有商誉，说明该商誉来自于企业曾经对其他企业实施的吸收合并或新设合并；如果企业的合并资产负债表中列有商誉，则意味着该商誉来自于企业曾经对其他企业实施的控股合并。

① 这种按合并成本大于合并中取得的被购买方可辨认净资产公允价值份额的差额对合并商誉进行初始计量的方法，为“部分商誉法”，因为这里不包括归属于少数股东的商誉。如果按合并成本大于合并中取得的被购买方公允价值份额的差额作为合并商誉的初始计量金额，则为“全部商誉法”。可见，在全部商誉法下，合并商誉包括母公司以及少数股东享有的合并商誉，从而少数股东权益实际上是按子公司公允价值（而不是其可辨认净资产的公允价值）的一定比例计算确定。目前，IFRS3允许企业在部分商誉法和全部商誉法之间选择采用计量合并商誉的方法。

其次，合并商誉的后续计量。企业合并形成的商誉，经初始确认为资产项目以后，不予以摊销，而是至少在每年年末进行减值测试，并确认相应的减值损失，然后按其成本扣除累计减值损失的金额予以计量。①

2.合并成本小于取得的被购买方可辨认净资产的公允价值的差额，计入当期损益

根据第20号企业会计准则，非同一控制下的企业合并交易中，当购买方的合并成本小于取得的被购买方可辨认净资产的公允价值时，首先，要对产生该差额的有关因素进行复核，即一方面要对取得的被购买方各项可辨认资产、负债及或有负债的公允价值进行复核；另一方面要对购买方确定的合并成本进行复核。经过复核认定合并成本确实小于取得的被购买方可辨认净资产的公允价值之后，将其差额计入当期损益。这种方法与IFRS3的规定相同。

（四）合并费用的处理

合并方为进行非同一控制下企业合并而发生的审计费用、评估费用、法律服务费用等各项直接相关费用，应当于发生时计入当期损益。

合并方为进行企业合并发行的债券或承担其他债务支付的手续费、佣金等，应当计入所发行债券或其他债务的初始计量金额，即构成有关债务的入账价值的组成部分；合并方在企业合并中发行权益性证券发生的手续费、佣金等，应当抵减权益性证券溢价收入，溢价收入不足冲减的，冲减留存收益。

可见，对于合并方而言，无论是吸收合并、新设合并还是控股合并，其所支付的评估、审计、咨询等费用，都不影响吸收合并或新设合并取得的净资产的入账价值，也不影响控股合并取得的长期股权投资的初始投资成本，这一点与同一控制下企业合并是一致的。但合并方为发行证券（作为合并对价）所支付的发行费用，虽然处理原则与同一控制下企业合并是相同的，但其结果却有区别：由于证券发行费用构成发行证券的入账价值的组成部分，从而影响合并成本，并进而影响控股合并时取得股权的入账价值或吸收合并与新设合并时确认的合并商誉（或“负商誉”）价值。

（五）递延所得税的处理

非同一控制下的企业合并如按税法规定作为免税合并处理的情况下，合并方要注意两个与递延所得税有关的问题：

（1）按照会计准则确认的合并商誉，其计税基础为零，由此产生了合并商誉账面价值大于计税基础的应纳税暂时性差异。根据会计准则的规定，该暂时性差异的未来纳税影响不应予以确认，即不确认与该商誉的暂时性差异有关的递延所得税负债。

（2）按照会计准则规定将取得的被购买方可辨认净资产按公允价值进行初始计量，但其计税基础却等于原计税基础，由此导致的暂时性差异的纳税影响要予以确认，并调整合并商誉。

二、一次投资实现企业合并的账务处理

非同一控制下企业合并时，合并方账务处理的基本思路归纳如下：

① 合并商誉的会计处理方法一般有三种：①确认为一项永久性资产，不摊销；②将合并商誉确认为一项资产，并分期摊销；③将合并商誉直接调整并购当期的股东权益。目前，第20号企业会计准则与IFRS3一致，摒弃了原来采用的分期摊销的方法。

（一）吸收合并与新设合并

1.支付资产实施的企业合并

（1）支付货币资金、出让存货实施合并时：

借：有关资产账户	[取得的被合并方资产公允价值]	A
商誉	[C大于（A-B）之差]	D_1
贷：有关负债账户	[承担的被合并方负债公允价值]	B
银行存款、主营业务收入	[支付的合并对价的公允价值]	C
营业外收入	[C小于（A-B）之差]	D_2

（2）出让固定资产等实施合并时：

借：有关资产账户	[取得的被合并方资产公允价值]	A
商誉	[C大于（A-B）之差]	D_1
贷：有关负债账户	[承担的被合并方负债公允价值]	B
固定资产清理 无形资产等 资产处置损益等	[支付的合并对价的公允价值]	C
营业外收入	[C小于（A-B）之差]	D_2

2.发行权益性证券实施的企业合并

借：有关资产账户	[取得的被合并方资产公允价值]	A
商誉	[（C+D+E）大于（A-B）之差]	F_1
贷：有关负债账户	[承担的被合并方负债公允价值]	B
股本	[发行证券的面值总额]	C
资本公积	[发行证券的溢价-手续费等]	D
银行存款等	[实际发生的手续费等]	E
营业外收入	[（C+D+E）小于（A-B）之差]	F_2

3.承担债务实施的企业合并

借：有关资产账户	[取得的被合并方资产公允价值]	A
商誉	[（C+D+E）大于（A-B）之差]	F_1
贷：有关负债账户	[承担的被合并方负债公允价值]	B
应付债券——面值	[发行债券的面值]	C
——利息调整*	[发行债券的溢价-手续费等]	D
银行存款等	[实际发生的手续费等]	E
营业外收入	[（C+D+E）小于（A-B）之差]	F_2

注：*如有折价，则将折价与手续费之和借记“应付债券——利息调整”科目，以下同。

（二）控股合并

1.支付资产实施的企业合并

借：长期股权投资		B=A
贷：库存现金、营业收入等	[支付的合并对价的公允价值]	A

2.发行权益性证券实施的企业合并

借：长期股权投资	［A+B+C］	D
贷：股本	［发行证券的面值总额］	A
资本公积	［发行证券的溢价-手续费等］	B
银行存款等	［实际发生的手续费等］	C

3.承担债务实施的企业合并

借：长期股权投资	［A+B+C］	D
贷：应付债券（面值）	［发行债券的面值］	A
应付债券（利息调整）	［发行债券的溢价-手续费等］	B
银行存款等	［实际发生的手续费等］	C

无论是吸收合并、新设合并还是控股合并，发生的评估、审计、咨询等费用，都需要进行如下账务处理：

借：管理费用

　贷：银行存款等

下面举例予以说明。

［例1-12］没有合并费用时合并成本的计算。

资料：A企业在与B企业的合并交易中，用账面价值500万元、公允价值600万元的库存商品和300万元的货币资金购买B企业的100%控制权。其他资料略。

要求：计算A企业的合并成本。

分析：A企业的合并成本计算如下：

A企业确认的合并成本=600+300=900（万元）

A企业确认的资产转让收益=600-500=100（万元）

A企业确认的长期股权投资初始成本=900万元

［例1-13］发生合并费用时合并成本的计算。

资料：见例1-12。假定企业并购交易中A企业用银行存款支付3万元的评估费用等合并费用。

要求：计算A企业的合并成本。

分析：A企业的合并成本计算如下：

A企业确认的合并成本=600+300=900（万元）

A企业确认的资产转让收益=600-500=100（万元）

A企业确认的长期股权投资初始成本=900万元

此项合并交易的确认对A企业合并当年税前利润的影响额=100-3=97（万元）

［例1-14］计入合并成本的预计负债。

资料：见例1-13，假设合并协议中约定，如果B企业在合并后两年内每年实现的净利润均超过500万元，A企业就在原购买出价的基础上另付5%的价款。A企业根据对已有信息的分析，认为B企业今后两年各年实现的净利润很可能超过500万元。

要求：计算A企业的合并成本。

分析：A企业的合并成本计算如下：

A企业确认的合并成本=（600+300）×105%=945（万元）

[例1-15] 调整合并成本。

资料：A企业与B企业为非同一控制下的两个企业。2×18年6月末A企业用账面价值500万元、公允价值580万元的库存商品和300万元的银行存款实施与B企业的吸收合并。合并日B企业净资产账面价值资料见表1-11。由于当时无法及时准确确定B企业各项资产、负债的公允价值，A企业按B企业资产、负债的账面价值作为暂时价值对企业合并交易进行确认。2×18年12月末，确定B企业2×18年12月末固定资产的公允价值应为1 000万元。假设A企业合并B企业后，对合并进来的固定资产采用直线法按10年计提折旧。相关税费略。

表1-11 被购买方净资产价值资料 单位：万元

资 产		负债及股东权益	
项 目	账面价值	项 目	账面价值
原材料等	200	应付账款等	400
固定资产	900	股本	400
		资本公积	100
		盈余公积	50
		未分配利润	150

要求：根据上述资料进行A企业的账务处理。

分析：A企业有关账务处理见表1-12。

表1-12 A企业的账务处理 单位：元

2×18年6月30日确认合并交易			2×18年12月31日调整合并成本		
借：原材料等	2 000 000		借：固定资产	1 000 000	
固定资产	9 000 000		贷：商誉		1 000 000
商誉	1 800 000		同时，补提有关固定资产的折旧：		
贷：应付账款等		4 000 000	借：管理费用等	50 000	
主营业务收入		5 800 000	贷：累计折旧		50 000
银行存款		3 000 000			
借：主营业务成本	5 000 000				
贷：库存商品		5 000 000			

[例1-16] 合并成本大于取得的被购买方可辨认净资产或股权的公允价值份额的情况。

资料：见例1-15。假定购买日B企业净资产公允价值为800万元，超过账面价值的100万元为固定资产评估增值，即固定资产的公允价值为1 000万元。

要求：根据上述资料，按吸收合并和控股合并两种情况分别进行购买日购买方的账务处理。

分析：A企业购买日进行的账务处理见表1-13。

表 1-13 A 企业购买日进行的账务处理 单位：元

吸收合并			控股合并		
借：原材料等	2 000 000		借：长期股权投资	8 800 000	
固定资产	10 000 000		贷：主营业务收入		5 800 000
商誉	800 000*		银行存款		3 000 000
贷：应付账款等		4 000 000	借：主营业务成本	5 000 000	
主营业务收入		5 800 000	贷：库存商品		5 000 000
银行存款		3 000 000			
借：主营业务成本	5 000 000				
贷：库存商品		5 000 000			

注：*800 000=（5 800 000+3 000 000）-（2 000 000+10 000 000-4 000 000）。

［例1-17］合并成本小于取得的被购买方可辨认净资产或股权的公允价值份额的情况。

资料：假定2×18年6月末A企业用发行600万股普通股的方式合并B企业，发行的股票每股面值1元、市场价格1.3元；另付6万元的手续费。购买日B企业净资产价值资料同例1-15。

要求：根据上述资料，按吸收合并和控股合并两种情况分别进行购买日购买方的账务处理。

分析：A企业购买日进行的账务处理见表1-14。

表 1-14 A 企业购买日进行的账务处理 单位：元

吸收合并			控股合并		
借：原材料等	2 000 000		借：长期股权投资	7 800 000	
固定资产	10 000 000		贷：股本		6 000 000
贷：应付账款等		4 000 000	资本公积——股本溢价		1 740 000
股本		6 000 000	银行存款		60 000
资本公积——股本溢价		1 740 000*			
银行存款		60 000			
营业外收入		200 000			

注：*1 740 000=6 000 000×（1.30-1.00）-60 000，手续费抵减发行溢价。

［例1-18］与企业合并有关的递延所得税问题。

资料：A企业与B企业为非同一控制下的两个企业。2×18年6月末A企业用自身股票作为合并对价实施与B企业的吸收合并。A企业向B企业股东发行本公司普通股700万股，每股面值1元，市场价格1.2元。合并日B企业净资产账面价值资料见表1-13，公允价值为800万元，超过账面价值的100万元为固定资产评估增值，即固定资产的公允价值为1 000万元。所得税税率为25%。假定此项合并符合税法规定的免税合并条件。

要求：根据上述资料，进行A公司合并日确认企业合并的账务处理。

分析：A公司合并日确认企业合并的账务处理为：

借：原材料等 2 000 000

　　固定资产 10 000 000

　　商誉 ［差额］ 650 000

贷：应付账款等　4 000 000
　　股本　7 000 000
　　资本公积　1 400 000
　　递延所得税负债（1 000 000×25%）　250 000

三、分步投资实现企业合并的账务处理

（一）合并日（购买日）的确定

如果企业合并是通过多次股权投资交易分步实现的，交易日是各单项投资在购买方财务报表中确认之日，合并日则是获得控制权之日。也就是说，每一单项交易发生之日并不一定就是合并日，合并日应是多次交易之后实现控制权转移之日。

（二）初始投资成本的确定

通过多次投资交易分步实现的企业合并，合并日改按成本法核算的长期股权投资的初始投资成本等于合并日之前持有的被购买方的股权投资账面价值与合并日新增股权投资成本之和。

（三）账务处理思路

根据上面的分析，购买方在合并日应按照以下步骤对合并交易进行确认：

（1）在合并日之前持有的对被合并方的投资，原采用权益法核算的，账面价值保持不变；合并日之前持有的对被合并方的投资原采用金融工具确认与计量准则进行会计处理的，将账面价值调整至公允价值，公允价值与账面价值之间的差额计入当期投资收益。

（2）合并日之前持有的对被合并方的投资，因采用权益法而确认的其他综合收益，应当在处置该项投资时采用与被合并方为直接处置相关资产或负债相同的基础进行会计处理；因被投资单位除净损益、其他综合收益和利润分配以外的其他所有者权益变动而确认的所有者权益，应在处置该项投资时转入当期损益。合并日之前持有的对被合并方的投资作为按公允价值计量的金融资产核算的，原计入其他综合收益的累计公允价值变动应当在改按成本法核算时转入当期损益。①

（3）合并日追加的投资，按合并日支付的合并对价的公允价值计量，并将该新增投资成本与合并日之前持有的对被合并方的股权投资账面价值之和，作为合并日的初始投资成本，报告长期股权投资。

合并日与合并财务报表有关的处理参见第二章。

［例1-19］分步投资实现控股合并（原投资为权益法核算的长期股权投资）。

资料： 见例1-10。假设甲公司与乙公司在实现合并前为非同一控制下的两个公司，其他资料不变。

要求： 根据上述资料进行甲公司与个别报表有关的会计处理。

分析： 甲公司与个别报表有关的会计处理如下：

（1）2×17年7月初进行股权投资时：

借：长期股权投资——投资成本　25 000 000

① 根据2017年修订的《企业会计准则第22号——金融工具确认和计量》，分类为以公允价值计量且其变动计入其他综合收益的金融资产，其累积的其他综合收益将来不能重分类进损益。所以，此处将其他综合收益转入未分配利润等留存收益应该更为恰当。

贷：银行存款　25 000 000

（2）2×17年确认投资收益时：

借：长期股权投资——损益调整　3 000 000

贷：投资收益　3 000 000

（3）2×18年1月追加投资时：

借：长期股权投资　68 000 000

贷：银行存款　68 000 000

（4）将权益法核算的长期股权投资结转为成本法核算的长期股权投资：

借：长期股权投资　28 000 000

贷：长期股权投资——投资成本　25 000 000

——损益调整　3 000 000

至此，合并日甲公司对作为子公司的乙公司的长期股权投资初始成本为9 600万元。

［例1-20］分步投资实现控股合并（原投资为其他权益工具投资）。

资料：见例1-10。假定2×17年7月初甲公司将对乙公司的股权投资分类为以公允价值计量且其变动计入其他综合收益的金融资产，且2×17年年末该投资的公允价值为2 510万元。其他资料不变。

要求：根据上述资料进行甲公司与个别报表有关的会计处理。

分析：甲公司与个别报表有关的会计处理如下：

（1）2×17年7月初进行股权投资时：

借：其他权益工具投资——成本　25 000 000

贷：银行存款　25 000 000

（2）2×17年年末确认公允价值变动时：

借：其他权益工具投资——公允价值变动　100 000

贷：其他综合收益　100 000

（3）2×18年1月追加投资时：

借：长期股权投资　68 000 000

贷：银行存款　68 000 000

（4）将此前持有的投资转换为长期股权投资：

借：长期股权投资　25 100 000

贷：其他权益工具投资——成本　25 000 000

——公允价值变动　100 000

（5）将原累积的其他综合收益进行重分类（假定公司按净利润的10%提取盈余公积）：

借：其他综合收益　100 000

贷：盈余公积　10 000

利润分配——未分配利润　90 000

四、被购买方可辨认净资产公允价值的确定

被购买方可辨认净资产的公允价值，是指合并中取得的被购买方可辨认资产的公允价值减去负债及或有负债公允价值后的余额。

1.公允价值的确定方法

（1）货币资金，按照购买日被购买方的原账面价值确定。

（2）有活跃市场的股票、债券、基金等金融工具，按照购买日活跃市场中的市场价值确定。

（3）应收款项、短期应收款项，一般按应收取的金额作为公允价值；长期应收款项，应以适当的利率折现后的现值确定其公允价值。在确定应收款项的公允价值时，要考虑发生坏账的可能性及收款费用。

（4）存货、产成品和商品按其估计售价减去估计的销售费用、相关税费以及购买方出售类似的产成品或商品可能实现的利润确定；在产品按完工产品的估计售价减去至完工仍将发生的成本、预计销售费用、相关税费以及基于同类或类似产成品的基础估计的出售可能实现的利润确定；原材料按现行重置成本确定。

（5）不存在活跃市场的金融工具如权益性投资等，应当参照《企业会计准则第22号——金融工具确认和计量》等，采用估值技术确定其公允价值。

（6）房屋建筑物、机器设备、无形资产，存在活跃市场的，应以购买日的市场价格确定其公允价值；不存在活跃市场，但同类或类似资产存在活跃市场的，应参照同类或类似资产的市场价格确定其公允价值；同类或类似资产也不存在活跃市场的，应按照估值技术确定其公允价值。

采用估值技术确定的公允价值估计数的变动区间很小，或者在公允价值估计数变动区间内，各种用于确定公允价值估计数的概率能够合理确定的，视为公允价值能够可靠计量。

（7）应付账款、应付票据、应付职工薪酬、应付债券、长期应付款，其中的短期负债，一般按照应支付的金额确定其公允价值；对于长期负债，应当按照适当的折现率折现后的现值作为其公允价值。

（8）取得的被购买方的或有负债，其公允价值在购买日能够可靠计量的，应确认为预计负债。此项负债应当按照假定第三方愿意代购买方承担该项义务，就其所承担义务需要购买方支付的金额作为其公允价值。

（9）递延所得税资产和递延所得税负债，对于企业合并中取得的被购买方各项可辨认资产、负债及或有负债的公允价值与其计税基础之间存在差额的，应当按照《企业会计准则第18号——所得税》的规定确认相应的递延所得税资产或递延所得税负债，所确认的递延所得税资产或递延所得税负债的金额不应折现。

2.购买方将被购买方可辨认净资产公允价值单独予以确认的条件

对被购买方各项可辨认资产、负债及或有负债，符合以下条件的，购买方应当单独予以确认：

（1）合并中取得的被购买方除无形资产以外的其他各项资产（不仅限于被购买方原已确认的资产），其所带来的未来经济利益预计能够流入企业且公允价值能够可靠计量的，应当按照公允价值确认；合并中取得的无形资产，其公允价值能够可靠计量的，应当单独确认为无形资产并以公允价值计量。

（2）合并中取得的被购买方除或有负债以外的其他各项负债，履行有关的义务很可能导致经济利益流出企业且公允价值能够可靠计量的，应当按照公允价值确认。

（3）合并中取得的被购买方或有负债，其公允价值能够可靠计量的，应当按照公允价值单独确认为负债。

五、信息披露

非同一控制下的企业合并，合并方应当在合并当期报表附注中披露下列有关信息：

（1）参与合并企业的基本情况。

（2）购买日的确定依据。

（3）合并成本的构成及其账面价值、公允价值及公允价值的确定方法。

（4）被购买方各项可辨认资产、负债在上一会计期间资产负债表日及购买日的账面价值和公允价值，企业合并中取得的被购买方无形资产的公允价值及公允价值的确定方法。

（5）合并合同或协议约定将承担被购买方或有负债的情况。

（6）被购买方自合并日起至报告期期末的收入、净利润、现金流量等情况。

（7）商誉的金额及其确定方法。

（8）因合并成本小于合并中取得的被购买方可辨认净资产公允价值的份额计入当期损益的金额。

（9）合并后已处置或拟处置被购买方资产、负债的账面价值，处置价格等。

□ 复习思考题

1.什么是企业合并？

2.什么是同一控制下的企业合并？什么是非同一控制下的企业合并？

3.什么是吸收合并、新设合并和控股合并？

4.如何理解购买法、权益结合法的基本内容？

5.如何理解中国现行企业会计准则对企业合并的会计处理规范？

第二章

合并财务报表

第一节　合并财务报表概述

一、合并财务报表的含义

（一）合并财务报表的概念

合并财务报表（或称合并报表）是指反映母公司和其全部子公司形成的企业集团整体的财务状况、经营成果和现金流量情况的财务报表。

控股合并以后，母公司及其所属的子公司各自仍为独立的法人实体，因此仍应单独编制各自的财务报表。但是控股合并形成的企业集团，还应对外公开报告企业集团整体的财务信息，以便于母公司及企业集团的投资者、债权人和其他报表使用者了解企业集团整体的资源总量及其来源，了解企业集团整体对外交易的经营成果。所以，还要编制合并财务报表。

合并财务报表的特点主要从合并财务报表与个别财务报表（或称个别报表）和与汇总财务报表相比较两个方面来看。

合并财务报表与个别报表相比较有以下特点：

（1）反映的对象不同。合并财务报表以企业集团这一非法律主体为会计主体，反映该主体的财务会计信息；而个别报表则只反映既是法律主体又同时是会计主体的单个企业的财务会计信息。

（2）编制主体不同。合并财务报表由企业集团的控股公司或母公司编制，个别报表由各单个企业自行编制。

（3）编制基础不同。合并财务报表以个别报表为编制基础，个别报表以各单个企业系统的会计账簿记录资料作为编制基础。

（4）编制方法不同。合并财务报表要采用工作底稿这一特殊手段，并在工作底稿中编制调整与抵销分录，对个别报表数据进行加总、抵销、调整，整理出合并数，据以填列合并财务报表；个别报表则根据系统的账簿记录，直接或间接计算填列各报表项目。

合并财务报表与汇总财务报表比较，在编制目的、编制主体、确定编报范围的依据以及编制方法上也有所不同。

（二）合并财务报表与投资的关系

合并财务报表与投资有关，但投资并不一定必须编制合并财务报表。

在短期投资情况下不需要编制合并财务报表。短期投资（比如为交易目的而持有的投资）的目的决定了投资企业与被投资企业并不成为经济意义上的一体，投资企业不会对被投资企业实施控制，而只是通过投资将暂时闲置的资金用来谋求一定的投资收益。短期投资不可能也没有必要要求投资企业编制合并财务报表。

在长期债权投资情况下不需要编制合并财务报表。长期债权投资的投资者是被投资者的债权人而不是股权拥有者，这就决定了投资企业与被投资企业并不构成一个经济整体。两个互为独立的经济主体只需各自编报反映自身财务状况、经营成果和现金流量信息的个别报表即可。

长期股权投资按投资企业对被投资企业的影响不同分为三种情况：控制、共同控制、重大影响。根据我国企业会计准则，当投资企业对被投资企业能够实施控制（无论是直接控制还是间接控制），投资双方构成一个经济意义上的整体时，才需要编制反映这一经济整体财务状况、经营成果和现金流量信息的合并财务报表。

可见，编制合并财务报表的前提是存在长期股权投资，但合并财务报表的编制与否最终取决于投资企业与被投资企业是否存在控制与被控制关系。

（三）合并财务报表与企业合并方式的关系

合并财务报表与企业合并有必然的联系，但是并非每一种合并方式下都需要编制合并财务报表。

合并财务报表的编制与否，与企业合并是否属于同一控制下的合并无关，而与企业合并的法律结果有关。在吸收合并情况下，合并前的两个或多个企业被其中一个企业合并，被并方均不复存在，在合并后只有一个独立的法律主体和会计主体，这时显然不存在编制合并财务报表问题；在新设合并情况下，合并前的两个或多个企业共同组成一个新的企业，这时当然也不必编制合并财务报表；只有在控股合并情况下，合并方与被合并方仍各为独立的法律主体和会计主体，而作为合并后的企业集团这一经济意义上的整体来说，为了反映其总体的财务状况、经营成果和现金流量，需要编制合并财务报表。

（四）合并财务报表的局限性

合并财务报表的局限性主要表现在以下几个方面：

（1）纳入合并范围的只是母公司及其能够实施控制的子公司，不包括企业集团中的母公司对其权益性资本在半数以下的、不能对其实施控制但能对其施加重大影响的被投资公司，这就不能全面反映企业集团整体的完整的财务信息。

（2）多元化经营的企业集团，由于子公司行业不同、经营范围各异，必然影响合并报表信息的可理解性和相关性。

（3）对于跨国企业集团，由于境外子公司个别报表的外币折算采用的汇率不同，加上各国通货膨胀程度各异，也使合并财务报表的相关性受到影响。

（4）对于需要了解特定公司特定信息的报表使用人来讲，合并财务报表不能提供企业集团中具体个体的偿债能力、股利支付能力和获利能力等有用信息。

因此，合并财务报表的局限性使得分部报告以及关联方关系及其交易的披露成为必然。

二、合并财务报表的种类

（一）按编制时间及目的不同进行分类

合并财务报表按编制时间及目的的不同，分为合并日合并财务报表和合并日后合并财务报表两类。

合并日合并财务报表，是指取得控股权当天编制的合并报表。编制合并日合并财务报表，是企业股权取得日的重要会计事项之一。同一控制下的企业合并，母公司在合并日编制的合并报表包括合并资产负债表、期初至合并日的合并利润表和合并现金流量表；非同一控制下的企业合并，母公司在购买日只编制合并资产负债表。

合并日后合并财务报表，是指控股合并日后的每一个资产负债表日编制的合并报表。同合并日相比，合并日以后的各报告期内发生了投资收益的确认、内部交易、股利分配等许多控股权取得日不曾有的经济事项，对与之相关的会计报表数据进行抵销和调整，就构成了合并日后合并财务报表工作底稿中与合并日合并财务报表工作底稿不同的内容。

（二）按反映的具体内容不同进行分类

按合并财务报表反映的具体内容不同，合并财务报表分为合并资产负债表、合并利润表、合并所有者权益变动表、合并现金流量表以及附注。

合并资产负债表是由母公司编制的、反映报告期末企业集团整体的资产、负债和股东权益情况的报表。

合并利润表是由母公司编制的、反映报告期内企业集团整体的经营成果情况的报表。

合并所有者权益变动表是由母公司编制的、反映报告期内企业集团整体所有者权益变动情况的报表。

合并现金流量表是由母公司编制的、反映报告期内企业集团整体的现金流入、现金流出数量及增减变动情况的报表。

三、合并范围的确定

（一）合并范围的确定原则

合并范围，是指可纳入合并财务报表的主体范围。正确界定合并范围是编制合并财务报表的重要前提。会计准则如何界定合并范围，对于完善合并会计理论体系、避免合并报表实务中的主观随意性、提高合并财务报表信息的相关性，都具有重要意义。

合并财务报表准则规定，合并财务报表的合并范围应当以控制为基础加以确定。该准则同时还规定，母公司应当将其全部子公司纳入合并财务报表的合并范围（母公司是投资性主体时可能会有例外）。这就意味着解决合并范围的关键是要正确理解“控制”的含义与判断标准，正确理解母公司、子公司的概念。

（二）母公司、子公司的概念

母公司，是指控制一个或一个以上主体（含企业、被投资单位中可分割的部分，以及企业所控制的结构化主体等）的主体。子公司，是指被母公司控制的主体。

投资方通常应当对是否控制被投资方整体进行判断。所以，通常情况下子公司是投资方控制的企业主体。但在极个别情况下，子公司可能是投资方控制的被投资方中可分割的部分。当有确凿证据表明同时满足下列条件并且符合相关法律法规规定的，投资方应当将被投资方的一部分视为被投资方可分割的部分（单独主体），进而判断是否控制该部分（单独主体）：（1）该部分的资产是偿付该部分负债或该部分其他权益的唯一来源，不能用于偿还该部分以外的被投资方的其他负债；（2）除与该部分相关的各方外，其他方不享有与该部分资产相关的权利，也不享有与该部分资产剩余现金流量相关的权利。根据IFRS 10的规定，在某些情况下，投资者可能通过法律和合同安排拥有对特定一组资产和负债（被投资者的一部分）的权益。在某些司法管辖区，法人主体被划分为若干部分（通常被称为“分支（silo）”）。在这种情况下，产生了在进行合并评估时是否有可能仅将被投资者的个别分支或部分（而非整个法人主体）视为一个单独主体的问题。确定是否存在分支应基于个别分支实质上是否可以与被投资者整体单独区分开来或“划清界线”。如果被投资者的一部分在经济上可以与被投资者整体单独区分开来，并且投资者控制了被投资者的该部分，则该部分应被视为投资者的子公司。

投资方控制的结构化主体也属投资方的子公司。结构化主体，是指被设计为表决权或类似权利并非决定该主体控制方的主导因素的主体。例如，证券化载体、资产抵押融资以及某些投资基金等。

（三）“控制”的基本内涵

控制，是指投资方拥有对被投资方的权力，通过参与被投资方的相关活动而享有可变回报，并且有能力运用对被投资方的权力影响其回报金额。

1.“控制”的三要素

正确进行控制的判断，必须注意到“控制”概念涉及的三个相关要素：

（1）主导被投资方的权力。权力最常见的产生方式是通过权益工具授予的表决权，但也可以通过其他合同安排产生。表决权的有无，是判断有无“控制”的关键。

（2）通过参与被投资方的相关活动取得可变回报的权利。这里的“相关活动”，是指对被投资方的回报产生重大影响的活动，通常包括：购买和出售商品或服务、管理金融资产、购买和处置资产、研发活动以及融资活动等。这里用“可变回报”，是指投资方自被投资方取得的回报可能会随着被投资方业绩的变化而变动。采用术语“回报”（而非“利益”）以明确所面临的被投资者的经济风险可以是正面、负面或者两者兼有。参与被投资者的相关活动所取得的回报例子诸如：对主体投资的价值变动、结构化主体现金流量中的剩余权益、股利、利息、管理费或服务费安排、担保、税务利益、或其他权益持有人可能无法获得的任何其他回报。尽管某些经济权益可能是固定的（例如，债务工具固定的票息或者基于所管理资产的固定的资产管理费），其仍可能会导致可变的回报，因为投资者仍然面临诸如债务工具信用风险和资产管理安排的不履约风险等的变动风险。

（3）利用对被投资方的权力影响可变回报的能力。这项标准考虑前两项控制要素之间的相互关系。为控制被投资者，投资者必须不仅具有主导被投资者的权力和因参与被投资者的相关活动而面临可变回报的风险或取得可变回报的权利，而且要有能力利用对被投资者的权力影响被投资者的回报。

在判断投资方是否控制被投资方时，如果投资方同时具备以上三项要素，则可以认定投资方能够控制被投资方。

投资方应在综合考虑所有相关事实和情况的基础上对是否控制被投资方进行判断。一旦相关事实和情况的变化导致对控制定义所涉及的相关要素发生变化的，投资方应当进行重新评估。这里的“相关事实和情况”主要包括：被投资方的设立目的、被投资者的相关活动及如何作出有关此类活动的决策、投资者拥有的权利是否使其在当前有能力主导相关活动、投资者是否通过参与被投资方的相关活动而享有可变回报的权利、投资者是否具有能力运用对被投资者的权力影响投资者回报金额，以及投资方与其他方的关系。

2.投资方对被投资方拥有“权力”的一般标志

前面已经提及，权力最常见的产生方式是通过权益工具授予的表决权，但也可以通过其他合同安排产生。

除非有确凿证据表明其不能主导被投资方的相关活动，下列情况表明投资方对被投资方拥有权力：

（1）投资方持有被投资方半数以上的表决权。

（2）投资方持有被投资方半数或以下的表决权，但通过与其他表决权持有人之间的协议能够控制半数以上表决权。

表决权是指对被投资单位经营计划、投资方案、年度财务预算和决算方案、利润分配方案和亏损弥补方案、内部管理机构的设置、聘任或解聘公司经理及其报酬、公司的基本管理制度等事项持有的表决权，不包括应由股东大会（或股东会）行使的修改公司章程、增加或减少注册资本、发行公司债券、公司合并、分立、解散或变更公司形式等事项持有的表决权。表决权比例通常与出资比例一致，除非公司章程另有规定。

投资方拥有被投资方半数以上的表决权的方式，包括直接拥有、间接拥有、直接和间接合计拥有三种方式。例如，A公司拥有B公司90%的表决权，B公司拥有C公司80%的表决权，则A公司直接拥有B公司半数以上的表决权，B公司直接拥有C公司半数以上的表决权；再如，E公司拥有F公司90%的表决权、直接拥有G公司30%的表决权，F公司直接拥有G公司50%的表决权，则E公司直接拥有F公司半数以上的表决权，直接加间接合计拥有G公司半数以上的表决权。

怎样确定直接加间接合计拥有的被投资单位表决权的比例，通常有两种计算方法：一种是乘法，另一种是加法。以上述E、F、G公司为例，间接表决权比例按乘法计算，E公司间接持有G公司45%表决权（90%×50%），直接加间接合计持有75%表决权；按加法计算，则E公司间接持有G公司50%表决权，直接加间接合计持有80%表决权。

按我国现行合并财务报表有关规范，在确定对间接持股的被投资单位的表决权比例时，不采用乘法而是采用加法。

（3）投资方持有半数或半数以下的表决权但对被投资方拥有“权力”的其他情形。

有时投资者仅持有半数或半数以下的表决权，但综合考虑下列事实和情况后，判断投资方持有的表决权足以使其目前有能力主导被投资方相关活动的，视为投资方对被投资方拥有权力：

①投资方持权份额大小以及其他投资方持权的分散程度；

②投资方和其他投资方持有被投资方潜在表决权；

③其他合同安排产生的权利；

④被投资方以往的表决权行使情况等。

3.判断投资方对被投资方是否拥有主导权力的其他情形

（1）需要根据单方面主导被投资方相关活动的证据来判断是否拥有对被投资方的权力的情形。

某些情况下，投资方可能难以判断其享有的权利是否足以使其拥有对被投资方的权力，这时，投资方应考虑其具有实际能力以单方面主导被投资方相关活动的证据，从而判断其是否拥有对被投资方的权力。投资方应考虑的因素包括但不限于下列事项：

①投资方能否任命或批准被投资方的关键管理人员；

②投资方能否出于其自身利益决定或否决被投资方的重大交易；

③投资方能否掌控被投资方董事会等类似权力机构成员的任命程序，或者从其他表决权持有人手中获得代理权；

④投资方与被投资方的关键管理人员或董事会等类似权力机构中的多数成员是否存在关联方关系。

（2）在有多个投资者有权主导被投资方不同的相关活动时对拥有主导权力一方的判断。

如果两个或两个以上的投资者有权主导不同的相关活动，则投资者必须决定哪一项相关活动对被投资者的回报构成最大影响。能够主导对被投资方回报产生最重大影响活动的一方，拥有对被投资方的权力。例如，两个投资者成立一家公司以开发和推销医疗产品。其中一个投资者负责开发医疗产品及获得监管部门的批准——该责任包括单方面作出所有关于产品开发及获得监管部门批准的决策的能力。一旦产品获得监管部门批准，另一投资者将制造并推销该产品——该投资者具有单方面作出所有关于产品制造和推销的决策的能力。如果所有活动——医疗产品的开发和获得监管部门批准以及制造和推销——均是相关活动，则每一投资者需要确定其是否有能力主导对被投资者回报构成最大影响的活动。据此，每一投资者需要考虑对被投资者回报构成最大影响的活动是医疗产品的开发及获得监管部门批准，还是医疗产品的制造和推销，及其能否主导该活动。在确定哪一个投资者拥有主导的权力时，投资者将考虑：①被投资者的目的和设计；②确定被投资者利润率、收入和价值的因素以及医疗产品的价值；③每一投资者就②所述因素的决策权对于被投资者回报的影响；④投资者面临的可变回报的风险；⑤获得监管部门批准的不确定性及所需的工作（考虑投资者以往成功开发医疗产品并获得监管部门批准的记录）；⑥哪一个投资者将在开发阶段取得成功后控制该医疗产品。

（3）投资方拥有多数表决权但却并未拥有对被投资方的权力的情形。

拥有多数表决权但却无权支配被投资方的情况主要有：被投资方的相关活动听从于政府、法院、接收方、清算者等的命令。

综上所述，可以发现，确定投资方是否对被投资方拥有主导权力乃至投资方是否控制被投资方，要依据“实质重于形式”的原则根据具体情况进行判断。

（四）“控制”的其他问题

1.潜在表决权

投资方在确定能否控制被投资方时，还要考虑潜在表决权因素。这里应该注意解决三个问题：什么是潜在表决权？谁持有的潜在表决权以及何时的潜在表决权才能影响到控制关系的判断？

潜在表决权，是指可能赋予一企业对另一企业在财务和经营上的表决权的认股权证、股票买入期权、可转换债券和可转换股票等工具。如果持有被投资企业的认股权证、股票买入期权、可转换债券和可转换股票等工具的企业执行或转换这些工具，将增加本企业或者减少其他企业对被投资企业的表决权。也就是说，投资单位持有的被投资单位的潜在表决权一旦执行或转换，将增加投资单位的表决权比例；相反，其他单位持有的被投资单位的潜在表决权一旦执行或转换，将减少本投资单位的表决权比例。当然，如果潜在表决权直至将来某一日期发生某一事项时才能执行或转换，则该潜在表决权就不是当前可执行或可转换的，自然也就不会对本期控制关系的判断产生影响。

所以，出于确定合并范围的需要①，投资方在评估本企业是否有统驭被投资方的财务和经营政策的权利时，需要考虑本企业和其他企业持有的被投资方的当期可转换公司债券、当期可执行的认股权证。

例如，投资者A持有被投资者70%的表决权；投资者B持有被投资者30%的表决权，以及购入投资者A一半表决权的选择权。该选择权可在未来两年内按固定价格行使并且深度蚀价（且预计在该两年期间内一直会保持深度蚀价）。投资者A一直行使其表决权并积极主导被投资者的相关活动。在这种情况下，投资者A很可能满足拥有权力的标准，因为其似乎在当前有能力主导相关活动。尽管投资者B拥有当前可行使的购买额外表决权的选择权（若行使该选择权，投资者B将取得被投资者占多数的表决权），但是该等选择权相关的条款和条件使得该选择权不被视为具有实质性。再比如，投资者A及其他两个投资者各自持有被投资者1/3的表决权。被投资者的经营活动与投资者A紧密相关。除权益工具外，投资者A还持有可在任何时候按固定价格转换成被投资者普通股的债务工具，该工具为蚀价（但非深度蚀价）。如果对该债务工具进行转换，投资者A将持有被投资者60%的表决权。如果该债务工具被转换成普通股，投资者A将能够从所实现的协同效应中获益。投资者A具有主导被投资者的权力，因为其持有的被投资者表决权连同潜在表决权使其在当前有能力主导相关活动。

2.实质性权利与保护性权利

投资方在判断其是否拥有对被投资方的权力时，应当仅考虑与被投资方相关的实质性权利，包括自身所享有的实质性权利以及其他方所享有的实质性权利。仅享有保护性权利的投资方不拥有对被投资方的权力。

实质性权利是指持有人在对相关活动进行决策时有实际能力行使的可执行权力。判断一项权利是否为实质性权利，应当综合考虑所有相关因素，包括：权利持有人行使该项权利是否存在财务、价格、条款、机制、信息、运营、法律法规等方面的障碍（例如，若行使该权利则须支付大额罚款或费用）；当权利由多方持有或者行权需要多方同意时，是否存在实际可行的机制使得这些权利持有人在其愿意的情况下能够一致行权；权利持有人能否从行权中获利（例如，通过行使"溢价"看涨期权获利）等等。在某些情况下，其他方享有的实质性权利有可能会阻止投资方对被投资方的控制。这种实质性权利既包括提出议案以供决策的主动性权利，也包括对已提出议案作出决策的被动性权利。

保护性权利是指仅为了保护权利持有人利益却没有赋予持有人对相关活动决策权的一

① 在编制合并财务报表过程中，在确定少数股东损益份额及少数股东权益份额时，则无须考虑潜在表决权因素。

项权利。保护性权利通常只能在被投资方发生根本性改变或某些例外情况发生时才能够行使，它既没有赋予其持有人对被投资方拥有权力，也不能阻止其他方对被投资方拥有权力。保护性权利的例子可能包括批准新的债务融资的权利、持有被投资者非控制性权益的一方批准被投资者发行额外权益工具的权利，或者放款人在违约时取得资产的权利。

3.委托人与代理人问题

投资方在判断是否控制被投资方时，应当确定其自身是以主要责任人还是代理人的身份行使决策权；在其他方拥有决策权的情况下，还需要确定其他方是否以其代理人的身份代为行使决策权。如果代理人仅代表主要责任人行使决策权，不控制被投资方；投资方将被投资方相关活动的决策权委托给代理人的，应当将该决策权视为自身直接持有。在判断决策者是不是代理人时，应当综合考虑该决策者与被投资方以及其他投资方之间的关系。存在单独一方拥有实质性权利可以无条件罢免决策者的，该决策者为代理人。此外，应综合考虑决策者对被投资方的决策权范围、其他方享有的实质性权利、决策者的薪酬水平、决策者因持有被投资方中的其他权益所承担可变回报的风险等相关因素。

（五）母公司是投资性主体时合并范围的确定

母公司同时满足下列条件时，该母公司属于投资性主体：①以向投资者提供投资管理服务为目的；②该公司的唯一经营目的是通过资本增值、投资收益或两者兼有而让投资者获得回报；③该公司按照公允价值对几乎所有投资的业绩进行考量及评价。作为投资性主体的母公司，通常应具有如下特征：①拥有一个以上投资；②拥有一个以上投资者；③投资者不是该主体的关联方；④其所有者权益以股权或类似权益方式存在。

母公司属于投资性主体时，应当纳入其合并范围的仅是为其投资活动提供相关服务的子公司，其他子公司不应纳入合并范围。母公司对非为其投资活动提供相关服务的子公司的投资，应按公允价值计量并将公允价值变动计入当期损益。可见，只存在“非为其投资活动提供相关服务的子公司”时，母公司不编制合并财务报表。

投资性主体的母公司本身不是投资性主体的，该母公司应当将其控制的全部主体（包括那些通过投资性主体所间接控制的主体）纳入合并范围。

母公司由投资性主体转变为非投资性主体时，应将原未纳入合并范围的子公司于转变日纳入合并范围，原未纳入合并范围的子公司在转变日的公允价值视同购买的交易对价；当母公司由非投资性主体转变为投资性主体时，除仅将为其投资活动提供相关服务的子公司纳入合并范围之外，企业自转变之日起对其他子公司不再予以合并，按照视同在转变日处置子公司但保留剩余股权的原则进行会计处理。

四、合并财务报表的编制程序

（一）编制原则

编制合并财务报表，应该在统一会计期间、统一会计政策的前提下，遵循以下原则：

（1）以个别报表为基础原则。一方面，以个别报表为基础是真实性原则的要求；另一方面，以个别报表为基础这一原则也解释了为什么在合并日后的以后各期编报合并财务报表时需要在合并财务报表工作底稿中对“未分配利润（期初）”项目进行调整。

（2）一体性原则。这一原则决定了在编制合并财务报表时对集团内部交易和事项要予以抵销。

（3）重要性原则。根据这一原则，对合并财务报表项目可进行适当的取舍，对集团内部交易或事项可根据需要决定是否全部予以抵销。

（二）基础工作

合并财务报表的编制，必须做好以下基础工作：

（1）统一会计政策。母公司应当统一子公司所采用的会计政策，使子公司采用的会计政策与母公司的会计政策保持一致。如果子公司采用的会计政策与母公司的不一致，应当按照母公司的会计政策对子公司财务报表进行必要的调整，或者要求子公司按照母公司的会计政策另行编制财务报表。[①]

（2）统一会计期间。母公司应当统一子公司的会计期间，使子公司的会计期间与母公司的会计期间保持一致。如果子公司的会计期间与母公司的不一致，应当按照母公司的会计期间对子公司财务报表进行必要的调整，或者要求子公司按照母公司的会计期间另行编制财务报表。

（3）备齐相关资料。子公司除了应当向母公司提供财务报表以外，还应当向母公司提供下列有关资料：采用的与母公司不一致的会计政策及其影响金额；与母公司不一致的会计期间说明；与母公司、其他子公司之间发生的所有内部交易的相关资料；所有者权益变动的有关资料；编制合并财务报表需要的其他有关资料。

（三）编制步骤

在合并财务报表的编制过程中，需要以母公司和纳入合并范围的子公司的个别财务报表为依据，还要进行必要的抵销与调整处理，数据量以及处理数据的工作量都比较庞大，所以，一般要借助于计算表格或工作底稿来整理数据。本教材主要介绍工作底稿法。

工作底稿法下编制合并财务报表的步骤如图2-1所示。

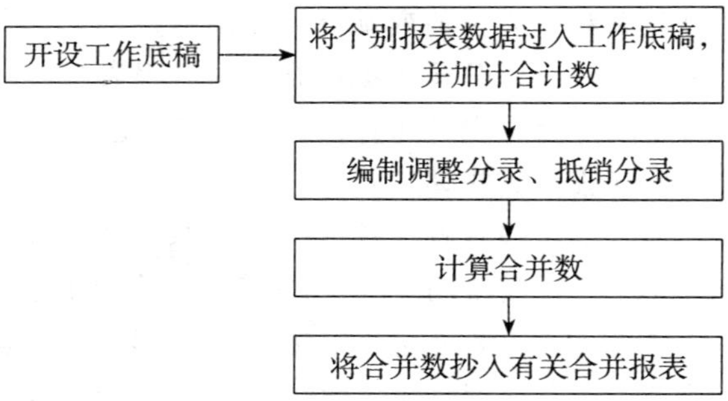

图2-1　工作底稿法下编制合并财务报表的步骤

下面对图2-1进行解释。

第一步：开设合并财务报表工作底稿。

一般地，合并利润表工作底稿、合并所有者权益变动表工作底稿和合并资产负债表工作底稿合在一张工作底稿中，合并现金流量表工作底稿单独设置。

合并财务报表工作底稿的格式为：纵向设置报表项目，横向分别设置“个别报表”、“合计数”、“调整与抵销分录”及“合并数”四大栏。合并财务报表工作底稿具体格式参见表2-1。

---

① 首次执行企业会计准则情况下，如果子公司执行企业会计准则而母公司尚未执行，母公司可以对子公司财务报表按母公司会计政策进行调整，也可以不进行调整而直接合并；如果母公司执行企业会计准则而子公司尚未执行，则母公司应对子公司会计报表按母公司会计政策进行调整，然后再行合并。

表 2-1　**合并财务报表工作底稿**　单位：元

项　目	个别报表		合计数	调整与抵销分录		合并数
	母公司	子公司		借	贷	
资产负债表项目：						
⋮						
利润表项目：						
⋮						
所有者权益变动表中的有关利润分配项目：						
⋮						

第二步：将母公司和纳入合并范围的诸子公司个别报表资料抄入合并财务报表工作底稿中的“个别报表”大栏中的具体栏目，并加计合计数。

第三步：根据有关资料，在合并财务报表工作底稿“调整与抵销分录”栏中编制调整与抵销分录。为了清楚起见，也可以分别设置“调整分录”栏和“抵销分录”栏，这时，抵销分录的编制基础就是“个别报表”数据与“调整分录”数据之和。这里的调整分录主要是指编制抵销分录前对个别报表有关项目所作的调整，这里的抵销分录则是为了抵销内部交易对个别报表有关项目的影响。

第四步：根据“合计数”栏与“调整与抵销分录”栏资料，计算各项目的合并数。合并数的具体计算方法是：

（1）资产类项目、成本费用类项目、利润分配项目等，用“合计数”加上“调整与抵销分录”栏的借方金额、减去“调整与抵销分录”栏的贷方金额，得出合并数；

（2）负债类项目、股东权益类项目、收入类项目等，用“合计数”加上“调整与抵销分录”栏的贷方金额、减去“调整与抵销分录”栏的借方金额，得出合并数；

（3）资产备抵项目、弥补亏损项目，分别与资产项目、利润分配项目的计算方法中对“调整与抵销分录”栏借、贷方金额的加、减方向相反。

第五步：根据合并财务报表工作底稿中的“合并数”栏资料，登记各合并财务报表。

可见，工作底稿法下合并财务报表编制过程的关键步骤是有关调整和抵销分录的处理。

（四）关于调整处理

进行抵销处理之前需要对个别报表有关项目进行调整。由于企业合并分为同一控制下企业合并和非同一控制下企业合并两种类型，而两种类型企业合并形成的子公司在合并资产负债表中净资产的报告价值及其对合并所有者权益的影响结果有所不同，所以，两种类型下合并财务报表工作底稿的调整内容可能有所不同。有关的调整处理主要有以下两类：

第一类：为统一会计政策、统一会计期间所作的调整，以实现抵销前的数据基础可比性。母公司应当统一子公司所采用的会计政策，使子公司采用的会计政策与母公司的会计政策保持一致；如果子公司采用的会计政策与母公司的不一致，应当按照母公司的会计政策对子公司财务报表进行必要的调整，或者要求子公司按照母公司的会计政策另行编制财务报表。母公司还应当统一子公司的会计期间，使子公司的会计期间与母公司的会计期间保持一致；如果子公司的会计期间与母公司的不一致，应当按照母公司的会计期间对子公司财务报表进行必要的调整，或者要求子公司按照母公司的会计期间另行编制财务报表。

第二类：对非同一控制下企业合并取得的子公司，要对子公司可辨认净资产按合并日公允价值为报告基础进行调整，以满足所选择的合并理念的要求。根据实体理念，子公司各项可辨认净资产在合并报表中应按合并日公允价值为基础进行报告。合并日合并报表中子公司各项可辨认净资产按合并日公允价值报告，而合并日后每期末的合并资产负债表中，子公司可辨认净资产的报告价值并不是期末评估的公允价值，而是按合并日公允价值作为基础，再结合相关资产、负债报告期内的价值变动，对子公司个别报表账面价值进行调整。这样做的结果，使子公司净资产在合并报表中的报告，既保持了各期合并报表对子公司净资产报告价值的连续性，又维护了与相关会计准则对各项资产、负债后续计量规范的一致性。

值得一提的是，还可以将母公司对子公司长期股权投资的成本法结果按权益法进行调整。这一调整满足了会计实务工作者长期以来对抵销分录编制基础的惯性思维。值得一提的是，从母公司对子公司的长期股权投资来看，从“消除公司间关系一切痕迹”的理念出发，抵销分录的结果只能有一个：母公司对子公司的“长期股权投资”和“投资收益”等一切受到对子公司股权投资影响的有关报表项目的影响金额均应抵销为零。既然如此，在成本法基础上进行抵销和在权益法基础上进行抵销，都能达到这个结果，只不过抵销分录涉及的具体项目或金额不完全相同而已。从这个意义上来说，工作底稿中将成本法调整为权益法这一调整工作实际上可以省略。[①]

（五）关于抵销处理

合并财务报表编制程序中的核心环节是进行有关的抵销处理，也就是说，要在合并财务报表工作底稿中，编制各类有关的抵销分录。现在的问题是：第一，为什么要编制抵销分录？第二，抵销分录的类别主要有哪些？

1.抵销处理的意义

合并报表编制程序中抵销处理的目的在于：确定合并报表数据。从合并财务报表的特点可见，合并财务报表反映的是包括母公司和纳入合并范围的子公司在内的、经济意义上的一个整体的财务状况、经营成果和现金流量信息，所以，构成这个整体的各成员企业之间的交易，从合并报表的视角来看，属于内部交易；在依据个别报表编制合并报表时，内部交易对相关成员企业个别报表产生的影响，应予以抵销，以便生成能够真正反映相关成员企业构成的企业集团整体的“合并”财务信息。例如，母公司、子公司期末“应收账款”的余额分别是3 000万元和2 000万元，如果母公司应收账款余额中有900万元是应向子公司收取的销货款，则母、子公司构成的一个报告主体所提供的合并报表，应收账款报告价值应为4 100万元，表示该主体应向本主体以外债务人收取的货款。因此，在合并财务报表工作底稿中，要将这内部交易导致的债权、债务予以抵销。

值得一提的是，由于这里的抵销分录只能在合并财务报表工作底稿里编制，所以，抵销分录中涉及的对象应该是有关的报表项目而不是会计科目。这就可以解释以下两个问

① 2014年7月1日起实施的修订后的《企业会计准则第33号——合并财务报表》中，已经取消了这一调整规定。

题：第一，为什么合并资产负债表、合并利润表以及合并所有者权益变动表的工作底稿需要合并设置，而合并现金流量表工作底稿则与上述合并财务报表工作底稿没有联系；第二，为什么抵销分录对个别报表没有任何影响，从而导致以后报告期末编制合并报表时可能涉及对“未分配利润（期初）”项目的调整。

2.抵销处理的类别

按内部交易类别对抵销处理进行归类，将合并财务报表工作底稿中的抵销处理分为以下四大类：

第一类：与内部股权投资有关的抵销处理；

第二类：与内部债权、债务有关的抵销处理；

第三类：与内部存货交易、固定资产交易、无形资产交易等内部资产交易有关的抵销处理；

第四类：与内部现金流动有关的抵销处理。

显而易见，上述第四类抵销处理，只能影响到合并现金流量表项目，从而仅与合并现金流量表的编制有关。而上述第一、二、三类抵销处理，直接或间接服务于合并资产负债表、合并利润表及合并所有者权益变动表的信息生成，其中，有的抵销分录仅仅涉及合并资产负债表有关项目（如抵销内部应收账款和应付账款），有的抵销分录则只与合并利润表项目有关（如抵销内部资产交易导致的营业收入和营业成本），而有的抵销分录则同时影响合并资产负债表和合并利润表项目（如抵销按内部应收账款计提的坏账准备）。正因为如此，我们从第二节开始，就依内部交易类别的抵销处理这一线索，来分析合并资产负债表、合并利润表、合并所有者权益变动表、合并现金流量表的编制。第二节、第三节和第四节主要介绍合并财务报表编制程序中最常见的调整与抵销处理，第五节则将就合并财务报表编制过程中的其他问题进行说明。

第二节　与内部股权投资有关的抵销处理

一、基本原理

与企业集团内部成员企业之间股权投资有关的业务主要包括：第一，投资方对被投资方进行股权投资；第二，投资后被投资方向投资方宣派股利。以母公司对子公司的股权投资为例。[①]母公司为取得对子公司的控股权进行股权投资时，一方面增加母公司的长期股权投资，另一方面形成子公司的股本；股权投资之后的各报告期内，子公司宣告分派的现金股利，会导致母公司确认投资收益。从企业集团的角度来看，这种股权投资引致的长期股权投资、股本、投资收益及利润分配等会计要素的变动，源于内部股权投资业务；而从编制合并财务报表的角度来看，这些内部股权投资业务的确认与计量对投资双方个别报表数据产生的影响，应予以抵销。

---

①　企业集团内部子公司互相之间的股权投资、企业集团成员企业之间股权投资确认为交易性金融资产、可供出售金融资产的，相关的影响同样应予以抵销，基本原理比照母公司对子公司股权投资的抵销。子公司持有母公司的长期股权投资，应当视为企业集团的库存股，在合并资产负债表中作为所有者权益的减项。

（一）合并日（即控股权取得日）的抵销处理

合并日应编制合并财务报表，编制合并财务报表时应进行相应的调整与抵销处理。根据现行会计准则，无论是同一控制下的企业合并还是非同一控制下的企业合并，合并日都需编制合并资产负债表；如果是期中进行的同一控制下企业合并，合并日还需编制年初至合并日的合并利润表、合并现金流量表。合并日的合并财务报表的编制具有以下几个要点：

第一，需要进行必要的调整处理。

第二，一般只需进行与内部股权投资有关的抵销处理。

第三，在进行与内部股权投资有关的抵销处理时，一般只涉及将投资方的长期股权投资与被投资方的股东权益相抵销（有时还会涉及少数股东权益的确认），而不会涉及股权投资收益有关的抵销处理。

（二）合并日后的抵销处理

合并日后的各个资产负债表日，编制合并财务报表的过程中，一方面应将母公司对子公司的长期股权投资余额与子公司的股东权益中归属于母公司的股东权益予以抵销；另一方面需要将报告期内母公司来自于子公司的股权投资收益与子公司的股利分配中归属于母公司应享有的部分进行抵销。

（三）少数股东权益

所谓少数股东权益，也称非控制性权益（non-controlling interests），是指子公司股东权益中非属母公司所拥有的那部分股权，是相对于控股权益而言的。少数股东权益显然产生于子公司非母公司全资投资的场合，而少数股东权益的报告却只与合并财务报表有关。与少数股东权益相关的另一个重要概念是少数股东损益。少数股东损益是子公司当年实现净损益中少数股东应享有的份额，在金额上相当于子公司当年净损益与少数股东持股比例之乘积。同净收益将增加公司股东权益一样，少数股东损益无疑将增加（或减少）企业集团少数股东权益。报告期内子公司股东权益的任何变化都会引起少数股东权益的变动。少数股东权益是在编制合并资产负债表中确认的；少数股东损益则是在编制合并利润表中确认的。而合并资产负债表中少数股东权益的报告价值是多少、在合并报表中如何列报，少数股东损益在合并利润表中如何列报、金额如何计量，都取决于合并报表的不同合并理论。现行会计准则基本上采用了实体理论，即将少数股东权益作为合并股东权益的组成部分，在合并资产负债表中的股东权益部分单项列报；少数股东享有的损益，作为合并利润表中合并净利润的组成部分，在“净利润”项下单独列报。

无论是在编制合并日的合并报表还是在编制合并日后的合并报表时，都需要在合并资产负债表中将子公司股东权益中属于少数股东享有的份额确认为少数股东权益；在编制合并日后各期的合并利润表时，需要将子公司报告期内实现的净利润中属于少数股东享有的部分，确认为少数股东损益；子公司报告期内股利分配额中归属于少数股东的部分，增加少数股东权益。

综上所述，可以得出两个结论：

第一，与内部股权投资相关的抵销处理的结果是：合并资产负债表中“长期股权投资”项目能够反映企业集团报告期末的对外长期股权投资价值；合并资产负债表中的股东权益合并数能够反映母公司的股东和子公司来自于除母公司以外的股东对母、子公司净资产所拥有的权益之和；合并利润表中的“投资收益”项目剔除了来自于内部股权投资的收益；合并所有者权益变动表中的股利分配项目只反映对母公司股东进行的股利分配。

第二，理解这一类抵销分录的关键有三点：一是要区分母公司对子公司的长期股权投资是同一控制下企业合并形成的还是非同一控制下企业合并形成的；二是要注意区分母公司对子公司是否是全资投资；三是注意有关长期股权投资减值准备的抵销思路。

下面，分别合并日、合并日后两种情况，介绍合并报表编制过程中与内部股权投资有关的抵销处理。

二、合并日合并财务报表工作底稿中的相关抵销处理

（一）同一控制下企业合并

1.一次投资实现的控股合并

对于一次投资实现的同一控制下的控股合并，一方面，在编制合并日合并资产负债表时，被合并方的各项资产、负债，应按其账面价值计量；如果被合并方采用的会计政策与合并方不一致，应按照合并方采用的会计政策进行调整，以调整后的账面价值计量。也就是说，应对合并方与被合并方的资产、负债按照一致会计政策下的账面价值予以合并。另一方面，合并方对被合并方的长期股权投资的入账价值按合并日被合并方所有者权益账面价值的份额计量。在这种情况下，合并日合并方与合并资产负债表有关的抵销分录为：

借：股本
　　资本公积
　　其他综合收益　　[子公司报告价值]
　　盈余公积
　　未分配利润
　贷：长期股权投资　　[母公司对该子公司长期股权投资报告价值]
　　　少数股东权益　　[子公司股东权益与少数股东持股比例之乘积]　（1）

下面举例予以说明。

[例2-1] 控股合并形成全资母公司的情况。

资料：A、B两个公司合并前的资料见例1-6中的表1-8、表1-9；2×18年6月末A公司用账面价值500万元、公允价值580万元的库存商品和100万元的银行存款给B公司的原股东，取得B公司100%的股权。有关账务处理见表1-10。合并后双方的个别报表资料见表2-2中的“个别报表”栏目。

要求：进行合并日A公司编制合并财务报表工作底稿中的有关处理。

分析：由于A公司与B公司的合并使A公司成为B公司的全资母公司，所以，合并日A公司在编制合并资产负债表时应编制的有关抵销分录为：

将母公司对子公司的长期股权投资与子公司的股东权益相抵销：

借：股本　　4 000 000
　　资本公积　　1 000 000
　　盈余公积　　500 000
　　未分配利润　　1 500 000
　贷：长期股权投资　　7 000 000

将上述抵销分录抄到合并财务报表工作底稿中，则A公司编制的合并日合并财务报表工作底稿（简表）见表2-2中的“调整与抵销分录”栏目。A公司应根据工作底稿中计算

确定的“合并数”栏数字填制合并日合并资产负债表。

表 2-2 合并日合并财务报表工作底稿（简表） 单位：万元

项　目	个别报表		调整与抵销分录		合并数
	母公司（A）	子公司（B）	借	贷	
流动资产	700	200			900
固定资产	1 500	900			2 400
长期股权投资	700	0		700	0
负债	1 000	400			1 400
股本	1 000	400	400		1 000
资本公积	480*	100	100		480
盈余公积	200	50	50		200
未分配利润	220	150	150		220

注：*480=投资前余额380+投资处理中贷记的金额100（见例1-6）。

［例2-2］控股合并形成非全资子公司的情况。

资料： 在例1-7的基础上，另假定A公司与B公司的合并使A公司拥有了B公司80%的股权。

要求： 进行合并日母公司的有关会计处理。

分析： 合并日A公司应在工作底稿中编制将母公司对子公司的长期股权投资与子公司的股东权益相抵销并确认少数股东权益的分录：

借：股本　　4 000 000
　　资本公积　　1 000 000
　　盈余公积　　500 000
　　未分配利润　　1 500 000
　贷：长期股权投资　　5 600 000
　　　少数股东权益　　1 400 000

将上述抵销分录与调整分录抄到工作底稿中，则A公司编制的合并日合并财务报表工作底稿（简表）见表2-3。

表 2-3 合并日合并财务报表工作底稿（简表） 单位：万元

项　目	个别报表		调整与抵销分录		合并数
	母公司（A）	子公司（B）	借	贷	
流动资产	700	200			900
固定资产	1 500	900			2 400
长期股权投资	560	0		560	0
负债	1 000	400			1 400
股本	1 000	400	400		1 000
资本公积	340*	100	100		340
盈余公积	200	50	50		200
未分配利润	220	150	150		220
少数股东权益	—	—		140	140**

注：*340=投资前余额380－投资处理中借记的金额40（见例1-7）。

**140万元为合并日子公司股东权益中的20%。合并股东权益为1 900万元，其中归属于母公司股东的权益为1 760万元（1 000+340+200+220），少数股东享有140万元。

2.分步实现的控股合并

通过多次股权投资分步实现的控股合并，合并方在合并日合并财务报表工作底稿中的抵销分录与上述一次投资形成控股合并情况下的同一控制下企业合并合并日编制合并财务报表时的抵销处理相同。

［例2-3］分步投资实现控股合并的情况。

资料：见例1-10，即甲公司与乙公司在实现合并前即为同一控制下的两个公司。甲公司于2×17年7月初用银行存款2 500万元取得乙公司20%的股份，当日乙公司可辨认净资产账面价值为9 800万元、公允价值为10 000万元。取得投资后甲公司派人参与乙公司的生产经营决策，对该投资采用权益法核算。2×17年下半年乙公司实现净利润1 500万元，甲公司确认投资收益300万元（假定本例中投资时被投资方可辨认净资产公允价值与账面价值之差对权益法下投资收益的确定没有产生影响）；在此期间，乙公司未宣告发放现金股利或利润。2×18年1月，甲公司支付6 800万元进一步购入乙公司40%的股份，从而因拥有乙公司60%的表决权资本实现了与乙公司的合并。购买日乙公司可辨认净资产的账面价值11 300万元、公允价值为15 000万元。假定乙公司净资产公允价值高于账面价值的属于固定资产的评估增值；甲、乙公司合并日乙公司在最终控制方A公司合并财务报表中的所有者权益账面价值为11 300万元。不考虑相关税费及其他会计事项。

要求：根据上述资料进行甲公司的有关会计处理。

分析：甲公司有关会计处理如下：

①与个别报表相关的确认与计量，见例1-10。

②与合并日合并财务报表有关的会计处理：

在合并日合并财务报表工作底稿中，编制将母公司对子公司的股权投资与子公司股东权益相抵销的分录：

借：股本等股东权益	113 000 000	
贷：长期股权投资		67 800 000
少数股东权益		45 200 000

（二）非同一控制下企业合并

1.一次投资实现的控股合并

一次投资实现的非同一控制下的控股合并，合并日合并资产负债表的编制要点是：

（1）在合并日合并资产负债表里，因企业合并取得的被购买方各项可辨认资产、负债及或有负债，应当以公允价值列示。按照合并财务报表的实体理论，无论母公司取得的子公司股权份额是否为100%，合并资产负债表中子公司各项可辨认资产、负债及或有负债均按公允价值报告。这就意味着，在母公司非100%控股的情况下，合并报表中少数股东权益中包含的子公司可辨认净资产也按其公允价值报告。根据我国现行合并财务报表准则，子公司可辨认净资产按公允价值调整后，如果计税基础不变，则还需要在合并报表中确认相关资产或负债的递延所得税。

（2）根据我国现行的企业会计准则，母公司的合并成本大于取得的子公司可辨认净资产公允价值份额的差额，即母公司对子公司的长期股权投资（按合并成本计量）大于母公司在子公司所有者权益（按公允价值计量）中所享有的份额的差额，列作商誉。在存在少数股权的情况下，这就意味着合并商誉中并未包含子公司归属于少数股东的商誉。

（3）母公司的合并成本小于取得的子公司可辨认净资产公允价值份额的差额，即母公司对子公司的长期股权投资（按合并成本计量的）小于母公司在子公司所有者权益（按公允价值计量）中所享有的份额的差额，在合并日合并资产负债表中调整留存收益①。

综上所述，合并日合并方与合并资产负债表有关的调整与抵销分录为：

首先，将子公司可辨认净资产调整至公允价值：

借：有关资产　　［子公司有关资产公允价值与账面价值之差］　A

　贷：资本公积*　　［A与B之差］

　　递延所得税负债　　［A×所得税税率］　B

注：*资产的调整减值做相反处理，负债的调整与资产的调整方向相反。资产调整减值或负债调整增值还会涉及递延所得税资产的确认。

然后，将母公司对子公司的股权投资与子公司的股东权益相抵销，并确认少数股东权益：

借：股本
　　资本公积
　　其他综合收益　　［子公司调整后价值］　A
　　盈余公积
　　未分配利润

　　商誉　　［B大于A×母公司持股比例的差额］　D_1

　贷：长期股权投资　　［母公司对该子公司长期股权投资报告价值］　B

　　少数股东权益　　［A×少数股东持股比例］　C

　　未分配利润　　［B小于A×母公司持股比例的差额］　D_2（2）

下面举例予以说明。

［例2-4］母公司的合并成本大于取得的子公司可辨认净资产公允价值份额——100%控股的情况。

资料：A、B公司为非同一控制下的两个企业。合并前双方可辨认净资产价值资料见表2-4。

表2-4　　合并双方合并前净资产价值资料　　单位：万元

资产				权益			
项目	A公司	B公司		项目	A公司	B公司	
	账面价值	账面价值	公允价值		账面价值	账面价值	公允价值
流动资产	1 000	200	200	负债	900	400	400
固定资产	1 800	900	1 000	股本	1 000	400	
长期股权投资	0	0		资本公积	200	100	
				盈余公积	300	50	
				未分配利润	400	150	

① 如果编制合并利润表，这个差额需要调整营业外收入项目，从而对资产负债表的留存收益产生影响；由于合并日不编制合并利润表，所以直接调整留存收益项目。

2×18年6月末，A公司用账面价值为500万元、公允价值为580万元的库存商品和300万元的银行存款作为合并对价支付给B公司的原股东，换取B公司100%的股权，从而成为B公司的全资母公司。相关税费略。合并后双方个别资产负债表资料见表2-5中的“个别报表”栏。

要求：根据上述资料，说明被购买方各项可辨认净资产的列示以及合并商誉在合并日合并资产负债表工作底稿中的产生过程。

分析：在合并财务报表工作底稿中，为了将被购买方可辨认资产、负债在合并财务报表中按公允价值报告，就需要将固定资产公允价值大于账面价值的差额编制调整分录，然后再编制有关的抵销分录。所以：

①调整对子公司有关资产的报告价值：

借：固定资产　1 000 000

　贷：资本公积　750 000

　　递延所得税负债　250 000

②抵销母公司对子公司的投资：

借：股本等股东权益　7 750 000

　商誉　1 050 000

　贷：长期股权投资　8 800 000

将上述调整分录与抵销分录抄入工作底稿（简表），见表2-5。

表2-5　合并日合并财务报表工作底稿（简表）　单位：万元

项　目	个别报表		调整与抵销分录		合并数
	母公司	子公司	借	贷	
流动资产	200	200			400
固定资产	1 800	900	①100		2 800***
长期股权投资	880	0		②880	0
商誉	0	0	②105**		105
负债	900	400		①25	1 325
股东、资本公积、留存收益	1 980	700	②775*	①75	1 980

注：*775=700+75。

**商誉等于合并成本大于合并中取得的被购买方可辨认净资产公允价值份额的差额，即105=880-775。

***合并日对取得的子公司固定资产按公允价值报告，2 800=1 800+（900+100）。

也可以将上述调整分录与抵销分录合编，即：

借：股本等股东权益　7 000 000

　固定资产　1 000 000

　商誉　1 050 000

　贷：长期股权投资　8 800 000

　　递延所得税负债　250 000

这种情况下的合并财务报表工作底稿（简表）见表2-6。

表 2-6 合并日合并财务报表工作底稿（简表） 单位：万元

项　目	个别报表		调整与抵销分录		合并数
	母公司	子公司	借	贷	
流动资产	200	200			400
固定资产	1 800	900	100		2 800
长期股权投资	880	0		880	0
商誉	0	0	105		105
负债	900	400		25	1 325
股东、资本公积、留存收益	1 980	700	700		1 980

［例 2-5］母公司的合并成本大于取得的子公司可辨认净资产公允价值份额——非100%控股的情况。

资料：假定A公司2×18年6月末取得的B公司股权份额为80%，其他资料见例2-4。

要求：编制有关调整与抵销分录。

分析：按现行会计准则，控股合并日母公司编制合并报表时整合编制的调整与抵销分录如下：

借：股本等股东权益　　7 000 000
　　固定资产　　1 000 000
　　商誉　　2 600 000
　贷：长期股权投资　　8 800 000
　　　少数股东权益（7 750 000×20%）　　1 550 000
　　　递延所得税负债　　250 000

有关合并财务报表工作底稿（简表）见表2-7。

表 2-7 合并财务报表工作底稿（简表）（部分商誉法） 单位：万元

项　目	个别报表		调整与抵销分录		合并数
	母公司	子公司	借	贷	
流动资产	200	200			400
固定资产	1 800	900	100		2 800*
长期股权投资	880	0		880	0
商誉	0	0	260		260**
负债	900	400		25	1 325
股本、资本公积、留存收益	1 980	700	700		1 980
少数股东权益	—	—		155	155**

注：*合并日对取得的子公司固定资产100%按公允价值报告，即2 800=1 800+（900+100），符合合并财务报表的实体理论。

**由于子公司可辨认净资产全部按公允价值报告，合并商誉却仅按母公司拥有的部分计量，所以，少数股东权益只能按子公司可辨认净资产公允价值中少数股东拥有的份额计算。

商誉等于合并成本大于合并中取得的被购买方可辨认净资产公允价值份额的差额，即260=合并成本880-［（可辨认净资产账面价值1 100-400）+资产增值100-资产增值确认的递延所得税负债25］×80%，可见，这里不包括归属于少数股东的商誉65万元（（880÷80%-775）×20%），这是“部分商誉法”。如果按照“全部商誉法”，本例中有关合并商誉应包括少数股东应享有的合并商誉；如果用母公司合并成本隐含的子公司购买价格作为子公司公允价值的话，全部商誉法下的合并商誉为325万元（880÷80%-775），则有关调整与抵销分录及合并商誉、少数股东权益的计价（简表）见表2-8。

表2-8　合并财务报表工作底稿（简表）（全部商誉法）　单位：万元

项　目	个别报表		调整与抵销分录		合并数
	母公司	子公司	借	贷	
流动资产	200	200			400
固定资产	1 800	900	100		2 800
长期股权投资	880	0		880	0
商誉	0	0	325		325
负债	900	400		25	1 325
股本、资本公积、留存收益	1 980	700	700		1 980
少数股东权益	—	—		220	220*

注：*220=（775+325）×20%。

［例2-6］母公司的合并成本小于取得的子公司可辨认净资产公允价值份额——100%控股的情况。

资料：见例2-4。假定A公司仅以580万元的存货（账面价值500万元）作为合并对价取得B公司全部股权，其他资料不变。

要求：编制有关调整与抵销分录。

分析：控股合并日编制合并报表时母公司整合编制的调整与抵销分录如下：

借：股本等股东权益　7 000 000
　　固定资产　1 000 000
　贷：长期股权投资　5 800 000
　　　未分配利润　1 950 000
　　　递延所得税负债　250 000

合并日合并资产负债表资料的产生过程（简表）见表2-9。

表2-9　合并财务报表工作底稿（简表）　单位：万元

项　目	个别报表		调整与抵销分录		合并数
	母公司	子公司	借	贷	
流动资产	500	200			700
固定资产	1 800	900	100		2 800
长期股权投资	580	0		580	0
商誉	0	0			0
负债	900	400		25	1 325
股东、资本公积、留存收益	1 980	700	700	195	2 175

［例2-7］母公司的合并成本小于取得的子公司可辨认净资产公允价值份额——非100%控股的情况。

资料：见例2-6。假定A公司仅取得B公司80%股权，其他资料不变。

问题：A公司编制合并报表时应如何进行调整与抵销处理？

分析：控股合并日编制合并财务报表时母公司整合编制的调整与抵销分录如下：

借：股本等股东权益 7 000 000
　　固定资产 1 000 000
　贷：长期股权投资 5 800 000
　　　少数股东权益 1 550 000
　　　未分配利润 400 000
　　　递延所得税负债 250 000

合并日合并资产负债表资料的产生过程（简表）见表2-10。

表2-10 合并财务报表工作底稿（简表） 单位：万元

项　目	个别报表		调整与抵销分录		合并数
	母公司	子公司	借	贷	
流动资产	500	200			700
固定资产	1 800	900	100		2 800
长期股权投资	580	0		580	0
商誉	0	0			0
负债	900	400		25	1 325
股本、资本公积、留存收益	1 980	700	700	40	2 020
少数股东权益	—	—		155	155

2.多次投资分步实现的非同一控制下控股合并

通过多次股权投资实现的非同一控制下企业合并，合并方在合并日编制合并资产负债表的要点是：

（1）对于合并日之前已经持有的对被合并方的股权投资，按照其在合并日的公允价值进行重新计量，公允价值与账面价值之差，计入当期投资收益。

（2）合并日之前持有的被合并方股权于合并日的公允价值，加上合并日新购入股权所支付对价的公允价值，两者之和作为合并日合并报表中的合并成本。

（3）比较合并成本与合并日被合并方可辨认净资产公允价值中合并方应享有的份额，确定合并日应确认的合并商誉或应计入未分配利润的金额（“负商誉”本应计入当期损益，但由于合并日不编制合并利润表，所以直接计入合并资产负债表的“未分配利润”项目）。

（4）合并方对于合并日之前持有的被合并方股权涉及的其他综合收益中合并方应享有的部分，转为合并日所属当期投资收益。

［例2-8］分步投资实现控股合并时合并财务报表的编制。

资料：见例1-19。甲公司合并日与个别报表相关的确认与计量见例1-19。

要求：根据上述资料进行合并日编制合并财务报表时有关的会计处理。

分析：合并日编制合并财务报表时有关的会计处理如下：

（1）有关计算：

①对原有股权投资进行重新计量：

假定其公允价值为3 000万元

应调整金额=3 000-（2 500+300）=200（万元）

②计算合并成本：

合并成本=3 000+6 800=9 800（万元）

③计算合并商誉：

合并商誉=9 800-（15 000-3 700×25%）×60%=1 355（万元）

（2）合并财务报表工作底稿中的有关调整与抵销分录：

①将合并前原持有投资账面价值调整至公允价值：

借：长期股权投资	2 000 000	
贷：投资收益		2 000 000

②将母公司对子公司的股权投资与子公司股东权益相抵销，并确认少数股东权益：

借：股本等股东权益	113 000 000	
固定资产	37 000 000	
商誉	13 550 000	
贷：长期股权投资		98 000 000
少数股东权益		56 300 000
递延所得税负债		9 250 000

三、合并日后合并财务报表工作底稿中的相关抵销处理

（一）初步分析

与合并日相比，合并日后各资产负债表日编制合并财务报表时，内部股权投资双方（以母公司对子公司股权投资为例）的相关报表项目可能已经发生变动，所以，相关的抵销处理也就比较复杂。这个“复杂”表现在需要考虑以下问题：

第一，母公司对子公司的股权投资收益如何抵销；

第二，子公司实现的净利润对少数股东损益、少数股东权益的影响如何确认；

第三，子公司的对内股利分配如何抵销；

第四，以前期间的上述抵销处理对本期期初未分配利润的影响如何处理；

第五，内部长期股权投资的减值准备应如何抵销；

第六，在进行相关抵销处理之前，母公司对子公司的长期股权投资是否需要由成本法调整到权益法；调整与不调整两种情况下的抵销处理有什么区别。

如果先不考虑同一控制下企业合并与非同一控制下企业合并在抵销分录中的区别[①]，

① 同一控制下企业合并与非同一控制下企业合并在抵销分录中的区别主要体现在三个方面：是否需要根据合并日子公司可辨认资产、负债的公允价值编制调整分录；少数股东权益以子公司可辨认净资产账面价值还是公允价值为确定依据；是否需要确认合并商誉。

也不考虑内部股权投资计提减值准备的抵销问题，则与内部股权投资有关的抵销处理分别两种情况阐述如下：

情况1：将母公司对子公司的长期股权投资由成本法调整到权益法之后再进行抵销处理。

在这种情况下，每期末编制合并报表时与内部股权投资有关的抵销处理中，包括与合并资产负债表项目有关的抵销处理和与合并利润表及合并所有者权益变动表项目有关的抵销处理两个方面：

（1）将母公司对子公司的股权投资余额与子公司的股东权益余额相抵销，并确认少数股东权益（直接涉及合并资产负债表项目）：

借：股本 资本公积 其他综合收益 盈余公积 未分配利润	［子公司期末报告价值］
贷：长期股权投资	［母公司对子公司股权调整后价值］
少数股东权益	［子公司股东权益报告价值×少数股东持股比例］

该抵销分录主要抵销内部股权投资形成的投入资本，所以，主要涉及合并资产负债表项目。

（2）将母公司股权投资收益与子公司分配给母公司股利相抵销，并确认少数股东享有的收益（直接涉及合并利润表和合并所有者权益变动表项目）：

借：投资收益	［子公司当年净利润×母公司持股比例］
少数股东损益	［子公司当年净利润×少数股东持股比例］
未分配利润（期初）	［子公司期初未分配利润］
贷：应付普通股股利②	［子公司当年分配数］
提取盈余公积①	［子公司当年提取数］
未分配利润	［子公司期末未分配利润］

该抵销分录主要是抵销内部股权投资形成的投资收益。一方面，这个投资收益（以及少数股东享有的部分）在权益法下等于子公司的实现利润；另一方面，子公司的分配利润因并不属于对外分配从而应予抵销。所以，这一抵销分录将涉及合并利润表、合并所有者权益变动表项目。

如果将上述两个抵销分录合并，则有：

借：股本 资本公积 其他综合利益 盈余公积	［子公司报告价值］
投资收益	［子公司当年净利润×母公司持股比例］
少数股东损益	［子公司当年净利润×少数股东持股比例］
未分配利润（期初）	［子公司期初未分配利润］

① 这两个项目是所有者权益变动表中利润分配部分的项目，其抵销结果最终将影响资产负债表的“未分配利润”项目。以下同。

贷：长期股权投资　　　　[母公司对子公司股权调整后价值]
　　少数股东权益　　　　[子公司股东权益报告价值×少数股东持股比例]
　　应付普通股股利　　　[子公司当年分配数]
　　提取盈余公积　　　　[子公司当年提取数]　　　　　　　　(3)

情况2：不将母公司对子公司的长期股权投资由成本法调整到权益法，而是直接按个别报表报告价值进行抵销。

在这种情况下，每期末编制合并报表时与内部股权投资有关的抵销处理为：

借：股本
　　资本公积
　　其他综合收益
　　盈余公积　　　　　　[子公司报告价值]
　　投资收益　　　　　　[子公司当年分配股利×母公司持股比例]
　　少数股东损益　　　　[子公司当年净利润×少数股东持股比例]
　　未分配利润（期初）　[子公司期初未分配利润×少数股东持股比例]
　贷：长期股权投资　　　[母公司对子公司股权投资报告价值]
　　　少数股东权益　　　[子公司股东权益报告价值×少数股东持股比例]
　　　应付普通股股利　　[子公司当年分配数]
　　　提取盈余公积　　　[子公司当年提取数]　　　　　　　(4)

下面将分别同一控制下企业合并和非同一控制下企业合并两种情况举例进行说明。

（二）同一控制下企业合并

[例2-9] 全资的情形。

资料：2×16年年末甲公司出资4 000万元货币资金，成立一个子公司A公司。投资后第一年A公司实现净利润为800万元，宣告分派现金股利300万元。

问题：甲公司编制合并报表时应如何进行调整与抵销处理？

分析：双方与此项内部股权投资有关的账务处理见表2-11。

表2-11　与个别报表有关的处理　单位：万元

甲公司			A公司		
①2×16年年末投资时：			①2×16年年末接受投资时：		
借：长期股权投资	4 000		借：银行存款	4 000	
贷：银行存款		4 000	贷：股本		4 000
②2×17年确认应收股利：			②2×17年宣派股利：		
借：应收股利	300		借：利润分配——应付普通股股利	300	
贷：投资收益		300	贷：应付股利		300

所以，2×17年年末甲公司在合并财务报表工作底稿中的有关调整与抵销处理如下：

（1）2×17年年末甲公司编制合并报表时，先将母公司的股权投资由成本法调整到权益法，则合并财务报表工作底稿中的调整分录为：

借：长期股权投资　　　　　　　　5 000 000
　贷：投资收益　　　　　　　　　　　　　5 000 000

（2）与内部股权投资有关的抵销分录为：

①将母公司对子公司的股权投资与子公司的股本相抵销：

借：股本 40 000 000

未分配利润 5 000 000

贷：长期股权投资 45 000 000

②抵销子公司的对内股利分配及其影响：

借：投资收益 8 000 000

贷：应付普通股股利 3 000 000

未分配利润（期末） 5 000 000

将上述两个抵销分录合并，则：

借：股本 40 000 000

投资收益 8 000 000

贷：长期股权投资 45 000 000

应付普通股股利 3 000 000

［例 2-10］非全资的情形。

资料：假定2×16年年末甲公司出资3 600万元给A公司的原股东，从而拥有A公司90%的表决权资本。投资后第一年A公司实现净利润800万元，宣告分派现金股利300万元。

问题：甲公司编制合并报表时应如何进行调整与抵销处理？

分析：2×17年年末合并财务报表工作底稿中的有关调整与抵销处理如下：

（1）将母公司的股权投资由成本法调整到权益法的调整分录为：

借：长期股权投资（（8 000 000-3 000 000）×90%） 4 500 000

贷：投资收益 4 500 000

（2）与内部股权投资有关的抵销分录为：

①将母公司对子公司的股权投资与子公司的股东权益期末数相抵销：

借：股本 40 000 000

未分配利润 5 000 000

贷：长期股权投资 40 500 000

少数股东权益（（40 000 000+8 000 000-3000000）×10%） 4 500 000

②抵销子公司对内股利分配及其影响：

借：投资收益 7 200 000

少数股东损益 800 000

贷：应付普通股股利 3 000 000

未分配利润（期末） 5 000 000

③如果将上述两个抵销分录合并，则整合的调整与抵销处理为：

借：股本 40 000 000

投资收益 7 200 000

少数股东损益 800 000

贷：长期股权投资 40 500 000

少数股东权益 4 500 000

应付普通股股利 3 000 000

将上述调整处理与抵销分录③填入合并财务报表工作底稿中，见表2-12。

表2-12 合并财务报表工作底稿

2×17年12月31日 单位：万元

项目	个别报表		调整与抵销分录		合并数*
	母公司	子公司	借	贷	
资产负债表项目：	—	—			—
流动资产各项目	4 500	1 900			6 400
长期股权投资	3 600	0	调450	抵③4 050	0
固定资产	5 000	3 000			8 000
负债各项目	3 530	400			3 930
股本	9 000	4 000	抵③4 000		9 000
未分配利润	570	500	800**	750	1 020
少数股东权益	—	—		抵③450	450
利润表项目：	—	—			—
主营业务利润等	1 000	800			1 800
投资收益	270	0	抵③720	调450	0
净利润	1 270	800	720	450	1 800
其中：少数股东损益	—	—	抵③80		80
所有者权益变动表有关项目：	—	—			—
应付普通股股利	700	300		抵③300	700
未分配利润（期末）	570	500	800**	750	1 020

注：*对于某一特定时点的合并资产负债表而言，其中的"期初数"取自上期合并资产负债表有关项目"期末数"栏相关数据，本期的"期末数"则取自本期编制的工作底稿中的"合并数"栏相关数据。以下同。

**一方面，对利润表任何项目的调整与抵销、对利润分配的任何调整与抵销，都必然对所有者权益变动表的"未分配利润（期末）"项目产生影响；对以前年度利润表任何项目的调整与抵销、对以前年度利润分配的任何调整与抵销，也都应该对所有者权益变动表的"未分配利润（期初）"项目产生影响。工作底稿中资产负债表段"未分配利润（期末）"项目数字抄自所有者权益变动表段相应项目数字。

另一方面，在以前年度合并财务报表工作底稿中编制的任何抵销分录，都只是用来确定当年合并报表的合并数，并未据以记账，因而并未调整个别报表有关项目期末数，自然也就未曾对本年个别所有者权益变动表的“未分配利润（期初）”项目产生过影响。所以，在连续编制合并报表的情况下，为了满足本年合并所有者权益变动表“未分配利润（期初）”项目与上年度合并所有者权益变动表中“未分配利润（期末）”项目相互勾稽的需要，有时需要对“未分配利润（期初）”项目进行调整与抵销。这正是理解合并报表抵销分录的关键之一。

［例2-11］非全资、连续编制合并报表的情形。

资料：假定2×18年A公司又实现200万元净利润，宣告分派100万元现金股利。其他资料见例2-10。

问题：甲公司编制合并报表时应如何进行调整与抵销处理？

分析：2×18年年末甲公司编制合并财务报表时的调整与抵销分录如下：

（1）将母公司对子公司的长期股权投资资料由成本法调整到权益法的调整分录：

借：长期股权投资	5 400 000	
贷：投资收益（200×90%-90）		900 000
未分配利润（期初）（800×90%-270）		4 500 000

（2）与内部股权投资有关的抵销分录：

首先，将母公司对子公司的股权投资余额与子公司的股东权益余额相抵销，并确认少数股东权益：

借：股本	40 000 000	
未分配利润（期末）	6 000 000	
贷：长期股权投资		41 400 000
少数股东权益		4 600 000

然后，将母公司股权投资收益与子公司分配给母公司股利相抵销，并确认少数股东享有的收益：

借：投资收益	1 800 000	
少数股东损益	200 000	
未分配利润（期初）	5 000 000	
贷：应付普通股股利		1 000 000
未分配利润（期末）		6 000 000

如将以上两个抵销分录合并，则有：

借：股本	40 000 000	
投资收益	1 800 000	
少数股东损益	200 000	
未分配利润（期初）	5 000 000	
贷：长期股权投资		41 400 000
少数股东权益		4 600 000
应付普通股股利		1 000 000

将上述调整与抵销处理填入2×18年合并财务报表工作底稿中，见表2-13（为简化起

见，假定双方2×18年内无其他业务）。

表 2-13

合并财务报表工作底稿

2×18 年 12 月 31 日

单位：万元

项　目	个别报表		调整与抵销分录		合并数
	母公司	子公司	借	贷	
资产负债表项目：	—	—			—
流动资产各项目	4 590	2 000			6 590
长期股权投资	3 600	0	调 540	抵 4 140	0
固定资产	5 000	3 000			8 000
负债各项目	3 530	400			3 930
股本	9 000	4 000	抵 4 000		9 000
未分配利润	660	600	700	640	1 200
少数股东权益	—	—		抵 460	460
利润表项目：	—	—			—
主营业务利润等	0	200			200
投资收益	90	0	抵 180	调 90	0
净利润	90	200	180	90	200
其中：少数股东损益	—	—	抵 20		20
所有者权益变动表有关项目：	—	—			—
未分配利润（期初）	570	500	抵 500	调 450	1 020
应付普通股股利	0	100		抵 100	0
未分配利润（期末）	660	600	700	640	1 200

［例 2-12］不按权益法对母公司股权投资进行调整。

资料：见例 2-10、例 2-11。

问题：如果不对母公司股权投资的结果调整至权益法，而是直接按成本法结果对母公司股权投资进行抵销，则甲公司编制合并财务报表时在合并财务报表工作底稿中应如何进行处理？

分析：有关抵销分录如下：

（1）2×17 年年末，对内部股权投资有关的抵销：

借：股本　　40 000 000

　　投资收益　　2 700 000

　　少数股东损益　　800 000

　贷：长期股权投资　　36 000 000

贷：少数股东权益　　4 500 000

　　应付普通股股利　　3 000 000

（2）2×18年年末，对内部股权投资有关的抵销：

借：股本　　40 000 000

　　投资收益　　900 000

　　少数股东损益　　200 000

　　未分配利润（期初）　　500 000

　贷：长期股权投资　　36 000 000

　　　少数股东权益　　4 600 000

　　　应付普通股股利　　1 000 000

将上述抵销处理填入合并财务报表工作底稿中，见表2-14、表2-15（为简化起见，假定双方无其他业务）。

表 2-14

合并财务报表工作底稿

2×17 年 12 月 31 日

单位：万元

项　目	个别报表		抵销分录		合并数
	母公司	子公司	借	贷	
资产负债表项目：	—	—			—
流动资产各项目	4 500	1 900			6 400
长期股权投资	3 600	0		3 600	0
固定资产	5 000	3 000			8 000
负债各项目	3 530	400			3 930
股本	9 000	4 000	4 000		9 000
未分配利润	570	500	350	300	1 020
少数股东权益	—	—		450	450
利润表项目：	—	—			—
主营业务利润等	1 000	800			1 800
投资收益	270	0	270		0
净利润	1 270	800	270		1 800
其中：少数股东损益	—	—	80		80
所有者权益变动表有关项目：	—	—			—
应付普通股股利	700	300		300	700
未分配利润（期末）	570	500	350	300	1 020

表 2-15　合并财务报表工作底稿

2×18 年 12 月 31 日　　单位：万元

项　目	个别报表		抵销分录		合并数
	母公司	子公司	借	贷	
资产负债表项目：	—	—			—
流动资产各项目	4 590	2 000			6 590
长期股权投资	3 600	0		3 600	0
固定资产	5 000	3 000			8 000
负债各项目	3 530	400			3 930
股本	9 000	4 000	4 000		9 000
未分配利润	660	600	160	100	1 200
少数股东权益	—	—		460	460
利润表项目：	—	—			—
主营业务利润等	0	200			200
投资收益	90	0	90		0
净利润	90	200	90		200
其中：少数股东损益	—	—	20		20
所有者权益变动表有关项目：	—	—			—
未分配利润（期初）	570	500	50		1 020
应付普通股股利	0	100		100	0
未分配利润（期末）	660	600	160	100	1 200

通过将表 2-14 与表 2-12 进行对比，表 2-15 与表 2-13 进行对比后可以发现，在对内部股权投资的相关影响进行抵销之前，是否将母公司对子公司长期股权投资的成本法结果调整到权益法，对抵销分录的编制自然会产生影响，但并不会影响最终提供的合并信息。这一点同样适用于非同一控制下企业合并的合并报表编制程序。

（三）非同一控制下企业合并

非同一控制下企业合并的合并日后每个资产负债表日编制合并报表时，与上述同一控制下企业合并相关的抵销处理不同的是：首先，子公司各项可辨认净资产需按其在合并日的公允价值为基础进行调整；其次，少数股东权益也要根据子公司股东权益以合并日公允价值为基础延续计算的公允价值的一定份额进行计量；最后，可能需要确认合并商誉。

将母公司对子公司股权投资由成本法调整为权益法之后，有关调整分录与抵销分录的编制方法可以归纳如下：

（1）对子公司可辨认净资产按合并日公允价值为基础进行调整：

借：有关资产　　　　　　　　［子公司有关资产公允价值大于账面价值之差］　　A

　贷：资本公积*　　　　　　　［A 与 B 之差］

　　　递延所得税负债　　　　　［A×所得税税率］　　B

注：*对于有关资产公允价值小于账面价值之差，做相反处理；负债的调整处理与资产的调整处理方向相反。

（2）与内部股权投资有关的抵销：

①将母公司对子公司的股权投资与子公司的股东权益相抵销，并确认少数股东权益：

借：股本、资本公积、其他综合收益、盈余公积、未分配利润　　［子公司调整后期末报告价值］*　　A

　　商誉　　　　　　　　［B 大于 A×母公司持股比例的差额］　　D_1

　贷：长期股权投资　　　　［母公司对子公司股权投资调整后价值］**　　B

　　　少数股东权益　　　　［A×少数股东持股比例］　　C

　　　未分配利润（期初）　［B 小于 A×母公司持股比例的差额］　　D_2

②将母公司股权投资收益与子公司分配给母公司股利相抵销，并确认少数股东享有的收益：

借：投资收益　　　　　　［子公司调整后当年净利润×母公司持股比例］*

　　少数股东损益　　　　［子公司调整后当年净利润×少数股东持股比例］*

　　未分配利润（期初）　［上期该类抵销分录对上期“未分配利润（期末）”项目的影响数］

　贷：应付普通股股利　　［子公司当年分配数］

　　　提取盈余公积　　　［子公司当年提取数］

　　　未分配利润　　　　［子公司调整后期末报告价值］*

注：*按合并日可辨认净资产公允价值为基础进行调整之后；**按权益法调整之后。

将上述①、②抵销分录合并，则与内部股权投资有关的抵销分录为：

借：股本、资本公积、其他综合收益、盈余公积　［子公司调整后报告价值］

　　投资收益　　　　　　［子公司调整后当年净利润×母公司持股比例］

　　少数股东损益　　　　［子公司调整后当年净利润×少数股东持股比例］

　　未分配利润（期初）　［上期该类抵销分录对上期“未分配利润（期末）”项目的影响数］

　　商誉　　　　　　　　［B 大于 A*×母公司持股比例的差额］

　贷：长期股权投资　　　［母公司对子公司股权投资调整后价值］

　　　少数股东权益　　　［子公司调整后股东权益报告价值×少数股东持股比例］

　　　应付普通股股利　　［子公司当年分配数］

　　　提取盈余公积　　　［子公司当年提取数］　　（5）

注：*A=按合并日可辨认净资产公允价值调整后的子公司股东权益报告价值。

下面举例予以说明。

［例 2-13］ 连续编制合并报表（按权益法对母公司股权投资进行调整后抵销）。

资料： 假定 2×16 年年末甲公司出资 3 800 万元给 A 公司的原股东，从而拥有 A 公司

90%的表决权资本。A公司当日的股东权益为4 000万元（均为股本）。2×17年、2×18年A公司报告净利润分别为800万元、200万元，宣派现金股利分别为300万元、100万元。投资当时A公司某项管理用固定资产公允价值比账面价值高50万元，该固定资产按直线法在5年内计提折旧。甲公司2×17年确认主营业务利润等1 000万元，宣派现金股利700万元。为简化起见，个别报表中的所得税费用及其他资料略。

问题：甲公司各年在合并财务报表工作底稿中应如何处理？

分析：

（1）2×17年甲公司编制合并财务报表工作底稿时，有关调整与抵销分录为：

①调整子公司有关资产的报告价值：

借：固定资产	400 000	
管理费用	100 000	
贷：资本公积		375 000
递延所得税负债		100 000
所得税费用		25 000

②对母公司股权投资价值按权益法进行调整：

借：长期股权投资（（5 000 000−75 000*）×90%）	4 432 500	
贷：投资收益（（5 000 000−75 000）×90%）		4 432 500

*75 000=100 000−25 000（调整分录①中）。

③将母公司的股权投资与子公司的股东权益相抵销，并确认少数股东权益：

借：股本	40 000 000	
资本公积	375 000	
未分配利润（5 000 000−75 000）	4 925 000	
商誉（38 000 000−4 0375 000×90%）	1 662 500	
贷：长期股权投资（38 000 000+4 432 500）		42 432 500
少数股东权益（（40 000 000+375 000+4 925 000）×10%）		4 530 000

④将母公司股权投资收益与子公司分配给母公司股利相抵销，并确认少数股东享有的收益：

借：投资收益（2 700 000+4 432 500）	7 132 500	
少数股东损益（（8 000 000−75 000）×10%）	792 500	
贷：应付普通股股利		3 000 000
未分配利润		4 925 000

⑤如将上述③、④合并编制，则抵销分录为：

借：股本	40 000 000	
资本公积	375 000	
投资收益	7 132 500	
少数股东损益	792 500	
商誉	1 662 500	
贷：长期股权投资		42 432 500
少数股东权益		4 530 000
应付普通股股利		3 000 000

将上述调整与抵销分录①、②和⑤填入合并财务报表工作底稿，2×17年有关合并信息的产生过程见表2-16。

表2-16 合并财务报表工作底稿

2×17年12月31日 单位：万元

项 目	个别报表		调整与抵销分录		合并数
	母公司	子公司	借	贷	
资产负债表项目：	—	—			—
流动资产各项目	4 300	1 900			6 200
长期股权投资	3 800	0	②443.25	⑤4 243.25	0
固定资产	5 000	3 000	①40		8 040
商誉	0	0	⑤166.25		166.25
负债各项目	3 530	400		①10	3 940
股本	9 000	4 000	⑤4 000		9 000
资本公积	0	0	⑤37.5	①37.5	0
未分配利润	570	500	802.5	745.75	1 013.25
少数股东权益	—	—		⑤453	453
利润表项目：	—	—			—
主营业务利润等	1 000	840			1 840
减：管理费用		40	①10		50
加：投资收益	270	0	⑤713.25	②443.25	0
减：所得税费用				①2.5	2.5
净利润	1 270	800	723.25	445.75	1 792.5
其中：少数股东损益	—	—	⑤79.25		79.25
所有者权益变动表有关项目：	—	—			—
未分配利润（期初）	0	0			0
应付普通股股利	700	300		⑤300	700
未分配利润（期末）	570	500	802.5	745.75	1 013.25

（2）2×18年，甲公司编制合并财务报表工作底稿时，有关调整与抵销分录为：

①调整子公司有关资产的报告价值：

借：固定资产 300 000

　　管理费用 100 000

　　未分配利润（期初） 75 000

　贷：资本公积 375 000

　　　递延所得税负债 75 000

　　　所得税费用 25 000

②将母公司对子公司的长期股权投资资料由成本法调整到权益法的调整分录：

借：长期股权投资 5 265 000*

　贷：投资收益 832 500**

　　　未分配利润（期初） 4 432 500***

*5 265 000=（8 000 000+2 000 000−150 000）×90%−（3 000 000+1 000 000）×90%

**832 500=（2 000 000−75 000）×90%−900 000

***4 432 500=（8 000 000−75 000）×90%−2 700 000

③与内部股权投资有关的抵销分录：

借：股本	40 000 000	
资本公积	375 000	
投资收益	1 732 500	
少数股东损益	192 500*	
商誉	1 662 500**	
未分配利润（期初）	4 925 000***	
贷：长期股权投资		43 265 000
少数股东权益		4 622 500****
应付普通股股利		1 000 000

*192500=（2 000 000−100 000+25 000）×10%

**1 662 500=38 000 000−40 375 000×90%

***4 925 000=7 132 500+792 500−3 000 000，或=8 000 000−75 000−3 000 000

****4 622 500=（40 000 000+375 000−200 000+50 000+8 000 000−3 000 000+2 000 000−1 000 000）×10%

将上述抵销处理填入合并财务报表工作底稿中，2×18年有关合并信息的产生过程见表2−17。

表 2−17 合并财务报表工作底稿

2×18 年 12 月 31 日 单位：万元

项　目	个别报表		调整与抵销分录		合并数
	母公司	子公司	借	贷	
资产负债表项目：	—	—			—
流动资产各项目	4 390	2 000			6 390
长期股权投资	3 800	0	②526.5	③4 326.5	0
固定资产	5 000	3 000	①30		8 030
商誉	0	0	③166.25		166.25
负债各项目	3 530	400		①7.5	3 937.5
股本	9 000	4 000	③4 000		9 000
资本公积	0	0	③37.5	①37.5	0
未分配利润	660	600	702.5	629	1 186.5
少数股东权益	—	—		③462.25	462.25
利润表项目：	—	—			—
主营业务利润等	0	240			240
减：管理费用	0	40	①10		50
加：投资收益	90	0	③173.25	②83.25	0
减：所得税费用				①2.5	2.5
净利润	90	200	183.25	85.75	192.5
其中：少数股东损益	—	—	③19.25		19.25
所有者权益变动表有关项目：	—	—			—
未分配利润（期初）	570	500	①7.5	②443.25	1 013.25
			③492.5		
应付普通股股利	0	100		③100	0
未分配利润（期末）	660	600	702.5	629	1 186.5

如果直接按母公司对子公司股权投资的成本法结果对内部股权投资进行抵销时，相关抵销分录应为：

借：股本
资本公积 *
其他综合收益
盈余公积　　［子公司按合并日公允价值为基础调整后报告价值］

投资收益　　［子公司当年分配股利×母公司持股比例］

少数股东损益　　［子公司调整后当年净利润×少数股东持股比例］

未分配利润（期初）　　［上期该类抵销分录对上期“未分配利润（期末）”项目的影响数］①

商誉　　［合并日确认的商誉］

贷：长期股权投资　　［母公司对子公司股权报告价值］　　B

少数股东权益　　［子公司股东权益调整后报告价值**×少数股东持股比例］

应付普通股股利　　［子公司当年分配数］

提取盈余公积　　［子公司当年提取数］

未分配利润（期初）　　［合并日确认的“负商誉”］　　(6)

注：*子公司自合并日后的其他资本公积变动中相当于母公司股东享有的部分不包括在此项抵销中，因其属于合并股东权益中归属于母公司股东的权益部分；**子公司股东权益调整后报告价值=A+子公司调整后的期末未分配利润。

下面举例予以说明。

［例2-14］子公司合并日后留存收益发生变动。不将母公司对子公司长期股权投资的成本法结果调整至权益法，直接按成本法结果进行抵销处理。

资料：资料见例2-13。

问题：母公司如何编制合并财务报表工作底稿？

分析：2×18年编制合并财务报表工作底稿时的有关调整与抵销分录如下：

①调整子公司有关资产的报告价值：

借：固定资产	300 000	
管理费用	100 000	
未分配利润（期初）	75 000	
贷：资本公积		375 000
递延所得税负债		75 000
所得税费用		25 000

②抵销与内部股权投资有关的影响：

借：股本	40 000 000
资本公积	375 000
投资收益	900 000
少数股东损益	192 500*

① 在子公司合并日不存在未分配利润的情况下，该金额也等于子公司期初未分配与少数股东持股比例之乘积。

借：商誉　　1 662 500**

　　未分配利润（期初）　　492 500***

　贷：长期股权投资　　38 000 000

　　　少数股东权益　　4 622 500****

　　　应付普通股股利　　1 000 000

*192 500=（2 000 000−100 000+25 000）×10%

**1 662 500=38 000 000−40 375 000×90%

*** 492 500=（5 000 000−75 000）×10%，或等于上期此类抵销分录对上期“未分配利润（期末）”影响数：2 700 000+792 500−3 000 000

****4 622 500=（40 000 000+375 000−200 000+50 000+8 000 000−3 000 000+2 000 000−1 000 000）×10%

将2×18年的有关调整与抵销处理填入合并财务报表工作底稿中，见表2-18。

表 2-18　　合并财务报表工作底稿

2×18 年 12 月 31 日　　单位：万元

项　目	个别报表		调整与抵销分录		合并数
	母公司	子公司	借	贷	
资产负债表项目：	—	—			—
流动资产各项目	4 390	2 000			6 390
长期股权投资	3 800	0		②3 800	0
固定资产	5 000	3 000	①30		8 030
商誉	0	0	②166.25		166.25
负债各项目	3 530	400		①7.5	3 937.5
股本	9 000	4 000	②4 000		9 000
资本公积	0	0	②37.5	①37.5	0
未分配利润	660	600	176	102.5	1 186.5
少数股东权益	—	—		②462.25	462.25
利润表项目：	—	—			—
主营业务利润等	0	240			240
减：管理费用		40	①10		50
加：投资收益	90	0	②90		0
减：所得税费用				①2.5	2.5
净利润	90	200	100	2.5	192.5
其中：少数股东损益	—	—	②19.25		19.25
所有者权益变动表有关项目：	—	—			—
未分配利润（期初）	570	500	①7.5		1 013.25
			②49.25		
应付普通股股利	0	100		②100	0
未分配利润（期末）	660	600	176	102.5	1 186.5

可见，表2-17与表2-18的合并数结果是相同的。

［例2-15］子公司合并日后其他资本公积发生变动情况下，比较对母公司的长期股权

投资由成本法调整至权益法和不调整至权益法的抵销处理的不同。

资料：甲公司2×18年年初以6 200万元的货币资金作为对价取得乙公司70%的股权，成为乙公司的控股股东。合并日乙公司的股本5 000万元，资本公积3 000万元，盈余公积800万元；可辨认净资产的公允价值等于账面价值。合并当年，乙公司实现净利润400万元，其他权益工具投资公允价值变动利得300万元，没有其他涉及股东权益变动的业务。

要求：分别调整与不调整两种情况进行母公司的有关抵销处理。

分析：2×18年年末合并财务报表工作底稿中的有关调整与抵销分录的编制方法比较如下：

（1）情况1：先将母公司的长期股权投资调整到权益法再进行抵销处理：

①调整到权益法：

借：长期股权投资	4 900 000	
贷：投资收益		2 800 000
其他综合收益		2 100 000

②抵销处理：

借：股本	50 000 000	
资本公积	30 000 000	
其他综合收益	3 000 000	
盈余公积	8 000 000	
投资收益	2 800 000	
少数股东损益	1 200 000	
商誉	400 000	
贷：长期股权投资		66 900 000
少数股东权益		28 500 000

（2）情况2：不对母公司的长期股权投资调整到权益法，而是直接对成本法的结果进行抵销处理：

借：股本	50 000 000	
资本公积	30 000 000	
其他综合收益	900 000	
盈余公积	8 000 000	
少数股东损益	1 200 000	
商誉	400 000	
贷：长期股权投资		62 000 000
少数股东权益		28 500 000

可见，以上两种抵销处理对于合并财务报表工作底稿中有关项目合并数的影响也是相同的。

（四）内部长期股权投资减值准备的抵销

长期股权投资减值准备的计提，一方面，减少了资产负债表中长期股权投资项目的报告价值；另一方面，增加了利润表中的资产减值损失，并对以后期间的期初未分配利润项目带来影响。以上述第（5）个抵销分录为例，如果考虑到内部长期股权投资计提的减值准备的抵销需要，则对内部股权投资进行抵销时，相关抵销分录应为：

借：股本、资本公积、其他综合收益、盈余公积 ［子公司调整后报告价值］
　　投资收益 ［母公司对子公司当年股权投资收益］
　　少数股东损益 ［子公司调整后当年净利润×母公司持股比例］
　　未分配利润（期初） ［上期该类抵销分录对“未分配利润（期末）”项目的影响数］
　　商誉 ［合并日确认的商誉］
　贷：长期股权投资 ［调整后的母公司对子公司股权报告价值］
　　资产减值损失 ［内部长期股权投资当年计提减值损失］
　　少数股东权益 ［子公司调整后股东权益报告价值×少数股东持股比例］
　　应付普通股股利 ［子公司当年分配数］
　　提取盈余公积 ［子公司当年提取数］

值得一提的是，抵销了内部权益性投资减值准备之后，还应抵销对该减值准备曾确认的所得税影响，相关抵销分录为：

借：所得税费用
　　未分配利润（期初）
　贷：递延所得税资产 （7）

［例2-16］考虑到长期股权投资减值准备情况的抵销处理。

资料：见例2-13，另假设甲公司2×18年对该项长期股权投资计提减值准备12万元。

问题：母公司2×18年编制合并财务报表时应如何进行抵销处理？

分析：2×18年编制合并财务报表工作底稿时，有关调整分录①、②同例2-13，只是与内部股权投资有关的抵销分录应为：

①与内部股权投资有关的抵销：

借：股本	40 000 000	
资本公积	375 000	
投资收益	1 732 500	
少数股东损益	192 500	
商誉	1 662 500	
未分配利润（期初）	4 925 000	
贷：长期股权投资		43 145 000
资产减值损失		120 000
少数股东权益		4 622 500
应付普通股股利		1 000 000

②内部股权投资已提减值准备的所得税影响的抵销：

借：所得税费用（120 000×25%）	30 000	
贷：递延所得税资产		30 000

四、交叉持股的抵销处理

企业集团内部子公司互相之间的长期股权投资，企业集团成员企业之间股权投资确认以公允价值计量的金融资产的，在编制合并报表时，与这些权益性投资相关的影响同样应予以抵销，基本原理可以比照以上所介绍的母公司对子公司股权投资的抵销处理。

子公司持有母公司股权的，应当视为企业集团的库存股，在合并资产负债表中按照子公司取得母公司股权日所确认的长期股权投资初始投资成本，转为库存股作为合并财务报表中所有者权益的减项；子公司所持母公司股权所确认的投资收益，应进行抵销处理。子公司持有的母公司股权分类为以公允价值计量且其变动计入其他综合收益的金融资产的，要同时冲销子公司累计确认的公允价值变动。

[例2-17] 甲公司是乙公司的母公司，持有乙公司80%的表决权股份。

资料：2×18年年末甲公司对乙公司的长期股权投资账面价值为8 000万元，乙公司的股本等股东权益为10 000万元；乙公司持有的对甲公司的权益性投资作为长期股权投资按权益法进行核算，账面价值为3 100万元（投资成本3000万元，当年确认投资收益100万元）。假定不考虑其他因素。

问题：甲公司如何编制有关抵销分录？

分析：甲公司2×18年年末编制合并报表时，在合并财务报表工作底稿中应编制的抵销分录如下：

①将母公司对子公司的股权投资与子公司的股东权益相抵销，并确认少数股东权益：

借：股本等子公司的股东权益项目	100 000 000	
贷：长期股权投资		80 000 000
少数股东权益		20 000 000

②将子公司对母公司的股权投资进行抵销，并确认为企业集团的库存股：

借：库存股	30 000 000	
投资收益	1 000 000	
贷：长期股权投资		31 000 000

如果将上例中乙公司对甲公司的权益性投资分类为以公允价值计量且其变动计入其他综合收益的金融资产，并假定该投资账面余额3 100万元中有100万元是当年确认的公允价值变动利得，则相关的抵销处理应为：

借：库存股	30 000 000	
其他综合收益	1 000 000	
贷：其他权益工具投资		31 000 000

第三节　与内部债权、债务有关的抵销处理

母公司与子公司之间、子公司相互之间可能由于各种内部交易产生债权、债务，在编制合并财务报表时，对于企业集团成员企业之间的内部债权、债务应予以抵销，以便使合并财务报表报告的债权、债务反映为企业集团整体的对外债权、债务。另外，与内部债权、债务有关的利息收益、利息费用，以及与内部债权有关的坏账准备或资产减值准备，也应予以抵销。

一、内部债权、债务的抵销

内部债权、债务余额的抵销，主要关系到合并资产负债表有关项目的报告价值。抵销内部债权、债务的抵销分录主要包括：

（1）应收账款与应付账款的抵销：

借：应付账款

　贷：应收账款 （9）

（2）内部应收票据、应付票据的抵销：

借：应付票据及应付账款

　贷：应收票据及应收账款 （10）

（3）内部预收款项、预付款项的抵销：

借：预收款项

　贷：预付款项 （11）

（4）内部债券投资、应付债券账面余额（含已计未付利息）的抵销：

借：应付债券 ［发行方账面价值］

　贷：债权投资等 ［投资方账面价值］

　借或贷：财务费用或投资收益* ［差额］ （12）

注：*借差计入“财务费用”，贷差计入“投资收益”。

如果债券为分期付息债券，则已计未付利息的抵销分录为：

借：其他应付款

　贷：其他应收款 （13）

（5）内部应收股利、应付股利的抵销：

借：其他应付款

　贷：其他应收款 （14）

（6）内部其他应收款、其他应付款的抵销：

借：其他应付款

　贷：其他应收款 （15）

［例2-18］内部债权债务的抵销处理。

资料：2×18年某企业集团母公司A公司年末应收票据90 000元中有30 000元是其甲子公司的应付票据，A公司应收股利40 000元为应收甲子公司当年宣派尚未发放的现金股利。

问题：编制合并财务报表时A公司如何进行抵销处理？

分析：A公司在合并财务报表工作底稿中的有关抵销分录为：

①抵销内部应收票据、应付票据：

借：应付票据 30 000

　贷：应收票据 30 000

②抵销内部应收股利、应付股利：

借：其他应付款 40 000

　贷：其他应收款 40 000

二、与内部债权、债务有关的利息收益、利息费用的抵销

与内部债权、债务相关的利息收益与利息费用的抵销，主要关系到合并利润表有关项目的报告价值。下面以企业集团成员企业的一方持有另一方发行的债券为例予以说明。

如果债券投资方的当年利息收益与债券发行方的当年利息费用金额相等，则本期利息收益与利息费用的抵销分录为：

借：投资收益

　贷：财务费用 （16）

如果债券投资方的当年利息收益与债券发行方的当年利息费用金额不相等，两者之差实质上属于债券的推定赎回损益（抵销内部债券投资、融资导致的债权、债务，即抵销分录（12）中出现的差额，也属于赎回损益）。就企业集团而言，债券被推定赎回的当时，相关推定损益既未在赎回方作为损益记录，也未在发行方作为损益入账，然而它却是企业集团已经实现了的损益。因此，必须在合并利润表中确认赎回债券的推定损益对企业集团损益的影响。该损益在合并利润表中作为赎回损益单项列示，还是调整“投资收益”项目或“财务费用”项目，不同的理念下有不同的解释。现行会计准则没有采取单列“赎回损益”项目的做法，那么，还有一个问题：这个差额是调整“投资收益”项目还是调整“财务费用”项目？实际上，这类业务同时涉及集团内部的债券投资、融资，相关损益记入“投资收益”还是“财务费用”，可以简化处理。一个简化的做法是，当债券投资方的本期实际利息收益与债券发行方的本期实际利息费用二者金额不相等时，借差记入“财务费用”项目，贷差记入“投资收益”项目，也就是相当于按两者孰低额进行抵销。

［例2-19］与内部债权投资有关的利息收益与利息费用相等时的抵销。

资料：ABC公司是EF公司的全资母公司。EF公司2×17年年初发行一笔面值为1 000 000元、票面利率为5%、发行价格为1 000 000元、期限为5年、每年年末付息一次、到期还本的债券。ABC公司按面值全部购入EF公司发行的债券，分类为以摊余成本计量的金融资产。2×18年年末收到当年利息。双方均按实际利率法确定利息收益、利息费用（实际利率为5%）。其他资料略。

问题：ABC公司在合并财务报表工作底稿中应如何编制抵销分录？

分析：2×18年年末，ABC公司编制的有关抵销分录为：

①抵销内部债权、债务：

借：应付债券 1 000 000

　贷：债权投资 1 000 000

②抵销与内部债权、债务相关的利息收益与利息费用：

借：投资收益 50 000

　贷：财务费用 50 000

将上述抵销分录填入合并财务报表工作底稿，见表2-19。

表 2-19 合并财务报表工作底稿

2×18 年 12 月 31 日 单位：元

项 目	个别报表		调整与抵销分录		合并数
	ABC公司	EF公司	借	贷	
资产负债表有关项目：					
债权投资	1 000 000	0		①1 000 000	0
应付债券	0	1 000 000	①1 000 000		0
利润表有关项目：					
投资收益	50 000	0	②50 000		0
财务费用	0	50 000		②50 000	0

［例 2-20］与内部债权投资有关的利息收益与利息费用不相等时的抵销。

资料：ABC公司是EF公司的全资母公司。EF公司2×17年年初发行一笔面值为1 000 000元、票面利率为5%、发行价格为1 044 490元、期限为5年、每年年末付息一次、到期还本的债券。2×18年年初ABC公司按1 027 755元的价格购入EF公司发行在外的债券，分类为以摊余成本计量的金融资产。2×18年年末收到当年利息。双方均按实际利率法确定利息收益、利息费用（实际利率为4%）。其他资料略。

问题：ABC公司在合并财务报表工作底稿中应如何编制抵销分录？

分析：

（1）2×18年年末，ABC公司与EF公司个别报表有关项目计算如下：

ABC公司：

①本期利息收益=期初账面价值1 027 755×实际利率4%=41 110（元）

②本期溢价摊销额=应收利息50 000-利息收益41 110=8 890（元）

③持有至到期投资余额=初始投资成本1 027 755-溢价摊销额8 890=1 018 865（元）

EF公司：

①本期利息费用=期初账面价值1 036 270×实际利率4%=41 451（元）

②本期溢价摊销额=应付利息50 000-利息费用41 451=8 549（元）

③应付债券余额=期初账面价值1 036 270-本期溢价摊销额8 549=1 027 721（元）

（2）2×18年年末ABC公司编制合并财务报表时有关债权、债务的抵销分录为：

①抵销内部债权、债务：

借：应付债券　　1 027 721

　贷：债权投资　　1 018 865

　　　投资收益　　8 856

②抵销与内部债权、债务相关的利息收益与利息费用：

借：投资收益　　41 110

　贷：财务费用　　41 110

将上述抵销分录填入合并财务报表工作底稿，见表2-20。

表 2-20 合并财务报表工作底稿

2×18 年 12 月 31 日　　单位：元

项　目	个别报表		调整与抵销分录		合并数
	ABC公司	EF公司	借	贷	
资产负债表有关项目：					
债权投资	1 018 865	0		①1 018 865	0
应付债券	0	1 027 721	①1 027 721		0
利润表有关项目：					
投资收益	41 110	0	②41 110	①8 856	8 856
财务费用	0	41 451		②41 110	341

三、内部应收款项计提的坏账准备和债券投资减值准备的抵销

在合并财务报表工作底稿中，纳入合并范围的成员企业之间的债权、债务已经抵销，那么，与该应收款项有关的坏账准备也应该予以抵销，同时还应对相关坏账准备曾确认的所得税影响予以抵销。

以应收账款为例，有关的抵销分录为：

借：应收账款　　［内部应收账款计提的坏账准备期末余额］

借或贷：信用减值损失　　［内部应收账款本年冲销或计提的坏账准备］

　贷：未分配利润（期初）　　［内部应收账款计提的坏账准备期初余额］　　（17）

下面举例予以说明。

［例2-21］与内部应收款项已计提坏账准备有关的抵销处理。

资料：某企业集团母公司按年末应收账款余额的0.5%计提坏账准备。2×16年年末母公司应收账款余额30 000元为应向子公司收取的销货款，2×17年年末母公司应收账款余额50 000元全部为子公司的应付账款，2×18年年末母公司应收账款20 000元全部为子公司的应付账款。3年中子公司各年年末应付账款余额分别为35 000元、60 000元、20 000元。所得税税率为25%。

问题：上述资料对个别报表的影响如何？编制合并财务报表时应如何编制抵销分录？

分析：上述资料对个别报表的影响及抵销分录的编制见表2-21。

表 2-21　　合并财务报表工作底稿　　单位：元

项　目	个别报表		合计数	调整与抵销分录		合并数
	母公司	子公司		借	贷	
2×16年						
利润表和所有者权益变动表有关项目：						
减：信用减值损失	150		150		②150	0
减：所得税费用	−37.5		−37.5	③37.5		0
未分配利润（期末）	−112.5		−112.5	37.5	150	0
资产负债表有关项目：						
应收账款	29 850		29 850	②150	①30 000	0
递延所得税资产	37.5		37.5		③37.5	0
应付账款		35 000	35 000	①30 000		5 000
未分配利润	−112.5		−112.5	37.5	150	0
2×17年						
利润表和所有者权益变动表有关项目：						
减：信用减值损失	100		100		②100	0
减：所得税费用	−25		−25	④25		0
未分配利润（期初）	−112.5		−112.5	④37.5	③150	0
未分配利润（期末）	−187.5		−187.5	62.5	250	0
资产负债表项目：						
应收账款	49 750		49 750	③150	①50 000	0
				②100		
递延所得税资产	62.5		62.5		④62.5	0
应付账款		60 000	60 000	①50 000		10 000
未分配利润	−187.5		−187.5	62.5	250	0
2×18年						
利润表和所有者权益变动表有关项目：						
减：信用减值损失	−150		−150	②150		0
减：所得税费用	37.5		37.5		④37.5	0
未分配利润（期初）	−187.5		−187.5	④62.5	③250	0
未分配利润（期末）	−75		−75	212.5	287.5	0
资产负债表有关项目：						
应收账款	19 900		19 900	③250	①20 000	0
					②150	
递延所得税资产	25		25		④25	0
应付账款		20 000	20 000	①20 000		0
未分配利润	−75		−75	212.5	287.5	0

其他内部应收款项的坏账准备和内部债券投资的减值准备的抵销，可以比照上述处理方法进行具体操作。

值得一提的是：与内部债权债务有关的抵销处理中，如果涉及对子公司净利润金额的调整的，应对子公司净利润增减变动额中归属于少数股东的部分，编制相应调整分录。相关调整分录如下：

借（或贷）：少数股东损益

　贷（或借）：少数股东权益

具体举例见第六节综合举例。

第四节　与内部资产交易有关的抵销处理

为了满足编制合并报表的需要，母公司在合并财务报表工作底稿中还需要将母公司与子公司之间、子公司相互之间销售商品、提供劳务或其他形式形成的存货、固定资产、工程物资、在建工程、无形资产等所包含的未实现内部销售损益予以抵销，并抵销与未实现内部销售损益相关的资产跌价准备或减值准备。

一、内部存货交易

（一）未实现交易损益的抵销

1.交易当期有关的抵销分录

企业集团内部存货购销交易按交易的实现与否分为两种情况：一是企业集团内部存货交易的买方至报告期末已将该存货销售出企业集团，即企业集团的内部销售已经实现；二是企业集团内部存货交易的买方至报告期末未将该存货销售出企业集团，从企业集团来看这项销售并未实现。

对于上述第一种情况——企业集团的内部销售已经实现，所以不存在对“未实现的销售”进行抵销的问题。但这里存在集团内营业收入、营业成本重复报告问题，所以应按集团内部存货交易的销售方的营业收入编制如下抵销分录：

借：营业收入

　贷：营业成本

对于上述第二种情况——企业集团内部存货交易的买方期末存货成本中包含销售方已入账的销售利润（或亏损，以下同），而从企业集团整体立场来看，这部分利润尚未实现。因此，在内部交易当年，合并财务报表工作底稿中应将这一未实现利润以及产生这一利润的未实现销售均予以抵销，抵销分录为（抵销未实现损失的分录借贷方相反，以下同）：

借：营业收入　　　　　　　　［内部交易销售方的收入］

　贷：营业成本　　　　　　　［内部交易销售方的成本］

　　　存货　　　　　　　　　［内部交易销售方的利润］

2.以后各期合并财务报表工作底稿中的有关抵销分录

在以后各期期末编制合并报表时，对以前期已实现的内部存货交易不必再作抵销处理，因为期初未分配利润中含有的内部交易利润是已实现的利润。对于以前期未实现的内部交易利润，则还应作抵销处理：一方面应将内部交易销售方期初未分配利润中的买方前期存货中包含的销售方未实现利润予以抵销，以便使期初未分配利润合并数与前期期末未分配利润合并数一致。另一方面，如果该存货本年未销出企业集团，需抵销期末存货价值中相当于销售方利润的金额；如果该存货本年销出企业集团，则对集团内部交易的买方依据销售方销售收入确定的销售成本中相当于销售方利润的金额予以抵销，即按当初未实现利润金额编制如下抵销分录：

借：未分配利润（期初）　　　　[以前年度内部交易未实现利润]
　贷：存货　　　　　　　　　　[本年仍未实现的利润]
　　　营业成本　　　　　　　　[本年转为实现的利润]

综上所述，如果将上述三个抵销分录的思路整合，则连续编制合并财务报表的情况下，抵销内部交易存货未实现损益及其影响的分录为：

（1）抵销以前年度内部存货交易未实现利润对期初未分配利润的影响：

借：未分配利润（期初）　　　　[以前年度内部交易未实现利润]
　贷：营业成本　　　　　　　　　　　　　　　　　　　　（18）

（2）抵销当年发生的内部存货交易：

借：营业收入　　　　　　　　[内部交易销售方的收入]　　（19）
　贷：营业成本

（3）抵销期末存货价值中包含的未实现内部交易利润：

借：营业成本
　贷：存货　[期末存货价值中包含的未实现利润]　　　　　　（20）

（二）内部交易存货计提的跌价准备的抵销

纳入合并财务报表编制范围的子公司之间或者其与母公司之间的内部存货交易上的未实现利润经过上述抵销处理之后，还有一个问题需要解决：按未实现利润计提的资产减值损失准备应如何抵销。

企业集团有关成员企业发生内部存货交易后，内部交易的买方期末按存货的可变现净值低于该存货成本（内部交易卖方的价格）的差额计提存货跌价准备、确认存货跌价损失。而在合并报表中，该存货的期末跌价准备和本期应确认的跌价损失应该是以该存货仍保留在内部交易的卖方为假设条件，按照该存货的可变现净值低于其内部交易卖方的账面价值的差额计提跌价准备、确认跌价损失。为了达到这一目标，就有必要对内部交易存货已计提的跌价准备进行调整。相关的调整分录为：

借：存货　　　　　　　　　　[多计提的存货跌价准备金额]
　贷：资产减值损失　　　　　[本期多确认的存货跌价损失]
　　　未分配利润（期初）　　[前期多确认的存货跌价损失]　　（21）

下面举例予以说明。

[例2-22] 第一种情况——可变现净值小于内部交易卖方卖出存货成本。

资料：某母公司将2 000万元的存货按2 400万元的价格销售给子公司，子公司当年并未将该批存货售出企业集团。报告期末，子公司的该批存货可变现净值为1 900万元，子公司计提500万元的存货跌价准备。

问题：母公司编制合并财务报表时应如何编制抵销分录？

分析：从合并财务报表来看，该批存货的报告价值应为1 900万元，因计提存货跌价准备而确认资产减值损失金额应为100万元。

所以，期末母公司在编制合并财务报表时，编制的与该项内部交易有关的抵销分录为：

①借：营业收入　　24 000 000

　　贷：营业成本　　24 000 000

②借：营业成本　　4 000 000

　　贷：存货　　4 000 000

上述抵销的结果是：合并资产负债表中"存货"项目数额为1 500万元（2 400-500-400），"存货"项目的合并数实际上应为1 900万元（1 900万元的可变现净值低于2 000万元的成本），同时，合并利润表中"资产减值损失"项目的数额应为100元，则应抵销子公司多计提的存货跌价准备：

③借：存货　　4 000 000

　　贷：资产减值损失　　4 000 000

合并财务报表工作底稿见表2-22。

表2-22　　合并财务报表工作底稿　　单位：万元

项　目	个别报表		调整与抵销分录		合并数
	母公司	子公司	借	贷	
利润表有关项目：					
营业收入	2 400	0	①2 400		0
减：营业成本	2 000	0	②400	①2 400	0
营业利润	400	0	2 800	2 400	0
减：资产减值损失	—	500		③400	100
净利润	400	-500	2 800	2 800	-100
资产负债表有关项目：					
存货	0	1 900	③400	②400	1 900
未分配利润	400	-500	2 800	2 800	-100

［例2-23］第二种情况——可变现净值等于内部交易卖方卖出存货成本。

资料：将例2-22中子公司期末该批存货的可变现净值改为2 000万元，且子公司计提的存货跌价准备为400万元。

问题：母公司编制合并财务报表时应如何编制抵销分录？

分析：从合并财务报表来看，该批存货的报告价值应为2 000万元，不必确认资产减值损失。

所以，期末母公司在编制合并财务报表时，编制的与该项内部交易有关的抵销分录与例2-22相同。合并财务报表工作底稿见表2-23。

表 2-23　　合并财务报表工作底稿　　单位：万元

项　目	个别报表		调整与抵销分录		合并数
	母公司	子公司	借	贷	
利润表有关项目：					
营业收入	2 400	0	①2 400		0
减：营业成本	2 000	0	②400	①2 400	0
营业利润	400	0	2 800	2 400	0
减：资产减值损失	—	400		③400	0
净利润	400	-400	2 800	2 800	0
资产负债表有关项目：					
存货	0	2 000	③400	②400	2 000
未分配利润	400	-400	2 800	2 800	0

[例2-24] 第三种情况——可变现净值高于内部交易卖方卖出存货成本，低于卖方卖出存货价格。

资料：见例2-22，另假定报告期末，子公司的该批存货可变现净值为2 100万元，子公司计提300万元的存货跌价准备。

问题：母公司编制合并财务报表时应如何编制抵销分录？

分析：从合并财务报表来看，该批存货的报告价值应为2 000万元，不应计提存货跌价准备从而也不需确认资产减值损失。

所以，期末母公司在编制合并财务报表时，编制的第③个抵销分录为：

③借：存货　　3 000 000

　　贷：资产减值损失　　3 000 000

期末母公司在编制合并财务报表时，编制的与该项内部交易有关的抵销分录见表2-24。

表 2-24　　合并财务报表工作底稿　　单位：万元

项　目	个别报表		调整与抵销分录		合并数
	母公司	子公司	借	贷	
利润表有关项目：					
营业收入	2 400	—	①2 400		0
减：营业成本	2 000	—	②400	①2 400	0
营业利润	400	—	2 800	2 400	0
减：资产减值损失	—	300		③300	0
净利润	400	-300	2 800	2 700	0
资产负债表有关项目：					
存货		2 100	③300	②400	2 000
未分配利润	400	-300	2 400	2 700	0

［例2–25］第四种情况——可变现净值高于内部交易卖方卖出存货成本，也等于或高于卖方卖出存货价格。

资料：假定例2–24中子公司期末该批存货的可变现净值为2 500万元，子公司没有计提跌价准备。

问题：母公司编制合并财务报表时应如何编制抵销分录？

分析：从合并财务报表来看，该批存货的报告价值应为2 000万元，不应计提存货跌价准备从而也不需确认资产减值损失。而从个别报表来看，子公司也没有确认此项内部交易存货的资产减值损失。所以，不用编制调整分录③。

这种情况下，期末母公司在编制合并财务报表时，编制的与该项内部交易有关的抵销分录见表2–25。

表 2–25 合并财务报表工作底稿 单位：万元

项　目	个别报表		调整与抵销分录		合并数
	母公司	子公司	借	贷	
利润表有关项目：					
营业收入	2 400	0	①2 400		0
减：营业成本	2 000	0	②400	①2 400	0
营业利润	400	0	2 800	2 400	0
减：资产减值损失	—	0			0
净利润	400	0	2 800	2 400	0
资产负债表有关项目：					
存货	0	2 400		②400	2 000
未分配利润	400	0	2 800	2 400	0

［例2–26］前期内部存货交易对本期合并报表的影响。

资料：某母公司2×17年将成本为2 000万元的商品按2 400万元的价格出售给子公司，期末，该存货的可变现净值为1 900万元；假定2×18年子公司仍未将该存货售出企业集团，年末其可变现净值为1 700万元。

问题：此项内部存货交易对2×18年个别报表的影响如何？合并财务报表工作底稿中应怎样编制调整与抵销分录？

分析：相关影响以及相关调整与抵销处理见表2–26（其他业务略）。

表 2-26　　2×18 年合并财务报表工作底稿　　单位：万元

项　目	个别报表		调整与抵销分录		合并数
	母公司	子公司	借	贷	
利润表及所有者权益变动表有关项目：					
营业收入	0	0			0
减：营业成本	0	0			0
营业利润	0	0			0
减：资产减值损失	0	200			200
净利润		-200			-200
未分配利润（期初）	400	-500	①400	②400	-100
未分配利润（期末）	400	-700	400	400	-300*
资产负债表有关项目：					
存货	0	1 700	②400	①400	1 700
未分配利润	400	-700	400	400	-300

注：①抵销期末存货价值中包含的未实现内部交易利润及其对期初未分配利润的影响。

②抵销上年子公司多计提存货跌价准备400万元对期初未分配利润的影响，实际上，相当于重编上年有关调整分录（见表2-24中的调整分录③）。

*仅就此项未实现销售的内部交易存货而言，母、子公司两年来损失总额为300万元，即可变现净值1 700万元低于成本2 000万元之差，其中，200万元相当于内部交易的卖方本年应确认的跌价损失，100万元（2 000-1 900）相当于上年确认的损失。

（三）递延所得税的调整

内部交易存货未实现利润的抵销，调低了该存货在合并资产负债表中的报告价值，从合并财务报表的角度来看，该存货的账面价值低于其计税基础，由此产生的可抵扣暂时性差异[①]对应在合并财务报表中予以确认；而内部交易存货已提跌价准备已确认的所得税影响，也应随着相关跌价准备的抵销而抵销。

相关的调整分录为：

① 当然，如果内部交易资产存在未实现损失，则会出现应纳税暂时性差异。

借：递延所得税资产　　　　［（抵销的内部存货交易未实现利润-已抵销该资产跌价准备）×所得税税率］

借或贷：所得税费用　　　　［本期应调整递延所得税］

　贷：未分配利润（期初）　　［前期已调整递延所得税］　　(22)

下面举例予以说明。

［例2-27］与内部存货交易相关的递延所得税的处理。

资料：2×17年9月，母公司将成本为2 000万元的存货按2 400万元的价格出售给子公司，子公司将该购入存货也作为存货核算。2×17年年末，子公司未将该存货售给企业集团。子公司于2×18年将该存货中的30%另加10%的毛利售出企业集团；年末剩余存货的可变现净值为1 500万元。所得税税率为25%。其他资料略。

问题：母公司在各相关报告期期末编制合并财务报表时分别应怎样进行会计处理？

分析：母公司报告期末编制合并财务报表工作底稿时应编制的调整与抵销分录为：

（1）2×17年：

①抵销期末存货价值中包含的未实现内部交易利润：

借：营业收入　　24 000 000

　贷：营业成本　　20 000 000

　　　存货　　4 000 000

②调整内部交易存货相关的递延所得税：

借：递延所得税资产　　1 000 000

　贷：所得税费用　　1 000 000

（2）2×18年：

①抵销上年内部存货交易未实现利润对期初未分配利润的影响：

借：未分配利润（期初）　　4 000 000

　贷：营业成本　　4 000 000

②抵销期末存货价值中包含的未实现内部交易利润：

借：营业成本　　2 800 000

　贷：存货　　2 800 000

③抵销内部交易存货本期末已提跌价准备：

借：存货　　1 800 000

　贷：资产减值损失　　1 800 000

④调整内部交易存货相关的递延所得税：

借：递延所得税资产（（2 800 000-1 800 000）×25%）　　250 000

　　所得税费用（1 000 000-250 000）　　750 000

　贷：未分配利润（期初）　　1 000 000

将上述调整与抵销分录填入合并财务报表工作底稿，此项交易对合并信息生成过程的影响见表2-27。

表 2-27 合并财务报表工作底稿 单位：万元

项目	个别报表*		合计数	调整与抵销分录		合并数
	母公司	子公司		借	贷	
2×17年：						
资产负债表有关项目：						
存货	0	2 400	2 400		①400	2 000
递延所得税资产	0	0	0	②100		100
应交税费	100	0	100			100
利润表有关项目：						
营业收入	2 400	0	2 400	①2 400		0
减：营业成本	2 000	0	2 000		①2 000	0
营业利润	400	0	400	2 400	2 000	0
减：所得税费用	100	0	100		②100	0
净利润	300	0	300	2 400	2 100	0
所有者权益变动表有关项目：						
未分配利润（期初）	0	0	0			0
未分配利润（期末）	300	0	300	2 400	2 100	0***
2×18年：						
资产负债表有关项目：						
存货	0	1 500	1 500	③180	②280**	1 400
递延所得税资产	0	45	45	④25		70
应交税费	0	0	0			0
利润表有关项目：						
营业收入	0	792	792			792
减：营业成本	0	720	720	②280	①400	600
减：资产减值损失	0	180	180		③180	0
减：所得税费用	0	−27	−27	④75		48
净利润	0	−81	−81	355	580	144
所有者权益变动表有关项目：						
未分配利润（期初）	300	0	300	①400	④100	0***
未分配利润（期末）	300	−81	219	755	680	144

注：*个别报表数据只列示与此项内部交易有关的，其他资料略。

**期末存货中包含的未实现利润280=400×70%。

***本年的期初未分配利润等于上年的期末未分配利润。

二、内部固定资产交易

企业集团内部固定资产交易主要有两种情况：一是销售方将产品售给购货方，后者以此作为固定资产使用；二是销售方将固定资产售给购货方，后者将其作为固定资产使用。由于购买方购入固定资产是为了在本企业使用而不是为了出售，所以无论是哪一种情况，都有必要抵销期末固定资产原价中包含的企业集团未实现的利润（或损失，以下同）。

（一）交易当年期末合并财务报表工作底稿中的有关抵销分录

交易当年，期末合并财务报表工作底稿中的有关抵销分录主要有：

（1）抵销固定资产原价中包含的未实现内部销售利润：

如果是上述第一种情况，抵销分录为：

借：营业收入　　　　　　　　［内部交易销售方的收入］
　贷：营业成本　　　　　　　［内部交易销售方的成本］
　　固定资产　　　　　　　　［未实现利润］　　　　　　　　（23）

如果是上述第二种情况，抵销分录为：

借：资产处置损益
　贷：固定资产　　　　　　　［未实现利润］　　　　　　　　（24）

（2）抵销购买方当年对该固定资产计提的折旧额中按未实现利润计提的部分（即本年多提折旧）：

借：固定资产　　　　　　　　［本年多提的部分］
　贷：管理费用等　　　　　　　　　　　　　　　　　　　　　（25）

（二）以后各年——到期前使用期间的各年期末的有关抵销分录

合并报表的编制依据——个别报表中，“未分配利润（期初）”中包含以前年度成员企业的销售方销售产品或固定资产的利润——企业集团未实现利润，而在上期末合并资产负债表中的“未分配利润”项目中已经抵销了这部分未实现利润。只要内部交易的买方未将该固定资产报废、出售，即未使其退出企业集团，就需要抵销这部分未实现利润对期初未分配利润的影响数，以使本期“未分配利润（期初）”项目的合并数与上期末“未分配利润”项目的合并数相符。同时，还应抵销本期及以前各期按未实现利润计提的折旧。

（1）抵销固定资产原价中包含的未实现利润及其对期初未分配利润的影响数：

借：未分配利润（期初）
　贷：固定资产　　　　　　　　　　　　　　　　　　　　　　（26）

（2）抵销按未实现利润计提的折旧：

借：固定资产
　贷：管理费用等　　　　　　［当年多计提的折旧额］
　　未分配利润（期初）　　　［以前年度累计多计提的折旧额］　（27）

（三）以后各年——到期后至清理前各使用期间各期末的有关抵销分录

由于固定资产使用期满提足折旧后不再计提折旧，在使用期满尚未报废清理期间各年的抵销分录中，不存在抵销按包含在固定资产原价中的年初未实现利润当年多提折旧问题，所以，只需编制如下抵销分录：

（1）抵销固定资产原价中包含的未实现利润及其对期初未分配利润的影响数：

借：未分配利润（期初）

　贷：固定资产

（2）抵销以前年度累计按未实现利润计提的折旧：

借：固定资产

　贷：未分配利润（期初）　　　　［以前年度累计多计提的折旧额］

实际上，上述两笔抵销分录的金额是相同的，所以，也可以合编一笔抵销分录如下：

借：固定资产　　　　　　　　　［以前年度累计多计提的折旧额］

　贷：固定资产　　　　　　　　［固定资产原价中包含的未实现利润］

由于该抵销分录借、贷方的金额相等、项目相同，所以这一抵销分录（27）也可不必编制。

（四）清理期的有关抵销分录

内部交易的固定资产因报废或出售而转入清理时，其原始价值中包含的未实现损益随着该固定资产退出企业集团而转为实现。但是，由于固定资产清理导致的固定资产价值的注销，使得清理期末合并财务报表工作底稿中的抵销分录同以前各期有所不同，而且，在不同时期清理的固定资产，其未实现损益的抵销分录也不相同。下面以报废清理为例进行归纳。

（1）第一种情况，提前清理：

在固定资产未满使用年限提前报废进行清理核算时，年末合并财务报表工作底稿中的有关抵销分录为：

调整年初未分配利润中的未实现部分：

借：未分配利润（期初）

　贷：营业外收入（或营业外支出，下同）

抵销按未实现利润多提的折旧：

借：营业外收入

　贷：管理费用等　　　　　　　［当年多计提的折旧额］

　　　未分配利润（期初）　　　［以前年度累计多计提的折旧额］

上述两个抵销分录也可以合并。随着固定资产退出企业集团，年初未分配利润中的未实现利润中有一部分转为实现——相当于以前年度按内部交易实现利润多提的折旧金额，对此可以不编制抵销分录；包含在年初未分配利润中的固定资产内部交易未实现利润的另一部分需要编制抵销分录，这里一方面将相当于当年按年初未实现利润多提的折旧进行调整，另一方面将因提前清理而未提折旧的年初未实现利润转作实现，有关的调整分录为：

借：未分配利润（期初）

　贷：管理费用等　　　　　　　［当年按未实现利润多提的折旧］

　　　营业外收入　　　　　　　［尚未按未实现利润多提的折旧］　　（28）

（2）第二种情况，期满清理：

内部交易的固定资产在使用期满转入清理的情况下，一方面，由于固定资产实体已经退出企业集团，期初未分配利润中的固定资产内部交易的未实现利润随之转为实现，而且该固定资产原值已经注销，所以，不存在抵销固定资产原价中包含的未实现利润的问题；另一方面，由于不存在未实现利润，由于随着固定资产的清理，其累计折旧额已经注销，也就不存在对按未实现利润多提折旧的抵销问题。但是，需要将当年按期初未实现利润多提的折旧导致的本年管理费用与期初未分配利润进行调整，调整分录为：

借：未分配利润（期初）

　贷：管理费用等　　　　　　　　[本年多提的折旧]　　　　　　　　　　（29）

（3）第三种情况，超期清理：

内部交易的固定资产在超过预计使用年限后才清理的情况下，由于固定资产已经退出企业集团，其价值已经注销，年初未分配利润中的固定资产内部交易未实现利润已经转为实现，不存在抵销未实现利润的问题；由于已经超期使用，本年已不再计提折旧，所以也不必调整管理费用。因此，清理年度的年末合并财务报表工作底稿中不必编制任何抵销分录。

[例2-28] 内部固定资产交易的相关抵销处理。

资料：企业集团内部A公司将一台成本为60 000元的产品以80 000元的价格出售给B公司，后者将其作为固定资产使用，预计使用年限8年，采用直线法计提折旧（假定不考虑预计净残值）。

要求：分别假定以下三种情况编制报废清理期末合并财务报表工作底稿。

情况1：第6年年末清理，清理收益500元；

情况2：第8年年末清理，清理收益200元；

情况3：第10年年末清理，清理收益100元。

分析：相关工作底稿见表2-28。

表2-28　　合并财务报表工作底稿　　单位：元

项　目	个别报表		调整与抵销分录		合并数
	A公司	B公司	借	贷	
情况1：第6年年末清理					
管理费用		10 000		2 500	7 500
营业外收入		500		5 000	5 500
未分配利润（期初）	20 000	-50 000	7 500		-37 500
固定资产		0			0
情况2：第8年年末清理					
管理费用		10 000		2 500	7 500
营业外收入		200			200
未分配利润（期初）	20 000	-70 000	2 500		-52 500
固定资产		0			0
情况3：第10年年末清理					
管理费用		0			0
营业外收入		100			100
未分配利润（期初）	20 000	-80 000			-60 000
固定资产		0			0

与内部交易形成的固定资产相关的资产减值准备的抵销处理，比照前述内部交易形成的存货的相关抵销处理。

（五）递延所得税的调整

与前面所述的内部存货交易一样，内部交易固定资产未实现利润（或亏损）的抵销，调低（或调高）了该固定资产在合并资产负债表中的报告价值，从合并报表的角度来看，该固定资产的账面价值与其计税基础不相等，由此产生的可抵扣（或应纳税）暂时性差异对未来的纳税影响应在合并报表中予以确认；而随着内部交易的固定资产计提的减值准备的抵销，与其相关的所得税影响也应予以抵销。

与前面所述的内部存货交易相关递延所得税的调整处理不同的是，内部交易的固定资产不仅在交易当年而且在以后各使用期间，都可能会涉及递延所得税的相关调整；而且，固定资产的折旧因素也会对递延所得税的调整产生影响。从连续编制合并报表的角度来看，以内部交易存在未实现利润的情况为例，相关的调整分录为：

借：递延所得税资产　　[（抵销的内部交易固定资产的未实现利润-已抵销的该资产减值准备）×所得税税率]

借或贷：所得税费用　　[本期应调整递延所得税]

贷：未分配利润（期初）　　[前期已调整递延所得税]　　(30)

下面举例予以说明。

[例2-29] 与内部固定资产交易有关的递延所得税的处理。

资料：2×17年6月末，某企业集团的母公司将一台成本为60 000元的产品以80 000元的价格出售给子公司，后者将其作为管理用固定资产使用，预计使用年限10年，采用直线法计提折旧（假定不考虑预计净残值）。假定所得税税率为25%；为了便于对比分析，假定母公司的应交所得税在2×18年尚未缴纳。其他资料略。

要求：根据上述资料编制母公司2×17年、2×18年合并财务报表工作底稿中的有关调整与抵销分录。

分析：母公司2×17年、2×18年合并财务报表工作底稿中的有关调整与抵销分录为：

（1）2×17年：

①抵销期末固定资产价值中包含的未实现内部交易利润：

借：营业收入	80 000	
贷：营业成本		60 000
固定资产		20 000

②抵销当年多计提的折旧：

借：固定资产	1 000	
贷：管理费用		1 000

③调整内部交易固定资产相关的递延所得税：

借：递延所得税资产	4 750*	
贷：所得税费用		4 750

注：*4 750=［（80 000-4 000）-（60 000-3 000）］×25%。

（2）2×18年：

①抵销上年内部固定资产交易未实现利润对期初未分配利润的影响：

借：未分配利润（期初）	20 000	
贷：固定资产		20 000

②抵销累计多计提的折旧：

借：固定资产	3 000	
贷：管理费用		2 000
未分配利润（期初）		1 000

③调整内部交易固定资产相关的递延所得税：

借：递延所得税资产　　　　　　　　　　　　4 250*

　　所得税费用（4 750−4 250）　　　　　　　500

　贷：未分配利润（期初）　　　　　　　　　　　4 750

注：*4 250=［（80 000−12 000）−（60 000−9 000）］×25%。

将上述调整与抵销分录填入工作底稿，则该内部交易对个别报表及合并信息的影响见表2−29。

表 2−29　合并财务报表工作底稿　单位：元

项　目	个别报表		调整与抵销分录		合并数
	母公司	子公司	借	贷	
2×17年：					
资产负债表有关项目：					
固定资产	0	76 000	②1 000	①20 000	57 000
递延所得税资产	0	0	③4 750		4 750
应交税费	5 000	0			5 000
利润表有关项目：					
营业收入	80 000	0	①80 000		0
减：营业成本	60 000	0		①60 000	0
减：管理费用	0	4 000		②1 000	3 000
营业利润	20 000	−4 000	80 000	61 000	−3 000
减：所得税费用	5 000	0		③4 750	250
净利润	15 000	−4 000	80 000	65 750	−3 250
所有者权益变动表有关项目：					
未分配利润（期初）	0	0			0
未分配利润（期末）	15 000	−4 000	80 000	65 750	−3 250
2×18年：					
资产负债表有关项目：					
固定资产	0	68 000	②3 000	①20 000	51 000
递延所得税资产	0	0	③4 250		4 250
应交税费	5 000	0			5 000
利润表有关项目：					
减：管理费用	0	8 000		②2 000	6 000
营业利润	0	−8 000		2 000	−6 000
减：所得税费用	0	0	③500		500
净利润	0	−8 000	500	2 000	−6 500
所有者权益变动表有关项目：					
未分配利润（期初）	15 000	−4 000	①20 000	②1 000	−3 250*
				③4 750	
未分配利润（期末）	15 000	−12 000	20 500	7 750	−9 750

注：*本期期初未分配利润与上期期末未分配利润相等。

内部无形资产交易等其他资产交易，相关的调整与抵销比照上述原理进行处理。

值得一提的是，与前述内部债权债务相关抵销处理中所提示的一样，内部资产交易的有关抵销处理中，如果涉及到对子公司净利润的增减调整的，要对其中归属于少数股东的部分，调整少数股东损益和少数股东权益。

第五节　编制合并财务报表的其他问题

一、与外币报表折算差额有关的合并处理

（一）外币报表折算差额在合并资产负债表中的列报

企业存在境外经营的情况下，报告期末需将纳入合并范围的境外经营的外币财务报表按照有关会计准则规定的折算方法进行折算，然后将折算后财务报表与母公司财务报表合并，编制合并财务报表。对某一境外经营外币财务报表进行折算时，不同的报表可能采用不同的折算汇率，同一报表的不同项目也可能采用不同的折算汇率，这就导致了外币报表折算差额①。

根据现行会计准则，外币报表折算差额首先应在折算后的资产负债表中所有者权益部分以“其他综合收益”项目中列报（参见表2-30中子公司个别报表部分）。编制合并报表时，将境外经营折算后资产负债表与母公司及纳入合并范围的其他成员企业的资产负债表进行合并后，外币报表折算差额自然将反映在合并资产负债表的所有者权益部分（参见表2-30中“合并数”部分）。值得注意的是，作为“综合收益”的组成部分之一，外币报表折算差额无疑还应体现在合并所有者权益变动表中。

（二）外币报表折算差额在合并所有者权益变动表中的列报

合并所有者权益变动表的基本结构参见表2-31。究竟如何编制合并所有者权益变动表，关键在于明确该表的内容、结构以及该表与合并资产负债表、合并利润表各项目之间的关系。

1.一般项目的填列方法

合并所有者权益变动表可以根据合并资产负债表和合并利润表等资料进行编制。合并所有者权益变动表一般项目的编制原理简述如下：

（1）各所有者权益项目的“上年年末余额”和“本年年末余额”，可以分别转抄自合并资产负债表的“股本”、“资本公积”、“其他综合收益”、“盈余公积”、“未分配利润”以及“减：库存股”等有关项目的年初数和年末数。

（2）“净利润”项目，转抄自合并利润表“净利润”项目金额。

（3）有关利润分配各项目，转抄自有关合并财务报表工作底稿中涉及的利润分配有关项目的合并数。

（4）其他各项目，可分别根据合并利润表有关项目以及合并资产负债表的“股本”“资本公积”“其他综合收益”“盈余公积”等有关项目的年末数和年初数分析填列。

2.“少数股东权益”的列报方法

在母公司非100%拥有子公司股权的情况下，合并所有者权益变动表中就需要报告少

---

①　具体折算方法见第三章。

数股东权益。“少数股东权益”数额相当于子公司所有者权益中少数股东拥有的部分。因此，少数股东权益期末数可以根据合并财务报表工作底稿中第一类抵销分录确定的金额填列，而这个金额无疑应该等于少数股东权益年初余额与本年净增加数之和。少数股东权益年初余额应等于子公司所有者权益年初余额与少数股权比例之乘积，合并财务报表工作底稿中根据子公司报告期净利润确定的少数股东收益与子公司报告期内分配给少数股东的利润，构成导致少数股东权益发生增减变动的主要因素。毫无疑问，除了上述净利润的实现与分配之外，子公司股本和资本公积等项目的变化，都会引起少数股东权益的变动。

更为重要的是，子公司外币报表折算差额中相当于少数股权的部分，也会导致少数股东权益的变动。

3.外币报表折算差额的列报

境外经营非属母公司全资子公司的情况下，外币报表折算差额中应归属于企业集团少数股东享有的部分，还需要分配至少数股东权益项目。将外币报表折算差额中归属于少数股东权益的部分进行分配时，有关调整分录为：

借：其他综合收益

　贷：少数股东权益　　　　[外币报表折算差额×少数股东持股比例]　　　　(31)

“外币报表折算差额”为负数时，调整分录的借贷方相反。

下面举例予以说明。

[例2-30] 外币报表折算差额在合并财务报表中的列报。

资料：某母公司拥有某子公司60%的股权，2×18年编制合并财务报表时确定该子公司的外币报表折算差额为20万元。为简化起见，假定年度内母公司净利润为0，子公司净利润为100万元，其他变动资料略。

问题：合并所有者权益变动表中应如何列报外币报表折算差额？

分析：

(1) 分摊外币报表折算差额的调整分录为：

借：其也综合收益　　　　80 000

　贷：少数股东权益　　　　80 000

(2) 有关调整分录对合并财务报表工作底稿的编制过程及其对相关项目合并数据的影响见表2-30。

表2-30　　2×18年合并财务报表工作底稿　　单位：万元

报表项目	个别财务报表		合计	调整与抵销分录		合并数
	母公司	子公司		借	贷	
资产负债表有关项目：						
长期股权投资	1 800	0	1 800		①1 800	0
其他有关资产项目：	9 000	4 110	13 110			13 110
负债	4 000	1 010	5 010			5 010
股本	4 000	3 000	7 000	①3 000		4 000
其他综合收益	0	20	20	②8		12
未分配利润	2 800	100	2 900	40		2 860

续表

报表项目	个别财务报表		合计	调整与抵销分录		合并数
	母公司	子公司		借	贷	
归属于母公司的所有者权益	—	—	—			6 872
少数股东权益	—	—	—		①1 240	1 248
					②8	
股东权益合计	6 800	3 120	9 920	3 048	1 248	8 120
利润表有关项目：						
营业收入等	0	100	100			0
投资收益	0	0	0			0
净利润	0	100				100
其中：归属于母公司股东的收益	—	—	—			60
归属于少数股东的收益	—	—	—	①40		40
其他综合收益						20
其中：外币报表折算差额		20				20
⋮						
综合收益总额		120				120
其中：归属于母公司股东的综合收益总额	—	—	—			72
归属于少数股东的综合收益总额	—	—	—			48

（3）根据表2-30编制的合并所有者权益变动表见表2-31。

表 2-31　　合并所有者权益变动表

2×18 年度

单位：万元

项　目	本年金额									上年金额
	归属于母公司的所有者权益							少数股东权益	合计	
	股本	资本公积（资本溢价）	减：库存股	其他综合收益	盈余公积	未分配利润	小计			
一、上年年末余额	4 000	0	0	0	0	2 800	6 800	1 200	8 000	略
加：会计政策变更										
前期差错更正										
二、本年年初余额	4 000	0	0	0	0	2 800	6 800	1 200	8 000	
三、本年增减变动										
（一）综合收益总额										
1.净利润						60	60	40	100	
2.其他综合收益				12			12	8	20	
（二）所有者投入资本										
（三）利润分配										
（四）所有者权益内部结转										
四、本年年末余额	4 000	0	0	12	0	2 860	6 872	1 248	8 120	

二、子公司超额亏损的列报

子公司当期亏损超过子公司期初所有者权益金额的情况下，子公司少数股东分担的亏损超过了少数股东在该子公司期初所有者权益中所享有的份额的，其余额仍应冲减少数股东权益。

［例2-31］子公司超额亏损在合并财务报表中的列报。

资料：2×17年年初，母公司股本1 000万元，子公司股本100万元，母公司拥有子公司80%股权，对子公司长期股权投资余额80万元；本期子公司发生亏损150万元。2×18年母、子公司分别实现净利润300万元、260万元。其他因素略。

问题：2×17年、2×18年各年合并财务报表工作底稿如何编制？各年合并所有者权益表动表中如何列报子公司超额亏损？

分析：

（1）2×17年合并财务报表工作底稿的编制。

①2×17年合并财务报表工作底稿中应编制的抵销分录为：

借：股本　1 000 000

　　少数股东权益（子公司股东权益（1 000 000-1 500 000）×20%）　100 000

　贷：长期股权投资　800 000

　　　少数股东损益　（亏损1 500 000×20%）　300 000

②将该抵销分录过入合并财务报表工作底稿，有关合并数的产生过程见表2-32。

表2-32　2×17年合并财务报表工作底稿　单位：万元

报表项目	个别财务报表		合计	调整与抵销分录		合并数
	母公司	子公司		借	贷	
资产负债表有关项目：						
长期股权投资	80	0	80		①80	0
股本	1 000	100	1 100	①100		1 000
未分配利润	0	-150	-150		30	-120
归属于母公司的所有者权益	—	—	—			880
少数股东权益	—	—	—	①10		-10
股东权益总计	1 000	-50	950	110	30	870
利润表有关项目：						
净利润	0	-150	-150			-150
其中：归属于母公司股东的收益	—	—	—			-120
归属于少数股东的收益	—	—	—		①30	-30

（2）2×17年合并所有者权益变动表的编制。

根据表2-32编制的合并所有者权益变动表见表2-33。

表 2-33　合并所有者权益变动表

2×14 年度　单位：万元

项目	本年金额									上年金额
	归属于母公司的所有者权益							少数股东权益	合计	
	股本	资本公积（资本溢价）	减：库存股	其他综合收益	盈余公积	未分配利润	小计			
一、上年年末余额	1 000	0	0	0	0	0	1 000	20	1 020	略
加：会计政策变更										
前期差错更正										
二、本年年初余额	1 000	0	0	0	0	0	1 000	20	1 020	
三、本年增减变动										
（一）综合收益总额										
1.净利润						−120	−120	−30	−150	
2.其他综合收益										
（二）所有者投入资本										
（三）利润分配										
（四）所有者权益内部结转								—		
四、本年年末余额	1 000	0	0	0	0	−120	880	−10	870	

（3）2×18年合并财务报表工作底稿的编制。

①2×18年合并财务报表工作底稿中应编制的抵销为：

借：股本　1 000 000

　少数股东损益（利润2 600 000×20%）　520 000

　贷：长期股权投资　800 000

　　少数股东权益 （子公司股东权益（−500 000+2 600 000）×20%）　420 000

　　期初未分配利润 （上年该抵销环节的抵销金额）　300 000

②将该抵销分录过入合并财务报表工作底稿，有关合并数的产生过程见表2-34。

表 2-34　2×18 年合并财务报表工作底稿　单位：万元

报表项目	个别财务报表		合计	调整与抵销分录		合并数
	母公司	子公司		借	贷	
资产负债表有关项目：						
长期股权投资	80	0	80		①80	0
股本	1 000	100	1 100	①100		1 000
未分配利润	300	110	410	52	30	388
归属于母公司的所有者权益	—	—	—			1 388
少数股东权益	—	—	—		①42	42
股东权益总计	1 300	210	1 510	110	30	1 430
利润表有关项目：						
净利润	300	260	560			560
其中：归属于母公司股东的收益	—	—	—			508
归属于少数股东的收益	—	—	—	①52		52
所有者权益变动表有关项目：						
期初未分配利润	0	-150	-150		①30	-120
综合收益总额	300	260	560			560
其中：归属于母公司股东权益的综合收益总额	—	—				508
归属于少数股东权益的综合收益总额	—	—				52
未分配利润	300	110	410	52	30	388

（4）2×18年合并所有者权益变动表的编制。

根据表2-34编制的合并所有者权益变动表见表2-35。

表 2-35　合并所有者权益变动表

2×18 年度　单位：万元

项　目	本年金额									上年金额
	归属于母公司的所有者权益							少数股东权益	合计	
	股本	资本公积（资本溢价）	减：库存股	其他综合收益	盈余公积	未分配利润	小计			
一、上年年末余额	1 000	0	0	0	0	-120	880	-10	870	略
加：会计政策变更										
前期差错更正										
二、本年年初余额	1 000	0	0	0	0	-120	880	-10	870	
三、本年增减变动										
（一）综合收益										
1.净利润						508	508	52	560	
2.其他综合收益										
（二）所有者投入资本										
（三）利润分配										
（四）所有者权益内部结转								—		
四、本年年末余额	1 000	0	0	0	0	388	1 388	42	1 430	

三、持有待售的子公司、本期增减的子公司在合并财务报表中的列报

（一）企业专为转售而取得的持有待售子公司的列报

根据《企业会计准则第42号——持有待售的非流动资产、处置组和终止经营》，企业专为转售而取得的子公司，如果符合持有待售类别的划分条件，应当按照持有待售的处置组和终止经营的有关规定进行列报，但可适当简化附注披露。

在合并财务报表中，对于专为转售而取得的子公司，采用如下方法进行处理：在合并资产负债表中，将企业专为转售而取得的持有待售子公司的全部资产、负债，分别作为持有待售资产、持有待售负债项目列示。在合并利润表中，企业专为转售而取得的持有待售子公司的列示，要与其他终止经营一致，即将该子公司净利润与其他终止经营净利润合并列示在“终止经营净利润”项目中。

合并利润表部分项目见表2-36。

表2-36　　合并利润表中“净利润”“综合收益”等项目的具体列报形式

项目	上期金额	本期金额
……		
四、净利润		
（一）按持续经营分类：		
1.持续经营净利润（净亏损以“-”号填列）		
2.终止经营净利润（净亏损以“-”号填列）		
（二）按所有权归属分类：		
1.归属于母公司股东损益		
2.少数股东损益		
五、其他综合收益税后净额		
归属于母公司股东的其他综合收益		
……		
归属于少数股东的其他综合收益		
……		
六、综合收益总额		
归属于母公司股东的其他综合收益		
归属于少数股东的其他综合收益		

（二）本期增加、减少的子公司的列报

1.对于本期投资或追加投资取得的子公司

报告期内因同一控制下的企业合并增加的子公司，编制合并财务报表的原则是：第一，编制合并资产负债表时，一方面，应当调整合并资产负债表的期初数；另一方面，合并资产负债表的留存收益项目应当反映母子公司视同一直作为一个整体运行之合并日应实现的盈余公积和未分配利润情况。第二，编制合并利润表时，应当将该子公司自合并当期期初至报告期末的收入、费用、利润纳入合并利润表，并单列“其中：被合并方在合并前实现的净利润”项目进行反映。第三，编制合并现金流量表时，应当将该子公司自合并当期期初至报告期末的现金流量纳入合并现金流量表。第四，应当对比较报表的相关项目进

行调整，视同合并后的报告主体自最终控制方开始控制时点起一直存在。

报告期内因非同一控制下的企业合并增加的子公司，应当自购买日开始编制合并报表。第一，在编制合并资产负债表时，不需要调整合并资产负债表的期初数。但是为了提高会计信息的可比性，应在财务报表附注中披露本期取得的子公司对合并财务报表的财务状况的影响。第二，编制合并利润表时，应当将本期取得的子公司自自购买日至报告期期末的收入、费用和利润纳入合并利润表中，并在相关附注中披露本期增加子公司对合并财务报表中的经营成果产生的影响。第三，编制合并现金流量表时，应将本期取得的子公司自购买日至报告期末的现金流量信息纳入合并现金流量表中，并将取得子公司所支付的现金扣除子公司于购买日持有的现金及现金等价物后的净额，在有关投资活动类“取得子公司及其他营业单位所支付的现金”项目中进行反映。

2.对于本期减少的子公司的列报

本期由于出售转让子公司部分股权或全部股权导致丧失对该子公司控制权使其成为非子公司的情况下，应将其排除在合并财务报表的范围之外。

编制合并资产负债表时，不需要对该原子公司进行合并。但是为了提高会计信息的可比性，应在财务报表附注中披露本期该子公司成为非子公司对合并财务报表的财务状况的影响。

编制合并利润表时，应当将该子公司自本期初至丧失控制权日的收入、费用和利润纳入合并利润表中，并在相关附注中披露本期减少的该子公司对合并财务报表中的经营成果产生的影响。

编制合并现金流量表时，应将该子公司自本期初至丧失控制权日的现金流量信息纳入合并现金流量表中，并将出售该子公司所收到的现金扣除子公司持有的现金及现金等价物以及相关处置费用后的净额，在有关投资活动类“处置子公司及其他营业单位所收到的现金”项目中进行反映。

四、合并现金流量表的编制

（一）主表部分的编制原理

合并现金流量表是由母公司编制的反映企业集团整体报告期内现金流入、现金流出数量及其增减变动情况的合并报表。从理论上讲，合并现金流量表有两种编制方法：一种方法是根据合并资产负债表、合并利润表和合并所有者权益变动表及其他有关资料，按个别现金流量表的编制方法编制；另一种方法是根据集团内部成员企业（母公司及纳入合并范围的子公司，以下同）的个别现金流量表，通过抵销成员企业之间的现金流入和现金流出，采用合并财务报表的一般编制程序编制。

毫无疑问，上述任何一种方法都不能直接根据现有资料简单合并，都需要有关母、子公司提供比较详细的合并资产负债表、合并利润表及合并所有者权益变动表或个别现金流量表以外的有关记录，但是两种方法的编表思路不同，所需资料有异。我们认为，就合并现金流量表主表而言，第二种方法比第一种方法来得合理、简便，而且操作性强。采用第二种方法的情况下，有关成员企业在提供个别现金流量表的基础上，主要提供与其他成员企业的现金流动记录资料；母公司将个别现金流量表加总以后，合并现金流量表编制程序中的关键就是抵销内部现金流动。

下面主要阐述第二种方法下合并现金流量表主表部分的编制原理。

1.抵销分录的特点

按母、子公司个别现金流量表编制合并现金流量表时，同合并资产负债表、合并利润表及合并所有者权益变动表的编制程序一样，也要在工作底稿中编制抵销分录。合并现金流量表抵销分录的特点是：

(1) 抵销分录借、贷方项目均是现金流量表项目，不涉及其他报表项目，因为这里的抵销分录解决的是成员企业之间现金流入与现金流出的抵销。因此，合并现金流量表的工作底稿可以单独开设。

(2) 抵销分录的规律是：

第一，贷方抵销有关收现项目，借方抵销有关付现项目。

第二，对经营活动现金流量的抵销分录中，一方经营活动现金流入往往与另一方经营活动现金流出相抵销，但个别情况下可能要求一方经营活动现金流入（或流出）与另一方投资活动（或筹资活动）现金流出（或流入）相抵销。如抵销固定资产内部交易的现金流动时，可能需要将销售方的“销货收现”与购方的“购建固定资产付现”或将销售方的“处置固定资产收现”与购方的“购货付现”相抵销。

第三，对投资活动和筹资活动现金流量的抵销分录中，一般情况下集团内一方的投资业务往往涉及另一方的筹资业务，所以抵销分录的借、贷方分别是投资活动现金流出（或流入）、筹资活动现金流入（或流出），但个别情况下可能要求一方的投资活动现金流入与另一方的投资活动现金流出相抵销，如对固定资产内部交易的双方均涉及固定资产的业务，抵销分录中将一方“购建固定资产付现”与另一方“处置固定资产收现”抵销；对集团内部转让有价证券投资业务，抵销分录中将一方“收回投资收现”与另一方“权益性（或债权性）投资付现”抵销。

2.编制合并现金流量表主表部分时需抵销的项目及其抵销分录

(1) 成员企业间现销业务、赊销业务本期的货款（不含增值税）收付的抵销：

借：经营活动现金流量——购买商品、接受劳务支付的现金

　贷：经营活动现金流量——销售商品、提供劳务收到的现金 (32)

如果上述业务在交易双方中一方涉及经营活动而另一方涉及非经营活动，则抵销分录为：

借：经营活动现金流量——购买商品、接受劳务支付的现金

　贷：投资活动现金流量——处置固定资产等长期资产收到的现金

或

借：投资活动现金流量——购建固定资产等长期资产支付的现金

　贷：经营活动现金流量——销售商品、提供劳务收到的现金

(2) 成员企业间其他与经营活动有关的现金收付（如罚款、捐赠）的抵销分录：

借：经营活动现金流量——支付的其他与经营活动有关的现金

　贷：经营活动现金流量——收到的其他与经营活动有关的现金 (33)

(3) 成员企业间筹资本金与投资成本的现金收、付的抵销：

借：投资活动现金流量——投资所支付的现金

　贷：筹资活动现金流量——吸收投资所收到的现金 (34)

（4）成员企业间投资收益与筹资费用的现金收付的抵销：

借：筹资活动现金流量——分配股利、利润或偿付利息所支付的现金

　贷：投资活动现金流量——分得投资收益所收到的现金　（35）

（5）收回投资收现与增加投资付现、收回投资收现与减少筹资付现的抵销分录：

现金流量表中的企业收回投资主要指出售、转让或到期收回现金等价物以外的投资。

如果是出售或转让投资给集团内其他成员企业，则后者为之付出的现金属于投资活动付现，前者因此收到的现金属于投资活动收现。这时的抵销分录为：

借：投资活动现金流量——投资所支付的现金

　贷：投资活动现金流量——收回投资所收到的现金　（36）

如果企业到期收回投资，对方单位一般是筹资方。双方均是集团内部成员企业时，抵销分录为：

借：筹资活动现金流量——偿还债务所支付的现金

或

借：筹资活动现金流量——支付的其他与筹资活动有关的现金

　贷：投资活动现金流量——收回投资所收到的现金　（37）

（6）固定资产、无形资产、其他资产交易双方现金收、付的抵销

固定资产、无形资产、其他资产交易的双方均为集团内部成员企业时，相关的现金流入与现金流出属于投资活动现金流动，抵销分录为：

借：投资活动现金流量——购建固定资产等长期资产所支付的现金

　贷：投资活动现金流量——处置固定资产等长期资产收到的现金净额　（38）

［例2-32］与合并现金流量表有关的抵销分录的编制。

资料：表2-37是某企业集团母公司及其子公司2×18年个别现金流量表资料。

表2-37　现金流量表（简表）会企03表

2×18年度　单位：元

项　目	母公司	子公司
一、经营活动产生的现金流量	—	—
销售商品、提供劳务收到的现金	1 221 200	280 000
收到的税费返还	0	0
收到的其他与经营活动有关的现金	0	0
经营活动现金流入小计	1 221 200	280 000
购买商品、接受劳务支付的现金	624 000	170 000
支付给职工以及为职工支付的现金	430 000	30 000
支付的各项税费	205 000	20 000
支付的其他与经营活动有关的现金	90 000	10 000
经营活动现金流出小计	1 339 000	230 000

续表

项 目	母公司	子公司
经营活动产生的现金流量净额	−127 800	50 000
二、投资活动产生的现金流量	—	—
收回投资收到的现金	0	5 000
取得投资收益收到的现金	20 000	1 000
处置固定资产、无形资产和其他长期资产收回的现金净额	14 200	500
处置子公司及其他营业单位收到的现金净额	0	0
收到的其他与投资活动有关的现金	0	0
投资活动现金流入小计	34 200	6 500
购建固定资产、无形资产和其他长期资产支付的现金	197 000	20 000
投资支付的现金	250 000	0
取得子公司及其他营业单位支付的现金净额	0	0
支付的其他与投资活动有关的现金	0	0
投资活动现金流出小计	447 000	20 000
投资活动产生的现金流量净额	−412 800	−13 500
三、筹资活动产生的现金流量	—	—
吸收投资收到的现金	875 000	30 000
取得借款收到的现金	880 000	80 000
收到的其他与筹资活动有关的现金	0	0
筹资活动现金流入小计	1 755 000	110 000
偿还债务支付的现金	700 000	80 000
分配股利、利润或偿付利息支付的现金	70 000	80 000
支付的其他与筹资活动有关的现金	0	0
筹资活动现金流出小计	770 000	160 000
筹资活动产生的现金流量净额	985 000	−50 000
四、汇率变动对现金的影响	0	0
五、现金及现金等价物净增加额	444 400	−13 500
加：期初现金及现金等价物余额	1 500 000	126 500
六、期末现金及现金等价物余额	1 944 400	113 000

假定各公司提供的有关资料表明：母公司本年度“销售商品、提供劳务收到的现金”中有120 000元是销售商品给子公司（子公司将购自母公司的资产中有100 000元作为原材料使用，另20 000元作为固定资产使用）而收到的现金；母公司“取得投资收益收到的现金”中有10 000元来自于子公司的利润分配。其他资料略。

要求：编制与合并现金流量表有关的抵销分录。

分析：有关抵销分录为::

①借：经营活动现金流量——购买商品、接受劳务支付的现金　　100 000
　　投资活动现金流量——购建固定资产、无形资产和其他
　　　　　　　　　　　长期资产支付的现金　　20 000
　贷：经营活动现金流量——销售商品、提供劳务收到的现金　　120 000

②借：筹资活动现金流量——分配股利、利润或偿付利息所支付的现金　10 000
　贷：投资活动现金流量——分得投资收益收到的现金　　10 000

（二）合并现金流量表补充资料部分的编制

如果说合并现金流量表的主表部分采用的上述第二种方法即以成员企业的个别现金流量表为依据对内部现金流动予以抵销编制而成的方法比较简便的话，那么，补充资料部分将对不同的项目分别根据个别现金流量表和合并资产负债表、合并利润表及有关资料编制，这是由补充资料本身的特殊性决定的。

1.补充资料1的编制

补充资料1是间接法下经营活动现金流量的揭示。合并现金流量表的这一部分各项目的编制方法如下：

（1）“净利润”合并数：根据合并利润表中“净利润”项目数字填列。

（2）“计提的资产损失准备”合并数：根据成员企业个别现金流量表中本项目数之和扣除内部应收款项及内部交易的资产按未实现利润计提的损失准备数的差额填列。

（3）“计提的固定资产折旧”合并数：根据成员企业个别现金流量表中本项目数之和扣除内部交易固定资产上当年按未实现利润多提的折旧数的差额填列。

（4）“无形资产摊销”合并数：根据成员企业个别现金流量表中本项目数之和扣除内部交易无形资产上当年按未实现利润多提的摊销数的差额填列。

（5）“固定资产报废损失”“固定资产处置净损失”“固定资产盘亏损失”各项目，分别根据成员企业个别现金流量表中相应项目数之和填列。

（6）“投资收益”“财务费用”合并数：根据合并利润表中相应项目数字填列即可，因为合并利润表中这两个项目各自的合并数中已经抵销了成员企业之间的投资收益和财务费用。

（7）“递延所得税资产（减负债）”合并数：根据合并资产负债表“递延所得税资产”“递延所得税负债”项目的“期末余额”与“年初余额”之差分析填列。

（8）“与经营活动有关的非现金流动资产的增减变动”各项目的合并数：根据合并资产负债表中各该项目合并数的“年初余额”与“期末余额”及之差扣除其中与经营活动无关的变动数后填列。

（9）“与经营活动有关的流动负债的增减变动”各项目的合并数：根据合并资产负债表中各该项目合并数的“年初余额”与“期末余额”及之差扣除其中与经营活动无关的变

动数后填列。

2.补充资料2的编制

补充资料2是有关不涉及现金的投资、筹资活动，所以，这里不存在对现金流动的抵销问题。合并现金流量表这一部分的编制方法是：根据成员企业个别现金流量表的相应部分加总后抵销其中发生在成员企业之间的投资筹资活动。

3.补充资料3的编制

补充资料3是反映现金净增加情况的。合并现金流量表中这一部分项目可以根据合并资产负债表“货币资金”项目及有关成员企业“交易性金融资产”等项目在报告期的变动情况分析填列。

第六节 合并财务报表综合举例

一、资料

（1）北电公司与南晶公司有关2×18年度的资产负债表、利润及利润分配情况表和现金流量表简表资料见表2-38、表2-39、表2-40、表2-41和表2-42。盈余公积略。

表2-38 北电公司资产负债表

2×18年12月31日 单位：元

资 产	期末余额	年初余额	负债和所有者权益	期末余额	年初余额
流动资产			流动负债		
货币资金	4 000 000	2 008 000	短期借款	210 000	200 000
应收票据及应收账款	199 000	796 000	应付账款	1 780 000	950 000
其他应收款	201000	146 000	应付职工薪酬	800 000	820 000
存货	500 000	450 000	其他应付款	200218	440 818
流动资产合计	4 900 000	3 400 000	应交税费	10 000	8 000
			流动负债合计	3 000 218	2 418 818
非流动资产			非流动负债		
长期股权投资	1 000 000	800 000	长期借款	2 600 000	2 000 000
其他权益工具投资	186 500	0	应付债券	647 000	0
债权投资	100 000	0	非流动负债合计	3 247 000	2 000 000
固定资产	5 413 500	5 500 000	股东权益		
无形资产	200 000	200 000	股本	4 000 000	4 000 000
递延所得税资产	200 000	100 000	资本公积	155 000	155 000
非流动资产合计	7 100 000	6 600 000	其他综合收益	16 500	0
			未分配利润	1 581 282	1 426 182
			股东权益合计	5 752 782	5 581 182
资产总计	12 000 000	10 000 000	负债和所有者权益总计	12 000 000	10 000 000

表 2-39 南晶公司资产负债表

2×18 年 12 月 31 日 单位：元

资　产	年初余额	期末余额	负债和所有者权益	年初余额	期末余额
流动资产			流动负债		
货币资金	130 500	708 150	短期借款	200 000	300 000
应收账款	99 500	298 500	应付账款	70 000	180 000
其他应收款	0	0	应付职工薪酬	9 000	14 000
存货	800 000	503 000	其他应付款	22 040	88 140
流动资产合计	1 030 000	1 509 650	流动负债合计	301 040	582 140
			非流动负债		
非流动资产			长期借款	1 000 000	1 130 000
长期股权投资	0	0	应付债券	0	315 000
指权益工具投资	0	0	非流动负债合计	1 000 000	1 445 000
固定资产	1 460 000	1 700 000	股东权益		
无形资产	0	0	股本	1 000 000	1 000 000
递延所得税资产	0	0	资本公积	150 000	150 000
非流动资产合计	1 460 000	1 700 000	未分配利润	38 960	32 510
			股东权益合计	1 188 960	1 182 510
资产总计	2 490 000	3 209 650	负债和所有者权益总计	2 490 000	3 209 650

表 2-40 北电公司利润及利润分配情况表

2×18 年度 单位：元

项　目	上期金额	本期金额
一、营业收入	3 000 000	4 000 000
减：营业成本	1 800 000	2 500 000
税金及附加	400 000	600 000
销售费用	180 000	121 178
管理费用	100 000	200 000
财务费用	50 000	110 000
资产减值损失	15 000	8 000
信用减值损失	5 000	822
加：投资收益	34 178	37 202.5
营业外收入	165 822	40 000
减：营业外支出	15 000	7 202.5
二、利润总额	635 000	530 000
减：所得税费用	209 550	174 900
三、净利润	425 450	355 100
加：期初未分配利润	1 150 732	1 426 182
减：应付普通股股利	150 000	200 000
四、期末未分配利润	1 426 182	1 581 282

表 2-41　南晶公司利润及利润分配情况表

2×18 年度　单位：元

项　目	上期金额	本期金额
一、营业收入	800 000	905 000
减：营业成本	500 000	580 000
税金及附加	70 000	85 000
销售费用	30 000	40 000
管理费用	60 000	70 000
财务费用	45 000	60 000
资产减值损失	9 100	9 000
信用减值损失	900	1 000
加：投资收益	0	0
营业外收入	5 000	8 000
减：营业外支出	2 000	3 000
二、利润总额	88 000	65 000
减：所得税费用	29 040	21 450
三、净利润	58 960	43 550
加：期初未分配利润	0	38 960
减：应付普通股股利	20 000	50 000
四、期末未分配利润	38 960	32 510

表 2-42　现金流量表

2×18 年度　单位：元

项　目	北电公司	南晶公司
一、经营活动产生的现金流量		
销售商品、提供劳务收到的现金	4 600 000	705 000
收到的其他与经营活动有关的现金	112 000	30 650
购买商品、接受劳务支付的现金	2 910 000	173 000
支付给雇员的现金	200 000	54 000
支付的所得税	174 900	20 000
支付的其他税费	93 000	80 000
支付的其他与经营活动有关的现金	122 100	3 000
经营活动现金流量净额	1 212 000	405 650
二、投资活动产生的现金流量		
收回投资收到的现金	0	0
分得股利收到的现金	11 000	0
处置固定资产、无形资产收到的现金净额	0	0
权益性投资支付的现金	91 000	0
债权性投资支付的现金	70 000	
购置固定资产、无形资产等支付的现金	10 000	270 000
投资活动现金流量净额	-160 000	-270 000
三、筹资活动产生的现金流量		
吸收权益性投资收到的现金	0	0
发行债券收到的现金	600 000	300 000
借款收到的现金	1 500 000	175 000
偿还债务支付的现金	1 000 000	
偿还利息支付的现金	10 000	13 000
分配股利支付的现金	150 000	20 000
筹资活动现金流量净额	940 000	442 000
四、现金净增加额	1 992 000	577 650

（2）其他有关资料：

①2×16年12月末，北电公司用银行存款700 000元购入非同一控制下的南晶公司55%的表决权资本。南晶公司当时的可辨认净资产账面价值为1 150 000元，评估的公允价值为1 200 000元，公允价值大于账面价值50 000元为某项管理用固定资产评估增值（假定该固定资产未来折旧年限为5年，按直线法计提折旧，预计净残值因素略）。当时南晶公司留存收益为0。盈余公积略。

②北电公司商品销售中有一部分是向南晶公司提供配套商品。2×17年、2×18年北电公司销售收入中分别有30%、10%来自于向南晶公司销货，该商品的销售毛利率为20%。

③南晶公司来自北电公司的外购配套商品中，2×17年有40%包括在期末资产负债表“存货”项目中；2×18年期末存货成本中有140 000元是购自北电公司的配套商品。

④北电公司2×17年、2×18年年末应收账款余额中分别有50 000元、30 000元为南晶公司的应付账款（北电公司按应收账款余额的5‰确认预期信用损失）。

⑤南晶公司2×18年1月按面值发行5年期、一次还本付息、年利率为5%的债券300 000元，北电公司购入其中的10%，并分类为以摊余成本计量的金融资产。

⑥南晶公司2×17年利润分配方案中宣告分配现金股利20 000元、2×18年利润分配方案中则宣告分配现金股利50 000元，并分别于2×18年5月和2×19年5月支付2×17年和2×18年的现金股利。

⑦2×16年12月，北电公司将一台账面原价为80 000元、累计折旧为10 000元的设备以65 000元的价格出售给南晶公司，后者将其作为固定资产使用，并按5年提取折旧。

⑧假定北电公司其他综合收益增加16 500元系可供出售金融资产公允价值变动所致。

二、要求

根据上述资料，编制北电公司与南晶公司2×18年的合并资产负债表、合并利润表、合并所有者权益变动表和合并现金流量表。

三、合并报表的编制

（一）在合并财务报表工作底稿里编制调整与抵销分录

首先，编制调整分录。

（1）将子公司有关资产价值按合并日公允价值为基础进行调整：

借：固定资产	30 000	
管理费用（50 000÷5）	10 000	
未分配利润（期初）（10 000−10 000×25%）	7 500	
贷：所得税费用（10 000×25%）		2 500
递延所得税负债（30 000×25%）		7 500
资本公积		37 500

其次，编制抵销分录。

第一，与内部长期股权投资有关的抵销分录。

（2）借：股本	1 000 000
资本公积（150 000+37 500）	187 500

借：少数股东损益（（43 550-10 000+2 500）×45%） 16 222.5
　　投资收益（50 000×55%） 27 500
　　商誉（（700 000-（1 000 000+187 500）×55%） 46 875
　　未分配利润（期初）（（38 960-10 000+2 500）×45%） 14 157
　贷：长期股权投资 700 000
　　　少数股东权益（（1 000 000+187 500+32 510-20 000+5 000）×45%） 542 254.5
　　　应付普通股股利 50 000

*合并日子公司无未分配利润，所以此处可用子公司期初未分配利润与少数股东持股比例计算。

备注：2×18年的第一类抵销处理的另一种思路——先调整至权益法再行抵销：

①先将成本法的结果按权益法进行调整。

借：长期股权投资 9 630.5
　　投资收益 7 672.5
　贷：未分配利润（期初数） 17 303

上面数字有关计算如下：

17 303=（58 960-10 000+2 500）×55%-20 000×55%

76 72.5=（43 550-10 000+2 500）×55%-50 000×55%

9630.5=17 303-7672.5

②将子公司股东权益期末余额与母公司股权投资余额相抵销，并确认少数股东权益。

借：股本 1 000 000
　　资本公积 187 500
　　未分配利润 17 510
　　商誉 46 875
　贷：长期股权投资 709 630.5
　　　少数股东权益 542 254.5

上面数字有关计算如下：

17 510=32 510（个别报表中）+（-10 000-7 500+2 500）（上述将子公司有关资产价值按合并日公允价值为基础进行调整时对子公司未分配利润的净调整数）

③与子公司当期利润及利润分配有关的抵销处理。

借：投资收益 19 827.5
　　少数股东损益 16 222.5
　　未分配利润（期初数） 31 460
　贷：应付普通股股利 50 000
　　　未分配利润（期末数） 17 510

上面数字有关计算如下：

31 460=38 960（个别报表中）+（-10 000+2 500）（上年编合并报表时调整子公司净资产公允价值时相关处理中涉及的）

将上面两个抵销分录合并，则有：

借：股本 1 000 000
　　资本公积 187 500
　　投资收益 19 827.5
借：少数股东损益 16 222.5
　　未分配利润（期初数） 31 460

借：商誉 46 875
　贷：长期股权投资 709 630.5
　　少数股东权益 542 254.5
　　应付普通股股利 50 000

第二，抵销内部债权债务。

(3) 借：应付账款 30 000
　　贷：应收账款 30 000

(4) 借：应收票据及应收账款（30 000×5‰） 150
　　信用减值损失（（50 000−30 000）×5‰） 100
　　贷：未分配利润（期初）(50 000×5‰） 250

(5) 借：未分配利润（期初）(250×25%） 62.5
　　贷：所得税费用（100×25%） 25
　　　递延所得税资产（150×25%） 37.5

(6) 借：其他应付款 27 500
　　贷：其他应收款 27 500

(7) 借：应付债券 31 500
　　贷：债权投资 31 500

第三，抵销内部存货交易的相关影响。

(8) 借：未分配利润（期初）(3 000 000×30%×20%×40%） 72 000
　　贷：营业成本 72 000

(9) 借：营业收入（4 000 000×10%） 400 000
　　贷：营业成本 400 000

(10) 借：营业成本（140 000×20%） 28 000
　　贷：存货 28 000

(11) 借：递延所得税资产（28 000×25%） 7 000
　　所得税费用 11 000
　　贷：未分配利润（期初）(72 000×25%） 18 000

第四，抵销内部固定资产交易的相关影响。

(12) 借：固定资产——原价（80 000−10 000−65 000） 5 000
　　贷：未分配利润（期初） 5 000

(13) 借：管理费用（5 000÷5） 1 000
　　未分配利润（期初）(5 000÷5） 1 000
　　贷：固定资产——累计折旧 2 000

(14) 借：未分配利润（期初） 1 000
　　贷：所得税费用 250
　　　递延所得税负债 750

第五，抵销内部债券业务的利息费用与利息收益。

(15) 借：投资收益 1 500
　　贷：财务费用 1 500

（16）借：少数股东损益（1 500×45%） 675

贷：少数股东权益 675

第六，抵销内部现金收付。

（17）借：经营活动现金流量——购买商品、接受劳务支付的现金 420 000*

贷：经营活动现金流量——销售商品、提供劳务收到的现金 420 000**

注：*420 000=内部应付账款年初余额 50 000+本年内部购货成本（4 000 000×10%）–内部应付账款年末余额 30 000。

**420 000=内部销售收入（4 000 000×10%）+内部应收账款净减少额（50 000–30 000）。

（18）借：筹资活动现金流量——分配股利或利润支付的现金 11 000

贷：投资活动现金流量——分得股利或利润收到的现金 11 000

（19）借：投资活动现金流量——债权性投资支付的现金 30 000

贷：筹资活动现金流量——发行债券收到的现金 30 000

有关合并财务报表工作底稿见表 2–43、表 2–44。

表 2–43

合并财务报表工作底稿

2×18 年度

单位：元

项　目	个别报表		调整与抵销分录		合并数
	北电公司	南晶公司	借	贷	
资产负债表有关项目：					
货币资金	4 000 000	708 150			4 708 150
应收账款	199 000	298 500	（4）150	（3）30 000	467 650
其他应收款	201000	0		（6）27 500	173 500
存货	500 000	503 000		（10）28 000	975 000
长期股权投资	1 000 000	0		（2）700 000	300 000
其他权益工具投资	186 500				186 500
债权投资	100 000	0		（7）31 500	68 500
固定资产	5 413 500	1 700 000	（1）30 000		
			（12）5 000	（13）2 000	7 146 500
无形资产	200 000	0			200 000
商誉	—	—	（2）46 875		46 875
递延所得税资产	200 000	0	（11）7 000	（5）37.5	206 962.5
短期借款	210 000	300 000			510 000
应付票据及应付账款	1 780 000	180 000	（3）30 000		1 930 000
应付职工薪酬	800 000	14 000			814 000
其他应付款	200218	88 140	（6）27500		260858
应交税费	10 000	0			10 000
长期借款	2 600 000	1 130 000			3 730 000
应付债券	647 000	315 000	（7）31 500		930 500

续表

项 目	个别报表		调整与抵销分录		合并数
	北电公司	南晶公司	借	贷	
递延所得税负债				（1）7 500	
	0	0		（14）750	8 250
股本	4 000 000	1 000 000	（2）1 000 000		4 000 000
资本公积	155 000	150 000	（2）187 500	（1）37 500	155 000
其他综合收益	16 500	0			16 500
未分配利润	1 581 282	32 510	591 717	549 525	1 571 600
少数股东权益	—	—		（2）542 254.5	542 929.5
				（16）675	
利润表及所有者权益变动表有关项目:	—	—	—	—	—
营业收入	4 000 000	905 000	（9）400 000		4 505 000
减：营业成本	2 500 000	580 000	（10）28 000	（8）72 000	2 636 000
				（9）400 000	
税金及附加	600 000	85 000			685 000
管理费用	200 000	70 000	（1）10 000		
			（13）1 000		281 000
销售费用	121 178	40 000			161 178
财务费用	110 000	60 000		（15）1 500	168 500
资产减值损失	8 000	9 000			17 000
信用减值损失	822	1 000	（4）100		1 922
加：投资收益	37 202.5	0	（15）1 500		8 202.5
			（2）27 500		
营业外收入	40 000	8 000			48 000
减：营业外支出	7 202.5	3 000			10 202.5
所得税费用	174 900	21 450	（11）11 000	（5）25	204 575
				（1）2 500	
				（14）250	
净利润	355 100	43 550	479 100	476 275	395 825
其中：归属于母公司所有者的利润	—	—			378 927.5
少数股东损益	—	—	（2）16 222.5		16 897.5
			（16）675		
加：未分配利润（期初）			（2）14 157		
			（1）7 500	（4）250	
	1 426 182	38 960	（8）72 000	（11）18 000	1 392 672.5
			（13）1 000	（12）5 000	
			（5）62.5		
			（14）1 000		
减：应付普通股股利	200 000	50 000		（2）50 000	200 000
未分配利润（期末）	1 581 282	32 510	591 717	549 525	1 571 600

表 2-44 合并现金流量表工作底稿

2×18 年度 单位：元

项 目	个别报表		调整与抵销分录		合并数
	北电公司	南晶公司	借	贷	
一、经营活动产生的现金流量					
销售商品、提供劳务收到的现金	4 600 000	705 000		（17）420 000	4 885 000
收到的其他与经营活动有关的现金	112 000	30 650			142 650
购买商品、接受劳务支付的现金	2 910 000	173 000	（17）420 000		2 663 000
支付给雇员的现金	200 000	54 000			254 000
支付的所得税	174 900	20 000			194 900
支付的其他税费	93 000	80 000			173 000
支付的其他与经营活动有关的现金	122 100	3 000			125 100
经营活动现金流量净额	1 212 000	405 650	420 000	420 000	1 617 650
二、投资活动产生的现金流量	—	—			—
收回投资收到的现金	0	0			0
分得股利收到的现金	11 000	0		（18）11 000	0
权益性投资支付的现金	91 000	0			91 000
债权性投资支付的现金	70 000	0	（19）30 000		40 000
购置固定资产、无形资产支付的现金	10 000	270 000			280 000
投资活动现金流量净额	-160 000	-270 000	30 000	11 000	-411 000
三、筹资活动产生的现金流量	—	—			—
发行债券收到的现金	600 000	300 000		（19）30 000	870 000
取得借款收到的现金	1 500 000	175 000			1 675 000
偿还债务支付的现金	1 000 000	0			1 000 000
偿还利息支付的现金	10 000	13 000			23 000
分配股利支付的现金	150 000	20 000	（18）11 000		159 000
其中：向少数股东支付现金股利	—				9 000
筹资活动现金流量净额	940 000	442 000	20 000	39 000	1 363 000
四、现金净增加额	1 992 000	577 650	470 000	470 000	2 569 650

（二）根据工作底稿整理合并报表

根据表2-43、表2-44中“合并数”栏资料，分别填列合并资产负债表、合并利润表、合并所有者权益变动表和合并现金流量表，分别见表2-45、表2-46、表2-47和表2-48。

表 2-45 合并资产负债表

2×18 年 12 月 31 日　　单位：元

资　产	期末余额	年初余额（略）	负债和所有者权益	期末余额	年初余额（略）
流动资产		—	流动负债		
货币资金	4 708 150		短期借款	510 000	
应收账款	467 650		应付账款	1 930 000	
其他应收款	173 500		应付职工薪酬	814 000	
存货	975 000		其他应付款	260858	
流动资产合计	6 324 300		应交税费	10 000	
			流动负债合计	3 524 858	
非流动资产	—		非流动负债		
长期股权投资	300 000		长期借款	3 730 000	
其他权益工具投资	186 500		应付债券	930 500	
债权投资	68 500		递延所得税负债	8250	
固定资产	7 146 500		非流动负债合计	4 668 750	
无形资产	200 000		股东权益		
商誉	46 875		股本	4 000 000	
递延所得税资产	206 962.5		资本公积	155 000	
非流动资产合计	8 155 337.5		其他综合收益	16 500	
			未分配利润	1 571 600	
			归属于母公司股东的权益	5 743 100	
			少数股东权益	542 929.5	
			股东权益合计	6 286 029.5	
资产总计	14 479 637.5		负债和所有者权益总计	14 479 637.5	

表 2-46

合并利润表

2×18 年度

单位：元

项　目	上年数（略）	本年数
一、营业收入		4 505 000
减：营业成本		2 636 000
税金及附加		685 000
管理费用		281 000
销售费用		161 178
财务费用		168 500
资产减值损失		17 000
信用减值损失		1 922
加：投资收益		8 202.5
二、营业利润		562 602.5
加：营业外收入		48 000
减：营业外支出		10 202.5
三、利润总额		600 400
减：所得税费用		204 575
四、净利润		395 825
其中：归属于母公司所有者的利润		378 927.5
归属于少数股东的利润		16 897.5
五、其他综合收益		16 500
六、综合收益		412 325
其中：归属于母公司所有者的综合收益总额		395 427.5
归属于少数股东的综合收益总额		16 897.5

表 2-47 **合并所有者权益变动表**

2×18 年度 单位：元

项目	本年金额							
	归属于母公司所有者的权益						少数股东权益	所有者权益合计
	股本	资本公积	其他综合收益	盈余公积	未分配利润	小计		
一、上年年末余额	4 000 000	155 000	0	0	1 392 672.5	5 547 672.5	548 532*	6 096 204.5
加：会计政策变更								
前期差错更正								
二、本年年初余额	4 000 000	155 000	0	0	1 392 672.5	5 547 672.5	548 532*	6 096 204.5
三、本年增减变动								
(一) 综合收益			16 500		378 927.5	395 427.5	16 897.5	412 325
(二) 所有者投入资本								
(三) 利润分配					-200 000	-200 000	-22 500	-222 500
(四) 所有者权益内部结转								
四、本年年末余额	4 000 000	155 000	16 500	0	1 571 600	5 743 100	542 929.5	6 286 029.5

*一个验证：548 532=子公司上年末所有者权益（按合并日公允价值为基础持续计算）×45%=(1 000 000+150 000+37 500+58 960-10 000+2 500-20 000）×45%。

表 2-48 **合并现金流量表**

2×18 年度 单位：元

项　目	上年数（略）	本年数
一、经营活动产生的现金流量		
销售商品、提供劳务收到的现金		4 885 000
收到的其他与经营活动有关的现金		142 650
购买商品、接受劳务支付的现金		2 663 000
支付给雇员的现金		254 000
支付的所得税		194 900
支付的其他税费		173 000
支付的其他与经营活动有关的现金		125 100
经营活动现金流量净额		1 617 650
二、投资活动产生的现金流量		
权益性投资支付的现金		91 000
债权性投资支付的现金		40 000
购置固定资产、无形资产支付的现金		280 000
投资活动现金流量净额		-411 000
三、筹资活动产生的现金流量		
发行债券收到的现金		870 000
借款收到的现金		1 675 000
偿还债务支付的现金		1 000 000
偿还利息支付的现金		23 000
分配股利支付的现金		159 000
其中：向少数股东支付现金股利		9 000
筹资活动现金流量净额		1 363 000
四、现金净增加额		2 569 650

□ 复习思考题

1.什么是合并财务报表？
2.合并财务报表与个别财务报表相比有哪些特点？
3.合并财务报表与各类企业合并之间的关系怎样？
4.合并财务报表的编制应遵循哪些原则？为什么？
5.同一控制下的股权取得日，合并财务报表有哪些？为什么？如何编制？
6.非同一控制下的股权取得日，合并财务报表有哪些？为什么？如何编制？
7.编制股权取得日后的合并财务报表时，主要的调整分录有哪些？
8.与合并资产负债表有关的调整与抵销分录主要有哪些？
9.合并资产负债表中的少数股东权益是如何确定的？
10.怎样编制内部存货交易的有关抵销分录？
11.怎样编制内部固定资产交易的有关抵销分录？
12.编制合并财务报表时是否需要抵销内部交易资产的已提减值准备？如何抵销？
13.如何理解合并利润表中“净利润”项目反映的内容？

第三章

外币业务会计

第一节 外币业务概述

一、外币与外汇

外币的概念有广义和狭义之分，狭义概念的外币是指除了本国货币以外的其他国家或地区的货币；广义概念的外币是指所有以外币表示的能够用于国际结算的支付手段。它通常用于企业因贸易、投资等经济活动所引起的对外结算业务中。

外汇，是外币资金的总称。按照国际货币基金组织的解释，外汇是货币行政管理当局以银行存款、国库券、长短期政府债券等形式保有的在国际收支逆差时可以使用的债权。我国外汇管理暂行条例规定，外汇是指以外币表示的用于国际结算的支付手段以及可用于国际支付的特殊债券和其他货币性资产。其具体包括：①外国货币，包括纸币、铸币等；②外币有价证券，包括政府公债、国库券、公司债券、股票、息票等；③外汇收支凭证，包括票据、银行存款凭证、邮政储蓄凭证等；④其他外汇资金。

二、外汇汇率

汇率，又称汇价，是以一国货币表示另一国货币的价格，即将一国货币换算成另一国货币的比率。

（一）汇率的标价

汇率的标价，是以外国货币表示本国货币的价格或以本国货币表示外国货币的价格，可用以下两种方式加以表述：

1.直接标价法

直接标价法，又称应付标价法，是以一定单位的外币为标准折合成一定数额的本国货币。其特点是：外币数额固定不变，本国货币的数额随着汇率的高低变化而变化，本国货币币值的大小与汇率的高低成反比。目前，世界上大多数国家汇率的标价均采用直接标价法，我国也采用这种方法。

2.间接标价法

间接标价法，又称应收标价法，是以一定单位的本国货币为标准折合成一定数额的外国货币。其特点是：本国货币数额固定不变，外国货币的数额随着汇率的高低变化而变化，本国货币币值的大小与汇率的高低成正比。通常英国、美国采用这种方法，但美国对英国采用直接标价法。

（二）汇率的种类

外汇根据不同的要求，具有不同的分类，现介绍几种主要的分类：

1.固定汇率和浮动汇率

（1）固定汇率，是指某一国家的货币与别国货币的兑换比率是基本不变的，或者是指因某种限制而在一定幅度内进行波动的汇率。固定汇率一般是由政府规定的，将汇率变动规定在一定幅度之内，超出幅度，则实行政府干预。

（2）浮动汇率，是指某一国货币与另一国货币的兑换比率是根据外币市场的供求关系决定汇率的涨落而不受限制的汇率。浮动汇率又分为自由汇率制与管理浮动制。自由汇率制完全由市场供求情况决定，国家不进行干预。在管理浮动制下，政府可根据本国经济发展需求，采取各种方式干预外汇市场，使汇率不致发生剧烈波动。目前，国际市场上现行的汇率制度大多为浮动汇率制。

2.现行汇率、历史汇率和平均汇率

（1）现行汇率，是指资产负债表日本国货币与外国货币之间的比率。

（2）历史汇率，是指当取得外币资产或承担外币债务时的汇率。

现行汇率和历史汇率一般是相对于当取得外币资产或承担外币债务而言的，当取得外币资产或承担外币债务之日就是资产负债表编制之日时，这两种汇率是相同的；在记录外币交易之日，应用的折算汇率是现行汇率，但此日一过，这种汇率就变成历史汇率了。

（3）平均汇率，是将现行汇率或历史汇率按简单算术平均或加权平均计算出的汇率。

三、记账本位币

（一）记账本位币与列报货币

记账本位币，是指企业经营所处的主要经济环境中的货币。通常它是企业主要收、支现金的经济环境中的货币。对于发生多种货币计价的企业，需要选择一种统一的作为会计基本计量尺度的记账货币，并以该种货币计量和处理经济业务，我们将这种作为会计基本计量尺度的货币称为记账本位币。

列报货币，是指企业列报财务报表时所采用的货币。同一企业的记账本位币与列报货币可能一致，也可能不一致，也就是说，我国企业的正式编表货币只能是人民币，而记账本位币是可以选择的，既可以是人民币，也可以是人民币以外的其他货币。

我国《企业会计准则第19号——外币折算》中规定，企业通常应选择人民币作为记账本位币，业务收支以人民币以外的货币为主的企业，也可以选定其中一种货币作为记账本位币，但是，编报的财务报表应当折算为人民币。

（二）记账本位币的确定

1.企业选定记账本位币时应考虑的因素

企业应当根据经营所处的主要经济环境选定记账本位币，在选定记账本位币时，应当考虑下列因素：

（1）该货币主要影响商品和劳务的销售价格，通常以该种货币进行商品和劳务的计价与结算；

（2）该货币主要影响商品和劳务所需人工、材料及其他费用，通常以该货币进行上述费用的计价与结算；

（3）融资活动获得的货币以及保存从经营活动中收取款项所使用的货币。

应当指出，在确定企业记账本位币时，上述因素的重要程度因企业的具体情况不同而不同，需要企业管理当局根据实际情况进行判断，但这并不是说企业管理当局可以根据需要随意选择记账本位币，而根据实际情况确定的记账本位币只能是一种货币。

2.企业境外经营记账本位币的确定

所谓境外经营，是指企业在境外的子公司、合营企业、联营企业、分支机构。在境内的子公司、合营企业、联营企业、分支机构，采用不同于本企业记账本位币的，也视同境外经营。

企业在选定境外经营的记账本位币时，还应当考虑下列因素：

（1）境外经营对其所从事的活动是否拥有很强的自主性。如果境外经营所从事的活动可视同本企业经营活动的延伸，构成企业经营活动的组成部分，那么该境外经营应当选择与本企业相同的记账本位币；如果境外经营对其所从事的活动具有很强的自主性，那么该境外经营不能选择与本企业记账本位币相同的货币作为记账本位币。

（2）境外经营活动中与企业的交易是否占有较大比重。如果境外经营与企业的交易占境外经营活动的比例较高，那么境外经营应当选择与企业记账本位币相同的货币作为记账本位币；反之，应选择其他货币。

（3）境外经营活动产生的现金流量是否直接影响企业的现金流量，是否可以随时汇回。如果境外经营活动产生的现金流量直接影响企业的现金流量，并可随时汇回，境外经营应当选择与企业记账本位币相同的货币作为记账本位币；反之，应选择其他货币。

（4）境外经营活动产生的现金流量是否足以偿还其现有债务和可预期的债务。在企业不提供资金的情况下，如果境外经营活动产生的现金流量难以偿还其现有债务和正常情况下可预期的债务，境外经营应当选择与企业记账本位币相同的货币作为记账本位币；反之，应选择其他货币。

（三）记账本位币的变更

企业记账本位币一经确定，不得随意变更，除非企业经营所处的主要经济环境发生重大变化。企业因经营所处的主要经济环境发生重大变化，通常是指企业主要收入和支出现金的环境发生了重大变化，使用该环境中的货币最能反映企业的主要交易业务的经济结果。

企业因经营所处的主要经济环境发生重大变化，确需变更记账本位币的，应当采用变更当日的即期汇率将所有项目折算为变更后的记账本位币，折算后的金额作为以新的记账本位币计量的历史成本。由于采用同一即期汇率进行折算，不会产生汇兑损益。

企业因经营所处的主要经济环境发生重大变化，需要提供确凿的证据，并应在报表附注中披露变更的理由。

企业记账本位币发生变更的，在按照变更当日的即期汇率将所有项目折算为变更后的记账本位币时，其比较财务报表也应当以可比当日的即期汇率折算资产负债表和利润表所有项目。

四、记账汇率

（一）即期汇率和即期汇率的近似汇率

我国企业会计准则规定，企业在处理外币交易和对外币报表进行折算时，应当采用交易发生日的即期汇率将外币金额折算为记账本位币金额反映，也可以采用按照系统合理的方法确定的、与交易日即期汇率近似的汇率折算。

（1）即期汇率，通常是指中国人民银行公布的当日人民币外汇牌价的中间价。所谓中间价，是银行买入价与卖出价的平均价。企业发生的外币兑换业务或涉及外币兑换的交易事项，应当按照交易实际采用的汇率即银行买入价或卖出价进行折算。

（2）即期汇率的近似汇率，是指按照系统合理的方法确定的与交易发生日即期汇率近似的汇率，通常采用当期平均汇率或加权平均汇率等。

企业通常应当采用即期汇率进行折算，当汇率变动不大时，为简化核算，企业在外币交易日或对外币报表的某些项目进行折算时也可以选择即期汇率的近似汇率进行折算。

（二）记账汇率和账面汇率

（1）记账汇率也称现行汇率，是指企业发生外币业务时，企业会计记账当时所采用的汇率。这个汇率可以采用记账当天的汇率，也可以采用当月1日的汇率。会计上所用的记账汇率一般采用中间汇率，根据情况也可以采用银行的买入汇率，可以由企业选定，但一经确定后，不能随意改变。

（2）账面汇率也称历史汇率，是指企业以往外币业务发生时所采用的已经登记入账的汇率，即过去的记账汇率。会计账面上已经入账的所有外币业务的汇率都是账面汇率。它的确定可以采用几种方法，如先进先出法、加权平均法或移动加权平均法和个别认定法等。

五、外币业务及其类型

外币业务包括外币交易和外币财务报表折算。外币交易是指企业以外币计价或者结算的交易。根据企业会计准则的规定，不论企业以何种货币作为记账本位币，均可能存在外币交易，如果企业以外币作为记账本位币，该企业与其他企业发生的以人民币计价的交易则为外币交易。尽管外币交易本身是以非记账本位币计量的，但会计上计量和记录这些交易时必须将其表述为记账本位币。外币财务报表折算是为满足特定目的，将以某种货币单位表述的财务报表折算成所要求的按另一种货币单位表述的财务报表。外币业务主要有以下几种类型：

（1）买入或者卖出以外币计价的商品或者劳务；

（2）借入或者借出外币资金；

（3）其他以外币计价或者结算的交易；

（4）外币折算业务，即将以某种外币表述的财务报表折算为以另一种货币表述的财务报表。

六、汇兑损益

（一）汇兑损益的概念

汇兑损益是指发生的外币业务折算为记账本位币记账时，由于业务发生的时间不同，所采用的汇率不同而产生的记账本位币的差额，或者是不同货币兑换，由于两种货币采用的汇率不同而产生的折算为记账本位币的差额，它给企业带来收益或者损失，也是衡量企业外汇风险的一个指标。

（二）汇兑损益的种类

1.按业务归属划分

外币业务汇兑损益根据其业务划分，一般可分为四种经常性汇兑损益：

（1）交易损益，是指在发生以外币计价或结算的商品交易中，因收回或偿付债权债务而产生的交易汇兑损益。

（2）兑换损益，是指在发生外币与记账本位币，或一种外币与另一种外币进行兑换时产生的兑换汇兑损益。

（3）调整损益，是指在会计期末将所有外币债权、债务和外币货币资金账户，按规定的汇率进行调整时而产生的汇兑损益。

（4）折算损益，是指在会计期末，为了编制合并财务报表或为了重新表述会计记录和财务报表金额，而把按外币计量的金额转化为按记账本位币计量的金额的过程中产生的折算汇兑损益。

2.按本期实现与否划分

汇兑损益按其是否已经在本期实现，可分为以下两类：

（1）已实现的汇兑损益，是指产生汇兑损益的外币业务在本期内已经全部完成所产生的汇兑损益，例如，收到的外币存款在实际支付时，应收的外币债权在实际收回时，应付的外币债务在实际偿还时，不同货币在实际兑换时。一般来说，交易损益和兑换损益属于已实现的汇兑损益。

（2）未实现的汇兑损益，是指产生汇兑损益的外币业务尚未完成，例如，收到的外币存款尚未实际支付，应收的外币债权尚未实际收回，应付的外币债务尚未实际偿还，一种货币尚未兑换为另一种货币。一般来说，调整损益和折算损益属于未实现的汇兑损益。

以上关于汇兑损益的分类关系如图3-1所示。

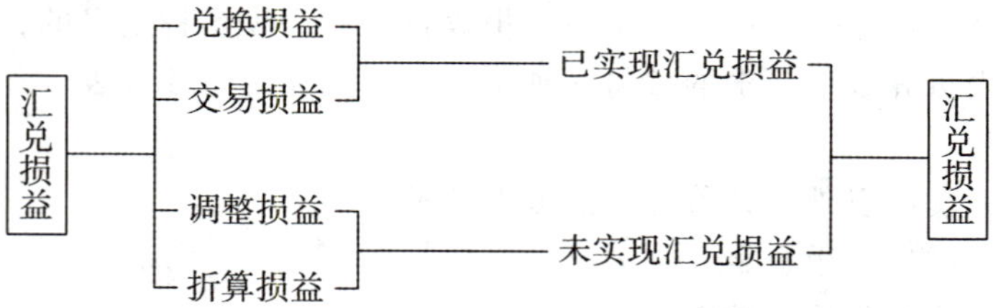

图3-1 汇兑损益的分类关系

另外，对于交易损益还可以将其划分为已结算交易损益和未结算交易损益两种。已结算交易损益是因在记录原始交易日与记录结算日所应用的汇率不同而产生的汇兑损益；未结算交易损益是在原始交易日与结算日跨越了两个会计期间的情况下，为了在会计期末编制财务报表的需要，对于尚未结算的债权债务按照编表日的汇率加以表述，我们将这种在交易结算日之前为编制报表所产生的损益，称为未结算交易损益。

（三）汇兑损益的确认

由于汇兑损益要作为财务费用计入期间费用，因而汇兑损益的确认问题直接影响到企业损益的计算和纳税。对于汇兑损益的确认，存在两种不同的观点：

一种观点认为，要划分已实现汇兑损益和未实现汇兑损益。这种观点认为本期汇兑损益的确认，应以实现为准，即只有已实现的汇兑损益才能作为本期的汇兑损益登记入账。未实现的汇兑损益不能登记入账，待以后实现时才能予以确认。按照这种观点，除已实现的汇兑损益可以入账外，不管外部实际汇率发生多大变化，对于企业外币性资产和负债项目，一般不能因汇率变动而调整其账面的记账本位币金额。即使调整也应区分已实现汇兑损益和未实现汇兑损益，对于未实现汇兑损益要递延到以后会计期间，待实际业务发生或已结算完成后，再计入该期损益。

另一种观点认为，不必划分已实现汇兑损益和未实现汇兑损益。这种观点主张将本期已实现和未实现汇兑损益全部计入当期损益。即只要汇率发生变动，就应认为其汇兑损益已经实现。因此，期末对于各项外币货币性项目均应按照规定的汇率作为折算汇率，重新调整所有外币账户的余额。产生的汇兑损益不论是否在本期内已经实现，全部计入当期损益。这种观点在运用中又可以分为两种做法：一种是每年调整一次，即在年末根据规定的汇率调整外币账户；另一种是每月调整一次，即在月末根据规定的汇率调整外币账户。

目前，在我国会计实务中，对于调整损益大多数企业采用的是第二种观点，而对于外币报表折算损益则先作递延处理，待处置境外经营时再计入当期损益。

（四）汇兑损益的处理

我国企业会计准则规定，对汇兑损益应当按照下列规定进行处理：

（1）外币货币性项目，采用资产负债表日即期汇率折算。因资产负债表日即期汇率与初始确认或者前一资产负债表日即期汇率不同而产生的汇兑损益，计入当期损益。

（2）以历史成本计量的外币非货币性项目，仍采用交易发生日的即期汇率折算，不改变其记账本位币金额，由于已在交易发生日按当日即期汇率折算，资产负债表日不应改变其原记账本位币金额，不产生汇兑差额。

（3）以公允价值计量的外币非货币性项目，如交易性金融资产（股票、基金等），采用公允价值确定日的即期汇率折算，折算后的记账本位币金额与原记账本位币金额的差额，作为公允价值变动（含汇率变动）处理，计入当期损益。

（4）企业收到投资者以外币投入的资本，应当采用交易发生日即期汇率折算。不得采用合同约定汇率和即期汇率的近似汇率折算，外币投入资本与相应的货币性项目的记账本位币金额之间不产生外币资本折算差额。

（5）企业编制合并财务报表涉及境外经营的，如有实质上构成对外经营净投资的外币货币性项目，因汇率变动而产生的汇兑差额，应列入所有者权益“外币报表折算差额”项目；在处置境外经营时，计入处置当期损益。

第二节　外币交易的会计处理

一、外币业务的记账方法

外币业务的记账方法有外币统账制和外币分账制两种，企业可根据实际情况加以选择。

（一）外币统账制

外币统账制，是指企业发生外币业务时，即折算为记账本位币入账。采用外币统账制进行外币核算，将外币折算为记账本位币时，有当日汇率法和期初汇率法两种方法可供选择。

1.当日汇率法

这种方法是对每笔外币业务均按业务发生当天的市场汇率折算为记账本位币。除了外币兑换业务外，平时不确认汇兑损益，月末再将各外币账户的外币余额按月末汇率折算为记账本位币金额，折算后的记账本位币金额与账面记账本位币金额的差额，确认为汇兑损益。采用当日汇率法，需要了解每日的市场汇率信息，增加了会计工作量，这种方法一般适用于外币种类较少、外币业务量较小的企业。

2.期初汇率法

这种方法是对每笔外币业务均在发生时按当期期初（即当月1日）的市场汇率折算为记账本位币。除了外币兑换业务外，平时不确认汇兑损益，月末再将各外币账户的外币余额按月末汇率折算为记账本位币金额，并将其与账面记账本位币金额的差额确认为汇兑损益。这种方法与前一种方法相比，只需掌握每月1日的市场汇率信息，减少了会计工作量，这种方法适用于外币业务较多的企业。

（二）外币分账制

外币分账制，是指企业在外币业务发生时，直接按照原币记账，不需要按一定的汇率折算成记账本位币，月末再将所有原币的发生额按一定的市场汇率折算为记账本位币，并确认汇兑损益。采用这种方法，需要按币种分设账户，分币种核算损益。这种方法减少了日常会计核算的工作量，又可及时、准确地反映外币业务情况，一般适用于外币业务繁多的企业。

对于上述两种方法，我国目前绝大多数企业采用外币统账制，而外币交易频繁、外币币种较多的金融企业应采用外币分账制。

二、外币交易会计处理的两种观点

在外币商品购销交易中，如果货物的交易和款项的结算没有同时进行，相应的会计处理方法取决于企业在记录外币交易业务时所选择的观点，即单一交易观点和两项交易观点。

（一）单一交易观点

单一交易观点，亦称一笔业务交易观点，是指企业将发生的销货或购货业务以及以后的账款结算视为一项交易的两个阶段。在这种观点下，汇率变动的影响应作为原入账销售收入或购货成本的调整，即按记账本位币计量的销售收入和购货成本，最终取决于结算日的汇率。因此，对以外币标价的销售或购货交易，必须在账款结算后才算完成。

这种方法的要点是：

(1) 在交易发生日，按当日汇率将交易发生的外币金额折算为记账本位币入账。

(2) 在资产负债表日，如果交易尚未结算，应按资产负债表日规定的汇率将交易发生额折算为记账本位币金额，并对有关外币资产、负债、收入、成本账户进行调整。

(3) 在交易结算日，应按结算日汇率将交易发生额折算为记账本位币金额，并对有关外币资产、负债、收入、成本账户进行调整。

[例3-1] 按照单一交易观点的外币交易会计处理。

资料：中国某公司2×17年12月15日以赊销方式向美国某公司出口商品一批，计10 000美元，当天的汇率为￥6.40=$1.00；12月31日的汇率为￥6.30=$1.00；结算日为2×18年2月16日，当天的汇率为￥6.20=$1.00。买卖双方约定货款以美元结算，该公司所选择的记账本位币为人民币，假设不考虑相关税费（后同）。

要求：按照单一交易观点进行会计处理。

分析：

(1) 2×17年12月15日，按交易日汇率反映出口商品销售，作会计分录：

借：应收账款——美元户（$10 000×6.40）　　64 000

　贷：主营业务收入　　64 000

(2) 2×17年12月31日，按年末汇率调整原入账的销售收入和应收账款，作会计分录：

借：主营业务收入　　1 000

　贷：应收账款——美元户（$10 000×（6.40-6.30））　　1 000

(3) 2×18年2月16日结算时，先按当日汇率调整销售收入和应收账款，并反映将收讫的款项存入银行的情况，作会计分录：

借：主营业务收入　　1 000

　贷：应收账款——美元户（$10 000×（6.30-6.20））　　1 000

同时：

借：银行存款——美元户（$10 000×6.20）　　62 000

　贷：应收账款——美元户　　62 000

由以上分录可见，在单一交易观点下，外币交易损益作为销售收入调整处理。

若将上例改为进口业务，即上例中的中国某公司由美国某公司进口商品一批，发生的外汇交易损益则作为调整购货成本处理，其会计处理程序如下：

(1) 2×17年12月15日，购货业务按交易日汇率入账，作会计分录：

借：库存商品　　64 000

　贷：应付账款——美元户（$10 000×6.40）　　64 000

(2) 2×17年12月31日，按年末汇率调整原已入账的存货成本，假定该存货没有出售，应作会计分录：

借：应付账款——美元户（$10 000×（6.40-6.30））　　1 000

　贷：库存商品　　1 000

（3）2×18年2月16日结算时，在该存货尚未出售的情况下，先按当日汇率调整存货成本和应付账款账户，并反映结算应付账款的情况，作会计分录：

借：应付账款——美元户（$10 000×（6.30−6.20））　　1 000

　贷：库存商品　　1 000

同时：

借：应付账款——美元户（$10 000×6.20）　　62 000

　贷：银行存款——美元户　　62 000

由以上分录可见，在单一交易观点下，外币交易损益作为存货成本调整处理。

（二）两项交易观点

两项交易观点，亦称两笔业务交易观点，是指对企业发生的销货或购货业务，将交易的发生和以后的货款结算视为两项交易。在这种观点下，销售收入或购货成本均按照交易日的汇率确定，而与结算日的汇率无关，即确认的销售收入或购货成本取决于交易日的汇率。在交易中形成的外币债权债务将承受汇率变动风险，在资产负债表日和账款结算日由于汇率变动而产生的外币折算差额，作为汇兑损益处理，而不再调整销售收入或购货成本。

在两项交易观点下，对结算日前的汇兑损益有两种处理方法：第一种方法是作为已实现的损益，列入当期利润表；第二种方法是作为未实现损益作递延处理，列入资产负债表，待到结算日再作为已实现的汇兑损益入账。现分述如下：

1.将汇兑损益作为已实现损益处理

[例3-2] 按照两项交易观点的外币交易会计处理。

资料：沿用例3-1中的出口业务资料。

要求：按照两项交易观点，将汇兑损益作为已实现损益进行会计处理。

分析：

（1）2×17年12月15日，按交易日汇率反映出口商品销售，作会计分录：

借：应收账款——美元户（$10 000×6.40）　　64 000

　贷：主营业务收入　　64 000

（2）2×17年12月31日，按年末汇率确认未结算交易损益，作会计分录：

借：财务费用——汇兑损益 （$10 000×（6.40−6.30））　　1 000

　贷：应收账款——美元户　　1 000

（3）2×18年2月16日结算时，先按当日汇率调整应收美元账款，确认汇兑损益，并反映将收讫的款项存入银行的情况，作会计分录：

借：财务费用——汇兑损益（$10 000×（6.30−6.20））　　1 000

　贷：应收账款——美元户　　1 000

同时：

借：银行存款——美元户（$10 000×6.20）　　62 000

　贷：应收账款——美元户　　62 000

2.将汇兑损益作递延处理

[例3-3] 按照两项交易观点的外币交易会计处理。

资料：沿用例3-1中的出口业务资料。

要求：按照两项交易观点，将汇兑损益作递延进行会计处理。

分析：

（1）2×17年12月15日，按交易日汇率反映出口商品销售，作会计分录：

借：应收账款——美元户（$10 000×6.40） 64 000

贷：主营业务收入 64 000

（2）2×17年12月31日，按年末汇率将未结算交易损益予以递延，作会计分录：

借：递延汇兑损益（$10 000×（6.40−6.30）） 1 000

贷：应收账款——美元户 1 000

（3）2×18年2月16日结算时，先按当日汇率调整应收美元账款和递延汇兑损益，并反映将收讫的款项存入银行的情况，作会计分录：

借：递延汇兑损益（$10 000×（6.30−6.20）） 1 000

贷：应收账款——美元户 1 000

同时：

借：银行存款——美元户（$10 000×6.20） 62 000

贷：应收账款——美元户 62 000

同时，将递延汇兑损益结转为已实现的汇兑损益，作会计分录：

借：财务费用——汇兑损益 2 000

贷：递延汇兑损益 2 000

（三）两种观点的比较

综合比较两种观点对应的会计处理方法，单一交易观点在理论上虽然符合在取得时确认资产价值，即在购买时确认存货成本的公认会计原则，但从实务上却不可行。如上述例3-1，如果上述所购商品在2×17年12月31日还没出售，则会计处理就十分简单；如果上述所购商品在该日之前就已全部售出，那么2×17年12月31日的折算差额（￥1 000）尚可调整该年度的销售成本，但资产负债表日到结算日的差异（￥1 000）该调整什么项目呢？在本期并没有销货的情况下，调整销售收入或销售成本显然是不合理的，并且在单一交易观点下，无法反映外币的风险程度，即无法向企业管理当局提供决策有用的信息。

在两项交易观点下，会计处理方法比单一交易观点的处理方法要复杂一些，但是汇兑损益这个明细科目设置可以单独计量和反映因汇率变动而形成的外币交易折算差额，这可以方便企业管理和控制汇率变动给交易带来的风险。鉴于这些原因，两项交易观点已为大多数国家的会计准则所采用。《国际会计准则第21号——汇率变动的影响》规定，原则上采用两项交易观点的第一种方法，但也未完全否定第二种方法。

我国基本上采用两项交易观点的第一种方法，即将结算日前的汇兑损益作为已实现的损益，列入当期利润表。

三、外币交易的会计处理

（一）外币交易核算程序

1.账户设置

在外币统账制下，不需要单独设置一级科目来核算外币交易，只需要在相应的一级科目下设置二级科目，例如在“银行存款”“应收账款”等科目下设置二级科目“美元户”

来反映这些一级科目中以美元计价的交易金额。外币交易中因汇率变动对损益产生的影响，应在“财务费用”科目下设置二级科目“汇兑损益”予以反映，借方表示因汇率变动而产生的汇兑损失，贷方表示因汇率变动而产生的汇兑收益。

2.会计核算程序

（1）交易发生时，按照交易日的即期汇率或者按照系统合理的方法确定的、与交易日即期汇率近似的汇率将外币金额折算为记账本位币金额，将折算后的记账本位币金额登记到相关账户中，同时记录未经折算的外币金额。

（2）期末对外币项目的余额进行调整，具体调整方法见本节“（二）常见外币交易的会计处理”中的“5.会计期末外币项目余额的调整”。

（二）常见外币交易的会计处理

1.外币兑换业务

外币兑换业务，是指企业从银行买入外币或将外币卖给银行以及将一种外币兑换为另一种外币的经济业务。

（1）企业将外币卖给银行

企业按规定将持有的外币卖给银行，即结汇业务，银行买进外汇并按其买入价将人民币兑付给企业。企业应按实际收到的人民币金额借记“银行存款——人民币户”科目；按向银行结售的外币与企业选定的汇率折合的人民币金额贷记“银行存款——外币户”科目；将两者之间的差额记入“财务费用——汇兑损益”科目。

［例3-4］企业将外币卖给银行业务的会计处理。

资料：某公司将其所持有的2 000美元卖给银行，当天银行买入价为￥6.40=$1.00，实收人民币12 800元。当月1日的汇率为￥6.30=$1.00。

问题：如何根据这笔业务理解企业将外币卖给银行业务的会计处理？

分析：该公司按当月1日汇率￥6.30=$1.00作为折算汇率，作会计分录：

借：银行存款——人民币户	12 800	
贷：银行存款——美元户（$2 000×6.30）		12 600
财务费用——汇兑损益		200

对于不允许开立现汇账户的企业，其所取得的外币收入要及时存入银行，其会计处理方法与上例相同。

（2）企业从银行买入外币

企业因业务需要从银行买入外币时，银行售汇时按其卖出价向企业计算收取人民币。企业应按交易当天的即期汇率或按系统、合理的方法确定的即期汇率的近似汇率折合的人民币金额，借记“银行存款——外币户”科目，按实际付出的人民币金额，贷记“银行存款——人民币户”科目；将两者之间的差额记入“财务费用——汇兑损益”科目。

［例3-5］企业从银行买入外币业务的会计处理。

资料：某公司从银行买入20 000美元，当天银行卖出价为￥6.40=$1.00，实付人民币128 000元；该公司按当月1日汇率作为折算汇率，月初汇率为￥6.20=$1.00。

问题：如何根据这笔业务理解企业从银行买入外币业务的会计处理？

分析：

借：银行存款——美元户（$20 000×6.20）	124 000	

借：财务费用——汇兑损益　4 000

　贷：银行存款——人民币户（$20 000×6.40）　128 000

2.外币结算的购销业务

［例3-6］外币结算的销售业务的会计处理。

资料：某公司于2×18年2月10日出口商品一批，货款计10 000美元，交易当天的即期汇率为￥6.40=$1.00；2×18年2月25日收到外汇并结售给银行，当天市场汇率为￥6.20=$1.00，结汇银行买入价为￥6.30=$1.00，实际收到人民币63 000元；该公司以交易发生日的即期汇率作为折算汇率。

问题：如何根据这笔业务理解外币结算的销售业务的会计处理？

分析：

（1）2×18年2月10日，反映出口商品销售并按交易发生日的即期汇率折算为记账本位币，作会计分录：

借：应收账款——美元户（$10 000×6.40）　64 000

　贷：主营业务收入　64 000

（2）2×18年2月25日，反映收到外汇货款并结售给银行的情况，作会计分录：

借：银行存款——人民币户（$10 000×6.30）　63 000

　贷：财务费用——汇兑损益　1 000

　　应收账款——美元户（$10 000×6.20）　62 000

（3）以上“应收账款——美元户”账户的借贷方人民币差额需在会计期末予以调整：

借：财务费用——汇兑损益　2 000

　贷：应收账款——美元户　2 000

［例3-7］外币结算的购入业务的会计处理。

资料：中国某公司2×18年8月10日由韩国某株式会社进口商品一批，货款15 000美元尚未支付，交易当天的即期汇率为￥6.40=$1.00；8月28日该公司为偿还货款向银行购入外汇，当天的即期汇率为￥6.30=$1.00，银行美元卖出汇率为￥6.50=$1.00，实付人民币97 500元；该公司以交易发生日的即期汇率作为折算汇率。

问题：如何根据这笔业务理解外币结算的购入业务的会计处理？

分析：

（1）2×18年8月10日，按交易发生日汇率将进口的商品折合为记账本位币入账，作会计分录：

借：库存商品　96 000

　贷：应付账款——美元户（$15 000×6.40）　96 000

（2）2×18年8月28日，反映向银行买入外币结算货款情况，作会计分录：

借：应付账款——美元户（$15 000×6.30）　94 500

　　财务费用——汇兑损益　3 000

　贷：银行存款——人民币户（$15 000×6.50）　97 500

（3）以上“应付账款——美元户”账户的借贷方人民币差额需在会计期末予以调整：

借：应付账款——美元户　1 500

　贷：财务费用——汇兑损益　1 500

3.外币计价的借款业务

企业外币借款是企业外币筹资的重要方式。企业应将借入的外币按当日即期汇率折算为记账本位币入账。

［例3-8］外币计价的借款业务的会计处理。

资料：某公司2×17年7月1日从银行借入一年期贷款10 000美元，年利率为5%，借款当天的即期汇率为￥6.40=$1.00；2×17年12月31日的即期汇率为￥6.30=$1.00；2×18年7月1日偿还贷款本金，还款当天的即期汇率为￥6.50=$1.00。

问题：如何根据这笔业务理解外币计价的借款业务的会计处理。

分析：

（1）2×17年7月1日，将借入的外币按当天的即期汇率折算为人民币入账，作会计分录：

借：银行存款——美元户（$10 000×6.40）	64 000	
贷：短期借款——美元户（$10 000×6.40）		64 000

（2）2×17年12月31日，计提2×17年下半年应付利息如下：

应付利息=$10 000×5%×6÷12×6.30=￥1 575

根据以上计算结果，作会计分录：

借：财务费用——利息支出	1 575	
贷：应付利息——美元户		1 575

（3）2×17年12月31日，计算由于汇率变化所形成的汇兑损益，作会计分录：

借：短期借款——美元户（$10 000×（6.40−6.30））	1 000	
贷：财务费用——汇兑损益		1 000

（4）2×18年7月1日计算利息如下：

借款利息总额=$10 000×5%×6.50=￥3 250，其中：

2×18年上半年的应付利息=$10 000×5%×6÷12×6.50=￥1 625

2×17年下半年应付利息中由于汇率变化所形成的汇兑损益=$10 000×5%×6÷12×（6.5−6.3）=￥50

根据以上计算结果，作会计分录：

借：应付利息——美元户	1 575	
财务费用——利息支出	1 625	
——汇兑损益	50	
贷：银行存款——美元户		3 250

（5）2×18年7月1日归还外币贷款本金，作会计分录：

借：短期借款——美元户（$10 000×￥6.50）	65 000	
贷：银行存款——美元户（$10 000×￥6.50）		65 000

（6）以上“短期借款——美元户”账户的借贷方人民币差额需在期末予以调整：

借：财务费用——汇兑损益	2 000	
贷：短期借款——美元户		2 000

4.投入外币资本业务

根据我国企业会计准则的规定，企业收到投资者以外币投入的资本，应当采用交易发生日即期汇率折算。不得采用合同约定汇率和即期汇率的近似汇率折算，外币投入资本与相应的货币性项目的记账本位币金额之间不产生外币资本折算差额。

[例3-9] 投入外币资本业务的会计处理。

资料：某公司收到某外商的外币投入资本20 000美元，收到资本当天的即期汇率为￥6.40=$1.00。

问题：如何根据这笔业务理解投入外币资本业务的会计处理？

分析：

借：银行存款——美元户（$20 000×6.40）　128 000

　贷：实收资本——美元户（$20 000×6.40）　128 000

5.会计期末外币项目余额的调整

(1) 外币货币性项目的调整

外币货币性项目，是指企业持有的货币资金和将以固定金额或可确定的金额收取的资产或者偿付的负债。货币性项目分为货币性资产和货币性负债。货币性资产包括库存现金、银行存款、应收账款、其他应收款和长期应收款等；货币性负债包括短期借款、应付账款、其他应付款、长期借款、应付债券和长期应付款等。对于外币货币性项目，因采用资产负债表日的即期汇率折算而产生的汇兑差额，计入当期损益，同时调增或调减外币货币性项目的记账本位币金额。

在资产负债表日，企业应对各种外币货币性账户的期末余额，按照期末即期汇率折算为记账本位币金额。将按期末即期汇率折算的记账本位币金额与原账面记账本位币金额之间的差额，作为汇兑损益，记入“财务费用”或有关账户。在资产负债表日，外币货币性账户余额的调整程序如下：

①根据各外币货币性账户的期末外币余额，按照期末即期汇率计算出人民币余额。

②将期末所折算的人民币余额与调整前原账面人民币余额进行比较，计算出人民币余额的差额。

③根据应调整的人民币差额，确定所产生的汇兑损益的数额。

④进行调整各外币货币性账户账面余额的账务处理，并将汇兑损益记入“财务费用”账户。

[例3-10] 会计期末外币货币性项目余额的调整。

资料：某公司根据有关外币货币性账户的余额和资产负债表日的即期汇率等数据资料，编制的期末外币货币性账户余额调整计算表，见表3-1。

表3-1　期末外币货币性账户余额调整计算表

外币货币性账户名称	美元余额（美元）	期末即期汇率	调整后人民币余额（元）	调整前人民币余额（元）	差额（元）
银行存款	1 000	6.50	6 500	7 500	1 000
应收账款	0	6.50	0	300	300
应付账款	300	6.50	1 950	1 750	200
短期借款	2 000	6.50	13 000	15 000	2 000
合　计					500

问题：如何根据这笔业务理解会计期末外币货币性项目余额的调整？

分析：根据上述计算结果，作调整外币货币性账户余额的会计分录如下：

借：短期借款——美元户　2 000

　贷：银行存款——美元户　1 000

贷：应收账款——美元户 300

应付账款——美元户 200

财务费用——汇兑损益 500

（2）外币非货币性项目的调整

外币非货币性项目是指货币性项目以外的项目，如存货、长期股权投资、交易性金融资产、固定资产、无形资产等。

①以历史成本计量的外币非货币性项目

对于以历史成本计量的外币非货币性项目，已在交易发生日按当日即期汇率折算，资产负债表日不应改变其原记账本位币金额，不产生汇兑损益。因为这些项目在取得时已按即期汇率折算，从而构成这些项目的历史成本，如果再按资产负债表日的即期汇率折算，就会导致这些项目的价值不断变动，从而使这些项目的折旧、摊销和减值亦不断地随之变动，将与这些项目的实际情况不符。

［例3-11］会计期末以历史成本计量的外币非货币性项目的调整。

资料：某公司的记账本位币是人民币，2×18年12月16日进口设备一台，该设备价款为500万美元，设备价款尚未支付，当天的即期汇率为￥6.40=$1.00。2×18年12月31日的即期汇率为￥6.50=$1.00，该台设备属于企业的固定资产，在购入时已按交易发生日的即期汇率折算为人民币3 200万元。

问题：如何根据这笔业务理解会计期末以历史成本计量的外币非货币性项目的调整？

分析：由于固定资产属于非货币性项目，因此，在2×18年年末无须对其进行调整。

在外币非货币性项目中的存货项目具有一定的特殊性，由于该项目在资产负债表日是按成本与可变现净值孰低原则计量的，因此，在以外币购入存货并且在资产负债表日该存货的可变现净值也以外币反映的情况下，在计提存货跌价准备时应考虑汇率变动因素的影响。

［例3-12］会计期末外币非货币性项目中的存货项目的调整。

资料：某公司以人民币为记账本位币，2×18年12月5日进口A商品10件，每件1 000美元，货款以美元支付，当日即期汇率为￥6.40=$1.00；2×18年12月31日尚有A商品5件，当天即期汇率为￥6.50=$1.00，国内市场仍无A商品供货，但在国际市场上该种商品价格已降至每件900美元。

问题：如何根据这笔业务理解会计期末外币非货币性项目中的存货项目的调整？

分析：

（1）2×18年12月5日，进口A商品时，作会计分录：

借：库存商品——A（$10 000×6.40） 64 000

贷：银行存款——美元户 64 000

（2）2×18年12月31日，计提存货跌价准备时，作会计分录：

借：资产减值损失（$1 000×5×6.40−$900×5×6.50） 2 750

贷：存货跌价准备 2 750

由以上分录可见，在期末计算A商品的可变现净值时，在国内无法取得该商品的价格信息，而只能依据国际市场价格来确定其可变现净值，但需要考虑汇率变动的影响。以国际市场价格为基础确定的可变现净值应按期末汇率折算，再将其低于记账本位币成本的差额确定为跌价损失。

②以公允价值计量的外币非货币性项目

以公允价值计量的外币非货币性项目是指交易性金融资产，如股票、基金等，应采用公允价值确定日的即期汇率折算，折算后的记账本位币金额与原记账本位币金额的差额，作为公允价值变动（含汇率变动）处理，计入当期损益。

[例3-13] 以公允价值计量的外币非货币性项目的调整。

资料：某公司以人民币作为记账本位币，2×18年12月3日以每股1.5美元的价格购入A公司B股股票1 000股作为交易性金融资产，当日即期汇率为￥6.40=$1.00，款项已付清；2×18年12月31日，由于股市价格变动，当月3日购入A公司B股股票的市价为每股2美元，当日即期汇率为￥6.50=$1.00；2×19年2月8日，该公司将所购B股股票以每股2.3美元全部售出，当日即期汇率为￥6.20=$1.00。

问题：如何根据这笔业务理解以公允价值计量的外币非货币性项目的调整。

分析：

(1) 2×18年12月3日购入A公司B股股票1 000股作为交易性金融资产时：

借：交易性金融资产（$1 000×1.5×6.40）　9 600

　贷：银行存款——美元户　9 600

(2) 2×18年12月31日，将公允价值变动（含汇率变动）计入当期损益时：

借：交易性金融资产（$1 000×（2×6.50−1.5×6.40））　3 400

　贷：公允价值变动损益　3 400

这笔会计分录中的公允价值变动损益，既包含了公允价值变动损益，又包含了汇率变动损益。

(3) 2×19年2月8日，将所购B股股票全部售出时：

借：银行存款——美元户（$1 000×2.3×6.20）　14 260

　贷：交易性金融资产　13 000

　　投资收益　1 260

同时：

借：公允价值变动损益　3 400

　贷：投资收益　3 400

第三节　外币财务报表折算

一、外币财务报表折算的基本原理

(一) 外币财务报表折算概述

1.外币财务报表折算的含义

外币财务报表折算是指将以外币表示的财务报表折算为以某一特定货币表示的财务报表。

需要注意的是，外币财务报表折算不同于外币兑换，外币兑换是将企业持有一种货币兑换成另一种货币，它会发生实际货币的等值交换；而外币财务报表折算并不涉及不同货币的实际兑换，只是将财务报表的表述从一种货币单位转化为另一种货币单位。

2.外币财务报表折算的作用

（1）在母公司拥有境外经营子公司的情况下，在编制合并报表之前，需对纳入合并范围的境外经营子公司以外币表示的财务报表折算为以母公司记账本位币表示的财务报表。

（2）为了向国外股东和其他报表使用者提供适合他们使用的报表，就需要将以本国货币表示的财务报表折算为以某一外国货币表示的财务报表。

（3）为了在国外证券市场上发行股票和债券，就需要将以本国货币表示的财务报表折算为以某种外国货币表示的财务报表。

本书所阐述的外币报表折算主要针对第一个目的。

3.外币财务报表折算的主要会计问题

（1）折算汇率的选择

折算汇率的选择，即外币报表中的各个项目按什么汇率进行折算，是选择现行汇率、历史汇率，还是与即期汇率相近似的平均汇率进行折算。

（2）折算差额的处理

折算差额的处理，即外币报表折算产生的折算差额是应当直接计入当期损益，还是作递延处理。

（二）外币财务报表折算的四种方法

目前，世界各国对外币财务报表折算的方法主要有以下四种：

1.流动与非流动项目法

流动与非流动项目法是借鉴传统的资产负债表项目分类方法，将资产负债表项目按其流动性划分为流动项目和非流动项目两类。

流动项目包括流动资产和流动负债，流动资产主要有库存现金、银行存款、应收账款和存货等；流动负债主要有应付账款、应付票据等。

非流动项目是指除了流动项目以外的资产负债项目，主要有长期投资、固定资产、无形资产、递延资产、长期负债和所有者权益等。

具体折算方法是：对于流动资产和流动负债项目按报表编制日的现行汇率折算；对于非流动项目按资产取得或负债发生时的历史汇率折算；对于利润表项目，除了折旧费和摊销费用按其相关资产取得时的历史汇率折算外，其他收入和费用项目均按会计报告期内的平均汇率折算。

流动与非流动项目法的理论依据是，非流动资产一般不会在短期内转变为现金，非流动负债一般也不会在短期内进行偿还，因而它们不应该受到现行汇率的影响。这种方法的缺点是它所依据的理论并不充分，即不能说明流动项目和非流动项目要采用不同汇率的原因。例如，按现行汇率折算流动资产，表明货币性资产和存货均要承受同样的汇率波动风险，但这对按历史成本计价的存货项目来说就不合理了。同时，如果两个会计期间汇率变化较大，会使合并利润表上所折算的经营成果失真。

2.货币性与非货币性项目法

货币性与非货币性项目法是将资产负债表项目划分为货币性项目和非货币性项目

两类。

货币性项目，是指货币性资产和负债，货币性资产主要有库存现金、银行存款、应收账款、应收票据等；货币性负债主要有应付账款、应付票据和长期负债等。

非货币性项目，是指除了货币性项目以外的资产、负债和所有者权益项目。

具体折算方法是：对于货币性项目，按现行汇率折算；对于非货币性项目，按其取得或发生时的历史汇率折算；对于利润表项目，除了折旧费用和摊销费用按其相关资产取得时的历史汇率折算外，其他收入和费用项目均按会计报告期内的平均汇率折算。

这种方法和流动与非流动项目法的主要区别在于存货的折算，在流动与非流动项目法下，存货是按现行汇率折算的，而采用这种方法对存货则按历史汇率折算。

采用这种方法的主要理由是，外币货币性项目代表着在以后期间将要收回或付出的一笔固定的外币债权和外币债务，这些外币债权和外币债务的币值，随着汇率的变动会有所增减，因而这些外币项目按编表日的现行汇率进行折算是合理的，即这种方法是依据汇率波动对企业资产负债的影响程度来选择折算汇率的，货币性项目要承受汇率变动的风险，要按现行汇率折算，而非货币性项目不受汇率变动的影响，则按历史汇率折算是比较合理的。不赞成这种方法的理由是，外币的折算涉及的是计量而不是分类，因此，合理的折算方法不一定与资产、负债的分类有关，非货币性项目并不一定都按历史汇率折算才合理，当某项非货币性项目是以历史成本计价的若按历史汇率折算是合理的，但当某项非货币性项目是以现行成本计价的若按历史汇率折算就不合理了。

3.时态法

时态法，亦称时间量度法，是针对资产负债表项目的计量方法和时间的不同，而选择不同汇率进行折算的一种方法。这种方法的基本思路是，既然外币折算是一个计量过程，那么就不能改变被计量项目的属性，而只能改变计量单位。这样，无论在历史成本计量模式下还是在现行成本计量模式下，由于现金总是按照资产负债表日实际持有的金额计量的，应收账款和应付账款也是按资产负债表日可望在未来收回或偿付的货币金额计量的，它们的外币计量日期都是资产负债表日，因而都要按资产负债表日的现行汇率进行折算，其他资产负债项目则按其计价日期的历史汇率折算。

具体折算方法是：对于货币资金、应收和应付项目，不论是按原始成本，还是按现行成本计价，均按现行汇率折算；对于其他资产负债项目，如果在子公司财务报表上以历史成本计价，则按历史汇率折算，如果在子公司财务报表上以现行成本计价，则按现行汇率折算；对于所有者权益项目，按发生时的历史汇率折算；对于利润表项目，除了折旧费用和摊销费用按历史汇率折算外，其他项目均按平均汇率折算。外币资产负债表和利润表项目在折算过程中形成的折算损益均应确认为当期损益。

主张这种方法的理由是，外币报表的折算是一个计量变换过程，它不能改变被计量项目的属性和计量基础，而只能改变计量单位，如对存货项目的折算，是为了重新表述存货的计量单位的货币名称，而不是改变其实际价值。采用时态法进行折算时，在采用历史成本计量属性的情况下，它和货币性项目与非货币性项目法的折算程序实质是相同的。但如果采用其他计量基础，如重置成本、市场价值或收益现值时，其折算程序就不同了。目前国际上通行的是历史成本计量模式，但它已不再是纯粹的历史成本计量模式，而是有条件地吸收了一些现行成本计量模式的优点，如对部分资产按重置成本计价，对投资和存货采用成本与市价孰低原则等，因而时态法和货币性项目与非货币性项目法是不同的，如存货项目，在时态法下，以市价计量的存货按现行汇率折算，而在货币性与非货币性项目法下，则按历史汇率折算。

时态法的优点是使折算的资产负债保持与交易发生时的计价基础相一致，具有一定的灵活性，克服了上述流动与非流动项目法的缺陷。目前是国际上广泛采用的一种方法。如美国财务会计准则委员会在《财务会计准则公告第6号》中，将时态法确立为外币报表折算的唯一公认原则。

4.现行汇率法

现行汇率法，是对外币资产负债表中的所有资产负债项目均按现行汇率折算。这种方法的具体折算方法是：对于所有的资产负债项目均按现行汇率折算；对于收入和费用项目均按平均汇率折算；对于实收资本项目按发生时的历史汇率折算。

现行汇率法采用单一汇率对各项资产负债进行折算，相当于对各项目乘上一个常数，因而计算简便，而且折算后报表中各项目之间的比例关系能够与原外币报表中各项目之间的比例关系保持一致。这种方法的缺点是：将外币报表中按历史成本表示的资产项目按折算日现行汇率折算，其折算结果既不是资产的历史成本，也不是资产的现行市价，而是外币资产的历史成本与资产负债表日现行汇率两个不同时点数字的乘积。此外，现行汇率法假设所有的外币资产都将受汇率变动的影响，这显然与实际情况不符。

尽管现行汇率法存在种种不足，但在会计实务中是应用较为广泛的一种方法。美国财务会计准则委员会在《财务会计准则公告第52号——外币折算》中也肯定了这一方法。

对于上述四种方法，按照国际会计准则委员会的要求，各国可从后两种方法中选择一种应用。各种外币财务报表的折算方法的比较见表3-2。

表3-2 外币财务报表折算方法比较表

资产负债表项目	流动与非流动项目法	货币性与非货币性项目法	时态法	现行汇率法
库存现金	CR	CR	CR	CR
应收账款	CR	CR	CR	CR
存货				
按成本	CR	HR	HR	CR
按市价	CR	HR	CR	CR
投资				
按成本	HR	HR	HR	CR
按市价	HR	HR	CR	CR
固定资产	HR	HR	HR	CR
其他资产	HR	HR	HR	CR
应付账款	CR	CR	CR	CR
非流动负债	HR	CR	CR	CR
股本	HR	HR	HR	HR
留存利润	※	※	※	※

注：CR——现行汇率；

HR——历史汇率；

※——轧算的平衡数字，其中在现行汇率法下，该数字为利润分配表折算的结果，再通过轧算平衡计算出的折算调整数。

（三）外币财务报表折算差额的处理

外币财务报表折算差额，是指在外币报表折算时，由于不同项目所采用的汇率不同而产生的差额。企业无论采用哪种折算方法都会产生折算差额，即折算损益。折算损益只是在编制合并报表过程中形成的一种未实现汇兑损益。外币财务报表折算所产生的损益，主要取决于两个因素：一是汇率变动所引起的有关资产和负债项目相比的差额；二是汇率变动的方向，即外汇汇率变动是升值还是贬值。当汇率升值或贬值时，如果有关资产项目和有关负债项目金额相等，发生的损益就会相互抵销；如果资产项目金额大于负债项目金额，当外币升值时，就会产生折算收益，贬值时将会产生折算损失。

外币折算损益的大小，除取决于以上两个因素外，还取决于所选用的折算方法。在不同的折算方法下，对不同的项目使用不同的汇率折算，由此产生的折算损益的金额也不一样。

目前，国际上主要有以下两种基本账务处理方法：

1.作当期损益处理

这种方法是将外币报表折算差额作当期损益处理，以“折算损益”项目列示在利润表中，采用时态法时，应将折算差额作当期损益处理。

主张这种方法的人认为，汇率变动是不容掩盖的客观事实。这是因为，汇率变动会引起资产和负债折算后价值的改变，而资产净额的变动必然会使企业收益受到影响。只有将折算损益计入当期损益，才能给报表使用者以真实的信息。

但是，在通货膨胀情况下，将大幅度的汇率变动所造成的外币折算损益计入当期损益，利润表中企业的收益反映不出企业的正常经营成果。另外，把未实现的折算损益计入当期损益，合并财务报表提供的信息也容易使人产生误解。

2.作递延处理

这种方法是将外币报表折算差额在资产负债表的股东权益中以“报表折算差额”项目单独列示，不予摊销，作递延处理。采用现行汇率法可作递延处理。

主张这种方法的人认为，折算损益只是外币报表重新表述过程的产物，它们与母公司的境外经营子公司中的长期投资相联系，在境外子公司结束经营活动并把全部净资产分配给母公司之前，这种折算损益都不可能实现。而且在这之前，汇率的变动可能逆转，也就是说，这种折算损益有可能永远不能实现。它不会影响境外经营子公司所创造的当地货币的现金流量，把它作为当期损益计入利润表，可能会使人产生误解，因此，应作为合并业主权益的一部分单独积累，即将折算损益以单独项目列示于资产负债表的股东权益内，作为累计递延处理。

然而，有些人认为这种会计处理方法不符合全面收益观的概念，因为这种观念要求在利润表内包括一切非正常和非营业性损益项目。

二、一般情况下外币报表的折算方法

本部分着重介绍根据我国会计准则的规定对一般情况下外币报表进行折算采用的方法。

（一）基本原理

我国外币财务报表的折算采用的是前述四种方法中的现行汇率法，根据我国《企业会计准则第19号——外币折算》等现行会计规范的规定，企业将境外经营子公司的财务报表并入本企业财务报表时，具体折算规定如下：

（1）资产负债表中的资产负债项目，采用资产负债日的即期汇率折算，所有者权益项目除“未分配利润”项目外，其他项目采用发生时的即期汇率折算。也就是说，将资产和负债项目全部按照资产负债表日的现行汇率折算，对于所有者权益项目，除“未分配利润”项目外，均按照权益发生时的即期汇率折算。

（2）利润表中的收入、费用、利得和损失项目，采用交易发生日的即期汇率折算；也可以采用按照系统、合理的方法确定的与交易日即期汇率近似的汇率折算。

（3）按照上述两步折算所产生的外币财务报表折算差额应当在合并资产负债表中“其他综合收益”项目中单独列示，其中属于少数股东权益的部分，应列入“少数股东权益”项目。

比较财务报表的折算比照上述规定处理。

（二）举例

[例3-14] 一般情况下外币报表的折算方法。

资料：由中国母公司100%拥有的境外子公司A公司以美元表示的2×17年12月31日和2×18年12月31日比较资产负债表及2×18年度（至12月31日止）的利润表和所有者权益变动表部分项目见表3-3和表3-4。其他有关资料如下：

假设股本发行时的汇率为￥6.60=$1.00。2×18年购货、销货、其他费用以及股利等在年内都是均匀发生的。2×18年度内的汇率资料如下：

2×18年1月1日　　　　￥6.65=$1.00
2×18年12月31日　　　￥6.70=$1.00
2×18年平均汇率　　　　￥6.64=$1.00

表3-3　　A公司资产负债表　　单位：美元

项　目	2×17年12月31日	2×18年12月31日
资　产		
货币资金	12 000	20 000
应收账款	52 000	40 000
存　货	48 000	60 000
固定资产	360 000	320 000
资产总计	472 000	440 000
负债及所有者权益		
应付账款	88 000	96 000
非流动负债	176 000	120 000
股　本	80 000	80 000
留存收益	128 000	144 000
负债及所有者权益总计	472 000	440 000

表 3-4　　A 公司利润表及留存收益情况　　单位：美元

项　目	金　额
营业收入	400 000
营业成本	238 000
折旧费	40 000
其他费用	59 720
营业利润	62 280
所得税	18 680
净利润	43 600
留存收益（2×17年12月31日）	128 000
股利分配前留存收益	171 600
股　利	27 600
留存收益（2×18年12月31日）	144 000

要求：根据我国企业会计准则的规定采用现行汇率法进行折算。

分析：下面根据我国企业会计准则的规定采用现行汇率法进行折算，其折算程序如下：

利润表和留存收益情况的折算见表3-5。

表 3-5　　A 公司已折算利润表及留存收益情况

2×18 年度

项目	外币（美元）	平均汇率	折合本位币（元）
营业收入	400 000	6.64	2 656 000
营业成本	238 000	6.64	1 580 320
折旧费	40 000	6.64	265 600
其他费用	59 720	6.64	396 541
费用合计	337 720		2 242 461
营业利润	62 280		413 539
所得税	18 680	6.64	124 035
净利润	43 600		289 504
年初留存收益	128 000		851 200[①]
股利分配前留存收益	171 600		1 140 704
股　利	27 600	6.64	183 264
年末留存收益	144 000		957 440

注：①见上年折算报表中“留存收益”项目的折合本位币金额，按本例2×17年12月31日留存收益的折算金额为851 200元。

资产负债表的折算见表3-6。

表3-6 A公司已折算资产负债表

2×18年12月31日

项　目	外币（美元）	现行汇率	折合本位币（元）
资　产			
货币资金	20 000	6.70	134 000
应收账款	40 000	6.70	268 000
存　货	60 000	6.70	402 000
固定资产	320 000	6.70	2 144 000
资产总计	440 000		2 948 000
负债及所有者权益			
应付账款	96 000	6.70	643 200
非流动负债	120 000	6.70	804 000
股　本	80 000	6.60	528 000
留存收益	144 000		957 440
其他综合收益			15 360
负债及所有者权益总计	440 000		2 948 000

三、我国外币报表折算的其他规定

（一）恶性通货膨胀下合并境外经营问题

上述外币财务报表折算方法在境外经营所处的经济环境比较正常、没有严重恶性通货膨胀的情况下是适用的，当企业合并处于恶性通货膨胀情况下的境外经营的财务报表进行折算时，应当按照下列规定：

先对资产负债表项目运用一般物价指数予以重述，对利润表项目运用一般物价指数变动予以重述，再按照资产负债表日的即期汇率进行折算，即采取先消除恶性通货膨胀的影响，再进行折算的办法。

在境外经营不再处于恶性通货膨胀经济中，应当停止重述，对按照停止之日的价格水平重述的财务报表进行折算。

恶性通货膨胀经济通常按照以下特征进行判断：

（1）最近3年累计通货膨胀率接近或超过100%；

（2）利率、工资和物价与物价指数挂钩；

（3）公众不是以当地货币，而是以相对稳定的外币为单位作为衡量货币金额的基础；

（4）公众倾向于以非货币性资产或相对稳定的外币来保存自己的财富，持有的当地货币立即用于投资以保持购买力；

（5）即使信用期限很短，赊销、赊购交易仍按补偿信用期预计购买力损失的价格成交。

（二）处置境外经营问题

企业在处置境外经营时，应当将资产负债表中所有者权益项目下列示的、与境外经营相关的外币财务报表折算差额，自所有者权益项目转入处置当期损益；部分处置境外经营的，应当按处置的比例计算处置部分的外币财务报表折算差额，转入处置当期损益。例如，中国境内某企业集团在境外有一家经营机构A公司，在过去的会计期间内，A公司并入企业集团资产负债表中所有者权益项目下的外币财务报表折算差额累计20 000元人民币，2×18年年末集团公司决定处置A公司的全部经营，则应将所有者权益项目下的外币财务报表折算差额20 000元全部计入2×18年度的损益。如果集团公司决定处置A公司50%的经营，则应将所有者权益项目下的20 000元的50%，即10 000元转入2×18度的损益。

（三）外币折算信息的披露

与国际会计准则相比，我国企业会计准则要求披露的信息比较简单，只要求在附注中披露与外币折算有关的如下信息：

（1）企业及其境外经营选定的记账本位币及选定的原因，记账本位币发生变更的，说明变更的理由。

（2）采用近似汇率的，说明近似汇率的确定方法。

（3）计入当期损益的汇兑差额。

（4）处置境外经营对外币财务报表折算差额的影响。

复习思考题

1. 何为记账本位币？何为列报货币？企业在选定记账本位币时应考虑哪些因素？
2. 记账本位币变动时应根据哪些规定进行处理？
3. 什么是外币业务？外币业务有哪几种类型？
4. 外汇汇率的基本标价方法有几种？其特点是什么？
5. 什么是汇兑损益？它有几种类型？对其如何进行确认？
6. 我国企业会计准则对汇兑损益的处理有哪些规定？
7. 外币交易的基本会计处理方法有哪些？各自有哪些特点？
8. 会计期末对外币货币性项目应如何折算？
9. 会计期末对外币非货币性项目应如何折算？
10. 外币财务报表折算的基本方法有哪些？各种方法的适用范围和优缺点是什么？
11. 对外币财务报表折算差额应如何处理？
12. 我国企业会计准则对外币财务报表的折算有哪些规定？
13. 如何对恶性通货膨胀下合并境外经营进行处理？
14. 在处置境外经营时如何进行会计处理？
15. 在财务报表附注中，怎样披露折算信息？

第四章

租赁会计

第一节 租赁会计概述

一、租赁的含义、种类及识别

（一）租赁的含义

2006年2月15日，在会计准则国际化背景下，财政部借鉴国际会计准则委员会（IASC）发布的《国际会计准则第17号——租赁》（IAS17），制定并发布了《企业会计准则第21号——租赁》（CAS21）。CAS21（2006）将租赁定义为“在约定的期间内，出租人将资产的使用权让与承租人，以获取租金的协议”。此定义与IAS17中租赁的定义“租赁是在约定的期间内，出租人将资产的使用权让与承租人，以获取一项或一系列租金的协议”基本相同。

2016年，根据不断变化的租赁市场环境，国际会计准则理事会（IASB）发布了《国际财务报告准则第16号——租赁》（IFRS16），取代了原租赁准则IAS17。随后，我国财政部根据《中国企业会计准则与国际财务报告准则持续趋同路线图》（2010）的规定，启动了修改我国CAS21（2006）的工作，并于2018年12月7日发布了新的《企业会计准则第21号——租赁》（以下简称现行租赁准则或新租赁准则），取代了原租赁准则CAS21（2006）。

CAS21（2018）将租赁定义为：在一定期间内，出租人将资产的使用权让与承租人以获取对价的合同。该定义与IFRS16对租赁的定义“租赁是让渡在一定期间内使用资产（标的资产）的权利以换取对价的合同或合同的一部分”基本相同。

从字面上看，新、旧准则对租赁的定义似乎无实质性区别，都是指租赁期内转让资产使用权以获取租金的合同。但通过CAS21（2018）和CAS21应用指南（2019）对租赁定义的进一步解释可以看出，新租赁准则强调对租赁合同的判断，在判断一项合同是否属于租赁合同或是否包含租赁时，新租赁准则强调必须满足以下两个条件：第一，租赁合同的标的资产必须是已识别资产；第二，租赁合同应转移了租赁期内控制已识别资产使用的权利。

综上，根据现行租赁准则的规定，企业应首先对合同是否属于租赁合同进行判断，只有经判断属于租赁的合同或包含租赁的合同才能按照CAS21（2018）的规定进行会计处理。

（二）租赁的种类

租赁有多种分类方式：按照租赁资产对象的不同，可分为不动产租赁（包括土地租赁、建筑物租赁）和动产租赁（包括各种设备租赁）等；根据与租赁资产相关的风险和报酬是否转移，可分为融资租赁和经营租赁；按照租赁资产投资的来源不同，可分为直接租赁、生产商或经销商租赁、售后租回和转租赁等。其中，直接租赁是指购置租赁资产所需的资金全部由出租人筹集垫付；生产商或经销商租赁是指租赁资产所需的资金由生产商或经销商筹集垫付（即生产商或经销商出租其产品或商品）；售后租回是指承租人将自制或外购的资产出售给出租人后再从出租人租赁回来的行为（简称回租）；转租赁是指承租人将租入的资产转租给第三者的行为（简称转租）。

从我国企业租赁情况来看，直接租赁比较普遍，所以，本教材结合我国《企业会计准则第21号——租赁》（2018）的规定，主要阐述承租人和出租人直接租赁的会计处理方法。除此之外，本教材还将阐述生产商或经销商租赁、售后租回和转租赁等特殊租赁业务。

（三）租赁合同的识别

从本质上看，租赁合同是一项资产使用合同，该类合同有三个核心要素：标的资产（以下简称资产）、资产的提供方（出租企业/出租人）和资产的使用方（客户/承租人）。根据CAS21（2018）的规定，企业应对一定期间内使用资产的合同进行评估，以识别该合同是否为租赁合同或包含租赁。识别租赁合同主要分为以下两个步骤：

1.判断标的资产是否为已识别资产。

识别租赁合同的第一步，是判断标的资产是否为已识别资产。已识别资产是指根据合同条款或相关描述，客户能够明确识别出其租用或使用的是哪项具体资产。可识别资产主要有以下几个特征：

（1）物理上可区分。

可识别资产在物理上必须是可以明确识别出来的、不同于其他同类的资产，比如，某建筑物的某一层楼、某商场的某一个固定柜台、某船运公司的某条或若干固定船只等。如果合同只赋予客户使用某类资产的权利，而没有特指可明确辨别的某项资产，则标的资产被认为在物理上不能够识别。例如，某咖啡馆和机场签订了使用机场某处空间销售商品的5年期合同，合同规定了空间的大小，该咖啡厅按规定面积定制了易于移动的售货亭销售咖啡及相关商品，机场有很多处空间可安置该售货亭，该售货亭的位置不是固定的，因此，本例中售货亭使用的空间在物理上是不能区分的，不属于已识别资产。

（2）可明确指定或隐性指定。

可识别资产通常应该是合同中明确指定的，但也可以表现为隐性指定。例如，甲生产企业（简称甲公司）与乙铁路运输公司（简称乙公司）签订了一项使用一节火车车厢的合同，期限为5年，合同中没有明确指明标的车厢。在合同签订后，乙公司根据合同条款的要求，专门设计并改造了一节车厢，用于甲公司运输其特殊材料时使用，未经重大改造，这节车厢不适合其他客户使用，乙公司仅有这一节适合甲公司使用的车厢。在本例中，虽然合同中没有明确指定甲公司租用的车厢，但乙公司仅拥有一节适合甲公司使用的车厢，没有其他车厢可以替换。因此，该合同中的车厢属于隐性指定，就是乙公司为甲公司专门改造的这节车厢。

（3）出租人（标的资产供应方）无实质替换资产的能力。

对于可识别资产，出租方是没有实质性替换能力的。如果在使用期内，出租方有能力根据其利益需求替换标的资产，那么，标的资产在物理上是不能够被识别的。比如，某客户与一家公用设施公司签订了一项为期10年的合同，取得连接客户所在地与北京地区光缆中三条明确指定的直驳光纤的使用权。该客户通过这些光纤在其所在地与北京电子设备之间传递数据，这些光纤传输的数据内容和数据量由客户决定。若光纤损坏，供应商应负责修理和维护。供应商拥有额外的光纤，但仅可因修理、维护或故障原因才可以替换客户的指定光纤。在该合同中，直驳光纤被明确指定，供应商无实质性替换能力，标的资产为已识别资产。

2.判断使用期内控制标的资产使用的权利是否转移。

识别租赁合同的第二步，是判断在使用期内控制资产使用的权利是否转移。如果在使用期内，控制资产使用的权利由资产的供应方转移给了客户，意味着在这期间内与资产相关的几乎全部经济利益将归属于客户，根据现行租赁准则的规定，在这种情况下，相关合同属于租赁合同或者合同包含着租赁。

根据CAS21（2018）的规定，同时具备以下两个条件时，意味着一段期间内控制资产使用的权利已由资产的供应方转移给了客户：

（1）客户在使用期内有主导资产使用的权利。

主导权意味着控制权。客户在使用期内有主导资产使用的权利，是指在整个使用期内，资产的使用目的、使用方式等重大决策权掌控在客户手中。根据现行租赁准则的规定，存在下列情形之一的，应视为客户主导整个使用期内资产的使用：

①客户主导在整个使用期内资产的使用目的和使用方式。

这种情况是指，在使用期内，与资产的使用目的和使用方式相关的决策可能会发生变更。比如，标的船舶运输的货物、开船的时间及目的地，标的发电厂发电的时间及发电量，标的集装箱储存货物还是运输货物等，如果类似决策发生变更，则相关决策的权利应由客户所掌控。

［例4-1］甲公司与乙公司签订了其使用指定船只的合同，期限为10年。合同规定：甲公司在这10年期间有权决定运输的货物、航行路线、航行时间和目的港等具体运营事宜，但需遵守相关限制性条件。这些限制性条件是为了防止甲公司将船只驶入遭遇海盗风险较高的水域或装载危险品。在合同期间，船只只能由乙公司负责操作、维护及运输，其他公司或甲公司不能操作。

分析：

在本例中，已识别资产（指定船只）虽然由乙公司负责操作、维护及运输，但运输何种货物、何时运输及目的港等与船只使用目的和使用方式相关的决策完全由甲公司安排。因此，根据现行租赁准则的规定，甲公司拥有10年内主导指定船只使用的权利。

②资产的使用目的和使用方式在开始使用前已经确定，且客户在该期间可自行或主导

他人按预先确定的方式运营该资产。

在这种情况下，尽管资产的使用目的和使用方式可能在开始使用前已经确定，但在使用期内，与资产的使用目的和使用方式相关的决策依然可能会发生变更，如果变更时的决策权由客户所掌控，仍可推断客户主导整个使用期内资产的使用。如果合同预先确定的资产使用目的和使用方式不允许变更，即在资产使用期间内，不涉及与资产使用相关的任何决策，则不能判断客户主导着使用期内资产的使用。

[例4-2] 沿用例4-1的资料，假设合同明确规定了使用期内的船只、运输的货物、装卸日期及运输路线等与船只运营相关事宜，甲公司不能改变合同确定的运输日期、运送的货物及目的地。在使用期内，不会出现与指定船只运营相关的其他决策。

分析：

在本例中，在10年使用期内，已识别资产（指定船只）的使用目的及使用方式已由合同预先明确，甲公司无权更改，运营期间也不会出现与指定船只运营相关的其他决策。因此，不能判断甲公司在这10年内主导指定船只的使用，甲公司只是购买了乙公司指定船只的运输服务而已。

③资产由客户所设计，且在设计时已经预先确定了该资产在整个使用期内的使用目的和使用方式。

这种情况是指，资产在开始使用时，其使用目的和使用方式已经预先按照客户的要求确定下来，在使用期内，资产实质上是在以客户主导的目的和方式运营，因此，是客户主导着整个使用期内资产的使用。

[例4-3] 甲公司与乙公司签订一项购买一家新太阳能电厂30年全部电力的合同。该太阳能电厂由甲公司设计，且由甲公司聘请了太阳能专家协助其确定了该厂的选址和各项设备工程。乙公司负责按照甲公司的设计建造太阳能电厂，并负责电厂的运行和维护。该太阳能电厂的产权归乙公司所有。合同明确规定，乙公司只能通过该电厂向甲公司供电，没有可能选择其他电厂向甲公司供电（即乙公司没有替换供电厂的可能性）。该太阳能电厂在设计时已经预先按甲公司的要求确定了发电时间和发电量，合同期间不存在其他相关决策。

分析：

在本例中，合同明确指定了太阳能电厂，且乙公司无权替换，因此，合同存在已识别资产。另外，由于太阳能电厂的使用目的、使用方式等相关决策在太阳能电厂设计时已按照甲公司的要求预先确定，在合同期间内，发电厂只需要按照预先设计的发电时间和发电量发电，不存在其他相关决策，这说明甲公司在实质上掌控着30年内该太阳能电厂的使用。

（2）客户在使用期内能获得资产几乎全部经济利益。

通常情况下，如果在使用期内，控制标的资产使用的权利已由资产的供应方转移给了客户，那么，在这期间内，与资产相关的几乎全部经济利益应该归客户所有。在评估客户在使用期内能否获得资产几乎全部经济利益时，应注意以下两点：

第一，应当在合同约定的客户权利范围内考虑资产所产生的经济利益。例如，如果合同规定标的资产汽车仅限在某一个特定的区域内使用，则企业应当仅考虑在该区域内使用汽车所产生的经济利益，而不包括在该区域以外使用该汽车所产生的经济利益。

第二，应当考虑在整个使用期间客户通过多种方式使用资产所产生的经济利益，包括使用、持有或转租资产。在考虑使用资产所产生的经济利益时，不仅要考虑主要产品带来的经济利益，还要考虑副产品和通过与第三方之间交易所产生的其他经济利益。

综上所述，在合同开始日，企业应对合同进行评估，如果合同存在一项（或多项）已识别资产，且已识别资产在使用期内的控制权已由资产的供给方转移给了客户，则该项合同为租赁合同或包含租赁，应按CAS21（2018）的规定进行会计处理。

在会计实务中，租赁合同识别的流程可参见图4-1。

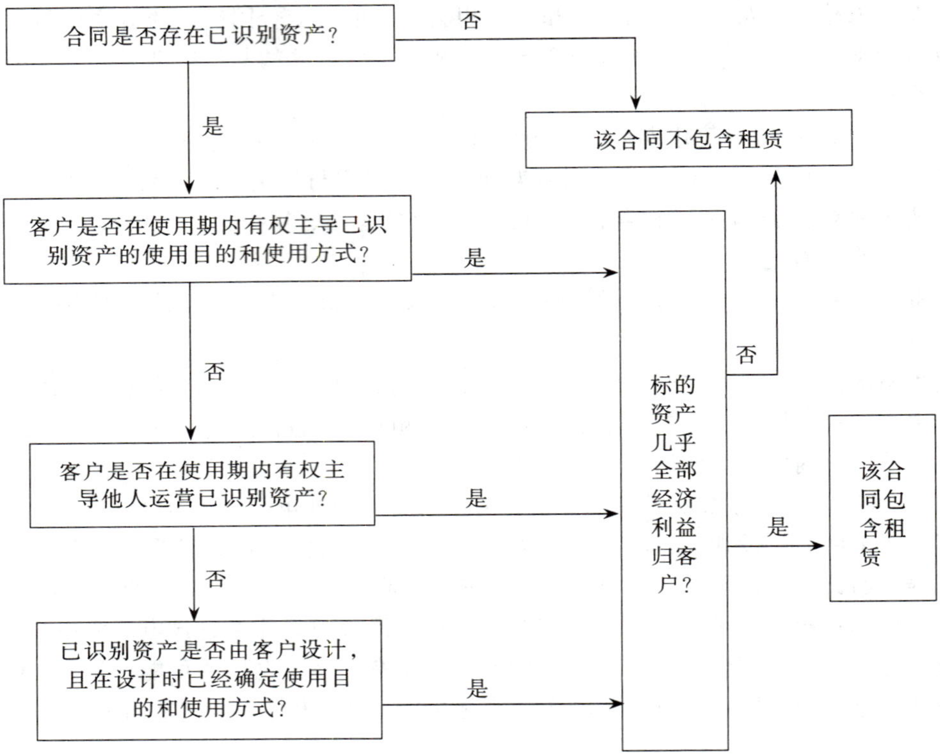

图4-1 识别租赁合同流程图

二、租赁会计涉及的主要概念

租赁会计涉及很多专业术语，为便于学习，这里将集中解释以下常见概念：

1.租赁开始日

租赁开始日是指租赁合同签署日与租赁合同双方就合同主要条款作出承诺日的较早者。在租赁开始日，承租人通常应识别租赁合同以确认其为一般租赁合同还是短期租赁合同或低价值资产租赁合同；出租人通常应判断租赁合同属于融资租赁还是经营租赁。

2.租赁期开始日

租赁期开始日指租赁合同载明的租赁期的起始日。租赁期开始日是出租人提供租赁资产供承租人使用的起始日期，也是承租人依据合同控制租赁资产使用权的日期。在租赁期开始日，承租人应对租赁付款额、租赁负债、使用权资产及未确认融资费用等进行初始确认与计量（短期租赁或低价值资产租赁除外）；出租人应对租赁收款额、租赁投资净额和未实现融资收益等进行初始确认和计量。

3.租赁期

租赁期是指租赁合同载明的承租人有权控制使用租赁资产且不可撤销的期间。租赁合同签订后一般不可撤销，但特殊情况除外，包括：①承租人和出租人双方同意；②承租人与出租人就同一资产或同类资产签订了新的租赁合同；③要求撤销一方支付足够多的罚金；④发生某些很少会发生的不可控事项等。

承租人在确定租赁期时，应在不可撤销租赁期的基础上，同时考虑以下因素的影响：

（1）续租选择权。如果租赁协议包含续租选择权，且在租赁开始日承租人可以合理确定将会行使这种选择权，那么，不论是否再支付租金，续租期都应包含在租赁期之内。

例如，A公司签订了一项房屋租赁合同，不可撤销的租赁期为4年，续租选择权是2年。在搬入该房屋之前，A公司对房屋进行了装修与改良，在装修与改良时，A公司预期使用该房屋至少6年，据此，A公司在租赁开始日确定的租赁期应为6年。

（2）终止租赁选择权。如果租赁协议包含承租人终止租赁选择权，在租赁开始日，承租人应考虑未来能否行使该项权利，如果能合理确定不会行使终止租赁选择权，则在确定租赁期时，无须考虑其对租赁期的影响。

例如，A公司与B公司签订一项写字楼一楼的租赁合同，租赁期为10年，租金每年150 000元；A公司可以在第5年年末提前终止该租赁合同，罚金为1年的租金。A公司对各方面情况进行综合分析后，认为公司有理由确定不会在第5年提前终止合同，因此，在租赁开始日，A公司确定的租赁期应为10年。

（3）承租人发生的一些相关重大事件。如果租赁期内发生了一些承租人可控范围内的重大事项（如改变战略决策等），并且这些事件将影响承租人对未来续租或终止租赁的选择，那么，承租人应根据新出现的情况，重新确定租赁期；但如果这些重大事件承租人不能够控制（比如金融危机爆发），则不予考虑。

4.租赁付款额

租赁付款额是指租赁期内由承租人向出租人支付的与租赁资产使用权相关的款项，主要包括以下内容：

（1）固定付款额或实质固定付款额（扣除租金激励）。

固定付款额是根据租赁合同规定，在租赁期内由承租人定期支付给出租人的金额固定的租金；实质固定付款额是指从形式上看，合同可能包含影响租金的变量，但从实质上看，这些变量并不会对租金产生真正的影响，承租人定期支付的租金实质上是固定的。比如，合同规定了多套租金支付方案，但其中只有一套是可行的；再比如，合同包含两个以上支付方案，而承租人必须选择一个方案，在这种情况下，承租人至少应选择付款额最低的支付方案。

租金激励是出租人为达成租赁协议向承租人提供的租金方面的优惠，比如出租人向承租人支付的与租赁有关的一些款项以及替承租人承担的一些成本等。如果出租人给承租人提供了租赁激励，则租金激励应从固定付款额或实质固定付款额（以下简称固定付款额）中扣除。

（2）取决于指数或比率的可变租赁付款额。

可变租赁付款额是指与消费者价格指数、基准利率或市场租金费率等挂钩的租赁付款额。这类租赁付款额在租赁期内将随价格指数、利率或费率的变动而变动，因此，称为可变租赁付款额。可变租赁付款额在初始计量时应根据租赁期开始日的指数或比率确定，并根据合同规定对其进行后续计量。

根据现行租赁准则的规定，只有基于指数、利率和费率的可变租赁付款额才能计入租赁付款额；而由其他因素导致的可变租赁付款额，比如根据租赁资产生产的产品确定的营业收入等支付的可变租赁付款额，应计入当期损益。

（3）购买选择权的行权价格。

如果租赁合同中包含承租人在租赁期届满时的购买选择权，并且在租赁开始日，承租人能够合理确定届时将会行使该选择权，则购买选择权的行权价格应计入租赁付款额。另外，当发生承租人可控范围内的重大事项，使承租人对于是否行使购买选择权的决定发生改变时，承租人应重新计算租赁付款额。

（4）行使终止租赁选择权需支付的款项。

如果租赁合同中包含承租人终止租赁的选择权，并且在租赁开始日，承租人能够合理确定将会行使该选择权，则承租人应将行使终止租赁选择权时所支付的罚金计入租赁付款额。当发生承租人可控范围内的重大事项，使承租人对于是否行使终止租赁选择权的决定发生改变时，承租人应重新计算租赁付款额。

（5）承租人担保余值中预计应赔付的款项。

如果承租人对租赁资产余值提供了担保，则承租人应于会计期末评估未来可能赔付的担保金额，并将该金额计入租赁付款额中。当承租人评估的预计需要支付的担保金额发生变化时，承租人应重新计算租赁付款额。

5.租赁收款额

租赁收款额是指出租人因让渡租赁期内使用租赁资产的权利而应向承租人收取的款项，主要包括以下内容：

（1）承租人支付的固定付款额或实质固定付款额；

（2）取决于指数或比率的可变租赁付款额；

（3）购买选择权的行权价格；

（4）承租人行使终止租赁选择权需支付的款项；

（5）由承租人、承租人的关联方或独立的第三方向出租人提供的担保余值。

这里应注意，租赁收款额中的担保余值与租赁付款额中的担保余值在计量上是有差异的，前者是按担保余值的金额计入租赁收款额，而后者是按担保余值中预计应赔付的金额计入租赁付款额。

6.初始直接费用

初始直接费用是指承租人和出租人在租赁谈判和签订合同过程中发生的、可直接归属于某租赁项目的增量成本。增量成本是指若企业不取得该租赁合同，则不会发生的成本，主要包括印花税、佣金、律师费、差旅费、谈判费等。

承租人发生的初始直接费用应计入使用权资产的成本；出租人融资租赁发生的初始直接费用应冲减未实现融资收益；出租人经营租赁发生的初始直接费用应计入当期损益。

7.增量借款利率

增量借款利率是指承租人在类似经济环境下为获得与使用权资产价值接近的资产，在类似租赁期间以类似抵押条件借入资金须支付的利率。

增量借款利率可用于替代租赁内含利率。根据现行会计准则的规定，在租赁期开始日，承租人应选择出租人的租赁内含利率对租赁付款额进行折现，但如果承租人无法获得租赁内含利率，可以选择增量借款利率作为折现率。

承租人在确定增量借款利率时，通常应参考同期银行贷款利率、相关租赁合同利率、最近一期类似资产抵押贷款利率以及与承租人信用状况相似企业发行的同期债券利率等。

8.资产余值

资产余值是指在租赁开始日能够合理预计的租赁资产在租赁期届满时的公允价值。资产余值是合理确定担保余值和未担保余值的基础。

9.担保余值

担保余值是指与出租人无关的一方向出租人提供担保，保证在租赁结束时租赁资产的价值至少为某指定的金额。资产余值的担保人通常是承租人、承租人的关联方或独立的第三方。由承租人或其关联方提供的担保余值称为对承租人而言的担保余值，它反映了承租人未来预计可能赔付出租人的担保余值；对于出租人而言的担保余值不仅包括对承租人而言的担保余值，还包括由独立的第三方提供的担保余值。

10.未担保余值

未担保余值是指租赁资产余值中，出租人无法保证能够实现的部分或由与出租人有关的一方提供担保的部分。未担保余值对于出租人来讲是一项资产，在金额上等于资产余值与对于出租人而言的担保余值的差额。例如，某租赁资产的资产余值预计为10万元，其中，由承租人担保的余值为5万元，由独立的担保公司担保的余值为3万元，则未担保余值应该为2万元。

11.租赁投资总额

租赁投资总额是指出租人的租赁收款额和未担保余值之和。该金额代表租赁业务未来能够给出租人带来的经济利益的总流入，其中租赁收款额代表在租赁期内和租赁期结束时能从承租人处陆续收回的经济利益；未担保余值代表租赁期届满时没有任何担保的租赁资产的残余价值。

12.租赁投资净额

从理论上讲，租赁投资净额应为租赁期开始日出租人对租赁业务进行的初始投资，在金额上，它应该等于租赁投资总额按租赁内含利率计算的现值。

现行租赁准则和指南对租赁投资净额应该有三种表达：CAS21（2018）第三十八条指出：租赁投资净额等于租赁收款额现值与未担保余值现值之和。CAS21应用指南（2019）在阐述相关示例时，关于租赁投资净额的计算又出现了以下两种表达：①租赁投资净额等于租赁期开始日租赁资产的公允价值与初始直接费用之和；②租赁投资净额等于租赁投资总额与未实现融资收益的差额[①]。

① 参见中国财政经济出版社出版的《〈企业会计准则第21号——租赁〉应用指南》（2019）第70页“第四步确认租赁投资净额和未实现融资收益”。

以上三种表达从不同角度解释了租赁投资净额的含义，基于租赁内含利率是使租赁投资总额现值等于租赁投资净额的折现率，因此，租赁投资总额、租赁投资净额和未实现融资收益之间存在图4-2所示的关系。

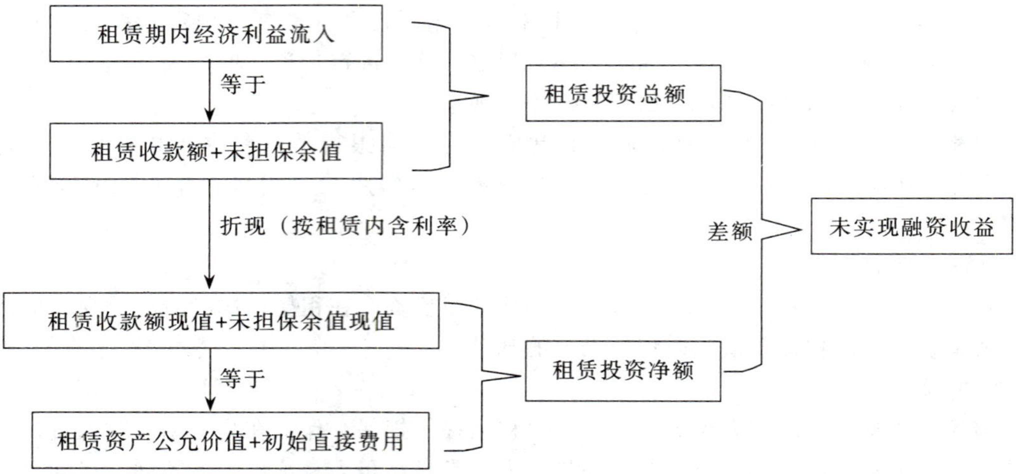

图4-2 租赁投资总额、租赁投资净额和未实现融资收益关系图

租赁投资净额是计算出租人租赁收入的基础。出租人每期的租赁收入等于期末租赁投资净额余额与租赁内含利率的乘积。

13.租赁内含利率

租赁内含利率是出租人在融资租赁业务中取得的收益率，它是使租赁投资总额现值等于租赁投资净额的折现率，计算公式如下：

租赁收款额的现值+未担保余值的现值=租赁资产公允价值+初始直接费用

租赁内含利率是出租人确认租金收入（即摊销未实现融资收益）时的摊销率。未实现融资收益是租赁投资总额与租赁投资净额的差额，代表出租人融资租赁的租赁总收入。

14.短期租赁

短期租赁是针对承租人而言的租赁业务，是指在租赁期开始日，租赁期不超过12个月的租赁。附带购买选择权的租赁合同不能作为短期租赁处理。

15.低价值资产租赁

低价值资产租赁也是针对承租人而言的租赁业务，指单项租赁资产为全新资产时价值较低的租赁。承租人对低价值资产租赁的判定仅与资产的绝对价值有关，不受承租人规模、性质和其他情况影响。低价值资产租赁不能进行转租，即转租赁不包含低价值资产租赁。

16.融资租赁

融资租赁是针对出租人而言的租赁业务，指实质上转移了与租赁资产所有权有关的几乎全部风险和报酬的租赁。

17.经营租赁

经营租赁也是针对出租人而言的租赁业务，是与融资租赁相对应的业务，指出租人除融资租赁以外的其他租赁业务。

三、租赁会计涉及的主要会计科目

（一）承租人使用的主要会计科目

1.“使用权资产”科目

该科目核算承租人持有的使用权资产的原值。在租赁期开始日，承租人应将以下项目计入使用权资产的成本：①租赁付款额（扣除租金激励）的现值，即租赁负债的初始入账价值；②在租赁期开始日或之前已支付的租赁付款额；③初始直接费用；④预计移除租赁资产、复原租赁资产所在场地、将租赁资产恢复至租赁合同规定状态将发生的成本（以下简称移除恢复成本）。

在租赁期开始日，承租人应按成本借记“使用权资产”科目，按尚未支付的租赁付款额现值贷记“租赁负债”科目；按租赁期开始日前支付的租赁付款额，借记“使用权资产”科目，贷记“预付账款”科目；按发生的初始直接费用，借记“使用权资产”科目，贷记“银行存款”科目；按预计移除恢复成本的现值，借记“使用权资产”科目，贷记“预计负债”科目。

2.“使用权资产累计折旧”科目

该科目核算使用权资产的累计折旧。承租人通常应当自租赁期开始日起按规定计提使用权资产折旧费，借记“制造费用”“销售费用”“管理费用”“研发支出”等科目，贷记“使用权资产累计折旧”科目；因租赁范围缩小、租赁期缩短或转租等原因减记或终止确认使用权资产时，应同时结转相应的使用权资产累计折旧。

3.“使用权资产减值准备”科目

该科目核算使用权资产的减值准备。使用权资产发生减值的，应按减记的金额，借记“资产减值损失”科目，贷记“使用权资产减值准备”科目；因租赁范围缩小、租赁期缩短或转租等原因减记或终止确认使用权资产时，应同时结转相应的使用权资产累计减值准备。使用权资产减值准备一旦计提，不得转回。

4.“租赁负债”科目

该科目用于核算承租人尚未支付的租赁付款额的现值。在该科目下，承租人应设置“租赁付款额”和“未确认融资费用”两个二级科目。该科目的核算要点如下：

（1）在租赁期开始日，承租人应按尚未支付的租赁付款额的现值，借记“使用权资产”科目；按尚未支付的租赁付款额，贷记“租赁负债——租赁付款额”科目；按尚未支付的租赁付款额与其现值的差额，借记“租赁负债——未确认融资费用”科目。

（2）在租赁期内，确认各期间融资费用时，应借记“财务费用”“在建工程”等科目，贷记“租赁负债——未确认融资费用”科目；支付租赁付款额时，应借记“租赁负债——租赁付款额”科目，贷记“银行存款”等科目。

（3）在租赁期间，如果租赁付款额（租赁变更因素除外）有变动，承租人应按变动后的租赁付款额的现值重新计量租赁负债。

①当租赁负债增加时，应按租赁付款额现值的增加额，借记“使用权资产”科目，按租赁付款额的增加额，贷记“租赁负债——租赁付款额”科目，按其差额，借记“租赁负债——未确认融资费用”科目；

②当租赁负债减少时，应按租赁付款额的减少额，借记“租赁负债——租赁付款额”

科目，按租赁付款额现值的减少额，贷记“使用权资产”科目，若使用权资产的账面价值调减至零，则不足部分贷记“制造费用”“销售费用”“管理费用”“研发支出”等科目，并按其差额，贷记“租赁负债——未确认融资费用”科目。

（4）在租赁期内，因租赁变更导致租赁范围缩小或租赁期缩短时，承租人应按缩小或缩短的比例，分别调减“租赁负债——租赁付款额”“租赁负债——未确认融资费用”“使用权资产”科目，并将差额记入“资产处置损益”科目。

（二）出租人使用的相关会计科目

1.“应收融资租赁款”科目

该科目用于核算出租人融资租赁中的租赁收款额、未担保余值和未实现融资收益，为此，该科目应设置“租赁收款额”、“未担保余值”和“未实现融资收益”明细科目。其中“应收融资租赁款——租赁收款额”科目用于核算出租人因出租标的资产应向承租人收取的款项；“应收融资租赁款——未担保余值”科目用于核算标的资产余值中未被担保的部分；“应收融资租赁款——未实现融资收益”科目用于核算租赁收款总额与租赁投资净额之间的差额，即租赁期内的融资租赁收益。

2.“融资租赁资产”科目

该科目用于核算出租人为开展融资租赁业务取得的资产的成本。租赁业务不多的企业，也可通过“固定资产”科目核算用于融资租赁的资产。融资租赁资产在未融资租赁期间可按固定资产等相关会计准则的规定进行核算。

在租赁期开始日，出租人应按租赁收款额和未担保余值的金额，分别借记“应收融资租赁款——租赁收款额”“应收融资租赁款——未担保余值”科目，按融资租赁资产的公允价值和初始直接费用的金额，分别贷记“融资租赁资产”、“资产处置损益”和“银行存款”等科目；按借贷双方的差额贷记“应收融资租赁款——未实现融资收益”科目。

3.“应收融资租赁款减值准备”科目

该科目用于核算出租人应收融资租赁款发生减值时计提的减值准备。应收融资租赁款的减值损失属于信用减值损失，因此，应记入“信用减值损失”科目。应收融资租赁款的减值准备允许转回，转回已计提的减值准备时，应同时冲减“应收融资租赁款减值准备”和“信用减值损失”科目。

4.“租赁收入”科目

该科目核算租赁企业作为出租人确认的融资租赁和经营租赁的租金收入。对经营租赁，出租人应按每期收到或应收的租金，借记“银行存款”“应收账款”等科目，贷记“租赁收入”科目；对于融资租赁，出租人按每期确认的租金收入，借记“应收融资租赁款——未实现融资收益”科目，贷记“租赁收入”科目；出租人是金融企业时，应将租金收入记入“利息收入”科目。

第二节　承租人的会计处理

为便于阐述，本教材将承租人的租赁业务区分为一般租赁业务和简单租赁业务。其中，简单租赁业务包括短期租赁和低价值资产租赁，一般租赁业务指简单租赁业务之外的租赁。除一般租赁和简单租赁的会计处理方法之外，本节还将阐述承租人租赁合同变更的会计处理方法。

一、承租人一般租赁的会计处理

本教材将承租人一般租赁业务的会计处理分为租赁期开始日的会计处理和租赁期内的会计处理两部分。

（一）租赁期开始日的会计处理

对于一般租赁而言，在租赁期内，租赁资产的使用权由承租人所控制，与租赁资产所有权相关的几乎全部风险和报酬已由出租人转移给了承租人，因此，现行会计准则要求，在租赁期开始日，承租人应按其取得租赁资产使用权的成本，确认其所拥有的租赁资产使用权，同时根据为取得租赁资产使用权而承担的负债，确认租赁负债。相关的会计分录框架如下：

借：使用权资产　　　　　　　　　　　［取得资产使用权的成本］
　　租赁负债——未确认融资费用　＞［租赁负债初始入账金额］
　贷：租赁负债——租赁付款额

在上述会计分录中，租赁负债和使用权资产的计量是最关键的因素，下面将重点阐述租赁负债和使用权资产的计量问题。

1.租赁负债的初始确认与计量

租赁负债的初始入账价值应为租赁期开始日尚未支付的租赁付款额的现值。在租赁期开始日，承租人应根据合同条款，确定租赁付款额及其折现利率，据以计算租赁付款额的现值（即租赁负债），并将租赁付款额记入“租赁负债——租赁付款额”科目的贷方；将租赁付款额与其现值之间的差额记入“租赁负债——未确认融资费用”科目的借方。下面将具体阐述租赁付款额、折现率和租赁负债的确定。

（1）租赁付款额的确定

租赁付款额反映了租赁期内应由承租人支付给出租人的全部款项，包括固定付款额或实质固定付款额、取决于指数或比率的可变租赁付款额、购买选择权的行权价格、行使终止租赁选择权需支付的款项和承租人提供的担保余值。

①固定付款额或实质固定付款额的确定

这里主要应注意对实质固定付款额的认定。如果租赁合同的支付条款存在某些变量，导致租赁付款额表面上看是不固定的，但仔细分析会发现，这些变量实质上不会影响承租人的租赁付款额，比如没有经济实质的可变租赁条款、仅有一套方案可行的多方案支付条款等。有些合同可能要求承租人必须从多套支付方案中选择一套方案，那么，承租人不可避免的支付金额实质上就是固定付款额。

［例4-4］承租人甲公司签订了一项为期5年的卡车租赁合同。合同中关于租赁付款额的条款为：如果该卡车在某月份的行驶里程不超过2万千米，则该月份应付的租金为20 000元；如果该卡车在某月份的行驶里程超过2万千米但不超过3万千米，则该月份应付的租金为30 000元；该卡车1个月内的行驶里程最高不能超过3万千米，否则承租人需支付巨额罚款。

分析：

在本例中，甲公司应支付的租金是基于卡车的行驶里程的，月租金可能是20 000元，也可能是30 000元，看似租金是不确定的。但不论卡车每月实际行驶多少里程，每月至少需要支付20 000元租金。因此，本例的月租金20 000元属于实质固定付款额，根据现行会计准则的规定，应将其计入租赁付款额中。

［例4-5］承租人甲公司租入一台预计使用寿命为5年的机器，不可撤销的租赁期为3年，租金20 000元/年。在第3年年末，甲公司必须以39 000元的价格购买该机器，或者续租2年，在续租期内每年应支付的租金仍为20 000元。在租赁期开始时，甲公司不能合理确定在第3年年末是购买该机器还是续租2年。

分析：

在本例中，假设甲公司在租赁期开始时，不能合理确定在第3年年末是购买该机器还是续租2年，从概念上讲，行使购买选择权时的买价或者续租时的租金都不应该计入租赁付款额，但是，根据本合同的规定，甲公司在租赁期届满时必须在购买和续租之间选择一个，因此，甲公司届时至少要支付39 000元，因此，39 000元属于实质固定付款额，按现行会计准则的规定，应将其计入租赁付款额中。

②可变租赁付款额（基于指数或比率）的确定

可变租赁付款额包括与下列指标挂钩的租赁付款额：A.基准利率、消费者价格指数和市场租金费率等比率或指数；B.承租人租赁资产的绩效，如零售业租赁不动产所取得的销售收入；C.租赁资产的使用情况，如租赁车辆行驶的里程数等。

需要注意的是，在上述各类可变租赁付款额中，只有基于指数或比率的可变租赁付款额才能纳入租赁负债的初始计量中。在租赁期开始日，承租人应基于当日的指数或比率来确定租赁付款额。由其他因素导致的可变租赁付款额应计入当期损益。

［例4-6］承租人甲公司签订了一项为期10年的不动产租赁合同，每年的租赁付款额为50 000元，于每年年初支付。合同规定，租赁付款额在租赁期开始日后每2年基于过去24个月消费者价格指数的上涨进行上调。租赁期开始日的消费者价格指数为125，租赁付款额50 000元就是基于指数125确定的。

分析：

在本例中，甲公司租赁不动产的租金是基于消费者价格指数确定的，属于应计入租赁付款额的可变租赁付款额。在租赁期开始日，消费者价格指数为125，由此确定的可变租赁付款额为50 000元/年，租赁负债应根据该租赁付款额计算确定。

在租赁期内，每隔2年，甲公司应基于租赁期开始日消费者价格指数并根据最新消费者价格指数的变动重新确定租赁付款额。假设租赁第3年年初，消费者价格指数为135，由此确定的租赁付款额应为54 000元/年（50 000×135÷125），租赁负债应基于新的租赁付款额调整。

③购买选择权行权价格的确定

如果租赁合同包含租赁期届满时购买标的资产的选择权，则在租赁开始日，承租人应评估未来是否能够行使该选择权。在评估时，承租人应考虑对其行使或不行使购买选择权经济后果有影响的所有相关事实和情况。经综合评估后，如果承租人能够合理确定将行使购买选择权，则承租人应将行权价格计入租赁付款额；否则，行权价格不能计入租赁付款额。

[例4-7] 甲公司与乙公司签订一项不可撤销的设备租赁合同，期限为8年。合同规定，甲公司可以选择在租赁期结束时以10 000元的价格购买这台设备。已知该设备应用于不断更新、迅速变化的科技领域，因此，租赁期结束时的公允价值可能出现大幅波动，且租赁期内，尤其是租赁期结束之后，有很大可能会出现更好的替代产品。

分析：

在本例中，甲公司租赁的设备应用于高科技领域，更新换代较快，在租赁期届满时，租赁资产公允价值具有较大的不确定性，且在租赁期间或租赁期届满时，很可能会出现更好的替代产品，因此，在租赁期开始日，甲公司无法合理确定未来将行使这项购买选择权，10 000元的行权价格不能计入租赁付款额。

④终止租赁选择权需支付款项的确定

如果租赁合同中包含承租人终止租赁的选择权，则在租赁开始日，承租人应评估未来是否能够行使该终止租赁选择权。在评估时，承租人应考虑对其行使或不行使终止租赁选择权经济后果有影响的所有相关事实和情况。经综合评估后，如果承租人能够合理确定未来将行使终止租赁选择权，则应将行使终止租赁选择权时需支付的款项计入租赁付款额；否则，承租人不应该考虑这项选择权对租赁付款额的影响。

[例4-8] 承租人甲公司与乙地产商签订了一项租赁合同，租入乙公司办公楼的一层楼，为期10年。甲公司有权选择在第5年后提前终止租赁，但需向乙公司支付一年的租金作为罚金。合同规定，该楼层每年租金为12万元，基本与市场正常租金水平相符。乙公司的办公楼是全新的，并且在周边商业园区的办公楼中处于技术领先水平。

甲公司评估后认为，一年租金的罚款对于甲公司而言金额重大，不能轻易损失。另外，甲公司的经营具有可持续性，在同等条件下，5年后甲公司很难以更优惠的价格租入类似办公楼，因此，在租赁开始日，甲公司确定不会提前终止该租赁合同。

分析：

在本例中，甲公司经过综合评估后认为，不会选择提前终止租赁合同，因此，合同中提前终止租赁合同选择权对甲公司没有影响。在租赁期开始日，甲公司不能将提前终止租赁需支付的罚金计入租赁付款额，租赁期应为10年。

⑤承租人担保余值的确定

如果承租人在租赁合同中对租赁资产余值提供了担保，则应该考虑该担保余值对租赁付款额的影响。这里应注意的是，根据新租赁准则的规定，租赁付款额只应包含预计未来可能赔付给出租人的担保余值，而不是承租人承诺的全部担保余值。

[例4-9] 承租人甲公司与出租人乙公司签订了汽车租赁合同，租赁期为10年。合同规定，甲公司为标的汽车的余值提供担保，担保余值总额为50 000元。如果在租赁期结束时，汽车的公允价值低于50 000元，则甲公司需向乙公司支付50 000元与租赁期届满时汽车公允价值之间的差额。假设在租赁期开始日，甲公司预计因担保未来可能赔付给乙公司的金额为0。

分析：

在本例中，根据租赁合同的规定，甲公司为租赁的汽车提供了50 000元的担保余值，即租赁期届满时，甲公司就租赁的汽车可能赔付出租人的最大金额为50 000元。

在租赁期开始日，甲公司预计因提供担保未来可能赔付给乙公司的金额为0，因此，当日应计入租赁付款额的担保余值为0。

（2）折现率的确定

承租人在计算租赁付款额现值时，应选择合理的折现率。根据现行租赁准则的规定，在租赁期开始日，如果承租人知悉出租人的租赁内含利率，应首选租赁内含利率作为折现率；如果无法知悉租赁内含利率，则应采用增量借款利率作为折现率。

承租人增量借款利率，是指承租人在类似经济环境下为获得与使用权资产价值接近的资产，在类似期间以类似抵押条件借入资金须支付的利率。该利率主要受以下因素影响：①借款人的状况，即承租人自身的偿债能力和信用状况；②借款期限，即租赁期限；③借入金额，即租赁负债的金额；④抵押条件，即租赁资产的性质和质量；⑤经济环境，包括承租人所处的司法管辖区、计价货币、合同签订时间等。

在具体操作时，承租人可以先根据所处经济环境，以可观察的利率作为确定增量借款利率的参考基础，然后根据承租人自身情况、标的资产情况、租赁期和租赁负债金额等租赁业务具体情况，对参考的基础利率进行调整，得出适用的承租人增量借款利率。企业应当对确定承租人增量借款利率的依据和过程做好记录。

在会计实务中，确定承租人增量借款利率时常见的参考基础利率包括：承租人同期银行贷款利率、相关租赁合同利率、承租人最近一期类似资产抵押贷款利率、与承租人信用状况相似的企业发行的同期债券利率等。

［例4-10］2×19年1月1日，承租人甲公司签订了一项租期为10年的不动产租赁合同，租金为90万元/年。在租赁期开始日，甲公司无法获悉出租人租赁内含利率，因此，需采用承租人增量借款利率作为折现率。假设：①甲公司有在公开市场上发行的债券；②甲公司有非公开市场上发行的债券；③甲公司没有任何借款。

分析：

在本例中，甲公司在确定租赁内含利率时，可参考以下做法：

①甲公司发行的债券有公开市场的情况

当甲公司发行的债券有公开市场时，通常可以考虑该债券的市场价格及市场利率，因为它能够反映甲公司现有的信用状况及债权投资者所要求的现实回报率。

甲公司可以在此基础上，结合租赁合同中的租赁付款总额、租赁期间、租金偿还方式以及抵押情况等进行调整，确定其增量借款利率。

②甲公司发行的债券没有公开市场的情况

当甲公司发行的债券没有公开市场但有可观察到的信用评级时，甲公司可以参考与其信用评级相同企业发行的公开交易债券的利率，以其作为基础参考利率，再结合租赁合同中的租赁付款总额、租赁期间、租金偿还方式以及抵押情况等进行调整，确定其增量借款利率。

③甲公司没有任何借款的情况

当甲公司没有任何借款时，可以通过银行询价的方式获取相关借款利率，并通过适当调整后，确定其增量借款利率。甲公司也可以通过第三方评级机构获取其信用等级，并参考上述②的方法，确定其增量借款利率。

（3）租赁负债的确定

租赁负债为租赁期开始日尚未支付的租赁付款额的现值。承租人在确定了租赁付款额和折现率后，应按下面的公式确定租赁负债的金额：

租赁负债=年租赁付款额×年金现值系数+租赁期届满时支付的金额×复利现值系数

租赁负债的金额确定后，未确定融资费用的金额也相应确定：

未确定融资费用=租赁付款额-租赁付款额现值（租赁负债）

2.使用权资产的初始确认与计量

使用权资产反映了承租人在租赁期开始日取得租赁资产使用权的成本，包括租赁负债的初始入账价值、租赁期开始日前已支付的租赁付款额、初始直接费用、为移除租赁资产、复原租赁资产所在场地、将租赁资产恢复至租赁合同规定状态预计将发生的成本等。对于使用权资产的计量，主要应注意以下两个问题：

（1）关于租赁期开始日前已支付的租赁付款额

承租人在租赁期开始日前已支付的、计入使用权资产的款项必须在租赁付款额的范畴内。在某些情况下，承租人可能会在租赁期开始日前发生一些与标的资产无关的支出。例如，根据租赁合同的规定，标的资产需经过重新建造或设计后方可供承租人使用，而对标的资产重新建造或设计的成本费用由承租人承担。由于对标的资产重新建造或设计的成本费用不属于租赁付款额的范畴，因此，类似这种支出就不能够计入使用权资产成本。

（2）关于预计的移除恢复成本

这类成本是指在租赁期开始日或某个特定的期间，承租人因使用标的资产而负担的未来拆除或移除租赁资产、复原租赁资产所在场地或将租赁资产恢复至租赁合同约定的状态预计将发生的成本等。承租人应在有义务承担这类费用时，按照《企业会计准则第13号——或有事项》的规定，将这些预计发生的成本费用按现值计入使用权资产成本。

［例4-11］承租人初始确认与计量综合举例（常见业务）。

资料：甲公司与乙公司签订了一项租赁合同，有关条款如下：

（1）租赁资产：A建筑物。

（2）租赁期从2×18年1月1日起至2×27年12月31日止，共10年，续租期5年。

（3）租赁期内租金50 000元/年，甲公司于租赁期开始日支付了50 000元，其余于每年年初支付。续租期间租金55 000元/年。

（4）甲公司的初始直接费用为20 000元，其中，15 000元是向A建筑物前任租户支付的款项，5 000元是向房地产中介支付的中介费。

（5）作为对甲公司的激励，乙公司同意补偿甲公司5 000元的中介费。

（6）在租赁开始日，甲公司无法合理确定将行使续租选择权，因此，将租赁期确定为10年。

（7）甲公司无法确定租赁内含利率，以增量借款利率5%作为租赁付款额的折现率。

假设不考虑税费等其他因素的影响。

要求：编制甲公司在租赁期开始日相关的会计分录。

分析：

在本例中，租赁期为10年，固定付款额为50 000元/年，无其他租赁付款额，因此，租赁付款总额为500 000元（50 000×10）。甲公司于租赁期开始日支付了50 000元，尚未支付的租赁付款额为450 000元，折现率为5%，因此，租赁付款额现值为355 391元（50 000×（P/A，5%，9）），由此可计算，未确认融资费用为94 609元（450 000-

355 391）。

在本例中，影响使用权资产成本的项目除了租赁负债初始入账价值355 391元之外，还应包括承租人在租赁期开始日支付的45 000元（年租金50 000−租金激励5 000）租金和初始直接费用20 000元。因此，使用权资产成本应为：

使用权资产=355 391+（50 000−5 000）+20 000=420 391（元）

据此，在租赁期开始日，甲公司应编制如下相关会计分录：

（1）支付第1年租金（扣除租金激励），确认租赁负债时：

借：使用权资产	400 391	
租赁负债——未确认融资费用	94 609	
贷：租赁负债——租赁付款额		450 000
银行存款		45 000

（2）支付初始直接费用时：

借：使用权资产	20 000	
贷：银行存款		20 000

［例4−12］承租人租赁初始确认与计量综合举例（特殊业务）。

资料：承租人甲公司签订了一项租赁期为10年的机器租赁合同。合同规定：在租赁期开始日，租金不能够确定，租金将在第1年年末根据机器当年的实际产能确定。在租赁期开始日，甲公司无法确定租赁内含利率，其增量借款利率为5%。假设第1年年末，根据该机器在第1年的实际产能，确定每年的租金为20 000元，甲公司于第1年年末支付20 000元租金，其余租金在以后每年年末支付。

要求：编制甲公司在租赁期开始时相关的会计分录。

分析：

本例比较特殊，在租赁期开始时，固定租赁付款额不确定，根据现行租赁准则的规定，在这种情况下，甲公司在租赁期开始时无须编制会计分录，待租金确定之后（租赁第1年年末），再计算确定租赁负债和使用权资产，并编制相关会计分录。在本例中，租赁合同双方在第1年年末确定的租金为20 000元/年，据此，甲公司应在第1年年末编制如下会计分录：

（1）支付第1年租金时：

借：制造费用等	20 000	
贷：银行存款		20 000

（2）确认使用权资产和租赁负债时：

在第1年年末，甲公司支付了当年的租金后，尚未支付的租赁付款额为180 000元（20 000×9），租赁负债的金额为142 156元（20 000×（P/A，5%，9）），由此计算的未确认融资费用应为37 844元（180 000−142 156）。根据上述计算结果，应编制如下会计分录：

借：使用权资产	142 156	
租赁负债——未确认融资费用	37 844	
贷：租赁负债——租赁付款额		180 000

（二）租赁期内的后续处理

租赁期内的会计处理主要包括对租赁负债和使用权资产的后续处理，具体包括支付租赁付款额、摊销未确认融资费用、计提使用权资产折旧和减值准备等。另外，因租赁期内影响租赁负债和使用权资产相关因素的变化，租赁负债和使用权资产的金额可能会受到影响，因此，在租赁期内的后续处理中，除了租赁负债和使用权资产的常规后续处理之外，还可能涉及因相关因素变动而对租赁负债和使用权资产的调整。

1.租赁负债的后续确认与计量

（1）支付租赁付款额、确认利息费用

支付租赁付款额、确认利息费用是租赁负债的常规后续处理。承租人在支付租赁付款额时，借记“租赁负债——租赁付款额”科目，贷记“银行存款”科目；摊销未确认融资费用时，借记“财务费用”等科目，贷记“租赁负债——未确认融资费用”科目。

［例4-13］租赁负债的常规后续处理。

资料：沿用例4-11的资料。

要求：编制甲公司未确认融资费用分摊表，并编制各期摊销未确认融资费用和支付租赁付款额的会计分录。

分析：在租赁期开始日，租赁付款额按5%折现后的现值为355 391元，未确认融资费用为94 609元，由此，甲公司编制的未确认融资费用分摊表见表4-1。

表4-1 未确认融资费用分摊表（保留整数）

2×18年1月1日 单位：元

租赁期	支付的租赁付款额	摊销的融资费用	租赁负债减少额	租赁负债余额
①	②	③=期初⑤×5%	④=②-③	期末⑤=期初⑤-④
第1年（期初）				355 391
第2年	50 000	17 770	32 230	323 161
第3年	50 000	16 158	33 842	289 319
第4年	50 000	14 466	35 534	253 785
第5年	50 000	12 689	37 311	216 474
第6年	50 000	10 824	39 176	177 298
第7年	50 000	8 865	41 135	136 163
第8年	50 000	6 808	43 192	92 971
第9年	50 000	4 649	45 351	47 620
第10年	50 000	2 380*	47 620**	0
合计	450 000	94 609	355 391	—

注：*2 380=50 000-47 620；**47 620=47 620-0。

根据表4-1，在租赁期内的每个期初，甲公司应编制如下会计分录：

（1）2×18年1月1日

借：租赁负债——租赁付款额　　50 000

　贷：银行存款　　50 000

借：财务费用　　17 770

　贷：租赁负债——未确认融资费用　　17 770

（2）2×19年1月1日

借：租赁负债——租赁付款额　　50 000

　贷：银行存款　　50 000

借：财务费用　　16 158

　贷：租赁负债——未确认融资费用　　16 158

其余期初会计分录略。

（2）因租赁付款额变动，对租赁负债重新计量与调整

在租赁期内，如果实质固定付款额、预计赔付担保余值、影响可变租金的消费者价格指数或其他比率、影响购买选择权或续租选择权或终止租赁选择权的情况等发生变化，从而引起租赁付款额发生变动时，承租人应重新计算租赁付款额；按原折现率或调整后折现率，重新计量租赁负债；根据租赁负债的变动结果，同时调整使用权资产和租赁负债。下面分别阐述不同因素变动的情况下，租赁负债的重新计量与调整。

①基于指数或利率变化导致可变租赁付款额变动时的调整

这里需注意的问题是：如果因消费者价格指数或浮动利率除外的比率变动而导致租赁付款额发生变动，承租人在重新计量租赁负债时，折现率保持不变；如果因浮动利率的变动而导致可变租赁付款额发生变动，承租人应按调整后折现率重新计量租赁负债。

［例4-14］重新计量与调整租赁负债——基于消费者价格指数变动。

资料：承租人甲公司签订一项10年期不动产租赁合同，其租金基于每两年消费者价格指数水平。第1年年初的消费者价格指数为125，据此确定的租金为50 000元/年；租赁期第3年年初的消费者价格指数为135，据此确定的调整后的租金为54 000元/年（50 000×135÷125）。假设甲公司在租赁期开始日的折现率为5%。

要求：确认第3年租赁付款额的变动，并对租赁负债做相应调整。

分析：

在本例中，在租赁期开始日，甲公司基于当日消费者价格指数（125）确定的年租赁付款额为50 000元；在第3年年初，消费者价格指数变为135，由此确定的年租赁付款额为54 000元，因此，甲公司应当于第3年年初以54 000元/年的租赁付款额重新计量租赁负债，折现率保持不变，仍为5%。有关计算如下：

（1）计算第3年年初调整并支付租金前租赁负债的账面余额：

50 000+50 000×（P/A，5%，7）=339 320（元）

（2）计算第3年年初调整租金后支付租金前租赁负债的金额：

54 000+54 000×（P/A，5%，7）=366 466（元）

（3）计算第3年年初租赁负债的调整金额：

租赁负债调整额=366 466−339 320=27 146（元）

其中：租赁付款额调整额=（54 000-50 000）×8=32 000（元）

未确认融资费用调整额=32 000-27 146=4 854（元）

根据以上计算结果，在第3年年初，甲公司应编制如下调整分录：

借：使用权资产 27 146

租赁负债——未确认融资费用 4 854

贷：租赁负债——租赁付款额 32 000

②与购买选择权、续租选择权、终止租赁选择权有关的后续调整

在租赁期内，发生承租人可控范围内的重大事件或变化，且影响承租人合理判断是否将行使购买选择权、续租选择权或终止租赁选择权时，承租人应当对是否行使相应选择权进行重新评估。如果评估结果导致承租人改变了对相关选择权的选择，承租人应当重新确定租赁付款额，并重新计量租赁负债。

承租人根据上述变化结果重新计量租赁负债时，应采用剩余租赁期间的租赁内含利率作为新的折现率；无法确定新租赁内含利率的，应当采用重估日重新确定的增量借款利率作为折现率。

［例4-15］重新计量与调整租赁负债——基于购买选择权的变动。

资料：承租人甲公司与出租人乙公司签订了一项为期5年的A设备租赁合同，租赁付款额为10 000元/年，于每年年末支付，A设备剩余使用年限为7年。甲公司拥有在租赁期结束时以5 000元购买A设备的选择权，预计A设备在租赁期届满时的资产余值为20 000元。在租赁开始日，甲公司计划将研究和开发自有设备以替代A设备，并预期该自有设备将在5年内投入使用，因此，甲公司在租赁开始日确定不会行使购买选择权。

在租赁的第3年年末，甲公司对经营进行了战略调整，决定停止开发替代A设备的资产，并决定在租赁期届满时将购买该租赁资产。甲公司无法取得租赁内含利率，以增量借款利率作为折现率。在租赁期开始日，甲公司的增量借款利率为5%；在第3年年末，甲公司的增量借款利率为5.5%。

要求：根据上述资料，进行与甲公司相关的会计处理。

分析：

根据题中资料，甲公司应分别编制租赁期开始日的会计分录、租赁前3年正常支付租金和摊销未确认融资费用的会计分录、第3年年末决定行使购买选择权并调整租赁负债的会计分录以及租赁最后2年摊销未确认融资费用的会计分录。

（1）租赁期开始日的会计分录：

租赁付款额=10 000×5=50 000（元）

租赁负债=10 000×（P/A，5%，5）=43 300（元）

未确认融资费用=50 000-43 300=6 700（元）

借：使用权资产 43 300

租赁负债——未确认融资费用 6 700

贷：租赁负债——租赁付款额 50 000

（2）甲公司租赁前3年支付租金、摊销未确认融资费用的会计分录：

甲公司各期应摊销的未确认融资费用金额见表4-2。

表 4-2 **未确认融资费用分摊表** 单位：元

租赁期	年租赁付款额	摊销的融资费用	租赁负债减少额	租赁负债余额
①	②	③=期初⑤×5%	④=②-③	期末⑤=期初⑤-④
期初				43 300
第1年	10 000	2 165	7 835	35 465
第2年	10 000	1 773	8 227	27 238
第3年	10 000	1 362	8 638	18 600
第4年	10 000	930	9 070	9 530
第5年	10 000	470	9 530	0
合计	50 000	6 700	43 300	—

根据表4-2，甲公司第1年年末至第3年年末应编制的会计分录如下：

①第1年年末的会计分录：

借：租赁负债——租赁付款额　10 000
　贷：银行存款　10 000
借：财务费用　2 165
　贷：租赁负债——未确认融资费用　2 165

②第2年年末的会计分录：

借：租赁负债——租赁付款额　10 000
　贷：银行存款　10 000
借：财务费用　1 773
　贷：租赁负债——未确认融资费用　1 773

③第3年年末的会计分录：

借：租赁负债——租赁付款额　10 000
　贷：银行存款　10 000
借：财务费用　1 362
　贷：租赁负债——未确认融资费用　1 362

（3）第3年年末甲公司决定行使购买选择权重新计量租赁负债的会计分录：

调整后租赁付款额=20 000+5 000=25 000（元）

租赁付款额变动额=25 000-20 000=5 000（元）

调整后租赁负债=10 000×（P/A，5.5%，2）+5 000×（P/F，5.5%，2）=22 960（元）

租赁负债变动额=22 960-18 600=4 360（元）

未确认融资费用变动额=5 000-4 360=640（元）

第3年年末调整租赁负债的会计分录如下：

借：使用权资产　4 360
　　租赁负债——未确认融资费用　640
　贷：租赁负债——租赁付款额　5 000

调整后未确认融资费用余额为2 040元（（6 700-2 165-1 773-1 362）+640），该金额应在租赁期的最后2年按5.5%的利率摊销。

（4）租赁期第4年年末和第5年年末支付租金、摊销未确认融资费用的会计分录：

①第4年年末的会计分录：

借：租赁负债——租赁付款额　10 000

　贷：银行存款　10 000

借：财务费用（22 960×5.5%）　1 263

　贷：租赁负债——未确认融资费用　1 263

②第5年年末的会计分录：

借：租赁负债——租赁付款额　10 000

　贷：银行存款　10 000

借：财务费用（2 040-1 263）　777

　贷：租赁负债——未确认融资费用　777

③租赁期届满购买租赁资产时的会计分录：

借：租赁负债——租赁付款额　5 000

　贷：银行存款　5 000

同时，甲公司应按会计准则的规定对购入设备进行初始和后续核算，会计分录略。

2.使用权资产的后续确认与计量

使用权资产在租赁期内的后续核算主要包括使用权资产的折旧和使用权资产的减值。除此之外，在租赁期内对租赁负债重新计量时，也会涉及使用权资产的调整。

使用权资产的折旧应根据《企业会计准则第4号——固定资产》的规定进行。通常，承租人应按直线法对使用权资产计提折旧，如果其他折旧方法更能够反映使用权资产预计经济利益的实现方式，应采用其他折旧方法。

在对使用权资产计提折旧时应注意：

（1）关于折旧年限：承租人能够合理确定租赁期届满时取得租赁资产使用权的，应在租赁资产剩余使用年限内计提折旧；承租人不能够合理确定租赁期届满时取得租赁资产使用权的，应在租赁期与租赁资产使用寿命两者孰短的期间内计提折旧。

（2）关于计提基础：应基于租赁期开始日使用权资产的账面价值计提；在租赁期内，使用权资产账面价值调整时，应根据调整后的账面价值计提折旧。

[例4-16] 使用权资产计提折旧。

资料： 沿用例4-15的资料。

要求： 编制甲公司计提折旧的会计分录。

分析：

（1）在租赁开始日，甲公司不能合理确定行使购买选择权，因此，折旧期限即为租赁期5年，每年计提的折旧额应为：43 300÷5=8 660（元）。

在租赁期第1年至第3年，会计分录应为：

借：制造费用　8 660

　贷：使用权资产累计折旧　8 660

（2）在租赁期第3年年末，甲公司决定行使购买选择权，这样在租赁期届满后，租赁设备的使用权将归甲公司所有，因此，甲公司应将折旧年限延长至7年，并应根据调整后的使用权资产账面价值计提折旧。

年折旧额=［（43 300－8 660×3）+4 360］÷4=5 420（元）

在租赁后第4年至第7年，会计分录应为：

借：制造费用　　5 420

　贷：使用权资产累计折旧　　5 420

二、承租人租赁合同变更的会计处理

租赁变更是指原合同条款之外的租赁范围、租赁对价、租赁期限的变更，主要包括增加或减少一项或多项租赁资产使用权、增加或缩减租赁范围、延长或缩短租赁期等。

承租人对于租赁合同的变更，主要有以下两种会计处理方法：

（一）作为单独租赁的处理

当租赁变更增加一项或多项租赁资产使用权而扩大了租赁范围或延长了租赁期限，且增加的对价与租赁范围扩大部分或延长租赁期限的单独对价基本相当，则合同变更应作为单独的合同处理。

例如，甲公司就某写字楼一层楼与乙公司签订了一项为期10年的租赁合同，在租赁的第3年，甲、乙公司就该租赁合同的变更达成协议，在原来一层楼的基础上，增加了一层楼。合同变更增加的租赁付款额基本上与当前市价（即扩租价格）相当，因此，甲公司应该将该租赁变更作为一项独立的租赁合同，单独进行会计处理。

（二）未作为单独租赁的处理

如果租赁变更不符合作为单独租赁处理的条件，可区分以下情形分别进行处理：

1.租赁变更导致租赁范围缩小或租赁期缩短的，承租人应首先按缩减比例分别调减使用权资产和租赁负债的账面价值，以反映租赁合同的部分终止，并将终止部分的相关利得或损失计入当期损益；然后根据变更后条款，重新计量租赁负债；再根据租赁负债的变动额，同时调整租赁负债和使用权资产的账面价值。

2.其他租赁变更的情况，承租人可直接根据变更条款重新计量租赁负债，并调整租赁负债和使用权资产的账面价值。

这里应注意的问题是，在计算变更后租赁付款额的现值时，承租人应当采用剩余租赁期间的租赁内含利率作为折现率；无法确定剩余租赁期间的租赁内含利率的，应当采用租赁变更日的增量借款利率作为折现率。

［例4-17］租赁合同变更——缩减租赁面积。

资料：承租人甲公司与出租人乙公司就5 000平方米的办公场所签订了10年期的租赁合同。年租赁付款额为100 000元，在每年年末支付。租赁期开始日，甲公司无法确定租赁内含利率，其增量借款利率为6%。在第6年年初，甲公司经营出现困难，和乙公司商量后决定对原租赁合同进行修改，将原租赁场所缩减至2 500平方米，修改后的年租赁付款额为60 000元。承租人在第6年年初的增量借款利率为5%。

要求：根据上述资料，进行合同变更日甲公司的会计处理。

分析：

在本例中，在租赁期开始日，租赁付款额为1 000 000元（100 000×10）；租赁负债和使用权资产的初始确认金额均为736 000元[1]［100 000×（P/A，6%，10）］。在租赁的第6年年初租赁合同变更日，租赁场所缩减至2 500平方米，年租赁付款额调减为60 000元，据此，承租人甲公司应做如下会计处理：

（1）按比例调减使用权资产和租赁负债的账面价值，步骤如下：

第一步：确认原使用权资产和租赁负债的账面余额。

使用权资产账面余额：368 000元（736 000×5÷10）；

租赁付款额账面余额：500 000元（1 000 000×5÷10）；

租赁负债账面余额：421 240元（100 000×（P/A，6%，5））；

未确认融资费用账面余额：78 760元（500 000-421 240）。

第二步：根据租赁面积缩减比例（50%）计算有关账户的调减金额。

使用权资产账户调减金额：184 000元（368 000×50%）；

租赁付款额账户调减金额：250 000元（500 000×50%）；

未确认融资费用账户调减金额：39 380元（78 760×50%）

第三步：编制调减使用权资产和租赁负债的会计分录：

借：租赁负债——租赁付款额	250 000	
贷：租赁负债——未确认融资费用		39 380
使用权资产		184 000
资产处置损益		26 620

经上述调整后，使用权资产账面价值为184 000元，租赁付款额账面价值为250 000元，未确认融资费用账面价值为39 380元，租赁负债账面价值为210 620元（250 000-39 380）。

（2）重新计量租赁负债，编制相关调整分录。

在第6年年初，甲公司应根据修订后的合同条款重新确认租赁付款额，并按新确定的增量借款利率（5%）折现，计算租赁负债，步骤如下：

第一步：计算变更后的租赁付款额。

变更后租赁付款额：300 000元（60 000×5）；

租赁付款额需调增：50 000元（300 000-250 000）；

租赁负债（租赁付款额现值）：259 770元（60 000×（P/A，5%，5））；

租赁负债应调增49 150元（259 770-210 620），使用权资产应同时调增49 150元；

未确认融资费用应调整：850元（50 000-49 150）。

第二步，编制调整分录。

借：使用权资产	49 150	
租赁负债——未确认融资费用	850	
贷：租赁负债——租赁付款额		50 000

［例4-18］租赁合同变更——延长租赁期。

资料：承租人甲公司与出租人乙公司就5 000平方米的办公场所签订了一项为期10年的租赁合同，年租赁付款额为100 000元，每年年末支付。甲公司无法确定租赁内含利

① 100 000×（P/A，6%，10）=736 010（元），为便于计算，本题中取736 000元。

率，在租赁期开始日的增量借款利率为6%。在第7年年初，甲公司和乙公司对租赁合同进行了修订，将租赁期延长4年，延期的年租赁付款额仍享受原来的价格，低于当时的市场水平。在合同变更日，剩余租赁期为8年。甲公司在合同变更日的增量借款利率为7%。

要求：根据上述资料，进行合同变更日甲公司的会计处理。

分析：

在本例中，甲公司于租赁的第7年年初延长了租赁期，延期租金仍享受原来的价格，未反映当时市价，因此，不能作为单独的租赁进行处理。

在租赁合同变更日，甲公司的会计处理步骤如下：

（1）计算合同变更后的租赁负债。

①合同变更前租赁负债账面余额：346 510元（100 000×（P/A，6%，4））；

②合同变更后，剩余租赁期为8年，年付款额为100 000元，折现率为7%，因此：

变更后租赁负债=100 000×（P/A，7%，8）=597 130（元）

③租赁负债增加250 620元（597 130−346 510），其中租赁付款额增加400 000元（100 000×4），未确认融资费用增加149 380元（400 000−250 620）；同时，使用权资产增加250 620元。

（2）编制租赁合同变更日的调整分录。

借：使用权资产　　250 620

　　租赁负债——未确认融资费用　　149 380

　贷：租赁负债——租赁付款额　　400 000

三、承租人简单租赁的会计处理

在本教材中，承租人简单租赁业务主要包括短期租赁和低价值资产租赁。当租赁合同属于短期租赁或低价值资产租赁时，会计准则允许进行简易会计处理，不必按一般租赁的会计处理方法确认使用权资产和租赁负债，直接将租赁付款额在租赁期内按直线法等方法分摊计入相关成本费用即可。

（一）短期租赁的处理

短期租赁，是指在租赁期开始日，租赁期不超过12个月的租赁。包含购买选择权的租赁不属于短期租赁。对于短期租赁，承租人可以按照租赁资产的类别，采用简化的会计处理方法。如果承租人对某类租赁资产作出了简化会计处理，则未来该类资产的短期租赁都应采用简化会计处理。某类租赁资产是指企业运营中具有类似性质和用途的一组租赁资产，比如某类集装箱车。

按照简化会计处理的短期租赁发生租赁变更或者其他原因导致租赁期发生变化的，承租人应当将其视为一项新租赁，重新按照上述原则判断，该类租赁是否选择简化会计处理方法。

（二）低价值资产租赁的处理

低价值资产租赁，是指单项租赁资产为全新资产时价值较低的租赁。作为低价值资产租赁，首先，应满足租赁合同的判断标准，即只有承租人能够从单独使用该资产或将其与承租人易于获得的其他资源一起使用中获利，且该项资产与其他租赁资产没有高度依赖或高度关联关系时，才能作为独立的租赁合同。其次，对于低价值资产租赁，根据现行租赁准则应用指南，单项租赁资产的单价通常应该低于人民币40 000元。

承租人在判断一项租赁是否为低价值资产租赁时，应基于租赁资产在全新状态下的价值进行评估。判断低价值资产租赁的标准应该是一个绝对金额，仅与资产全新状态下的绝对价值有关，不受承租人规模、性质等因素影响，也不必考虑该资产对于承租人或相关租赁交易的重要性。常见的低价值资产的例子包括平板电脑、普通办公家具、电话等小型资产。

对于低价值资产租赁，承租人可根据每项租赁的具体情况选择进行简化会计处理。但是，如果承租人已经或预期要把低价值资产进行转租赁，则不能选择对其进行简化会计处理。

［例4-19］低价值资产租赁的核算。

资料：承租人甲公司与出租人乙公司签订了一组资产租赁合同，包括：（1）IT设备，包括供员工个人使用的笔记本电脑、台式电脑、平板电脑、桌面打印机和手机等；（2）服务器及相关组件，其中相关组件根据承租人的需要应陆续添加到服务器中，以增加服务器存储容量；（3）办公家具，如桌椅和办公隔断等；（4）饮水机。

甲公司租赁的这些资产，除服务器之外，其他资产的绝对单价均低于40 000元。其中，笔记本电脑全新时的单独价格不超过人民币10 000元；台式电脑、平板电脑、桌面打印机和手机全新时的单独价格不超过人民币5 000元；普通办公家具的单独价格不超过人民币10 000元；饮水机的单独价格不超过人民币1 000元；服务器单个组件的单独价格不超过人民币10 000元。

要求：请分析资料中的租赁是否为低价值资产租赁。

分析：

在上述单价不超过40 000元的租赁资产中，除服务器组件之外，其他办公设备、办公家具、饮水机等都能够单独使承租人获益，且与其他租赁资产没有高度依赖或关联关系，因此，均符合低价值资产租赁的标准，可以作为低价值资产租赁，选择简易方法进行会计处理。但对于服务器组件，尽管它有单独售价且需要支付单独租金，但由于组件与服务器高度相关，承租人若不租赁服务器就不会租赁这些组件，因此，根据现行会计准则的规定，服务器组件的租赁不构成单独的租赁，应将其与服务器作为一项租赁业务，按一般租赁业务进行会计处理。

根据前面的阐述，可将承租人租赁业务的分类及相应的会计处理方法简单地进行归纳，如图4-3所示。

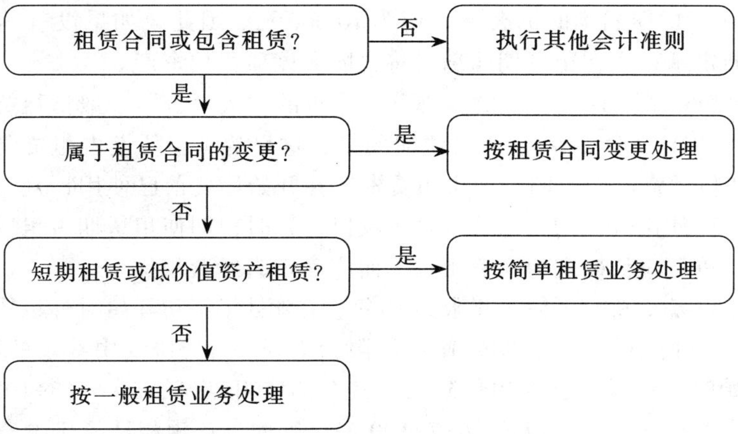

图4-3　承租人租赁业务分类示意图

第三节 出租人的会计处理

一、出租人租赁的分类及判断标准

根据我国《企业会计准则第21号——租赁》(2018)的规定，出租人的租赁业务可分为融资租赁和经营租赁两类。融资租赁是指出租人实质上将与租赁资产所有权相关的几乎全部风险和报酬转移给承租人的租赁。与租赁资产所有权有关的风险是指由于生产能力的闲置或工艺技术的陈旧可能造成的损失，以及由于某些情况变动可能造成的相关收入的减少；与租赁资产所有权有关的报酬是指在资产的有效使用年限内直接使用租赁资产而可能获取的经济利益，以及因资产升值或变卖余值可能实现的额外收入。

如果与租赁资产所有权有关的几乎全部风险和报酬实质上并未转移给承租人，那么这种租赁就应归类为经营租赁。经营租赁资产的所有权不会发生转移，在租赁期届满后，承租人有退租或续租的选择权，但不存在购买或无偿拥有租赁资产所有权的情况。

确认一项租赁是融资租赁还是经营租赁，应根据租赁业务的实质，即根据与租赁资产所有权有关的几乎全部风险和报酬是否转移来判断，而不能根据租赁合同的形式来判断。我国现行租赁准则规定，满足下列标准之一的，应将其确定为融资租赁；否则，应为经营租赁：

1.在租赁期届满时，租赁资产的所有权转移给承租人。此种情况通常是指租赁合同中已经约定，在租赁期届满时，租赁资产的所有权应由出租人转移给承租人；或者在租赁开始日，根据其他相关条件能够作出合理判断，在租赁期届满时，出租人会将租赁资产的所有权转移给承租人。

2.在租赁期届满时，承租人有购买租赁资产的选择权，并且所确定的购买价格预计将远低于行使选择权时租赁资产的公允价值，因而，在租赁开始日就可以合理确定承租人将会行使这种选择权。例如，某承租人和出租人签订了一项租赁协议，租赁期为3年，根据该协议的规定，在租赁期届满时，承租人有权以1 000元的价格购买该项租赁资产，而该项租赁资产预计租赁期届满时的公允价值为10 000元。因此，如果没有其他特殊情况出现，基本可以断定承租人在租赁期届满时将会购买该项租赁资产。

3.租赁期占租赁资产使用寿命的大部分。这里的“大部分”一般指租赁期占租赁资产使用寿命的75%以上（含75%）。需要说明的是，这里的“租赁期占租赁资产使用寿命的75%”是对全新租赁资产而言的，如果租赁资产在开始租赁前已使用，且已使用年限超过了该资产全新时可使用寿命的大部分（75%及以上）时，即使租赁期占租赁资产剩余使用寿命的大部分，也不应该确定为融资租赁，而应确定为经营租赁。

例如，某项设备全新时可使用年限为10年，在第4年年初开始对外租赁，在签订租赁协议时该资产已经使用了3年，剩余使用年限为7年，租赁协议中约定的租赁期为6年。由于在租赁开始时，该设备已使用年限只占其全部使用年限的30%（3÷10×100%），而租赁期占资产剩余使用年限的85.7%（6÷7×100%），因此，该项租赁属于融资租赁。假如该设备在开始出租时已经使用了8年，租赁期为2年，剩余使用年限为2年，尽管租赁期占该资产剩余使用年限的100%（2÷2×100%），也不能认定该租赁为融资租赁，只能认定为经营租赁。

这里需要注意的是，上面提及的75%的量化判断标准只是指导性的标准，企业在具体运用时，应根据现行租赁准则规定的相关条件进行综合判断。

4.出租人在租赁开始日的租赁收款额现值几乎相当于租赁开始日租赁资产的公允价值。这里的“几乎相当于”，一般应在90%以上（含90%）。例如，某出租人和承租人就某项设备签订了租赁合同，在租赁开始日，该设备的公允价值为100万元，租赁期为10年，年固定租金为15万元，租赁收款总额为150万元，假如该租赁收款额按一定折现率计算的现值超过90万元（100×90%），则可判断该项租赁属于融资租赁，否则，应为经营租赁。

需要指出的是，这里的90%的量化标准只是指导性的标准，企业在具体运用时，必须根据现行租赁准则规定的相关条件进行综合判断。

5.租赁资产性质特殊，如果不做较大调整，只有承租人才能使用。一般来讲，经营租赁和融资租赁在租赁过程中的主要区别是：在经营租赁方式下，出租方在购买租赁资产时，一般不会考虑个别承租人的特殊需要，而会根据大多数承租人的需求提供通用资产；但在融资租赁方式下，出租方在购买租赁资产时，可能会根据承租人的特殊需要，为其量身定做，即根据承租人对租赁资产的生产厂家、型号、规格等方面的特殊要求专门购买或建造租赁资产，因此，融资租赁的资产一般具有专供的性质，不做较大改动，其他企业通常难以使用，只有承租人才能使用。

另外，根据现行租赁准则的规定，如果租赁合同存在以下特征，通常也应分类为融资租赁：

1.如果承租人撤销租赁合同，应由承租人承担对出租人造成的一切损失。

2.租赁资产余值公允价值波动所产生的利得或损失完全归属于承租人。

3.在租赁期届满时，承租人有能力以远低于市场水平的租金继续租赁标的资产，因此，可以合理判断在租赁期届满时，承租人将会续租。

上述第一种情况和第二种情况都能说明承租人在实质上承担着与租赁资产所有权相关的几乎全部风险和报酬；上述第三种情况与承租人享有租赁期届满时的购买选择权的情况是类似的。

二、出租人融资租赁的会计处理

（一）融资租赁的初始确认与计量

融资租赁意味着租赁资产在租赁期开始日后，几乎全部风险和报酬已经由出租人转移给承租人，因此，出租人在租赁期开始日应终止确认融资租赁资产，同时确认由此形成的租赁投资总额、租赁投资净额及待摊租赁投资收益（即未实现融资收益）。融资租赁的初始确认与计量步骤如下：

1.确定租赁投资额总额

在租赁期开始日，出租人首先应根据租赁合同确认租赁投资总额。租赁投资总额为出租人租赁期开始日的租赁收款额和未担保余值之和，它代表融资租赁业务未来能够给出租人带来的经济利益总流入。

租赁收款额指出租人因出租资产使用权而应向承租人收取的全部款项，主要包括：①承租人应支付的固定付款额及实质固定付款额（扣除租赁激励金额）。②取决于指数或比率的可变租赁付款额；该金额在初始计量时，应根据租赁期开始日的指数或比率确定。③承租人可合理确定将行使购买选择权的行权价格。④承租人可合理确定将行使终止租赁选择权需支付的款项。⑤由承租人、承租人的关联方或独立的第三方向出租人提供的担保余值（即针对出租人的担保余值）。

通过上面的阐述可以看出，租赁收款额在金额上等于承租人租赁付款额和独立第三方提供的担保余值之和。就是说，在没有独立第三方对租赁资产余值提供担保的情况下，租赁收款额应该等于租赁付款额。

未担保余值是指租赁资产余值与针对出租人的担保余值的差额。该差额反映了租赁资产余值中没有被承租人和独立第三方担保、出租人无法保证能实现的部分。从理论上讲，未担保余值与固定资产的预计残值类似，代表着在租赁期届满时的经济利益流入，只是没有被担保。对于出租人来讲，不论是担保余值还是未担保余值，都属于出租人的资产，只是担保余值包含在租赁收款额中，而未担保余值作为一项独立的资产确认。

在租赁期开始日，出租人应将租赁投资总额（租赁收款额+未担保余值）确认为租赁形成的长期债权，分别记入“应收融资租赁款——租赁收款额”和“应收融资租赁款——未担保余值”科目的借方。

2.确定租赁投资净额和未实现融资收益

租赁投资净额有三种确定方法：（1）租赁投资净额等于租赁收款额现值与未担保余值现值之和；（2）租赁投资净额等于租赁期开始日租赁资产的公允价值与初始直接费用之和；（3）租赁投资净额等于租赁投资总额与未实现融资收益的差额。

在租赁期开始日，出租人通常是根据租赁资产的公允价值与初始直接费用计算确定租赁投资净额；然后根据租赁投资总额和租赁投资净额的差额确定未实现融资收益，其计算公式如下：

租赁投资净额=租赁资产的公允价值+初始直接费用

未实现融资收益=租赁投资总额-租赁投资净额

未实现融资收益确定后，应贷记“应收融资租赁款——未实现融资收益”科目，上述“应收融资租赁款”（租赁收款额+未担保余值）科目借方余额与“应收融资租赁款——未实现融资收益”科目贷方余额的差额，即为租赁投资净额。

3.编制租赁期开始日的会计分录

在租赁期开始日，对于融资租赁业务，出租人应根据上面的计算结果，一方面确认应收融资租赁款，另一方面终止确认融资租赁资产，并将融资租赁资产的公允价值与账面价值之间的差额记入“资产处置损益”科目。会计分录框架为：

借：应收融资租赁款——租赁收款额

　　　　　　　　　——未担保余值

　贷：融资租赁资产

　　　资产处置损益

　　　应收融资租赁款——未实现融资收益

　　　银行存款（支付的初始直接费用等）

［**例4-20**］出租人融资租赁的初始确认与计量。

资料：2×19年12月31日，甲公司从乙公司租入一台塑钢机，用于生产塑钢窗。为此，承租人甲公司与出租人乙公司签订了一项租赁合同。与合同相关的信息如下：

（1）租赁标的物：塑钢机。

（2）起租日：2×20年1月1日。

（3）租赁期：2×20年1月1日—2×25年12月31日，共6年。

（4）租金：自租赁期开始日每年年末固定支付160 000元。如果甲公司能在每年最后一天付款，则乙公司将给予10 000元的租金激励。根据甲公司的财务状况，可以合理确定其将会于每年12月31日前支付固定租金。

（5）关于基准利率的影响：在租赁期内，如果中国人民银行贷款基准利率调整，则租赁合同利率将作出同幅度、同方向调整，并将从调整的下一期开始按调整后金额收取固定租金。

（6）租赁期开始日塑钢机的公允价值为700 000元、账面价值为600 000元。

（7）签订合同过程中，乙公司支付了可归属于租赁合同的初始直接费用10 000元。

（8）租赁期届满时，甲公司享有优惠购买塑钢机的选择权，购买价为20 000元。估计租赁期届满时塑钢机的公允价值为80 000元。

（9）该塑钢机为全新塑钢机，预计使用寿命为7年。

（10）承租人有提前终止租赁合同的权利，但需支付剩余租赁期的全部租金。

本例不涉及担保余值和未担保余值，不考虑税金等其他相关因素的影响。

要求：判断租赁类型，编制出租人（乙公司）在租赁期开始日的会计分录。

分析：

根据题中资料，乙公司在租赁期开始日可按下面的步骤进行会计处理：

（1）判断租赁的类型。

在本例中，在租赁期届满时，甲公司可优惠购买租赁资产，购买价款为20 000元，远低于租赁期届满时租赁资产的公允价值80 000元，所以，在租赁开始日，可以合理确定甲公司在租赁期届满时将会行使这项购买选择权。另外，在本例中，塑钢机的租赁期限为6年，占租赁开始日塑钢机使用寿命（7年）的86%。根据这两种情况的任意一项，都可以确定该租赁应为融资租赁。

（2）确定租赁投资总额。

在本例中，影响租赁投资总额的因素如下：

①固定租金：根据合同规定，基于租赁期开始日基准利率确定的固定租金为160 000元/年，且甲公司每年可享有10 000元的租金激励，因此，每年的固定租金应为150 000元（160 000−10 000）。

②关于提前终止租赁合同选择权：在本例中，虽然承租人拥有提前终止租赁合同的选择权，但需支付剩余租赁期的全部租金，因此，承租人不可能行使这项选择权，无须考虑其对租赁收款额的影响。

③关于购买选择权：在本例中，承租人甲公司拥有在租赁期届满时购买塑钢机的选择权，由于行权价格远低于行权日预计租赁资产的公允价值，因此，可以合理判断，甲公司在租赁期届满时将会行使购买选择权，行权价格20 000元应计入租赁收款额。

基于以上分析，乙公司的租赁投资总额应为：

租赁收款额=固定租金+行权价格=（160 000−10 000）×6+20 000=920 000（元）

（3）确定租赁投资净额和未确认融资收益。

在本例中，塑钢机的公允价值为700 000元，初始直接费用为10 000元，因此：

租赁投资净额=700 000+10 000=710 000（元）

未确认融资收益=920 000−710 000=210 000（元）

（4）编制租赁期开始日的会计分录。

在租赁期开始日，出租人应确认租赁收款额920 000元、未实现融资收益210 000元，同时终止确认塑钢机资产，并将塑钢机公允价值与账面价值的差额100 000元（700 000−600 000）计入资产处置损益。会计分录如下：

借：应收融资租赁款——租赁收款额	920 000	
贷：融资租赁资产——塑钢机		600 000
资产处置损益——塑钢机		100 000
银行存款（初始直接费用）		10 000
应收融资租赁款——未实现融资收益		210 000

（二）融资租赁的后续确认与计量

出租人在融资租赁期间的主要业务包括一些常规业务，包括：按期收取租金；按期摊销未实现融资收益，确认租赁收入；租赁期届满时收回租赁资产等。除此之外，当租赁期内影响租赁收款额的因素发生变化从而影响租赁投资净额时，出租人还应对租赁投资净额重新计量并做相应的会计调整。

1. 租赁期内收回租金、确认租金收入

［例4−21］资料：沿用例4−20的资料。

要求：编制乙公司在2×20年1月1日至2×25年12月31日期间的未实现融资收益分摊表，并编制各期收款及未实现融资收益摊销的会计分录。

分析：

乙公司应于租赁期开始日计算租赁内含利率、编制未实现融资收益分摊表，并据以编制每期收款、确认租赁收入的会计分录。具体步骤及相应的会计处理如下：

（1）计算租赁期开始日的租赁内含利率：

在本例中，租赁期为6年；年固定租金为150 000元；租赁期届满购买价款为20 000元；租赁期开始日租赁投资净额为710 000元。假设租赁内含利率为r，则r应为使下面公式成立的折现率：

150 000×（P/A，r，6）+20 000×（P/F，r，6）=710 000（元）

根据上述等式，可在多次测试的基础上，用插入法计算租赁内含利率，计算过程如下：

第一步：首先以同期银行贷款利率（7%）测试。

当利率为7%时，现值为：

150 000×（P/A，7%，6）+20 000×（P/F，7%，6）

=150 000×4.767+20 000×0.666=715 050+13 320=728 370（元）>710 000元

第二步：因按7%折现时的金额大于710 000元，因此，实际利率应大于7%，继续选择8%测试。当利率为8%时，现值为：

150 000×（P/A，8%，6）+20 000×（P/F，8%，6）

=150 000×4.623+20 000×0.630=693 450+12 600=706 050（元）<710 000元

根据上面的测试结果，可以判断r应该位于7%~8%之间。

第三步：用插入法计算r。

根据上面的计算可知，利率与现值之间的对应关系见表4-3。

表4-3　**利率与现值之间的对应关系**　金额单位：元

利　率	现　值
7%	728 370
r	710 000
8%	706 050

根据表4-3，用插入法计算r。计算公式如下：

（7%-r）÷（7%-8%）=（728 370-710 000）÷（728 370-706 050）

通过计算，得知：r=7.82%

（2）编制未实现融资收益分摊表（见表4-4）。

表4-4　**未实现融资收益分摊表（实际利率法）**

2×20年1月1日　单位：元

日　期	租金	确认的融资收入	租赁投资净额减少额	租赁投资净额余额
①	②	③=期初⑤×7.82%	④=②-③	期末⑤=期初⑤-④
2×20年1月1日				710 000
2×20年12月31日	150 000	55 522	94 478	615 522
2×21年12月31日	150 000	48 134	101 866	513 656
2×22年12月31日	150 000	40 168	109 832	403 824
2×23年12月31日	150 000	31 579	118 421	285 403
2×24年12月31日	150 000	22 319	127 681	157 722
2×25年12月31日	150 000	12 278*	137 722	20 000
2×25年12月31日	20 000			
合计	920 000	210 000	710 000	

注：*12 278=150 000-（157 722-20 000）。

（3）根据表4-4编制相关的会计分录：

①2×20年12月31日

借：银行存款　150 000

　贷：应收融资租赁款——租赁收款额　150 000

借：应收融资租赁款——未实现融资收益　55 522

　贷：租赁收入　55 522

②2×21年12月31日

借：银行存款　150 000

　贷：应收融资租赁款——租赁收款额　150 000

借：应收融资租赁款——未实现融资收益 48 134

贷：租赁收入 48 134

③2×22年12月31日

借：银行存款 150 000

贷：应收融资租赁款——租赁收款额 150 000

借：应收融资租赁款——未实现融资收益 40 168

贷：租赁收入 40 168

④2×23年12月31日

借：银行存款 150 000

贷：应收融资租赁款——租赁收款额 150 000

借：应收融资租赁款——未实现融资收益 31 579

贷：租赁收入 31 579

⑤2×24年12月31日

借：银行存款 150 000

贷：应收融资租赁款——租赁收款额 150 000

借：应收融资租赁款——未实现融资收益 22 319

贷：租赁收入 22 319

⑥2×25年12月31日

借：银行存款 150 000

贷：应收融资租赁款——租赁收款额 150 000

借：应收融资租赁款——未实现融资收益 12 278

贷：租赁收入 12 278

2.租赁期届满时的会计处理

在租赁期届满时，对于融资租赁资产，通常有三种处置方法：承租人续租资产、留购资产或退回资产（即出租人收回资产）。

（1）出租人收回租赁资产时的处理

当租赁期届满出租人收回租赁资产时，可区分以下情况处理：

①资产余值全部担保的情况

在对资产余值全部担保的情况下，租赁资产只存在担保余值，不存在未担保余值。因此，出租人在收到承租人返还的租赁资产时，应按担保余值金额，借记“融资租赁资产”科目，贷记“应收融资租赁款——租赁收款额”科目。如果收回的租赁资产价值低于其担保余值，则担保人必须承担相应的损失，出租人对于应向担保人收取的相应补偿金，借记“其他应收款”科目，贷记“营业外收入”科目。

②资产余值部分担保的情况

在对租赁资产余值部分担保的情况下，租赁资产既存在担保余值，也存在未担保余值，因此，出租人在收到承租人返还的租赁资产时，应按担保余值及未担保余值的金额，借记“融资租赁资产”科目，贷记“应收融资租赁款——租赁收款额”“应收融资租赁款——未担保余值”科目。如果收回租赁资产的价值扣除未担保余值后的余额低于担保余值，则担保人必须承担相应的损失，出租人对于应向担保人收取的相应补偿金，借记

“其他应收款”科目，贷记“营业外收入”科目。

③资产余值全部未担保的情况

在对租赁资产余值全部未担保的情况下，租赁资产不存在担保余值，只存在未担保余值。因此，出租人在收到承租人返还的租赁资产时，应按未担保余值的金额，借记“融资租赁资产”科目，贷记“应收融资租赁款——未担保余值”科目。

④担保余值和未担保余值均不存在的情况

对于出租人收到承租人返还的租赁资产，如果既不存在担保余值，也不存在未担保余值，则出租人无须进行任何账务处理，只需做相应的备查登记。

2.承租人优惠续租资产时

如果在租赁期届满时，承租人按照租赁合同的约定行使了优惠续租选择权，则出租人应根据续租的具体情况，对续租业务进行相关的会计处理。

3.承租人留购租赁资产时

在租赁期届满时，如果承租人行使了优惠购买租赁资产的选择权，则出租人应按收到的购买价款，借记“银行存款”等科目，贷记“应收融资租赁款——租赁收款额”科目。

[例4-22] 出租人租赁期届满时的会计处理。

资料：沿用例4-20的资料，并假设于2×25年12月31日租赁期届满时，甲公司行使了优惠购买租赁资产的选择权，乙公司收到租赁资产的购买价款20 000元。

要求：编制租赁期届满时乙公司的会计分录。

分析：

租赁期届满时，乙公司“应收融资租赁款——租赁收款额”科目余额20 000元，为租赁期届满时承租人购买租赁资产时应支付的价款。乙公司应于租赁期届满收到购买价款时，编制如下会计分录：

借：银行存款　　20 000

　贷：应收融资租赁款——租赁收款额　　20 000

4.租赁期内因相关因素变化对租赁投资净额的调整

当基于指数或比率的可变租金、未担保余值等影响租赁投资净额的因素发生变化时，出租人应重新确定租赁收款额和租赁内含利率，并相应调整租赁投资净额（包括租赁收款额、未担保余值和未实现融资收益）的账面价值。

[例4-23] 因未担保余值变动对租赁投资净额的调整。

资料：沿用例4-21的资料，并假设在租赁开始日不存在购买选择权，但有1 100元的未担保余值；再假设2×22年12月31日，未担保余值发生了500元的减值损失。其余资料保持不变。

要求：计算乙公司租赁期开始日和2×22年年末的租赁内含利率，并编制相关会计分录。

分析：

在本例中，在租赁期开始日，乙公司租出资产的未担保余值为1 100元，承租人没有购买选择权，因此，租赁投资总额变为901 100元（租赁收款额900 000+未担保余值1 100）；租赁投资净额仍为710 000元；未实现融资收益变为191 100元（901 100−710 000）。

基于以上分析，乙公司应进行的相关会计处理如下：

（1）租赁期开始日确认应收融资租赁款时：

借：应收融资租赁款——租赁收款额　　900 000

——未担保余值　　1 100

贷：银行存款（初始直接费用）　　10 000

融资租赁资产——塑钢机　　600 000

资产处置损益——塑钢机　　100 000

应收融资租赁款——未实现融资收益　　191 100

（2）租赁期开始日，计算租赁内含利率，编制未实现融资收益分摊表。

在租赁期开始日，租赁内含利率应按下面的公式计算：

150 000×（P/A，r，6）+1 100×（P/F，r，6）=710 000（元）

经计算：r=7.27%

由此，乙公司应在租赁期开始日编制如下未实现融资收益分摊表（见表4-5）。

表 4-5　　未实现融资收益分摊表（实际利率法）

2×20 年 1 月 1 日　　单位：元

日　期	固定租金	确认的融资收入	租赁投资净额减少额	租赁投资净额余额
①	②	③=期初⑤×7.27%	④=②-③	期末⑤=期初⑤-④
2×20年1月1日				710 000
2×20年12月31日	150 000	51 617	98 383	611 617
2×21年12月31日	150 000	44 464.56	105 535.44	506 081.56
2×22年12月31日	150 000	36 792.13	113 207.87	392 873.69
2×23年12月31日	150 000	28 561.92	121 438.08	271 435.61
2×24年12月31日	150 000	19 733.37	130 266.63	141 168.98
2×25年12月31日	150 000	9 931.02*	140 068.98**	1 100
合计	900 000	191 100	708 900	

注：*9 931.02=150 000-140 068.98；**140 068.98=141 168.98-1 100。

（3）2×22年12月31日，计算租赁内含利率，编制相关会计分录：

2×22年年末，未担保余值减值500元，因此，应根据下面的公式重新计算租赁内含利率：

150 000×（P/A，r，3）+600×（P/F，r，3）=392 873.69（元）

计算得知：r=7.19%

根据新租赁内含利率，乙公司应编制新的未实现融资收益分摊表，见表4-6。

表 4-6　　未实现融资收益分摊表（实际利率法）

2×22 年 12 月 31 日　　单位：元

日　期	固定租金	确认的融资收入	租赁投资净额减少额	租赁投资净额余额
①	②	③=期初⑤×7.19%	④=②-③	期末⑤=期初⑤-④
2×22年12月31日				392 873.69
2×23年12月31日	150 000	28 247.62	121 752.38	271 121.31
2×24年12月31日	150 000	19 493.62	130 506.38	140 614.93
2×25年12月31日	150 000	9 985.07*	140 014.93**	600
合计	450 000	57 726.31	392 273.69	—

注：*9 985.07=150 000-140 014.93；**140 014.93=140 614.93-600。

在2×22年年末，乙公司应根据未担保余值的减值金额，编制以下会计分录：

借：应收融资租赁款——未实现融资收益　500

　贷：应收融资租赁款——未担保余值　500

（三）出租人融资租赁变更的处理

出租人融资租赁变更的会计处理与承租人租赁变更的会计处理类似，也分为单独处理和不能单独处理两种情况。其中单独处理的会计处理方法与承租人的规定大同小异，而不能够单独处理的情况则有所不同，下面主要阐述出租人融资租赁变更不能单独处理的情况。

如果出租人融资租赁变更不满足单独处理的条件，应按下面的步骤处理：

1.假定租赁变更发生在租赁开始日，据此重新判断出租人是否应改变租赁合同在租赁开始日的分类。

2.根据上述判断结果，分以下情况进行处理：

（1）变更导致租赁重分类的情况。

如果合同变更导致原融资租赁重新分类为经营租赁，出租人应按租赁变更日租赁投资净额，重新确认固定资产，冲减应收融资租赁款账面价值，并在之后的经营租赁期间，按照经营租赁的有关规定进行会计处理。其会计分录为：

借：固定资产

　　应收融资租赁款——未实现融资收益

　贷：应收融资租赁款——租赁收款额

（2）变更没有导致租赁重分类的情况。

如果合同变更没有导致租赁的重分类，则出租人应在租赁合同变更日，重新计算应收融资租赁款，并将其与原账面价值之间的差额计入当期损益（租赁收入）。

[例4-24] 融资租赁合同的变更：重分类的情况。

资料：2×17年1月1日，承租人甲公司就A设备与出租人乙公司签订了一项为期5年的租赁合同，从2×17年1月1日起至2×21年12月31日止。该租赁合同在租赁开始日被分类为融资租赁。合同规定，每年年末甲公司应向乙公司支付租金10 000元，租赁期开始日A设备的公允价值为37 908元，未确认融资收益为12 092元，租赁内含利率为10%。

在租赁第2年年初，甲公司和乙公司经协商同意对租赁合同作出修改。修改后，租赁期变为3年，从2×17年1月1日起至2×19年12月31日止，3年内的租金总额为33 000元。因第1年已经支付租金10 000元，因此，后2年租金为11 500元/年。

要求：编制租赁合同变更日出租人乙公司相关的会计分录（为便于计算，本例所涉及的计算均四舍五入取整数）。

分析：

在本例中，如果租赁合同变更发生在租赁开始日（2×17年1月1日），则该租赁合同不符合融资租赁条件，乙公司应将该租赁分类为经营租赁。因此，此例中的租赁合同变更导致了租赁的重分类。由此，乙公司应做如下会计处理：

（1）确定变更前有关账户的账面余额：

租赁收款额=50 000−10 000=40 000（元）

未确认融资收益=12 092−37 908×10%=8 301（元）

租赁投资净额=40 000−8 301=31 699（元）

（2）根据上述计算结果，编制如下会计分录：

借：固定资产　31 699

　　应收融资租赁款——未确认融资收益　8 301

　贷：应收融资租赁款——租赁收款额　40 000

在2×18年和2×19年，乙公司应按经营租赁的规定进行会计处理。

［例4-25］融资租赁合同的变更：未重分类的情况。

资料：沿用例4-24的资料。假设合同只修改了租金，租赁期没有发生变化。修改后，从2×18年开始，每年租金变为9 500元，租金总额从原来的50 000元变更为48 000元。假设折现率在合同变更前后均为10%。

要求：编制租赁合同变更日出租人乙公司相关的会计分录（为便于计算，本例所涉及的计算均四舍五入取整数）。

分析：

在本例中，如果租赁合同变更发生在租赁开始日，则乙公司仍会将该租赁分类为融资租赁。因此，变更未导致租赁重分类。据此，乙公司应进行如下会计处理：

（1）计算租赁变更日应收融资租赁款的变动：

原账面租赁收款额=10 000×4=40 000（元）

变更后租赁收款额=9 500×4=38 000（元）

租赁收款额变动=38 000−40 000=−2 000（元）

原账面租赁投资净额=37 908−（10 000−37 908×10%）=31 699（元）

变更后租赁投资净额=9 500×（P/A，10%，4）=30 114（元）

租赁投资净额变动额=30 114−31 699=−1 585（元）

未确认融资收益变动额=−2 000−（−1 585）=−415（元）

（2）根据以上计算结果，编制如下会计分录：

借：租赁收入　1 585

　　应收融资租赁款——未确认融资收益　415

　贷：应收融资租赁款——租赁收款额　2 000

三、出租人经营租赁的会计处理

出租人经营租赁资产的所有权没有发生改变，仍然作为自有资产核算，收取的租金可直接或分摊计入当期损益，会计处理比较简单。出租人对于经营租赁，应注意把握以下几条原则：

1.由于出租人用于经营租赁的固定资产产权并没有发生变化，仍属于出租人自有的固定资产，因此，在会计上仍作为自有资产核算，在租赁期内正常计提折旧和资产减值损失，具体的会计处理方法可比照类似资产。

2.出租人对于经营租赁的租金，应在租赁期内按照直线法摊销计入当期收益。在摊销时，如果其他方法更为系统合理，也可以采用其他方法核算。

3.出租人对承租人提供免租期的，应将租金总额在不扣除免租期的整个租赁期内，按直线法或其他合理方法进行分配，即免租期内也应该确认租金收入。

4.出租人发生的初始直接费用应当资本化计入租赁标的资产成本，在租赁期内按照与租金收入相同的确认基础分期计入当期损益。

5.如果出租人经营租赁的租金与指数或比率挂钩，应在租赁期开始日考虑并计入租赁收款额，除此之外的变动均应计入当期损益。

6.经营租赁发生变更的，出租人应自变更生效日开始，将其作为一项新的租赁进行会计处理，对于变更前的预收或应收租金可按变更后条款进行调整。

第四节　特殊租赁的会计处理

前面阐述了承租人和出租人直接租赁业务的会计处理方法，本节将继续阐述几种特殊租赁业务的会计处理方法，包括生产商或经销商租赁、售后租回和转租赁。

一、生产商或经销商融资租赁的处理

生产商或经销商通常会为客户提供购买或租赁其产品或商品的选择，这类租赁业务通常属于融资租赁。当生产商或经销商提供融资租赁业务时，其收益应来自两个方面：一是销售产品或商品取得的营业收入；二是提供融资租赁服务取得的租金收入。因此，生产商或经销商从事融资租赁业务时，既要按融资租赁的要求确认租赁投资净额和租赁收入，还要按商品交易的要求确认营业收入并结转营业成本。

生产商或经销商（以下简称出租企业）融资租赁业务会计处理要点如下：

（一）租赁期开始日的确认与计量

1.确认租赁收款额和营业收入。

根据现行租赁准则的规定，在租赁期开始日，出租企业应按确定的租赁收款额，借记“应收融资租赁款——租赁收款额”科目，按租赁收款额现值和资产公允价值的两者之间较低者，贷记“营业收入”科目，两者之间的差额记入“应收融资租赁款——未实现融资收益”科目。在这里，营业收入代表着出租企业的融资租赁标的资产的公允价值。

2.确认未担保余值，结转营业成本。

根据现行租赁准则的规定，在租赁期开始日，出租企业在结转营业成本时，应考虑租赁期届满时的未担保余值。如果租赁资产存在未担保余值，应按未担保余值的金额，借记“未担保余值”科目；按资产账面价值和未担保余值现值的差额，借记“营业成本”科目；按资产账面价值贷记“库存商品”等科目，借贷双方的差额也记入“应收融资租赁款——未实现融资收益”科目。

3.初始直接费用的处理。

与直接租赁出租人初始直接费用的处理不同，根据现行租赁准则的规定，出租企业发生的初始直接费用应直接计入当期损益。在租赁期开始日，出租企业应按支付的初始直接费用，借记“销售费用”科目，贷记“银行存款”科目。

这里应注意的是，由于出租企业将初始直接费用计入销售费用，意味着租赁投资净额只包括租赁标的资产的公允价值，不包含初始直接费用。也就是说，初始直接费用不参与出租企业租赁内含利率的计算。

（二）租赁期内的确认与计量

出租企业在租赁期内的会计处理主要包括摊销未实现融资收益、收取租金和在租赁期届满时的会计处理：

1.摊销未实现融资收益。

在租赁期内，出租企业应比照直接租赁的方法摊销未实现融资收益，确认租赁收入，借记“应收融资租赁款——未实现融资收益”科目，贷记“租赁收入”科目。

2.收取租金。

在租赁期内，出租企业收到租金时，应借记“银行存款”科目，贷记“应收融资租赁款——租赁收款额”科目。

3.在租赁期届满时，可比照直接租赁进行相应的会计处理。

[例4-26] 生产商融资租赁：按租赁收款额现值确认营业收入的情况。

资料：甲公司是一家设备生产企业。2×19年年初，甲公司向乙公司以融资租赁的方式出租一台其生产的A设备，合同主要条款如下：

（1）租赁标的物：A设备。

（2）租赁期：2×19年1月1日—2×25年12月31日，共7年。

（3）租金支付：自租赁期开始日，每年年末支付固定租金475 000元。

（4）甲公司选择市场利率6%为租赁期开始日的折现率。

（5）A设备公允价值为2 700 000元、账面价值为2 000 000元。

（6）甲公司发生的初始直接费用为5 000元，以银行存款支付。

（7）A设备预计使用寿命为7年，预计资产余值为72 800元，资产余值均未被担保。

（8）租赁期届满后，甲公司收回A设备，并以72 800元的价格将其出售。假设不考虑其他相关因素的影响（为便于计算，在本例中，对现值的计算忽略十位数及以下）。

要求：根据上述资料，编制与生产商甲公司相关的会计分录。

分析：

（1）租赁期开始日的会计处理

①确定租赁收款额和营业收入：

租赁收款额=475 000×7=3 325 000（元）

租赁收款额现值=475 000×（P/A，6%，7）=2 651 600（元）

因A设备的公允价值为2 700 000元，大于租赁收款额现值2 651 600元，因此，租赁期开始日，A设备应确认的营业收入为2 651 600元，因此：

未实现融资收益=3 325 000-2 651 600=673 400（元）

②确定未担保余值和营业成本：

未担保余值=72 800元

未担保余值现值=72 800×（P/F，6%，7）=48 400（元）

营业成本=2 000 000-48 400=1 951 600（元）

未实现融资收益=1 951 600+72 800-2 000 000=24 400（元）

③编制租赁期开始日的会计分录：

借：应收融资租赁款——租赁收款额　　　3 325 000

贷：营业收入　2 651 600

应收融资租赁款——未实现融资收益　673 400

借：营业成本　1 951 600

应收融资租赁款——未担保余值　72 800

贷：库存商品——A设备　2 000 000

应收融资租赁款——未实现融资收益　24 400

借：销售费用　5 000

贷：银行存款　5 000

在本例中，租赁收款额为3 325 000元；未担保余值为72 800元；未实现融资收益为697 800元（673 400+24 400），因此，租赁投资净额为2 700 000元（3 325 000+72 800−697 800），与A设备的公允价值相等（初始直接费用计入了当期损益）。

（2）租赁期内的会计处理

甲公司应在租赁期开始日编制未实现融资收益分摊表，因营业收入为租赁收款额现值（折现率为6%），因此，未实现融资收益应按6%摊销，见表4-7。

表4-7　未实现融资收益分摊表　单位：元

日期	租赁收款额	确认的融资收入	应收租赁款减少额	应收租赁款净额
①	②	③=期初⑤×6%	④=②−③	期末⑤=期初⑤−④
2×19年1月1日				2 700 000
2×19年12月31日	475 000	162 000	313 000	2 387 000
2×20年12月31日	475 000	143 220	331 780	2 055 220
2×21年12月31日	475 000	123 313	351 687	1 703 533
2×22年12月31日	475 000	102 212	372 788	1 330 745
2×23年12月31日	475 000	79 845	395 155	935 590
2×24年12月31日	475 000	56 135	418 865	516 725
2×25年12月31日	475 000	31 075*	443 925**	72 800
合计	3 325 000	697 800		

注：*31 075=475 000−443 925；**443 925=516 725−72 800。

在2×19年至2×25年租赁期间，甲公司应根据表4-7摊销未实现融资收益，确认租金收入，同时确认收到的租金。2×19年的会计分录如下：

①摊销未实现融资收益时：

借：应收融资租赁款——未实现融资收益　162 000

贷：租赁收入　162 000

②收取租金时：

借：银行存款　475 000

贷：应收融资租赁款——租赁收款额　475 000

其他各期的会计分录略。

（3）租赁期届满时的会计处理

①摊销未实现融资收益时：

借：应收融资租赁款——未实现融资收益　　31 075

　贷：租赁收入　　31 075

②收取租金时：

借：银行存款　　475 000

　贷：应收融资租赁款——租赁收款额　　475 000

③收回租赁资产时：

借：融资租赁资产　　72 800

　贷：应收融资租赁款——未担保余值　　72 800

④处置租赁资产时：

借：银行存款　　72 800

　贷：融资租赁资产　　72 800

［例4-27］生产商融资租赁：按公允价值确认营业收入的情况。

资料：沿用例4-26的资料，并假设租赁期为3年，自2×19年1月1日起至2×21年12月31日止；固定租金为1 000 000元/年；折现利率为5%；A设备预计使用寿命为8年，无残值，租赁期届满时，乙公司可以100元购买该设备，预计该设备租赁期届满时的公允价值不低于150 000元。乙公司提供担保余值150 000元。假设不考虑其他因素的影响。

要求：根据上述资料，编制与生产商甲公司相关的会计分录。

分析：

（1）租赁期开始日的会计处理

①确认租赁收款额和营业收入。

租赁收款额=1 000 000×3+100=3 000 100（元）

租赁收款额现值=1 000 000×（P/A，5%，3）+100×（P/F，5%，3）=2 723 286（元）

因A设备的公允价值为2 700 000元，小于租赁收款额现值2 723 286元，因此，租赁期开始日，A设备应确认的营业收入为2 700 000元。

②确定营业成本。

因本例无未担保余值，因此：

营业成本=2 000 000元

③编制租赁期开始日的会计分录：

借：应收融资租赁款——租赁收款额　　3 000 100

　贷：营业收入　　2 700 000

　　应收融资租赁款——未实现融资收益　　300 100

借：营业成本　　2 000 000

　贷：库存商品　　2 000 000

借：销售费用　　5 000

　贷：银行存款　　5 000

（2）租赁期内的会计处理

在本例中，因标的资产营业收入不是租赁收款额现值，而是其公允价值2 700 000元，因此，应按下面公式重新计算未实现融资收益的摊销率（即租赁内含利率），假设租赁内含利率为r，则：

1 000 000×（P/A，r，3）+100×（P/F，r，3）=2 700 000（元）

计算得：r=5.46%

甲公司在租赁期开始日应基于5.46%的摊销率，编制未实现融资收益分摊表（见表4-8，本表四舍五入，保留整数）。

表 4-8 未实现融资收益分摊表 单位：元

日期	租赁收款额	确认的融资收益	应收租赁款减少额	应收租赁款净额
①	②	③=期初⑤×5.46%	④=②-③	期末⑤=期初⑤-④
2×19年1月1日				2 700 000
2×19年12月31日	1 000 000	147 720	852 580	1 847 420
2×20年12月31日	1 000 000	100 869	899 131	948 289
2×21年12月31日	1 000 000	51 811*	948 189**	100
合计	3 000 100	300 100		

注：*51 811=1 000 000-948 189；**948 189=948 289-100。

在2×19年至2×21年租赁期间，甲公司应根据表4-8摊销未实现融资收益，确认租金收入，同时确认收到的租金。2×19年的会计分录如下：

①摊销未实现融资收益时：

借：应收融资租赁款——未实现融资收益 147 720

　贷：租赁收入 147 720

②收取租金时：

借：银行存款 1 000 000

　贷：应收融资租赁款——租赁收款额 1 000 000

2×20年和2×21年的会计分录略。

（3）租赁期届满收到购买价款时的会计处理

借：银行存款 100

　贷：应收融资租赁款——租赁收款额 100

二、售后租回的会计处理

若资产的销售方将资产转让给买方，同时从买方租回该项资产，则该业务属于售后租回业务，应按现行租赁准则关于售后租回交易的规定进行会计处理。其中销售方就是承租人，买方就是出租人。

这里应注意的是，在标的资产由卖方（承租人）转移给买方（出租人）之前，卖方（承租人）应已经取得该标的资产的法定所有权，如果卖方（承租人）未能在标的资产转移前取得对标的资产的控制，则该交易不属于售后租回交易。

对于售后租回交易，卖方（承租人）首先应当按照《企业会计准则第14号——收入》（2017）的规定，评估确定售后租回交易中的资产转让是否属于销售行为，并分以下情况进行会计处理：

（一）售后租回中的资产转让属于销售的情况

对于售后租回中的资产转让属于销售的情况，卖方（承租人）应按资产原账面价值中与租回使用权有关的部分，计量售后租回所形成的使用权资产，并仅就转让至买方（出租人）的权利确认相关利得或损失。

买方（出租人）应根据《企业会计准则第4号——固定资产》等会计准则的规定对购进资产进行会计处理，并根据新租赁准则的规定对出租资产进行会计处理。

在售后租回中的资产转让属于销售的情况下，还应该注意对销售对价与资产的公允价值不同情况的处理：

1.若销售对价低于资产公允价值，应将其差额作为预付租金进行会计处理；

2.若销售对价高于资产公允价值，应将其差额作为额外融资进行会计处理。

（二）售后租回中的资产转让不属于销售的情况

当售后租回交易中的资产转让不属于销售时，卖方（承租人）不能终止确认所转让的资产，而应当将收到的现金作为金融负债，并按照《企业会计准则第22号——金融工具确认和计量》（2017）进行会计处理。买方（出租人）不能确认取得的资产，而应当将支付的现金作为金融资产，并按照《企业会计准则第22号——金融工具确认和计量》（2017）进行会计处理。

[例4-28] 售后租回：额外融资的情况。

资料：甲公司拥有一幢B建筑物，账面原值为2 400万元，累计折旧为400万元，账面净值为2 000万元，公允价值为3 600万元，剩余使用年限为40年。2×19年1月1日，甲公司以4 000万元的价格将B建筑物出售给乙公司。与此同时，甲公司与乙公司签订了租赁B建筑物的合同，取得了B建筑物18年的使用权，合同规定的付款额为240万元/年，于租赁期内每年年末支付。假设甲、乙公司均使用4.5%的内含利率作为折现率，不考虑初始直接费用和其他各项税费因素的影响。

要求：分析该业务类型，编制租赁期开始日与甲公司相关的会计分录。

分析：

1.甲公司（出售方/承租人）的会计处理

在本例中，甲公司转让了其拥有的B建筑物，同时又将其租回，取得了B建筑物18年的使用权，属于售后租回业务。在出售日，B建筑物的公允价值为3 600万元，售价为4 000万元，售价高于其公允价值，因此，属于额外融资售后租回的情况，额外融资金额为400万元（4 000−3 600）。

据此，甲公司应按下面步骤对额外融资售后租回业务进行会计处理：

（1）计算租赁付款额

在本例中，年合同付款额为240万元，18年合同付款总额为4 320万元（240×18），其中包括了借款本金400万元、借款期限18年的额外融资未来应偿付的金额和租赁B建筑物18年未来应支付的租赁付款额。

在租赁期开始日，甲公司应根据题中资料，首先计算如下指标：

A.合同付款总额现值=2 400 000×（P/A，4.5%，18）=29 183 980（元）

B.租赁付款额现值=合同付款总额现值−额外融资金额

=29 183 980−4 000 000=25 183 980（元）

C.年额外融资付款额=额外融资金额÷合同付款总额现值×年合同付款额

=4 000 000÷29 183 980×2 400 000=328 948（元）

D.年租赁付款额=年合同付款额-年额外融资付款额

=2 400 000-328 948=2 071 052（元）

E.租赁付款额=年租赁付款额×租赁期

=2 071 052×18=37 278 936（元）

（2）计算使用权资产入账价值

在租赁期开始日，B建筑物账面价值为20 000 000元，公允价值为36 000 000元，甲公司租回18年使用权的租赁付款额现值为25 183 980元，据此，可基于建筑物账面价值、按租赁付款额现值占建筑物公允价值的比例，计算租回资产使用权的入账价值：

F.使用权资产=B建筑物账面价值×（租赁付款额现值÷B建筑物公允价值）

=20 000 000×（25 183 980÷36 000 000）=13 991 100（元）

（3）计算B建筑物资产处置损益

G.售后租回该建筑物的全部利得=36 000 000-20 000 000=16 000 000（元）

该利得包括处置B建筑物的利得和与租回建筑物有关的利得（源于租赁付款额按现值入账，而使用权资产按账面价值入账），其中与租回建筑物相关的利得可基于租赁付款额现值占建筑物公允价值的比例计算；全部利得扣除与租回建筑物相关的利得的剩余部分，即为处置B建筑物的利得。具体计算如下：

H.与租回建筑物相关的利得=16 000 000×（25 183 980÷36 000 000）=11 192 880（元）

由于与租回建筑物相关的利得源于租赁付款额按现值入账，而使用权资产按账面价值入账，因此，也可以按照下面的公式计算：

租赁付款额现值-使用权资产=25 183 980-13 991 100=11 192 880（元）

I.与转让资产相关的利得=16 000 000-11 192 880=4 807 120（元）

（4）编制租赁期开始日的会计分录

①对于取得的额外融资

借：银行存款	4 000 000	
贷：长期应付款——额外融资		4 000 000

②对租赁业务的初始确认

借：银行存款	36 000 000	
使用权资产	13 991 100	
固定资产——累计折旧	4 000 000	
租赁负债——未确认融资费用	12 094 956	
贷：固定资产——原值		24 000 000
租赁负债——租赁付款额		37 278 936
资产处置损益		4 807 120

③对于该租赁业务的后续核算（以租赁第1年年末为例）

A.偿还合同付款额时

借：长期应付款——额外融资	328 948	
租赁负债——租赁付款额	2 071 052	
贷：银行存款		2 400 000

B.确认额外融资利息费用时

借：财务费用（4 000 000×4.5%） 180 000

　贷：长期应付款——额外融资 180 000

C.摊销未确认融资费用时

借：财务费用（25 183 980×4.5%） 1 133 279

　贷：租赁负债——未确认融资费用 1 133 279

2.乙公司（购买方/出租人）的会计处理

根据题中资料，乙公司应将购入并出租的B建筑物分类为经营租赁，因此，会计分录如下：

（1）在租赁期开始日

借：固定资产——B建筑物 36 000 000

　　长期应收款 4 000 000

　贷：银行存款 40 000 000

（2）对租赁业务后续核算时（以租赁后第1年为例）

借：银行存款 2 400 000

　贷：租赁收入 2 071 052

　　　利息收入 180 000

　　　长期应收款——额外融资 148 948

三、转租赁的会计处理

在转租的情况下，原租赁合同中的承租人既是原租赁合同的承租人，也是转租赁合同的出租人（即转租人）。因为原租赁合同和转租赁合同是两个不同的合同，因此，转租人应根据新租赁准则的要求，分别从承租人和出租人的角度，对原租赁合同和转租赁合同进行会计处理。

转租人在对转租赁进行会计处理时，应首先按照CAS21（2018）对出租人会计处理的要求对转租赁进行分类。在分类时，应注意基于原租赁中的使用权资产，而不是租赁资产本身（如作为租赁对象的不动产或设备）进行分类。这里应注意的是，如果原租赁为短期租赁，且转租人作为承租人已按简化的会计处理方法进行了会计处理，则应将该转租赁分类为经营租赁。

对于转租赁形成融资租赁的，转租人应终止确认原使用权资产，但应继续确认原租赁负债；同时还应确认租赁投资净额。对于转租赁形成经营租赁的，转租人应继续核算原使用权资产和租赁负债，并在租赁期内按经营租赁的会计处理方法确认租金收入。

[例4-29] 转租形成融资租赁的情形。

资料：甲企业（原租赁承租人）与乙企业（原租赁出租人）就5 000平方米办公场所签订了一项为期5年的租赁合同（原租赁）。在租赁的第3年年初，甲企业将5 000平方米办公场所转租给了丙企业，期限为3年。假设不考虑其他相关因素的影响。

要求：分析甲企业的转租赁类型及会计处理要点。

分析：

在本例中，转租的标的资产预计使用年限为5年，已经使用2年，剩余使用年限为3

年，已使用年限占原使用年限的40%。转租赁的租赁期限为3年，覆盖了原租赁标的资产的全部剩余期限。因此，根据现行租赁准则关于出租人融资租赁的判断标准，甲企业应将该转租分类为融资租赁。据此，甲企业对该转租赁的会计处理要点为：

（1）应终止确认与原租赁相关的、转租给丙企业的使用权资产，同时确认转租赁形成的租赁投资净额，并将终止确认的使用权资产与转租形成的投资净额之间的差额确认为当期损益。

（2）应继续确认原租赁合同的租赁负债，即原租赁合同的租赁付款额。在转租期间，应正常支付原租赁的租赁付款额，并分摊原租赁的未确认融资费用。

（3）在转租期间，按转租合同的规定，确认转租赁的租赁收入。

[例4-30] 转租形成经营租赁的情形。

资料：甲企业（原租赁承租人）与乙企业（原租赁出租人）就5 000平方米办公场所签订了一项为期5年的租赁合同（原租赁）。在原租赁的租赁期开始日，甲企业将该5 000平方米办公场所随即转租给丙企业，转租期限为2年。综合考虑各种因素后，甲企业将该转租赁分类为经营租赁。

要求：分析甲企业在转租赁期间的会计处理要点。

分析：

在本例中，由于甲企业将转租赁分类为经营租赁，因此，在转租赁期间，甲企业应：

（1）对于原租赁合同：按现行租赁准则的规定，对已入账使用权资产和租赁负债正常进行后续确认和计量。

（2）对于转租赁合同：按经营租赁的会计处理方法，确认相关的租赁收入。

□ 复习思考题

1. 租赁合同应具备哪些特征？
2. 试述租赁收款额和租赁付款额的构成及差别。
3. 试述租赁投资总额、租赁投资净额及未实现融资收益的关系。
4. 试述使用权资产成本的构成及相关账户核算要点。
5. 何为租赁负债？试述租赁负债账户的设置及核算要点。
6. 承租人一般租赁包括哪些业务？简述相关会计处理要点。
7. 试述出租人融资租赁的会计处理要点。
8. 比较出租人融资租赁与生产商融资租赁在会计处理上的主要差别。
9. 何为售后租回？试述销售方兼承租人售后租回的会计处理要点。
10. 试述转租赁的会计处理要点。

第五章

衍生金融工具会计

第一节　金融工具概述

一、金融工具的相关概念

（一）金融工具

金融工具（financial instruments）也称金融商品。

美国财务会计准则委员会于1991年12月颁布的第107号财务会计准则公告《金融工具公允价值的披露》（SFAS107）中指出，金融工具是指现金、一个实体的所有者权益凭证或一份同时具备以下特征的合约：①对一个实体形成合约义务，向另一实体交割现金或另一种金融工具或者在潜在不利的条件下与另一实体交换金融工具。②赋予另一实体合约权利，从前一实体接受现金或另一金融工具或者在潜在有利的条件下与前一实体交换金融工具。

国际会计准则理事会在2004年修订后的《国际会计准则第32号——金融工具：列报》中指出，金融工具是指"形成一个企业的金融资产并形成另一个企业的金融负债或权益工具的合约"。第32号国际会计准则第13段指出：这里的合约是指双方或多方之间的具有明确的经济结果的协议，该协议通常在法律上具有强制性。

我国《企业会计准则第22号——金融工具确认和计量》中，对金融工具的概念界定与国际会计准则基本一致。金融工具是指形成一个企业的金融资产，并形成其他单位的金融负债或权益工具的合同。

综上所述，可以看出，把握金融工具定义的关键，是从"合约"的角度正确理解金融资产、金融负债、权益工具的含义。"合约"的签订决定了签约者交易的法律性质，"合约"的各方也由此拥有相应的权利或承担相应的义务。

金融工具的概念里，还涉及到三个关键词：金融资产、金融负债、权益工具。

（二）金融资产、金融负债、权益工具

1.金融资产

金融资产，是指企业持有的现金、其他方的权益工具以及符合下列条件之一的资产：

（1）从其他方收取现金或其他金融资产的合同权利。

（2）在潜在有利条件下，与其他方交换金融资产或金融负债的合同权利。

（3）将来须用或可用企业自身权益工具进行结算的非衍生工具合同，且企业根据该合同将收到可变数量的自身权益工具。

（4）将来须用或可用企业自身权益工具进行结算的衍生工具合同，但以固定数量的自身权益工具交换固定金额的现金或其他金融资产的衍生工具合同除外。

正确理解金融资产概念的关键之一是，从“合约”的角度将金融资产与非金融资产予以区分。企业是否形成收取现金或其他金融资产（或交换金融负债或权益工具）的合约权利，是判断金融资产与非金融资产的主要标准。

现金等货币资金是金融资产，因为它代表交换的媒介，并因此成为在财务报表中对所有交易进行计量和报告的基础。在银行或类似金融机构中的存款是金融资产，因为它代表了这样一种合同权利，即存款人有权从该机构中取得现金，或者根据其存款余额签发支票或类似工具付给债权人，以偿付金融负债。

代表在未来收取现金的合约权利的资产，诸如应收账款、应收票据、应收贷款以及应收债券等，也是金融资产。

债务工具的持有人以自身拥有的债务工具投资（债券投资）、权益工具的持有人以自身拥有的权益工具投资（股票投资）也属于金融资产。

存货、固定资产、租入资产和无形资产，都不属于金融资产，因为控制这些有形和无形资产虽然能够创造产生现金或其他金融资产流入的机会，但并不引起收取现金或其他金融资产的现时权利。

预付费用不是金融资产，因为预付费用产生的未来经济利益是收取商品或服务而不是收取现金或另外一项金融资产的权利。

经营租赁作为一项未完成的合约，要求出租方在未来期间提供资产给承租方使用，出租方继续核算的是租赁资产本身而不是根据合同在未来应收取的租金，所以，经营租赁不被视为金融工具；融资租赁被视为一项金融工具，因为出租方是以租赁合同下的应收金额而不是租赁资产本身来核算投资。相应地，融资租赁的出租方租赁合同下的长期应收款是金融资产，因为出租方租赁合同下连续收款的权利实质上与贷款协议下收取本息的权利是一样的。

正确理解金融资产概念的另一个关键是：明确广义金融资产概念与具体准则中对金融资产类别界定的关系。2017年修订后的《企业会计准则第22号——金融工具确认和计量》中，将金融资产分为以下三类：以摊余成本计量的金融资产、以公允价值计量且其变动计入其他综合收益的金融资产和以公允价值计量且其变动计入当期损益的金融资产。结合金融资产概念和这一分类规范，可以梳理出财务会计教学体系中金融资产组成内容如图5-1所示。

2. 金融负债

金融负债，是指企业的下列负债：

（1）向其他单位交付现金或其他金融资产的合同义务；

（2）在潜在不利条件下，与其他单位交换金融资产或金融负债的合同义务；

（3）将来须用或可用企业自身权益工具进行结算的非衍生工具合同义务，企业根据该合同将交付非固定数量的自身权益工具；

- 广义金融资产
  - 货币资金
  - 金融工具准则规范的金融资产
    - 以摊余成本计量的金融资产
    - 以公允价值计量且其变动计入其他综合收益的金融资产
    - 以公允价值计量且其变动计入当期损益的金融资产
    - → 债务工具投资；重大影响以下的权益工具投资
  - 长期股权投资准则规范的股权投资
    - 对子公司的股权投资
    - 对合营企业的股权投资
    - 对联营企业的股权投资

图5-1 金融资产的组成内容

（4）将来须用或可用企业自身权益工具进行结算的衍生工具的合同义务，但企业以固定金额的现金或其他金融资产换取固定数量的自身权益工具的衍生工具合同义务除外。

与金融资产相类似，理解金融负债定义的关键之一是从“合约”的角度将金融负债与非金融负债予以区分。企业是否形成支付现金或其他金融资产、金融负债或自身权益工具的合同义务，是判断金融负债与非金融负债的标志。代表在未来交付现金的合同义务的金融负债，通常包括应付账款、应付票据、应付贷款以及应付债券等；融资租赁的承租方在租赁合同下的系列应付金额，也构成一部分金融负债，因政府的法定要求而征收的所得税等非合同性的负债，不属于金融负债。

正确理解金融负债还需注意另一个重要方面：将金融负债与权益工具相区别。

3.权益工具

权益工具指能证明拥有某个企业在扣除所有负债后的资产中剩余利益的合同。同时满足下列条件的，发行方应当将发行的金融工具分类为权益工具：

（1）该金融工具不包括交付现金或其他金融资产给其他方，或在潜在不利条件下与其他方交换金融资产或金融负债的合同义务。

（2）将来须用或可用企业自身权益工具进行结算该金融工具的，如果该金融工具为非衍生工具，不包括交付可变数量的自身权益工具进行结算的合同义务；如果该金融工具为衍生工具，企业只能通过以固定金额的现金或其他金融资产换取固定数量的自身权益工具结算该金融工具。

权益工具的例子包括不可回售的普通股、优先股（不包括可赎回优先股）、企业发行的使持有者有权以固定价格购入固定数量该企业普通股的认股权证等。

与金融负债一样，为了正确理解权益工具，要注意将权益工具与金融负债相区别。

下面举一简例说明金融工具合同涉及的金融资产、金融负债与权益工具。

[例5-1] 区分金融资产、金融负债与权益工具。

资料：甲企业鉴于战略调整与业务发展的需要，分别采取两种方式募集资金：一是发行普通股2 000万股，每股面值1元，每股发行价格5元；二是按面值发行3年期企业债券，面值1 500万元，票面利率5%。为简化起见，假定乙企业购入甲企业发行的股票之后能对甲企业施加重大影响，丙企业购入甲企业发行的债券并分类为以摊余成本计量的金融资产，相关费用略。

要求：说明在此例中涉及的金融资产、金融负债和权益工具，并进行相应的账务处理。

分析：对这两个金融工具合同涉及的金融工具要素进行比较：股票买卖交易的结果，乙企业购买股票确认股权投资会形成本企业的金融资产，甲企业发行股票需确认股本和股本溢价，形成本企业的权益工具；债券发行与购买的结果，在丙企业形成债权投资这一金融资产的同时，甲企业形成应付债券本息这一金融负债。

相关企业进行确认与计量的账务处理如下（金额单位：万元）：

①甲企业发行股票：

借：银行存款	10 000	
贷：股本		2 000
资本公积——股本溢价		8 000

②甲企业发行债券：

借：银行存款	1 500	
贷：应付债券		1 500

③乙企业购入甲企业股票：

借：长期股权投资	10 000	
贷：银行存款		10 000

④丙企业购入甲企业债券：

借：债权投资	1 500	
贷：银行存款		1 500

二、金融工具的分类

服务于不同的分类目的，金融工具可以有不同的分类标准。按金融工具风险管理的需要，金融工具可分为高风险的金融工具、一般风险的金融工具和低风险的金融工具；按金融工具会计研究的需要，金融工具可按其发展顺序进行分类，分为基本金融工具和衍生金融工具两大类①。

（一）基本金融工具

基本金融工具（primary financial instruments），即传统的金融工具，基本上已构成传统财务报表项目。基本金融工具的以下两个特点使其有别于衍生金融工具：①基本金融工具的取得或发生通常伴随着资产的流入或流出；②基本金融工具的价值取决于标的物本身的价值。

基本金融工具主要包括现金、存放于金融机构的款项等货币资金，普通股和优先股等股权证券，代表在未来期间收取金融资产的合同权利或支付金融资产的合同义务的债券投资、应付债券，应收账款、应收票据、其他应收款，应付账款、应付票据、其他应付款，存入保证金、存出保证金，客户贷款、客户存款等。

（二）衍生金融工具

衍生金融工具（derivative financial instruments），亦称衍生金融产品、派生金融产品或衍生品等，是相对于基本金融工具而言的金融工具。

① 朱海林. 金融工具会计论［M］. 北京：中国财政经济出版社，2000.

1.衍生金融工具的概念界定

根据《企业会计准则第22号——金融工具确认和计量》，衍生工具是指具有下列特征的金融工具或其他合同：①其价值随特定利率、金融工具价格、商品价格、汇率、价格指数、费率指数、信用等级、信用指数或其他类似变量的变动而变动；②不要求初始净投资，或与对市场变化有类似反应的其他类型合同相比，要求很少的初始净投资；③在未来某一日期结算。

下面就是第9号国际财务报告准则列举的两个判断衍生金融工具的例子。

[例5-2] 衍生金融工具的判断。

资料：ABC公司与XYZ公司签订了一项按1亿元名义本金确定的利率互换合同，该合同要求ABC公司按8%的固定利率向XYZ公司支付利息，XYZ公司按3个月期的伦敦银行同业拆借利率（按季调整）的变动金额向ABC公司支付利息，双方并不交换名义本金。

问题：该合同是否属于衍生金融工具?

分析：该合同属于衍生金融工具，因为合同价值随基础变量（伦敦银行同业拆借利率）的变动而变动，而且没有初始净投资，在未来某一日期结算。

[例5-3] 衍生金融工具的判断。

资料：ABC公司与XYZ公司签订了一项远期合约，约定1年后按每股55元的价格购入现行市价为每股50元的T股股票100万股，ABC公司在合同开始时按约定预付5 000万元。

问题：此项远期合约是否属于衍生金融工具?

分析：该合约不属于衍生金融工具，因为合约开始时预付的5 000万元不符合衍生金融工具定义中的第2个特征“不要求初始净投资，或要求的初始净投资小于预期对市场因素变化有类似反应的其他类型合同所要求的初始净投资”，ABC公司在合约开始时也可以按50元的价格购买100万股T股股票。

2.衍生金融工具的特点

与基本金融工具相比，衍生金融工具最主要的特点是：

（1）衍生性。前已述及，衍生金融工具派生于基本金融工具；衍生金融工具的价值受特定利率、金融工具价格、商品价格、汇率、价格或利率指数、信用等级或信用指数或其他变量变动的影响。其之所以得以衍生，始于人们规避风险（套期保值）和投机（套利）的要求。

（2）杠杆性。衍生金融工具不要求初始净投资或要求很小的初始净投资，并往往采用净额结算。正是这种“以小博大”的杠杆效应，才能够满足人们规避风险（套期保值）和投机（套利）的需要。

衍生金融工具的衍生性、杠杆性，不仅直接说明了衍生金融工具的基本功用，也清楚地显示了衍生金融工具的创新性和高风险性。

3.衍生金融工具的功用

衍生金融工具的功能主要是对冲风险。在满足人们规避投资与筹资活动中特定风险的同时，衍生金融工具也被一些试图冒险的牟利者用来进行投机。所以，衍生金融工具被广泛用作避险（套期保值）与投机套利。

衍生金融工具的作用主要表现在以下几个方面：①满足了市场对规避风险和保值的要求；②促进了基础金融工具的发展；③拓宽了金融机构的业务；④提高了金融体系的效

率；⑤降低了企业的筹资成本（例如互换）；⑥促进了金融市场的证券化[①]。

4.衍生金融工具的风险

根据1994年7月国际证券监管委员会（IOSCO）发布的《衍生工具管理指南》，衍生金融工具的风险主要有：

（1）信用风险（credit risk）。交易双方可能由于各种原因无法履行合约而发生的损失（店头交易的客户信誉无法保证，发生风险的可能性比较大）。

（2）市场风险（market risk）。市场价格不利的变化造成亏损的风险。对于期货和互换而言，市场风险是其价格基础或利率变动的风险；对于期权而言，市场风险还受基础价格波动幅度和期权行使期限的影响。而所有衍生金融工具的市场风险均受市场流动性及全球和地方性的政治经济事件的影响。

（3）流动性风险（liquidity risk）。市场业务量不足或无法获得市场价格而导致的无法平仓的风险，以及资金流动风险（因流动资金不足出现合同到期时无法履行支付义务或在市场出现逆势时无法按要求追加保证金）。对于期货而言，流动性风险是指因缺乏对手公司不能实现平仓或不能以同等或接近市场价格平仓而变现的风险。

（4）作业风险（operation risk）。因人为错误、沟通不良、缺乏了解、未经授权、管理不善、监督不周或系统故障招致损失的风险。

（5）法律风险（legal risk）。因合约无法履行或条文不当而招致的风险。

（6）现金流量风险（cash flow risk）。与货币性金融工具相关的未来现金流量金额波动的风险。

我国的《企业会计准则第37号——金融工具列报》中，要求企业披露与各种金融工具风险相关的定性和定量信息，以便财务报表使用者评估报告期末金融工具产生的风险的性质和程度，更好地评价企业所面临的风险敞口。该准则指出相关风险包括信用风险、流动性风险、市场风险等。

毫无疑问，金融工具尤其是衍生金融工具的各种风险所带来的损失乃至金融灾难，使衍生金融工具的风险披露越来越成为重点信息需求；而金融工具乃至衍生金融工具会计信息呈报的需求，引发了国际会计界对金融工具会计的关注与研究，并带来金融工具会计的不断发展。

5.衍生金融工具的种类

衍生金融工具包括的内容很多，从不同的角度可以进行不同的分类。各种分类方法见表5-1。

在表5-1关于衍生金融工具的分类中，第一种分类是基本的分类方法，第四种分类是目前最常见的分类方法。

（1）金融远期

金融远期属于远期合约。远期合约（forward contract）是买卖双方现在约定的在未来的特定日期以约定价格交割特定数量标的物的合约。金融远期，就是指合约双方现在约定的在未来的某一特定日期按照事先商定的价格和方式买卖约定数量的某种金融工具的合约。金融远期是衍生金融工具最基本的类别。作为衍生金融工具的早期形态，19世纪80

① 胡继之．金融衍生产品及其风险管理［M］．北京：中国金融出版社，1997．

表 5-1 衍生金融工具的常见分类

<table>
<tr><th rowspan="2">分类标准</th><th colspan="2">类别及主要内容</th></tr>
<tr><th>类别</th><th>主要内容</th></tr>
<tr><td rowspan="3">(1) 按衍生金融工具据以衍生的基本金融工具及应用领域不同划分</td><td>①股票衍生工具</td><td>股票期货
股票期权
股指期货
股指期权</td></tr>
<tr><td>②外汇衍生工具</td><td>远期外汇合约
外汇期货
外汇期权
货币互换</td></tr>
<tr><td>③利率衍生工具</td><td>远期利率协议
利率期货
利率期权
利率互换</td></tr>
<tr><td rowspan="2">(2) 按风险和收益的对称与否划分</td><td>①风险和收益对称式衍生工具
(也称远期式衍生工具)</td><td>远期外汇合约、远期利率协议 } 远期合约
股票期货、股指期货、货币期货、利率期货 } 期货合约
货币互换、利率互换 } 互换合约</td></tr>
<tr><td>②风险和收益不对称式衍生工具
(也称期权式衍生工具)</td><td>股票期权、股指期权、货币期权、利率期权 } 期权合约
利率上限、利率下限、认股权证 } 期权的变形</td></tr>
<tr><td rowspan="2">(3) 按交易方式不同划分</td><td>①场内交易的衍生工具
(也称交易所交易的衍生工具)</td><td>期货合约
部分标准化的期权合约</td></tr>
<tr><td>②场外交易的衍生工具
(也称柜台交易的衍生工具)</td><td>远期合约
互换合约
大部分期权合约</td></tr>
</table>

续表

分类标准	类别及主要内容	
	类别	主要内容
(4) 按交易方式和特点进行划分	①金融远期	远期外汇合约 远期利率协议
	②金融期货	货币期货 利率期货 股指期货
	③金融期权	股票期权 股指期权 货币期权 利率期权
	④金融互换	货币互换 利率互换

年代就已存在的金融远期，虽然其风险较小，但其所具有的非标准化、流通性差、多需进行实物交割等特点，使金融期货、金融期权和金融互换等金融远期的延伸和变形成为必然。金融远期主要包括远期外汇合约和远期利率协议等。

(2) 金融期货

金融期货属于期货合约。期货（futures）合约是远期合约的标准化。期货合约与远期合约都是"先买卖，后交割"的合约，但是两者无论在合约形式、交易方式、交易的主要目的还是交易的标的物上，均有所不同。金融期货是指合约双方在有组织的交易所内，根据交易规则，通过公开竞价的方式达成的在未来特定时间交割特定数量的特定金融工具的标准合约。金融期货主要包括外汇期货、利率期货以及股票指数期货等。

(3) 金融期权

金融期权（option）亦称选择权，是指持权人（买方）有权选择在未来是否买卖一定数量的标的物的合约。金融期权是指合约双方达成的是否在约定日（或以前）按约定价格买卖特定数量的某种金融工具的合约。金融期权包括外汇期权、利率期权、股票期权、股指期权。值得注意的是，金融期权除了上述几种常见类型之外，还包括一些与基本金融工具结合而成的新兴的金融工具，如可转换债券、认股权证等。

(4) 金融互换

金融互换（financial swap）亦称掉期，是指两个或两个以上的个体以特定方式在未来某一时段内交换一系列现金流的协议。就金融远期、金融期货、金融期权3种合约而言，如果未来标的物价格发生变化，交易双方必有一方获利而另一方发生损失；与此不同的是，金融互换通常有双赢甚至三赢的结果。金融互换主要有货币互换和利率互换。

综上所述，金融远期是衍生金融工具的最基本类别，金融互换可以看作是金融远期的组合，金融期货标志着衍生金融工具的成型，金融期权则更加拓宽了衍生金融工具的应用领域。如果说金融远期是衍生金融工具的最早形态，那么金融期货、金融期权则标志着衍生金融工具的成熟和发展，而金融互换更成为衍生金融工具的新兴力量；如果说金融远期、金融期货、金融期权主要被用来规避风险和投机套利，那么金融互换则很少用于投机；如果说金融远期、金融期货、金融期权只导致单方获利，那么金融互换则将带来双赢。另外，必须看到，随着金融产品的不断创新，金融产品基本类别之间的组合又不断导致新衍生产品的开发。

第二节　金融工具会计的基本问题

一、基本业务确认与计量概要[①]

（一）金融资产、金融负债确认与计量的基本要点

1.初始确认与计量

根据金融工具会计准则，当企业成为金融工具合同的一方时，应当确认一项金融资产或金融负债。

企业初始确认金融资产或金融负债，应当按照公允价值计量，但支付的交易费用在不同类别的金融资产或金融负债中，处理方法有所不同。

表5-2分别归纳了金融资产、金融负债初始计量的原则性规定。

表 5-2　　金融资产、金融负债初始计量的原则性规定

金融资产类别	金融负债类别	初始计量
以摊余成本计量的金融资产	以摊余成本计量的金融负债	公允价值+交易费用
以公允价值计量且其变动计入其他综合收益的金融资产		公允价值+交易费用
以公允价值计量且其变动计入当期损益的金融资产	以公允价值计量且其变动计入当期损益的金融负债	公允价值（交易费用计入当期损益）

2.后续计量

金融资产、金融负债的后续计量，主要涉及两个问题：一是区分以摊余成本还是以公允价值进行后续计量的问题；二是金融资产减值问题。

各类金融资产、金融负债在报告期末按摊余成本还是公允价值进行后续计量，取决于相关资产、负债的具体分类。表5-3是金融资产、金融负债后续计量的原则性规定。

金融资产减值的基本会计问题，我们将稍后归纳。

3.金融资产的重分类

根据修订后的第22号企业会计准则，企业只有在改变管理金融资产的业务模式时，才可以对金融资产进行重分类。企业管理金融资产的业务模式发生变更应是比较罕见的情形。

---

① 这一部分内容的具体讲解与举例，请参见《中级财务会计》教材。

表 5-3 金融资产、金融负债后续计量的原则性规定

金融资产类别	金融负债类别	后续计量	
以摊余成本计量的金融资产	以摊余成本计量的金融负债	摊余成本	金融资产的摊余成本=初始入账金额-已偿还本金±累计摊销额-累计计提的金融资产损失准备
			金融负债的摊余成本=初始入账金额-已偿还本金±累计摊销额
以公允价值计量且其变动计入其他综合收益的金融资产		公允价值	公允价值变动计入其他综合收益
以公允价值计量且其变动计入当期损益的金融资产	以公允价值计量且其变动计入当期损益的金融负债	公允价值	公允价值变动计入当期损益

金融资产重分类的会计处理原则是：自重分类日起采用未来适用法进行相关会计处理。这里的“重分类日”是指导致企业对金融资产重分类的业务模式发生变更后的首个报告期间的第一天。

金融资产重分类的会计处理，需根据各类别金融资产的分类规范和未来适用法的原理，以下几点尤其值得注意：第一，不需对以前已确认的利得、损失（包括减值损失或利得）以及利息进行追溯调整；第二，其他类别金融资产重分类为以公允价值计量且其变动计入当期损益的金融资产时，相关账务处理中可能需要确认重分类损益；第三，以公允价值计量且其变动计入当期损益的金融资产重分类为其他两类金融资产时，自重分类日起对该金融资产适用金融资产减值的相关规定；第四，以摊余成本计量的金融资产与以公允价值计量且其变动计入其他综合收益的金融资产两个类别之间重分类时，不影响其实际利率和预期信用损失的计量。

（二）金融资产减值的基本处理要点

根据2017年修订后的金融工具会计准则，金融资产减值的确认与计量，应采用预期信用损失模型计提减值准备。

1.预期信用损失模型的适用范围

采用预期信用损失模型计提资产减值准备的资产包括：分类为以摊余成本计量的金融资产、以公允价值计量且其变动计入其他综合收益的金融资产中的债务工具投资、租赁应收款、合同资产、符合条件的贷款承诺和财务担保合同等。

由此可见，以公允价值计量且其变动计入当期损益的金融资产和以公允价值计量且其变动计入其他综合收益的金融资产中的权益工具投资，不需要预先确认资产减值损失并计提资产减值准备。

2.预期信用损失模型的基本原理

预期信用损失模型，与已发生损失模型相比，提前计提金融资产减值损失。采用预期信用损失模型，企业应在资产负债表日，对相关金融资产评估其信用风险自初始确认后是否显著增加，并按照下列三种情形分别计量其损失准备、确认预期信用损失及其变动：

情形一：如果该金融资产的信用风险自初始确认后并无显著增加，企业应当按照相当

于该金融资产未来12个月内预期信用损失的金额，计量其损失准备，并按金融资产的账面余额与实际利率计算确定利息收入；

情形二：如果该金融资产的信用风险自初始确认后已显著增加，企业应当按照相当于该金融资产整个存续期内预期信用损失的金额，计量其损失准备，并按金融资产的账面余额与实际利率计算确定利息收入；

情形三：如果该金融资产已发生信用减值，企业应当按照相当于该金融资产整个存续期内预期信用损失的金额，计量其损失准备，但需按金融资产的摊余成本与实际利率计算确定利息收入。

3.预期信用损失模型下的几个相关概念

以上关于预期信用损失模型的基本原理中，涉及到以下几个关键词：

（1）预期信用损失。预期信用损失，是指以发生违约的风险为权重的金融工具信用损失的加权平均值。

（2）信用损失。信用损失，是指企业按照原实际利率折现的、根据合同应收的所有合同现金流量与预期收取的所有现金流量之间的差额，即全部现金短缺的现值。

（3）12个月内预期信用损失。未来12个月内预期信用损失，是指因资产负债表日后12个月内（若金融工具的预计存续期少于12个月，则为预计存续期）可能发生的金融工具违约事件而导致的预期信用损失，是整个存续期预期信用损失的一部分。

（4）整个存续期预期信用损失。整个存续期预期信用损失，是指因金融工具整个存续期内所有可能发生的违约事件而导致的预期信用损失。

（5）金融资产已发生信用减值的判断。金融资产已发生信用减值的证据包括如下可观察信息：①发行方或债务人发生重大财务困难；②债务人违反合同，如偿付利息或本金违约或逾期等；③债权人出于与债务人财务困难有关的经济或合同考虑，给予债务人在任何其他情况下都不会作出的让步；④债务人很可能破产或进行其他财务重组；⑤发行方或债务人财务困难导致该金融资产的活跃市场消失；⑥以大幅折扣购买或源生一项金融资产，该折扣反映了发生信用损失的事实。

4.预期信用损失模型应用中的简化情形

对于不具有重大融资成分的应收账款，企业应当自始至终按照相当于整个存续期内预期信用损失的金额计量其损失准备；

对于购买或源生的已发生信用减值的金融资产，企业应当在资产负债表日仅将自初始确认后整个存续期内预期信用损失的累计变动确认为损失准备；

对于具有重大融资成分的应收账款、租赁应收款，企业可以作出按照相当于整个存续期内预期信用损失的金额计量损失准备的会计政策选择。

5.金融资产减值的账务处理

企业对分类为以摊余成本计量的金融资产计提减值准备时，按应确认的预期信用损失金额，借记“信用减值损失”科目，贷记“坏账准备”“贷款减值准备”“债权投资减值准备”等相关资产的备抵科目；企业对分类为以公允价值计量且其变动计入其他综合收益的金融资产中的债务工具投资计提减值准备时，按应确认的预期信用损失金额，借记“信用减值损失”科目，贷记“其他综合收益”科目。根据预期信用损失的有利变动确认减值利得时，作相反的账务处理。

[例5-4] 金融资产初始确认与计量、后续计量的账务处理。

资料：甲公司2×18年11月15日，购入公允价值为1 000万元的公司债券，10年期，利率为5%，实际利率也是5%。2×18年12月31日，由于市场利率变动，公允价值跌至950万元，公司认为信用风险无显著增加，按12个月预期信用损失30万元计提减值准备。为简化起见，暂不考虑交易费用、利息收入确认等问题。

要求：分别假定甲公司将该项投资分类为以摊余成本计量的金融资产和以公允价值计量且其变动计入其他综合收益的金融资产，进行两种分类假设下甲公司的有关账务处理，并指出2×18年报告期末该投资在资产负债表中的报告价值（金额单位：万元）。

分析：两种分类假设下甲公司有关账务处理如下：

（1）分类为以摊余成本计量的金融资产

2×18年11月15日购入债券时：

借：债权投资	1 000	
贷：银行存款等		1 000

2×18年12月31日确认预期信用损失时：

借：信用减值损失	30	
贷：债权投资减值准备		30

报告期末该投资在资产负债表中的报告价值=1 000-30=970（万元）

（2）分类为以公允价值计量且其变动计入其他综合收益的金融资产

2×18年11月15日购入债券时：

借：其他债权投资	1 000	
贷：银行存款等		1 000

2×18年12月31日确认公允价值变动：

借：其他综合收益	50	
贷：其他债权投资		50

2×18年12月31日确认预期信用损失时：

借：信用减值损失	30	
贷：其他综合收益		30

报告期末该投资在资产负债表中的报告价值=1 000-50=950（万元）

[例5-5] 金融资产的重分类、减值[①]。

资料：甲公司一项债权投资的有关资料如下：

（1）某期初以公允价值（账面价值）500 000元购入一项债券投资组合。

（2）后来变更了债券管理模式，假定重分类日该债券组合的公允价值为490 000元。

（3）如果该组合在紧邻重分类日之前以摊余成本计量或以公允价值计量且其变动计入其他综合收益，重分类日已确认的减值损失为6 000元（反映了自初始确认后信用风险显著增加，因此以整个存续期预期信用损失计量）。

（4）重分类日，12个月预期信用损失为4 000元。

（5）为简化起见此处不列示确认利息收入的会计分录。

---

① 此例根据《国际财务报告准则第9号——金融工具》示例15改编。

要求：根据上述资料，分别对六种重分类情形进行有关账务处理。

分析：各种重分类情形下的有关账务处理比较见表5-4。

表5-4 金融资产分类、重分类、减值有关账务处理比较 单位：元

重分类的情形	确认与计量的账务处理		
	初始投资时	后续计量时	重分类日
1.从以摊余成本计量的金融资产重分类为以公允价值计量且其变动计入当期损益的金融资产	借：债权投资 500 000 贷：银行存款 500 000	借：信用减值损失 6 000 贷：债权投资减值准备 6 000	借：交易性金融资产 490 000 债权投资减值准备 6 000 投资收益 4 000① 贷：债权投资 500 000
2.从以公允价值计量且其变动计入当期损益的金融资产重分类为以摊余成本计量的金融资产	借：交易性金融资产 500 000 贷：银行存款 500 000	借：公允价值变动损益 10 000 贷：交易性金融资产 10 000	借：债权投资 490 000 贷：交易性金融资产 490 000 借：信用减值损失 4 000② 贷：债权投资减值准备 4 000 借：投资收益 10 000 贷：公允价值变动损益 10 000
3.从以摊余成本计量的金融资产重分类为以公允价值计量且其变动计入其他综合收益的金融资产	借：债权投资 500 000 贷：银行存款 500 000	借：信用减值损失 6 000 贷：债权投资减值准备 6 000	借：其他债权投资 490 000 债权投资减值准备 6 000 其他综合收益 4 000③ 贷：债权投资 500 000
4.从以公允价值计量且其变动计入其他综合收益的金融资产重分类为以摊余成本计量的金融资产	借：其他债权投资 500 000 贷：银行存款 500 000	借：其他综合收益 10 000 贷：其他债权投资 10 000 借：信用减值损失 6 000 贷：其他综合收益 6 000	借：债权投资 500 000 贷：其他债权投资 490 000 其他综合收益 4 000④ 债权投资减值准备 6 000
5.从以公允价值计量且其变动计入当期损益的金融资产重分类为以公允价值计量且其变动计入其他综合收益的金融资产	借：交易性金融资产 500 000 贷：银行存款 500 000	借：公允价值变动损益 10 000 贷：交易性金融资产 10 000	借：其他债权投资 490 000 贷：交易性金融资产 49 0000 借：信用减值损失 4 000⑤ 贷：其他综合收益 4 000 借：投资收益 10 000 贷：公允价值变动损益 10 000
6.从以公允价值计量且其变动计入其他综合收益的金融资产重分类为以公允价值计量且其变动计入当期损益的金融资产	借：其他债权投资 500 000 贷：银行存款 500 000	借：其他综合收益 10 000 贷：其他债权投资 10 000 借：信用减值损失 6 000 贷：其他综合收益 6 000	借：交易性金融资产 490 000 贷：其他债权投资 490 000 借：投资收益 4 000 贷：其他综合收益 4 000⑥

注：①重分类损益。

②从重分类日起适用减值规范。

③4 000=公允价值变动10 000-累计减值6 000。

④结转现有余额。

⑤从重分类日起适用减值规范。

⑥将其他综合收益现有余额予以结转并同时确认重分类损益。

（三）金融资产与金融负债的终止确认

金融资产、金融负债的终止确认，是指将之前确认的金融资产、金融负债从资产负债表中予以转出。

1.金融资产的终止确认

金融资产满足下列条件之一的，应当终止确认：

（1）收取该金融资产现金流量的合同权利终止；

（2）该金融资产已经转移，且符合《企业会计准则第23号——金融资产转移》规定的金融资产终止确认条件。

显而易见，终止确认金融资产的第一个条件比较好理解。企业收回应收账款、企业在到期日收回持有至到期投资的本息和等事项，就属于“收取该金融资产现金流量的合同权利终止”的情形。

终止确认金融资产的第二个条件与金融资产转移有关。

［例5-6］金融资产的终止确认。

资料：甲企业有两张应收票据：一张是向乙企业销货收到的面值为800万元的不带息商业汇票，另一张是向丙企业销货收到的面值为1 000万元的不带息商业汇票。在票据到期日，甲企业收到乙企业支付的票款800万元。由于甲企业急于使用资金，将付款人为丙企业的票据办理贴现，贴现所得款为990万元。

问题：如何根据这两笔业务理解金融资产终止确认的处理规范？

分析：一方面，甲企业收到乙企业按期支付的票款时，进行如下账务处理：

借：银行存款	8 000 000	
贷：应收票据		8 000 000

毫无疑问，贷记“应收票据”科目800万元的处理，就实现了对该笔金融资产的终止确认。

另一方面，甲企业在对于付款方为丙企业的应收票据进行贴现的相关账务处理过程中，借记“银行存款”科目990万元的同时，是否可以贷记“应收票据”科目还不确定。这就涉及在金融资产转移的情况下金融资产终止确认的条件问题。

2.金融负债的终止确认

终止确认金融负债的条件是：当金融负债（或金融负债的一部分）消除时，即合同中规定的义务解除、取消或到期时。这里需要说明的几个问题是：

（1）企业将用于偿付金融负债的资产转入某个机构或设立信托，偿付债务的现时义务仍然存在，不应终止确认该金融负债，也不能终止确认转出的资产。

（2）金融负债的“以旧换新”。如果根据协议承担以新的金融负债替换现存的金融负债，新、旧负债的合同条款实质上不同，应当终止确认现存的金融负债，同时确认新的金融负债。类似地，对现存的全部金融负债或部分金融负债的条款的重大修改，也应作为现存的金融负债的消除和一项新的金融负债的确认。

（3）确认终止确认金融负债的损益。消除或转让的金融负债（全部或部分）的账面价值与所支付的对价（包括转让的非现金资产和承担的负债）之间的差额，应当计入损益。

（4）回购部分金融负债。回购部分金融负债时，应当在回购日按照继续确认部分和终止确认部分的相对公允价值，将该金融负债整体的账面价值进行分配。分配给终止确认部分的账面价值与支付的对价之间的差额，计入当期损益。

（四）权益工具确认与计量的基本规范

1.发行权益工具

企业发行权益工具时，按所收到的对价扣除交易费用后，确认为股本（或实收资本）、股本溢价（或资本溢价）。

企业自身权益工具经初始确认后，不确认公允价值变动。

2.回购、注销、出售权益工具

企业回购自身权益工具时，按支付的对价和交易费用，减少所有者权益。企业回购、出售或注销自身权益工具，均不应当确认利得或损失。企业回购的股份尚未注销或转让的，按库存股管理，库存股的计量采用成本法。

3.对权益工具持有方的各种分配

对权益工具持有方的各种分配（股票股利除外），减少所有者权益。

上述内容的具体阐述和举例，参见《中级财务会计》教材。

二、几个难点业务的确认与计量

（一）金融资产转移

1.金融资产转移的含义

金融资产转移，是指企业（转出方）将金融资产（或其现金流量）让与或交付给该金融资产发行方以外的另一方（转入方）。图5-2是解释金融资产转移的示意图。

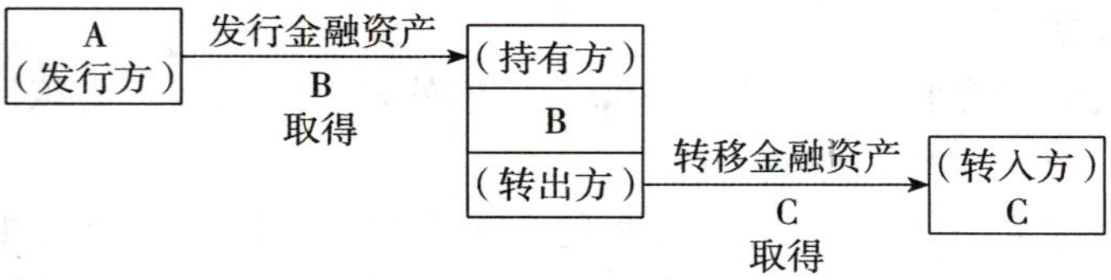

图5-2　金融资产转移示意图

2.金融资产转移的确认与计量原则

金融资产转移的主要会计问题：是否对转移的金融资产进行终止确认？在金融资产转移的过程中是否需要终止确认相关金融资产的关键在于：与相关金融资产的所有权有关的风险和报酬是否转移。

企业在发生金融资产转移时，应当评估其保留金融资产所有权上的风险与报酬的程度，并区分以下情形进行处理：

（1）终止确认。如果企业转让了金融资产所有权上的几乎所有风险和报酬，则企业就应终止确认该金融资产，并将在转让中产生或保留的权利和义务单独确认为资产或负债。

企业可以终止确认所转移的金融资产的情形主要有：①不附任何追索权方式出售金融资产；②附回购协议的金融资产出售，回购价为回购时该金融资产的公允价值；③附优先回购权的金融资产出售，回购价为回购时该金融资产的公允价值；④附重大价外看跌期权的金融资产出售，持有该看跌期权的金融资产买方在期权到期时或到期前行权的可能性极小；⑤附重大价外看涨期权的金融资产出售，持有该看涨期权的金融资产卖方在期权到期时或到期前行权的可能性极小等。

[例5-7] 符合终止确认条件的金融资产转移。

资料：沿用例5-6的资料，只是假设付款人为丙企业的票据属于无追索权的票据。

问题：如何根据这笔贴现业务理解金融资产终止确认的处理规范？

分析：在例5-6中甲企业将付款人为丙企业的应收票据予以贴现这一交易，就属于金融资产转移。在此项交易中，如果该票据属于无追索权的票据，则甲企业应于贴现时终止确认该应收票据，有关账务处理为：

借：银行存款	9 900 000	
财务费用	100 000	
贷：应收票据		10 000 000

（2）继续确认。如果企业保留了金融资产所有权上几乎所有的风险和报酬，则企业应当继续确认该金融资产。这种情形主要有：①采用附追索权方式出售金融资产；②附回购协议的金融资产出售，回购价固定或是原售价加合理回报；③附总回报互换的金融资产出售，该互换使市场风险又转回给了金融资产出售方；④将信贷资产或应收款项整体出售，同时保证对金融资产购买方可能发生的信用损失等进行全额补偿；⑤附重大价内看跌期权的金融资产出售，持有该看跌期权的金融资产买方很可能在期权到期时或到期前行权；⑥附重大价内看涨期权的金融资产出售，持有该看涨期权的金融资产卖方很可能在期权到期时或到期前行权等。

对于不符合终止确认条件的金融资产转移，要继续确认所转移资产，同时将收到的转移对价确认为一项负债。该继续确认资产与确认的相关金融负债不得互相抵销，随后各期间企业应继续确认该资产的收入和该负债的费用；所转移资产以摊余成本计量的，确认的相关负债不能指定为以公允价值计量且其变动计入当期损益的金融负债。

[例5-8] 不符合终止确认条件的金融资产转移。

资料：沿用例5-6的资料，假设付款人为丙企业的票据属于附追索权的票据。

问题：如何根据这笔贴现业务理解金融资产的终止确认？

分析：假定在例5-6中所贴现票据属于有追索权的票据，则甲企业贴现时不能对其进行终止确认，因为一旦票据到期日贴现银行无法收到丙企业支付的票款，就需要向甲企业追回已贴现票款。所以，甲企业的相关账务处理为：

①贴现时，不能对应收票据终止确认：

借：银行存款	9 900 000	
贷：短期借款		9 900 000

②在贴现日至票据到期日之间的相关期末，确认利息费用：

借：财务费用	100 000	
贷：应付利息		100 000

③票据到期时，如果不需退回已贴现票款，则对贴现票据进行终止确认：

借：短期借款	9 900 000	
应付利息	100 000	
贷：应收票据		10 000 000

④票据到期时，如果丙企业没有及时支付到期票款，一方面，要退回已贴现票款：

借：短期借款　　9 900 000

　　应付利息　　100 000

　贷：银行存款　　10 000 000

另一方面，要对到期应收票据予以终止确认：

借：应收账款　　10 000 000

　贷：应收票据　　10 000 000

[例5-9] 不符合终止确认条件的金融资产转移。

资料：2×18年4月1日，甲公司将其持有的一笔国债出售给丙公司，售价为200 000元，年利率为3.5%。同时，甲公司与丙公司签订了一项回购协议：3个月后由甲公司将该笔债券按201 750元的价格回购。2×18年7月1日，甲公司购回该债券。假定实际利率与合同利率的差异较小。

问题：甲公司应怎样进行相关账务处理？

分析：甲公司对这笔买断式回购卖出债券的有关账务处理为：

①4月1日，出售金融资产：

借：银行存款　　200 000

　贷：卖出回购金融资产款　　200 000

②6月30日，确认利息费用：

借：财务费用　　1 750

　贷：应付利息　　1 750

③7月1日，回购：

借：卖出回购金融资产款　　200 000

　　应付利息　　1 750

　贷：银行存款　　201 750

（3）继续涉入。如果企业既没有转让也没有保留金融资产所有权上几乎所有风险和报酬，则企业应当判定其是否保留了对金融资产的控制；如果没有保留控制，应当终止确认金融资产，并将在转让中产生或保留的权利和义务单独确认为资产或负债；如果保留了控制，则应当根据主体对该金融资产的继续涉入程度继续确认该金融资产。

在继续涉入情况下如何对继续涉入资产和继续涉入负债进行确认与计量，是继续涉入的关键。其基本的会计处理原则是：在转移金融资产时，根据继续涉入的程度，在充分反映保留的权利和承担的义务的基础上，确认有关金融资产，并相应确认有关负债；在后续计量时，对继续涉入所形成的有关资产确认其所产生的收益，对有关负债确认其所产生的费用，继续涉入所形成的有关资产和有关负债不得互相抵销；在部分继续涉入的情况下，要按转让日因继续涉入而继续确认部分和不再确认部分的相对公允价值，分配账面价值。

继续涉入的方式主要有：企业通过对被转移金融资产提供担保方式继续涉入、企业因持有看涨期权或签出看跌期权而继续涉入被转移金融资产，企业因持有看涨期权或签出看跌期权（或两者兼有，即上下限期权）而继续涉入被转移金融资产、企业采用基于被转移金融资产的现金结算期权或类似条款的形式继续涉入等。

企业会计准则为各种继续涉入方式下的继续涉入资产、继续涉入负债提供了具体的计量规范。以提供担保为例，根据企业会计准则的规定，企业通过对被转移金融资产提供担保方式继续涉入的，应当在转移日按照金融资产的账面价值和担保金额两者的较低者，继续确认被转移金融资产，同时按照担保金额和担保合同的公允价值（通常是提供担保收到的对价）之和确认相关负债。担保金额，是指企业所收到的对价中，可被要求偿还的最高金额。在后续会计期间，担保合同的初始确认金额应当随担保义务的履行进行摊销，计入当期损益。被转移金融资产发生减值的，计提的损失准备应从被转移金融资产的账面价值中抵减。

[例5-10] ①提供担保方式的继续涉入。

资料：甲银行有一项可提前偿付的贷款组合，其票面利率和实际利率为10%，本金和摊余成本为10 000万元。甲银行与某受让方签署协议，将该组合贷款转移给该受让方，协议的主要条款如下：（1）受让人支付9 115万元以取得收取9 000万元本金和按照9.5%利率计算的这部分本金的利息的权利，甲银行则保留了收取1 000万元本金加上按照10%利率计算的这部分本金的利息以及对剩余9 000万元本金0.5%的利率差价部分。（2）收到的借款人提前支付款，按照1∶9的比例在甲银行和受让方之间进行分配，但是所有的拖欠要从主体保留的对1 000万元本金所拥有的权益中扣除，直到全部扣除完毕。假定交易日该贷款的公允价值为10 100万元，0.5%的利率差价的估计公允价值为40万元。

问题：甲银行应如何对该金融资产转移进行会计处理？

分析：首先，判断是否应采用继续涉入法。在本例中，甲银行已经转移了相关金融资产（贷款组合）部分所有权上的重大风险与报酬（比如重大的提前偿付风险），但是也保留了某些所有权上的重大风险与报酬（次级剩余权益的存在），并保留了控制，所以应该采用继续涉入法。

然后，进行有关计算：

①出让90%份额贷款的损益。出让90%和保留10%贷款的价值分配如下：

	估计公允价值	百分比	账面价值分配
转让部分	9 090	90%	9 000
保留部分	1 010	10%	1 000
总计	10 100	100%	10 000

出让90%份额所收对价=10 100×90%=9 090（万元）

出让收益=9 090-9 000=90（万元）

②向受让人提供信用增级而收取的对价，包括两个部分：一部分是次级剩余权益向受让人提供信用增级所收到的对价25万元（9 115-9 090）；另一部分是0.5%的利率价差的公允价值40万元。所以，为提供信用增级已经收到的对价25万元和将收利息的现值40万元之和，构成为提供信用增级所获得的总对价65万元。

③继续涉入资产的计量。继续涉入资产的价值包括两个部分：一是为提供信用增级将获利息的现值40万元（以利率差价形式收取对价形成的资产）；二是剩余权益（为信用损失提供信用增级而予以次级化了的剩余权益）1 000万元。所以，继续涉入资产的价值为1 040万元（40+1 000）。

① 本案例的资料引自《国际会计准则第39号——金融工具：确认与计量》实施指南（财政部会计司组织翻译. 国际财务报告准则2008［M］. 北京：中国财政经济出版社，2008）。

④继续涉入负债的计量。继续涉入负债的价值也包括两个部分：上述65万元作为提供信用增级的对价，实际上也意味着甲银行有提供信用增级的义务；保留的1 000万元本金收款权也因需要首先为受让方提供担保而使权益次级化，实际上也意味着有担保义务1 000万元。所以，继续涉入负债的金额是1 065万元（65+1 000）。

根据上述分析，甲银行进行有关账务处理如下（金额单位：万元）：

（1）转移日：

①对于90%贷款进行终止确认，并确认转让收益：

借：存放中央银行款项	9 090	
贷：贷款		9 000
其他业务收入		90

②对于10%继续涉入：

借：存放中央银行款项	25	
继续涉入资产——超额账户	40	
——次级权益	1 000	
贷：继续涉入负债		1 065

如果将上述两个账务处理合并，则整合的账务处理为：

借：存放中央银行款项	9 115	
继续涉入资产——次级权益	1 000	
——超额账户	40	
贷：贷款		9 000
继续涉入负债		1 065
其他业务收入		90

（2）后续期间的相关处理：

①将信用增级的对价确认为各期收入（总额65万元，应分期确认）：

借：继续涉入负债	65	
贷：其他业务收入		65

②分期计提已确认资产利息：

借：贷款	100	
贷：利息收入（1 000×10%）		100

③分期确认超额利差的利息收入：

借：继续涉入资产	5	
贷：利息收入（9 000×0.5%–40）		5

④收回本息和：

借：存放中央银行款项	1 100	
贷：贷款		1 100

⑤结清继续涉入项目：

借：继续涉入负债	1 000	
存放中央银行款项（9 000×0.5%）	45	
贷：继续涉入资产		1 045

（二）金融负债与权益工具的划分

通常情况下，企业比较容易分辨所发行的金融工具是权益工具还是金融负债。例如，例5-1中甲企业发行股票确认的权益工具与发行债券确认的金融负债就是权益工具与金融负债最常见的例子。

值得注意的是，有些时候，金融负债与权益工具的区分，也会遇到比较复杂的情况，这就需要根据金融工具的实质而不是其法定形式进行判断。也就是说，有些金融工具的法定形式表现为权益，但实质上却是负债（如可赎回优先股）；而有些金融工具则可能同时兼有权益工具和金融负债的特征（如可转换公司债券）。尤其是企业发行的、须用自身权益工具进行结算的金融工具，可能因为结算方式不同，导致金融负债与权益工具的确认结果不同。

金融负债与权益工具的关键区别在于合约义务的存在与否，即是否存在交付现金或其他金融资产的合约义务。如果对于金融工具的发行者来说，一项金融工具产生向金融工具的持有者交付另一项金融资产或在可能不利的条件下交换另一项金融工具的义务，则该项金融工具符合金融负债的定义；如果对于金融工具的发行者来说，一项金融工具不产生向金融工具的持有者交付另一项金融资产或在可能不利的条件下交换另一项金融工具的义务，则该项金融工具是权益工具。

具体来讲，区分金融负债与权益工具，要注意以下几种情况：

1.企业发行的、将来不以自身权益工具结算的金融工具，初始确认为权益工具，需满足下列条件之一：（1）该金融工具没有包括交付现金或其他金融资产给其他单位的合同义务；（2）该金融工具没有包括在潜在不利条件下与其他单位交换金融资产或金融负债的合同义务。

2.企业发行的、将来须用或可用自身权益工具结算的金融工具，初始确认为权益工具，需满足下列条件之一：（1）该金融工具是非衍生工具，且企业没有义务交付非固定数量的自身权益工具进行结算；（2）该金融工具是衍生工具，且企业只有通过交付固定数量的自身权益工具换取固定数额现金或其他金融资产进行结算。

例如，出售股票的远期：采用“交付固定数量的自身股票换取固定金额的现金”结算方式的，确认为权益工具；采用“以现金净额结算”结算方式的，确认为金融负债。再比如，签出的股票买入期权（看涨期权）：采用“收取固定金额现金交付固定数量的自身股票”结算方式的，确认为权益工具；采用“以现金净额结算”结算方式的，确认为金融负债。还有，签出的股票卖出期权（看跌期权）：采用“支付固定金额现金买入固定数量的自身股票”结算方式的，确认为权益工具；采用“以现金净额结算”或“以股票净额结算”结算方式的，确认为金融负债。

3.交付现金、其他金融资产进行结算与否，取决于发行方和持有方均不能控制的未来不确定事项的发生与否的金融工具，初始确认为权益工具，需满足下列条件之一：（1）可认定要求以现金、其他金融资产结算的或有结算条款相关的事项不会发生；（2）只有在发行方发生企业清算的情况下才需要以现金、其他金融资产结算。

下面来看一组有关区分金融资产、金融负债、权益工具的例题。

[例5-11] ①购入股票看涨期权——按现金净额结算。

资料： 2×18年2月1日，甲主体与乙主体签订一份欧式期权合同，该合同要求乙主体

① 例5-11~例5-15的资料引自《国际会计准则第32号——金融工具：列报》示例（财政部会计司组织翻译．国际财务报告准则2008［M］．北京：中国财政经济出版社，2008）。

承担一项交付义务，同时赋予甲主体一项可在2×19年1月31日以每股102元的价格购回本公司股票1 000股的权利。如果甲主体到期行权，该合同将以现金净额结算。有关甲主体股票市价及看涨期权公允价值的资料见表5-5。假定甲主体在行权日行使了该买权。

表 5-5 甲主体股票市价及看涨期权公允价值资料 单位：元

项　目	2×18年2月1日	2×18年12月31日	2×19年1月31日
股票的每股价格	100	104	104
看涨期权的公允价值	5 000	3 000	2 000

问题：甲主体应如何进行会计处理？

分析：

（1）根据表5-5整理出该看涨期权公允价值资料，见表5-6。

表 5-6 甲主体持有的看涨期权公允价值资料 单位：元

项　目	2×18年2月1日	2×18年12月31日	2×19年1月31日
公允价值（1）	5 000	3 000	2 000
内在价值（2）=（市价-行权价）×1 000	0	2 000	2 000
时间价值（3）=（1）-（2）	5 000	1 000	0

合同签订日的数据表明，行权价102元超过了股票市价100元，所以没有内在价值，只有时间价值，该期权为价外期权。这时看来，甲主体行权并不经济。合同到期日，该看涨期权为价内期权，甲主体应该行权。

（2）从合同规定的结算方式来看，以现金净额结算，意味着结算时甲主体应向乙主体交付102 000元，乙主体则应向甲主体交付104 000元，所以，甲主体按净额收取2 000元。换句话说，甲主体购入的期权合约令其具有将来按股票市价大于行权价之差计算的向乙主体收取现金净额的权利，所以，应该确认金融资产。

根据上述资料和分析，甲主体的有关账务处理见表5-7。

表 5-7 甲主体按现金净额结算的股票看涨期权的账务处理 单位：元

日　期	内　容	账务处理
2×18年2月1日	确认按初始公允价值买入看涨期权	借：衍生工具——看涨期权资产 5 000 　贷：银行存款 5 000
2×18年12月31日	确认看涨期权的公允价值变动损失	借：公允价值变动损益 2 000 　贷：衍生工具——看涨期权资产 2 000
2×19年1月31日	确认看涨期权的公允价值变动损失	借：公允价值变动损益 1 000 　贷：衍生工具——看涨期权资产 1 000
	以现金净额结算期权合同	借：银行存款 2 000 　贷：衍生工具——看涨期权资产 2 000

［例5-12］购入股票看涨期权——按股票净额结算。

资料：有关资料参照例5-11，只是将结算方式改为按股票净额结算。

问题：甲主体应如何进行会计处理？

分析：根据期权合同规定的结算方式，行权时乙主体有义务向甲主体交付价值为104 000元的甲主体股票，以换取价值为102 000元的甲主体股票。所以，乙主体向甲主体交付净额为2 000元的甲主体股票。对于甲主体来说，相当于收回本公司的股票约19.2股（2 000÷104）。

所以，甲主体的有关账务处理与表5-7基本相同，只是行权日结算合同的账务处理应为：

借：库存股（或股本）等权益类科目　2 000

　贷：衍生工具——看涨期权资产　2 000

［例5-13］购入股票看涨期权——按实物总额结算。

资料：有关资料仍参照例5-11，只是将结算方式改为按实物总额结算，即行权时甲主体将以支付固定金额的现金来收取固定数量的本公司股票的方式与乙主体结算期权合同。

问题：甲主体应如何进行会计处理？

分析：根据金融资产的含义，金融资产中包括将来须用或可用企业自身权益工具进行结算的衍生金融工具合同权利，但企业以固定金额的现金或其他金融资产换取固定数量的自身权益工具合同权利除外。所以，甲主体签订的购入看涨期权合同，符合权益工具的定义，不能确认金融资产。

有关甲主体的账务处理见表5-8。

表5-8　甲主体按实物总额结算的股票看涨期权的账务处理　单位：元

日　期	内　容	账务处理
2×18年2月1日	按初始公允价值确认买入看涨期权形成的权益工具	借：资本公积　5 000 　贷：银行存款　5 000
2×18年12月31日	权益工具确认后，不确认公允价值变动	
2×19年1月31日	以实物总额结算期权合同	借：库存股（或股本）等权益类科目　102 000 　贷：银行存款　102 000

［例5-14］签出股票看涨期权——按现金净额结算。

资料：2×18年2月1日，甲主体与乙主体签订一份以现金净额结算的欧式期权合同，赋予乙主体一项以每股102元的行权价向甲主体收取1 000股甲主体普通股公允价值的权利，同时使甲主体承担一项支付的义务。有关股票市价以及该看涨期权公允价值资料见表5-5。假定乙主体在行权日行使了该买权。

问题：甲主体应如何进行会计处理？

分析：甲主体签出看涨期权，合同规定的结算方式是以现金净额结算，意味着如果乙主体在2×19年1月31日行使这项权利，则甲主体有按行权日甲主体普通股的公允价值超过行权价之差计算的向乙主体交付现金的义务，所以，应该确认为金融负债。

根据上述资料和分析，甲主体的有关账务处理见表5-9。

表 5-9 甲主体按现金净额结算的股票看涨期权的账务处理 单位：元

日期	内容	账务处理
2×18年2月1日	确认按初始公允价值签出看涨期权	借：银行存款 5 000 贷：衍生工具——看涨期权负债 5 000
2×18年12月31日	确认看涨期权的公允价值变动利得	借：衍生工具——看涨期权负债 2 000 贷：公允价值变动损益 2 000
2×19年1月31日	确认看涨期权的公允价值变动利得	借：衍生工具——看涨期权负债 1 000 贷：公允价值变动损益 1 000
	以现金净额结算期权合同	借：衍生工具——看涨期权负债 2 000 贷：银行存款 2 000

［例5-15］签出股票看涨期权——按实物总额结算。

资料：有关资料参照例5-14，只是将结算方式改为按实物总额结算。假定乙主体在行权日行使了该买权。

问题：甲主体应怎样进行会计处理？

分析：根据会计规范，企业承担的将以固定价格交付指定数量的企业自身股票的义务，不属于金融负债。实际上，该看涨期权将导致签出方在持权方行权时发行指定数量的股票以换取固定金额的现金。

甲主体的有关账务处理见表5-10。

表 5-10 甲主体按实物总额结算的股票看涨期权的账务处理 单位：元

日期	内容	账务处理
2×18年2月1日	确认按初始公允价值签出看涨期权	借：银行存款 5 000 贷：资本公积等权益类科目 5 000
2×18年12月31日	不确认权益工具的公允价值变动损益	
2×19年1月31日	记录期权合同的结算	借：银行存款 102 000 贷：股本等有关科目 102 000

（三）嵌入衍生工具

1.嵌入衍生工具的概念

嵌入衍生工具，是指嵌入到非衍生工具（即主合同）中的衍生工具。嵌入衍生工具与主合同构成混合工具，使混合工具的全部或部分现金流量随特定利率、金融工具价格、商品价格、汇率、价格指数、费率指数、信用等级、信用指数或其他类似变量的变动而变动。

对嵌入衍生工具概念的理解，应该注意以下三个方面：

（1）关于主合同。主合同通常包括租赁合同、保险合同、服务合同、特许权合同、债务工具合同、合营合同等。嵌入衍生工具与主合同构成混合工具，如企业持有的可转换公司债券等。

（2）关于嵌入衍生工具的表现方式。在混合工具中，嵌入衍生工具通常以具体合同条款体现。例如，甲公司签订了按通胀率调整租金的3年期租赁合同。根据该合同，第1年的租金先约定，从第2年开始，租金按前1年的一般物价指数调整。在此例中，主合同是租赁合同，嵌入衍生工具体现为一般物价指数调整条款。除一般物价指数调整条款外，以下条款也可能体现嵌入衍生工具：在可转换公司债券中嵌入的股份转换选择权条款（对应可转换公司债券）、与权益工具挂钩的本金或利息支付条款、与商品或其他非金融项目挂钩的本金或利息支付条款、看涨期权条款、看跌期权条款、提前还款权条款、信用违约支付条款等。

（3）附在主合同上的衍生工具，如果可以与主合同分开并且能够单独转让，或者具有与该金融工具不同的交易对手方，则不能作为嵌入衍生工具，而应作为一项独立存在的衍生工具处理。例如，某贷款合同可能附有一项相关的利率互换条款。如该互换能够单独转让，那么该互换是一项独立存在的衍生工具，而不是嵌入衍生工具，即使该互换与主合同（贷款合同）的交易对手（借款人）是同一方也是如此。

2.嵌入衍生工具的会计处理原则

（1）包含金融资产主合同的混合工具

如果混合工具包含的主合同属于第22号准则规范的金融资产的，企业不应将嵌入衍生工具从该混合工具中分拆出来，而应当将该混合工具作为一个整体使用该准则关于金融资产分类的相关规定进行相应的会计处理。

（2）其他混合工具——嵌入衍生工具应当分拆的

如果混合工具包含的主合同不属于第22号准则规范的金融资产，且同时符合下列规定条件的，企业应当将嵌入衍生工具从混合工具中予以分拆，作为单独存在的衍生工具进行会计处理。这些条件是：

①嵌入衍生工具的经济特征和风险与主合同的经济特征和风险不紧密相关；

②与嵌入衍生工具具有相同条款的单独工具符合衍生工具的定义；

③该混合工具不是以公允价值计量且其变动计入当期损益进行会计处理。

嵌入衍生工具从混合工具中分拆的，一方面，企业应当按照适用的会计准则对混合工具的主合同进行会计处理；另一方面，企业对分拆出来的嵌入衍生工具要以公允价值进行初始计量，后续计量时将公允价值变动计入当期损益。在确定嵌入衍生工具的公允价值时，如果企业无法根据嵌入衍生工具的条款和条件可靠计量嵌入衍生工具的公允价值，应当根据混合工具公允价值和主合同公允价值两者之间的差额确定该嵌入衍生工具的公允价值；如果使用了上述方法后仍然无法单独计量该嵌入衍生工具在取得日或后续计量日的公允价值，企业应当将该混合工具整体指定为以公允价值计量且其变动计入当期损益的金融工具。

（3）其他混合工具——嵌入衍生工具不需要分拆的

如果混合工具包含一项或多项嵌入衍生工具，且主合同不属于第22号准则规范的金融资产的，企业可以将其整体指定为以公允价值计量且其变动计入当期损益的金融工具，但下列情形除外：

①嵌入衍生工具不会对混合工具的现金流量产生重大改变。

②在初次确定类似的混合工具是否需要分拆时，几乎不需要分析就能明确其包含的嵌入衍生工具不应分拆。例如，嵌入贷款的提前还款权，允许持有人以接近摊余成本的金额提前偿还贷款，该提前还款权不需要分拆。

综上所述，嵌入衍生工具可否从混合工具中分拆的基本判断思路如图5-3所示。

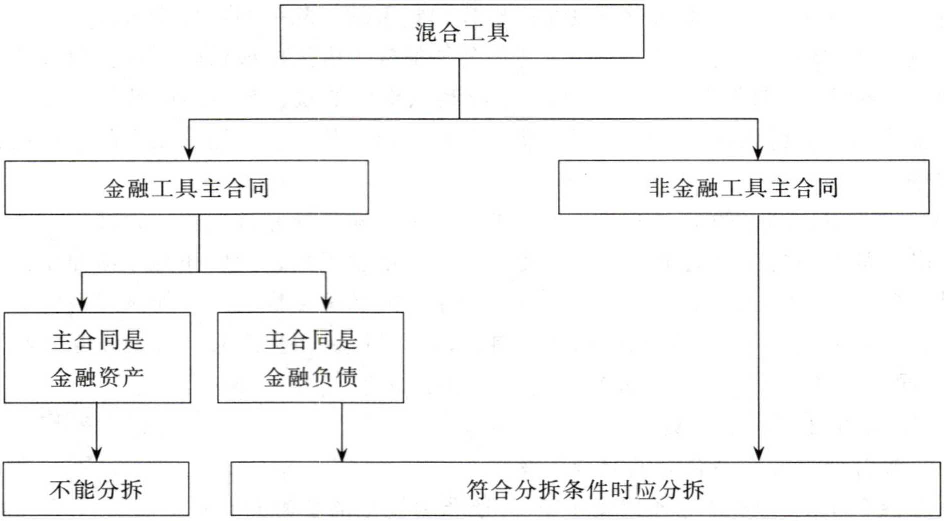

图5-3 嵌入衍生工具可否从混合工具中分拆的基本判断思路示意图

[例5-16] ①嵌入衍生工具。

资料：假定某企业在第1年年初按每份面值1 000元发行了2 000份可转换公司债券，期限为3年，年名义利率为6%，每年年末支付利息；每份债券可在到期前的任何时间转换为250股普通股。该债券发行时不具备转换选择权的类似债券的市场利率为9%。该企业将发行的该债券归类为以摊余成本计量的金融负债。

问题：该企业应如何进行会计处理？

分析：首先，主合同不是第22号准则规范的金融资产，另假定符合分拆的其他条件。

其次，分拆的过程如下：

①本金的现值：

按9%的折现率计算的第3年年末应付2 000 000元的现值为1 544 367元。

②利息的现值：

按9%的折现率计算的第3年内每年应付120 000元的现值为303 755元。

③负债部分总额：

面值的现值与利息的现值之和为1 848 122元。

④债券发行收入：2 000 000元。

⑤权益部分金额：2 000 000-1 848 122=151 878（元）

最后，初始确认的账务处理如下：

借：银行存款　　2 000 000

　　应付债券——利息调整　　151 878

① 例5-16中的资料引自《国际会计准则第32号——金融工具：列报》示例（财政部会计司组织翻译. 国际财务报告准则2008[M]. 北京：中国财政经济出版社，2008）。

贷：应付债券——面值　2 000 000

　　资本公积——其他资本公积　151 878

三、金融工具的信息披露

金融工具的披露，是指企业在附注中披露已确认和未确认金融工具的有关信息，有助于财务报告使用者就金融工具对企业财务状况和经营成果影响的重要程度作出合理评价。

根据企业会计准则，金融工具的信息披露主要有以下几个要求：

1.一般信息披露要求

（1）企业应当披露编制财务报表时对金融工具所采用的重要会计政策、计量基础等信息。

（2）企业应当披露相关金融资产和金融负债的账面价值。

（3）企业将单项或一组贷款或应收款项指定为以公允价值计量且其变动计入当期损益的金融资产的，应当披露有关信用风险信息以及因信用风险变化引起的公允价值变动的信息。

（4）企业将某项金融负债指定为以公允价值计量且其变动计入当期损益的金融负债的，应当披露本期因相关信用风险变化引起的公允价值变动额和累计变动额以及账面价值与到期日按合同约定应支付金额之间的差额。

（5）企业将金融资产进行重分类，使该金融资产后续计量基础由成本或摊余成本改为公允价值，或由公允价值改为成本或摊余成本的，应当披露该金融资产重分类前后的公允价值或账面价值以及重分类的原因。

（6）对于不满足《企业会计准则第23号——金融资产转移》规定的金融资产终止确认条件的金融资产转移，企业应当披露有关信息。

（7）企业应当披露与作为担保物的金融资产有关的账面价值信息和与担保物有关的期限及条件信息。

（8）企业收到的担保物（金融资产或非金融资产）在担保物所有人没有违约时就可以出售或再作为担保物的，应当披露有关信息。

（9）企业应当披露每类金融资产减值损失的详细信息，包括前后两期可比的金融资产减值准备期初余额、本期计提数、本期转回数、期末余额之间的调节信息等。

（10）企业应当披露与违约借款有关的信息。

（11）企业应当披露与每类套期保值有关的信息。

（12）企业应当披露与现金流量套期有关的信息。

（13）对于公允价值套期，企业应当披露本期套期工具形成的利得或损失，以及被套期项目因被套期风险形成的利得或损失。

（14）对于境外经营净投资套期，企业应当披露本期无效套期形成的利得或损失。

（15）企业在披露金融资产或金融负债的公允价值信息时，除非这些金融资产或金融负债是账面价值与公允价值相差很小的短期金融资产或金融负债，或者是在活跃市场中没有报价的权益工具投资，以及与该权益工具挂钩并须通过交付该权益工具结算的衍生工具，否则应当按照每类金融资产和金融负债披露有关公允价值信息。

（16）企业应当披露在活跃市场中没有报价的权益工具投资，以及与该权益工具挂钩并须通过交付该权益工具结算的衍生工具的有关信息。

（17）企业应当披露与金融工具有关的收入、费用、利得或损失信息。

2.金融工具风险信息披露要求

企业既应披露金融工具风险的描述性信息，同时还应披露金融工具风险的数量信息。企业应当披露与每类金融工具信用风险、流动性风险、市场风险有关的信息。

第三节 衍生金融工具用于套期保值的会计处理

一、套期会计的相关概念

（一）套期

套期（hedge）原义是建立“防护墙”，有规避风险之意。根据《企业会计准则第24号——套期会计》，套期，是指企业为管理外汇风险、利率风险、价格风险、信用风险等特定风险引起的风险敞口，指定金融工具为套期工具，以使套期工具的公允价值或现金流量变动，预期抵销被套期项目全部或部分公允价值或现金流量变动的风险管理活动。

（二）套期工具与被套期项目

套期工具（hedging instrument），是指企业为进行套期而指定的、其公允价值或现金流量变动预期可抵销被套期项目的公允价值或现金流量变动的金融工具。套期工具是相对于“被套期项目”的而言的。

作为套期工具的基本条件是：其公允价值应当能够可靠地计量。指定套期工具的基本原则是：第一，衍生工具通常可以作为套期工具；例外情况是：无法有效地对冲被套期项目风险的衍生工具不能作为套期工具，如企业签出的期权就不能作为套期工具，只有在对购入期权（包括嵌入在混合工具中的购入期权）进行套期时，签出期权才可以作为套期工具。第二，以公允价值计量且其变动计入当期损益的非衍生金融资产或非衍生金融负债可以作为套期工具，但指定为以公允价值计量且其变动计入当期损益、且其自身信用风险变动引起的公允价值变动计入其他综合收益的金融负债除外。第三，企业自身权益工具不属于企业的金融资产或金融负债，不能作为套期工具。第四，对于外汇风险套期，企业可以将非衍生金融资产（选择以公允价值计量且其变动计入其他综合收益的非交易性权益工具投资除外）或非衍生金融负债的外汇风险成分指定为套期工具。

被套期项目（hedged item），是指使企业面临公允价值或现金流量变动风险，且被指定为被套期对象的、能够可靠计量的项目。

可作为被套期项目的项目有：①已确认资产或负债；②尚未确认的确定承诺；③极可能发生的预期交易；④境外经营净投资；等等。这里的确定承诺，是指在未来某特定日期或期间，以约定价格交换特定数量资源、具有法律约束力的协议；这里的预期交易，是指尚未承诺但预期会发生的交易。

（三）套期关系的种类

套期工具与被套期项目，是一项套期关系的两个组成要素。只有当企业特定的风险管理策略将这两个要素有机地连接起来，才构成一项套期关系。

套期关系分为以下三类：

1.公允价值套期

公允价值套期，是指对已确认资产或负债、尚未确认的确定承诺，或上述项目组成部分的公允价值变动风险敞口进行的套期。

但对确定承诺的外汇风险进行的套期，企业可以将其作为公允价值套期或现金流量套期处理。

2.现金流量套期

现金流量套期是指对已确认资产或负债或预期交易的现金流量变动风险所作的套期。现金流量套期中包括外币现金流量套期（如对预期交易的外币风险所作的套期）。

已确认的资产或负债承受的现金流量变动风险与已确认的资产或负债承受的公允价值变动风险显然不同。前者如浮动利率债权或债务的未来利息收入或利息支付，后者如已入账存货未来的跌价损失。

预期交易可能承受的风险与已确认的资产或负债承受的风险也不相同。前者承受的是未来现金流量风险，后者承受的则多是未来公允价值变动的风险（除类似于浮动利率债券以外，那样的已确认资产或负债承受的是未来现金流量风险）。例如，企业在未来6个月里预计需要消耗100单位的原料，现已有库存40单位，预期采购60单位。库存10单位的原料将承受的是公允价值变动风险，而采购60单位原料这一预期交易所承受的则是现金流量风险。

3.境外经营净投资的套期

对境外经营净投资的套期，是指对企业在境外经营净资产中享有的份额所面临的外汇风险进行的套期。

以上三类套期关系中，公允价值套期中的外币公允价值套期、现金流量套期中的外币现金流量套期和对境外经营净投资的外币风险的套期，还可统称为外币套期。

（四）套期会计方法及其应用条件

套期会计方法，是指企业将套期工具和被套期项目产生的利得或损失在相同会计期间计入当期损益（或其他综合收益）以反映风险管理活动影响的方法。

公允价值套期、现金流量套期或境外经营净投资套期同时满足下列条件的，才能运用本准则规定的套期会计方法进行处理：

（1）套期关系仅由符合条件的套期工具和被套期项目组成。

（2）在套期开始时，企业正式指定了套期工具和被套期项目，并准备了关于套期关系和企业从事套期的风险管理策略和风险管理目标的书面文件。该文件至少载明了套期工具、被套期项目、被套期风险的性质以及套期有效性评估方法（包括套期无效部分产生的原因分析以及套期比率确定方法）等内容。

（3）套期关系符合套期有效性要求。

套期有效性，是指套期工具的公允价值或现金流量变动能够抵销被套期风险引起的被套期项目公允价值或现金流量变动的程度。套期工具的公允价值或现金流量变动大于或小于被套期项目的公允价值或现金流量变动的部分为套期无效部分。

二、套期会计基本规范

（一）科目设置

企业应设置以下会计科目对套期活动进行确认与计量：

1.“套期工具”科目

企业应设置“套期工具”科目，核算指定为套期工具的衍生工具和其他套期工具。

当已确认的衍生工具、以公允价值计量且其变动计入当期损益的非衍生金融资产或非衍生金融负债等金融资产或金融负债被指定为套期工具时，应将其账面价值自“衍生工具”“交易性金融资产”等科目转入“套期工具”科目。

资产负债表日，对于公允价值套期，应当按照套期工具产生的利得借记本科目，贷记“套期损益”“其他综合收益——套期损益”科目；套期工具产生的损失，做相反的会计分录。对于现金流量套期，应当按照套期工具产生的利得，借记本科目，按照套期有效部分的变动额，贷记“其他综合收益——套期储备”科目，按照套期工具产生的利得减去套期有效部分的变动额之后的差额，贷记“套期损益”科目；套期工具产生的损失，做相反的会计分录。

金融资产或金融负债不再作为套期工具核算的，应当按照套期工具形成的资产或负债，借记或贷记有关资产或负债科目，贷记或借记本科目。

本科目的借方余额，反映企业套期工具形成的资产的公允价值；本科目的贷方余额，反映套期工具形成的负债的公允价值。

2.“被套期项目”科目

与“套期工具”科目相对应，企业还应该根据套期会计需要，设置“被套期项目”科目。本科目核算开展套期保值业务被套期项目公允价值变动形成的资产或负债。

当企业将已确认的资产或负债指定为被套期项目时，应按其账面价值借记或贷记本科目，贷记或借记“库存商品”“长期借款”等科目，已计提跌价准备或减值准备的，还应同时结转跌价准备或减值准备。

资产负债表日，对于公允价值套期，应按照被套期项目因被套期风险敞口形成的利得，借记本科目，贷记“套期损益”“其他综合收益——套期损益”等科目，被套期项目因被套期风险敞口产生的损失做相反的会计分录。资产或负债不再作为被套期项目的，应按照被套期项目形成的资产或负债，借记或贷记有关科目，贷记或借记本科目。

本科目期末借方余额，反映企业被套期项目形成的资产；本科目期末贷方余额，反映企业被套期项目形成的负债。

可见，“套期工具”“被套期项目”两个科目都属于共同类科目。

3.“套期损益”科目

企业可以设置“套期损益”科目，用来核算套期工具和被套期项目价值变动形成的利得或损失。

资产负债表日，对于公允价值套期，按照套期工具产生的利得，借记“套期工具”科目，贷记本科目；套期工具产生的损失，做相反的会计分录。对于现金流量套期，套期工具的利得中属于套期无效的部分，借记“套期工具”科目，贷记本科目；套期工具的损失中属于套期无效的部分，做相反的会计分录。

资产负债表日，对于公允价值套期，应按照被套期项目因被套期风险敞口形成的利得，借记“被套期项目”科目，贷记本科目；被套期项目因被套期风险敞口形成的损失，做相反的会计分录。

期末，应将本科目的余额转入“本年利润”科目，结转后本科目应无余额。

4.“净敞口套期损益”科目

本科目核算净敞口套期下被套期项目累计公允价值变动转入当期损益的金额或现金流量套期储备转入当期损益的金额。

对于净敞口公允价值套期，企业应在被套期项目影响损益时，将被套期项目因被套期风险敞口形成的累计利得或损失转出，贷记或借记“被套期项目”科目，借记或贷记本科目。

对于净敞口现金流量套期，企业应在将相关现金流量套期储备转入当期损益时，借记或贷记“其他综合收益——套期储备”科目，贷记或借记本科目；将相关现金流量套期储备转入资产或负债的，当资产或负债影响损益时，借记或贷记资产科目（或其备抵科目）、负债科目，贷记或借记本科目。

期末，应将本科目的余额转入“本年利润”科目，结转后本科目应无余额。

5.“其他综合收益”下的相关明细科目

一方面，企业应在“其他综合收益”科目下，设置“套期损益”明细科目，核算公允价值套期下对被指定为以公允价值计量且其变动计入其他综合收益的非交易性权益工具投资或其组成部分进行套期时，套期工具和被套期项目公允价值变动形成的利得或损失。

另一方面，企业还应在“其他综合收益”科目下，设置“套期储备”明细科目，核算现金流量套期下累计公允价值变动中的有效套期部分。

（二）确认与计量的原则

1.公允价值套期

（1）套期工具产生的利得或损失应当计入当期损益。如果套期工具是对选择以公允价值计量且其变动计入其他综合收益的非交易性权益工具投资（或其组成部分）进行套期的，套期工具产生的利得或损失应当计入其他综合收益。

（2）被套期项目因被套期风险敞口形成的利得或损失应当计入当期损益，同时调整未以公允价值计量的已确认被套期项目的账面价值。

被套期项目利得或损失的具体处理要求如下：

被套期项目为按照《企业会计准则第22号——金融工具确认和计量》第十八条分类为以公允价值计量且其变动计入其他综合收益的金融资产（或其组成部分）的，其因被套期风险敞口形成的利得或损失应当计入当期损益，其账面价值已经按公允价值计量，不需要调整。

被套期项目为企业选择以公允价值计量且其变动计入其他综合收益的非交易性权益工具投资（或其组成部分）的，其因被套期风险敞口形成的利得或损失应当计入其他综合收益，其账面价值已经按公允价值计量，不需要调整。

被套期项目为尚未确认的确定承诺（或其组成部分）的，其在套期关系指定后因被套期风险引起的公允价值累计变动额应当确认为一项资产或负债，相关的利得或损失应当计入各相关期间损益。当履行确定承诺而取得资产或承担负债时，应当调整该资产或负债的初始确认金额，以包括已确认的被套期项目的公允价值累计变动额。

被套期项目为以摊余成本计量的金融工具（或其组成部分）的，企业对被套期项目账面价值所作的调整应当按照开始摊销日重新计算的实际利率进行摊销，并计入当期损益。该摊销可以自调整日开始，但不应当晚于对被套期项目终止进行套期利得和损失调整的时点。

被套期项目为按照《企业会计准则第22号——金融工具确认和计量》第十八条分类为以公允价值计量且其变动计入其他综合收益的金融资产（或其组成部分）的，企业应当按照相同的方式对累计已确认的套期利得或损失进行摊销，并计入当期损益，但不调整金融资产（或其组成部分）的账面价值。

2.现金流量套期的确认与计量

（1）套期工具产生的利得或损失中属于套期有效的部分，作为现金流量套期储备的金额，计入其他综合收益。该金额应当按照下列两项的绝对额中较低者确定：一是套期工具自套期开始的累计利得或损失；二是被套期项目自套期开始的预计未来现金流量现值的累计变动额。

（2）套期工具产生的利得或损失中属于套期无效的部分（即扣除计入其他综合收益后的其他利得或损失），应当计入当期损益。

（3）计入其他综合收益的现金流量套期储备的金额的后续处理方法是：①被套期项目为预期交易，且该预期交易使企业随后确认一项非金融资产或一项非金融负债的，或者非金融资产或非金融负债的预期交易形成一项适用于公允价值套期会计的确定承诺时，企业应将原计入其他综合收益中的现金流量套期储备金额转出，计入该资产或负债的初始确认金额。②对于不属于上述①中所涉及的现金流量套期，企业应当在被套期的预期现金流量影响损益的相同期间，将原在其他综合收益中确认的现金流量套期储备金额转出，计入当期损益。③如果在其他综合收益中确认的现金流量套期储备金额是一项损失，且该损失全部或部分预计在未来会计期间不能弥补的，企业应当在预计不能弥补时，将预计不能弥补的部分从其他综合收益中转出，计入当期损益。

3.境外经营净投资套期的确认与计量

对境外经营净投资的套期，与现金流量套期的会计处理原则相类似，即：

（1）套期工具形成的利得或损失中属于套期有效的部分，应当计入其他综合收益。全部或部分处置境外经营时，上述计入其他综合收益的套期工具利得或损失应当相应转出，计入当期损益。

（2）套期工具形成的利得或损失中属于套期无效的部分，应当计入当期损益。

4.终止运用套期会计的情形

企业发生下列情形之一的，应当终止运用套期会计：

（1）因风险管理目标发生变化，导致套期关系不再满足风险管理目标。

（2）套期工具已到期、被出售、合同终止或已行使。

（3）被套期项目与套期工具之间不再存在经济关系，或者被套期项目和套期工具经济关系产生的价值变动中，信用风险的影响开始占主导地位。

（4）套期关系不再满足本准则所规定的运用套期会计方法的其他条件。在适用套期关系再平衡的情况下，企业应当首先考虑套期关系再平衡，然后评估套期关系是否满足本准则所规定的运用套期会计方法的条件。

三、会计处理示例

下面举例说明衍生金融工具在套期保值中的应用。

[例5-17] 期权合约用于公允价值套期。

资料：丙公司于2×16年9月1日以每股50元的价格从二级市场购入丁公司的股票100 000股，从而拥有丁公司5%的股份。丙公司将该项股权投资归类以公允价值计量且其变动计入当期损益的金融资产。根据后来的股市分析，丙公司管理层认为有规避股价下跌风险的必要，公司有关部门遂于2×16年12月31日支付期权费90 000元购入一项看跌期权，将其指定为对公司持有的对丁公司股票投资进行套期保值。按当天该股票市场价格每股40元作为该期权的行权价格，行权日期为2×18年12月31日。

假定有关股票公允价值和看跌期权公允价值资料见表5-11。

表5-11 丙公司购入的丁公司股票以及看跌期权的公允价值资料 单位：元

项目		2×16年12月31日	2×17年12月31日	2×18年12月31日
股票	每股价格	40	38	35
	总价	4 000 000	3 800 000	3 500 000
看跌期权	时间价值	90 000	70 000	0
	内在价值	0	200 000	500 000
	公允价值	90 000	270 000	500 000

假定丙公司在不考虑期权的时间价值变化的情况下对该卖权的套期有效性进行分析，认为套期有效。

问题：丙公司应如何进行相关会计处理？

分析：首先，丙公司应确定套期活动的分类。对已确认资产进行的套期保值活动，应归类为公允价值套期。

然后，对此项套期活动进行账务处理。有关账务处理如下：

①2×16年9月1日，买入丁公司股票：

借：交易性金融资产 5 000 000

　贷：银行存款 5 000 000

②2×16年12月31日，确认金融资产公允价值变动：

借：公允价值变动损益 1 000 000

　贷：交易性金融资产 1 000 000

③2×16年12月31日，确认套期关系：

借：被套期项目——交易性金融资产 4 000 000

　贷：交易性金融资产 4 000 000

借：套期工具——卖出期权 90 000

　贷：银行存款 90 000

④2×17年12月31日，确认套期工具公允价值变动：

借：套期工具——卖出期权 180 000

贷：套期损益 180 000

⑤2×17年12月31日，确认被套期项目公允价值变动：

借：套期损益 200 000

贷：被套期项目——交易性金融资产 200 000

⑥2×18年12月31日，确认套期工具公允价值变动：

借：套期工具——卖出期权 230 000

贷：套期损益 230 000

⑦2×18年12月31日，确认被套期项目公允价值变动：

借：套期损益 300 000

贷：被套期项目——交易性金融资产 300 000

⑧2×18年12月31日，按行权价格卖出所持股票，确认行权：

借：银行存款 4 000 000

贷：套期工具——卖出期权 500 000

被套期项目——交易性金融资产 3 500 000

⑨2×18年12月31日，结转原来确认的公允价值变动损益：

借：投资收益 1 000 000

贷：公允价值变动损益 1 000 000

通过上例可以看出，套期工具的公允价值变动利得共410 000元，弥补了被套期项目上的部分公允价值变动损失，也就是说，如若不作套期，丙公司此项股票投资将损失1 500 000元（（50−35）×100 000）；由于采用卖出期权进行套期，丙公司在此项股票投资上仅损失了1 090 000元（5 090 000元的资金投入，卖出股票价款4 000 000元），减少了410 000元的损失（税费略）。另外，丙公司在此项股票投资上损失的1 090 000元，通过“套期损益”“投资收益”等损益类科目的记录体现为对各期损益的影响。

[例5-18] 期权合约用于公允价值套期。

资料：沿用例5-17的资料，只是假定被套期项目——丙公司持有的对丁公司的股权投资——被归类以公允价值计量且其变动计入其他综合收益的金融资产，其他资料不变。

问题：丙公司应如何进行相关账务处理？

分析：

①2×16年9月1日，买入丁公司股票：

借：其他权益工具投资 5 000 000

贷：银行存款 5 000 000

②2×16年12月31日，确认金融资产公允价值变动：

借：其他综合收益——公允价值变动 1 000 000

贷：其他权益工具投资 1 000 000

③2×16年12月31日，确认套期关系：

借：被套期项目——其他权益工具投资 4 000 000

贷：其他权益工具投资 4 000 000

借：套期工具——卖出期权　90 000

　贷：银行存款　90 000

④2×17年12月31日，确认套期工具公允价值变动：

借：套期工具——卖出期权　180 000

　贷：其他综合收益——套期损益　180 000

⑤2×17年12月31日，确认被套期项目公允价值变动：

借：其他综合收益——套期损益　200 000

　贷：被套期项目——其他权益工具投资　200 000

⑥2×18年12月31日，确认套期工具公允价值变动：

借：套期工具——卖出期权　230 000

　贷：其他综合收益——套期损益　230 000

⑦2×18年12月31日，确认被套期项目公允价值变动：

借：其他综合收益——套期损益　300 000

　贷：被套期项目——其他权益工具投资　300 000

⑧2×18年12月31日，按行权价格卖出所持股票，确认行权：

借：银行存款　4 000 000

　贷：套期工具——卖出期权　500 000

　　　被套期项目——其他权益工具投资　3 500 000

⑨2×18年12月31日，结转原来确认的公允价值变动损益：

借：盈余公积——法定盈余公积　109 000

　　利润分配——未分配利润　981 000

　贷：其他综合收益——套期损益　90 000

　　　　　　　　　——公允价值变动　1 000 000

通过以上账务处理可以看出，丙公司在此项股票投资上损失的1 090 000元，与例5-17中的处理不同，是通过“其他综合收益”这个科目直接影响所有者权益的，并最终体现为对留存收益的影响。

[例5-19] 期汇合约用于现金流量套期。

资料：乙公司2×18年8月1日预期将在2×19年1月30日销售一批A商品20吨，根据目前的市场价格情况，预期销售价格为300 000元；而综合市场情况分析，未来销售价格有走低的风险。为了规避现金流量风险，乙公司于2×18年8月1日与某金融机构签订了一项衍生金融工具合同B，将其用于为此项预期销售进行套期保值。衍生金融工具B的标的资产与被套期的预期销售商品A的数量、质量、产地、销售地以及价格变动等要素均相同，衍生金融工具B的结算日也与商品A的预期销售日相同。签约当天，衍生金融工具B的公允价值为0；2×18年12月31日，衍生金融工具B的公允价值上涨了20 000元，20吨商品A的预期销售价格为280 000元；结算日，衍生金融工具B的公允价值又上涨了30 000元，20吨商品A的实际销售价格也比1个月以前的预期价格下降了30 000元。

假定：乙公司经分析，此项套期因关键条款相同而完全有效；不考虑衍生金融工具B的时间价值以及商品A的增值税因素等；2×18年12月31日、2×19年1月30日被套期项目自套期开始的预计未来现金流量现值的累计变动额的绝对额均大于当时套期工具自套期开始的累计利得。

问题：乙公司应怎样进行相关会计处理？

分析：首先，乙公司应确定套期活动的分类。对预期交易进行的套期保值活动，应归类为现金流量套期。

然后，对此项套期活动进行账务处理如下：

①2×18年8月1日：套期工具公允价值为0，被套期项目尚未发生，不予以确认。

②2×18年12月31日，确认套期工具公允价值变动：

借：套期工具——衍生金融工具B　　20 000

　贷：其他综合收益　　20 000

③2×19年1月30日，确认套期工具公允价值变动：

借：套期工具——衍生金融工具B　　30 000

　贷：其他综合收益　　30 000

④2×19年1月30日，确认预期交易（销售A商品）的发生：

借：银行存款或应收账款　　250 000

　贷：主营业务收入　　250 000

⑤2×19年1月30日，确认衍生工具B的结算：

借：银行存款　　50 000

　贷：套期工具——衍生金融工具B　　50 000

⑥2×19年1月30日，结转套期工具的累计公允价值变动损益：

借：其他综合收益　　50 000

　贷：主营业务收入　　50 000

[**例5-20**] 期汇合约用于对确定承诺进行套期。

资料：甲公司于2×18年10月31日与境外某公司签订合同，约定于2×19年1月31日以每桶55美元的价格购入2 000桶原油。为了规避购入原油成本的外汇风险，甲公司于当日又与A金融机构签订一项合约，合约约定：2×19年1月30日，甲公司按2×18年10月31日的3个月期远期汇率从A金融机构购入110 000美元，结算方式为按净额结算。有关汇率和利率资料为：①2×18年10月31日，3个月的美元对人民币远期汇率为1美元=6.86元人民币；②2×18年12月31日，1个月的美元对人民币远期汇率为1美元=6.84元人民币；③2×19年1月30日，美元对人民币即期汇率为1美元=6.83元人民币。人民币的市场利率为3%。不考虑增值税等相关税费。

问题：甲公司如何就对确定承诺进行的这一套期保值活动进行会计处理？

分析：

①甲公司与A金融机构签订的合约就是一项远期外汇合约。按净额结算意味着甲公司在结算日（2×19年1月30日）按约定的交割汇率与结算日即期汇率的差额（6.86−6.83=0.03）对合同金额110 000美元进行结算，根据题意，甲公司结算日应向A金融机构支付3 300元（110 000×（6.86−6.83））的净额。

②2×18年10月31日合约签订日，甲公司应该对该工具涉及的权利或义务进行初始确认；当天期汇合约的现值即其公允价值=（6.86−6.86）×110 000÷（1+3%×1÷12）=0。由于初始确认日衍生工具的公允价值为零。

③2×18年12月31日，1个月的美元对人民币远期汇率为1美元=6.84元人民币，甲公司对该工具涉及的权利或义务进行后续计量的结果是：当天期汇合约的现值即其公允价值为-2 195元（（6.84-6.86）×110 000÷（1+3%×1÷12）），这就意味着甲公司2×18年12月31日的资产负债表中要按公允价值报告未来按净额结算时需承担的2 195元义务，同时需要确认公允价值变动损失2 195元（2 195-0）。

④同样道理，2×19年1月30日期汇合约的现值即其公允价值为-3 300元（（6.83-6.86）×110 000），这就意味着甲公司2×19年1月30日按净额结算前的金融负债余额应为3 300元，从而需要确认1 105元（3 300-2 195）的负债增加额和公允价值变动损失。

⑤2×19年1月30日是结算日，所以，甲公司需要按约定的交割汇率大于结算日即期汇率的差额对合同金额110 000美元进行结算，即：应向A金融机构支付3 300元（110 000×（6.86-6.83））的净额。

⑥对涉及外汇的确定承诺进行套期保值，可以将其归类于公允价值套期，也可以将其归类为现金流量套期。

综上所述，区分公允价值套期和现金流量套期两种情况，本例题有关账务处理的比较见表5-12。

表5-12　**甲公司将期汇合约用于购货的确定承诺套期保值的会计处理比较**　单位：元

日期	内容	账务处理及报表列报	
		将该套期划分为公允价值套期	将该套期划分为现金流量套期
2×18年10月31日	签订期汇合约，将其指定为套期工具	因套期工具和被套期项目的公允价值为零[①]，不作账务处理；将套期保值进行表外登记	因套期工具和被套期项目的公允价值为零[①]，不作账务处理；将套期保值进行表外登记
2×18年12月31日	确认公允价值变动	借：套期损益　2 195[②] 贷：套期工具——期汇合约　2 195	借：其他综合收益　2 195 贷：套期工具——期汇合约　2 195
		借：被套期项目——确定承诺　2 195 贷：套期损益　2 195	
	期末资产负债表中的列报	将2 195元在负债部分的“套期工具”项目或“衍生金融负债”项目中列报，同时在资产部分的“被套期项目”中列报	期末将2 195元在负债部分的“套期工具”或“衍生金融负债”项目中列报
2×19年1月30日	确认公允价值变动	借：套期损益　1 105[③] 贷：套期工具——期汇合约　1 105	借：其他综合收益　1 105 贷：套期工具——期汇合约　1 105
		借：被套期项目——确定承诺　1 105 贷：套期损益　1 105	
	结算期汇合约	借：套期工具——期汇合约　3 300 贷：银行存款　3 300	借：套期工具——期汇合约　3 300 贷：银行存款　3 300
	履行确定承诺，购货	借：原材料——原油　751 300 贷：银行存款　751 300	借：原材料——原油　751 300 贷：银行存款　751 300
	结转被套期项目公允价值变动损益	借：原材料——原油　3 300 贷：被套期项目——确定承诺　3 300	
该存货影响企业损益的期间	结转套期工具累计的公允价值变动损益		借：主营业务成本等　3 300 贷：其他综合收益　3 300

注：①当天期汇合约的现值即其公允价值=（6.86-6.86）×110 000÷（1+3%×1÷12）=0

②当天期汇合约的现值即其公允价值=（6.86-6.84）×110 000÷（1+3%×1÷12）=2 195（元）

③当天期汇合约的现值即公允价值=（6.86-6.83）×110 000=3 300（元），应调整额=3 300-2 195=1 105（元）

通过上例可以看出，甲公司套期活动的结果是：将购入原油的折算成本（按公允价值套期来处理）或将与购入原油有关的销售成本的折算价值（按现金流量套期来处理）锁定在套期开始日远期汇率的水平上。从某种意义上说，这也是进行套期活动的初衷。但此项套期活动中汇率的变化却致使公司多支出人民币3 300元。

□ 复习思考题

1. 如何理解衍生金融工具的含义？
2. 如何理解衍生金融工具对传统财务会计带来的影响？
3. 衍生金融工具会计面临的主要问题是什么？
4. “公允价值是衍生金融工具的唯一计量属性”，对此你有何看法？
5. 什么是套期会计？
6. 什么是公允价值套期？什么是现金流量套期？两者的会计处理有何主要区别？

第六章

股份支付会计

第一节　股份支付概述

一、股份支付

（一）股权激励

随着公司股权的日益分散、人力资本对企业价值创造重要性的日益提高和管理技术的日益复杂化，世界各国的公司为了合理激励公司管理人员，不断创新激励方式，不断探索建立、健全企业员工（包括经营者）激励机制。

2006年1月，中国证监会发布了《上市公司股权激励管理办法（试行）》，明确规定了上市公司建立股权激励制度的条件、方式和批准程序；2006年3月和10月，国务院国有资产监督管理委员会和财政部相继出台了《国有控股上市公司（境外）实施股权激励试行办法》和《国有控股上市公司（境内）实施股权激励试行办法》，这些法规的出台为我国企业实施股权激励创造了条件，企业可以通过股票期权等权益工具对职工实行激励，而且对于已完成股权分置改革的上市公司，允许建立股权激励机制。

（二）股份支付的含义

股份支付，是“以股份为基础的支付”的简称，是指企业为获取职工和其他方提供的服务而授予权益工具或者承担以权益工具为基础确定的负债的交易。通俗地说，职工或企业外部某单位或个人给企业提供了服务，企业应当付出代价，而这个代价是以股份为基础来支付或计算应支付金额的。

现代企业的薪酬制度是一个由多种薪酬方式有机组成的薪酬组合，它通常由基本工资、短期奖金、长期奖金、福利和额外供应品（或服务）等部分组成。其中，基本工资用于保障员工的基本生活；奖金是对员工绩效的直接回报；福利用于解决员工后顾之忧、弥补现金激励不足；长期激励是用于奖励员工为企业长期绩效作出贡献的奖金，是解决所有者与经营者、普通员工利益一致性的薪酬制度，其主要形式——股份支付制度对激励员工在任职期间努力工作可以起到很好的作用；额外供应品（或服务）是对福利的一种补充，这种福利包括允许员工使用企业的汽车等公共资源。

传统薪酬制度以基本工资和年度奖金为核心，用于回报员工现期或上期对企业的贡献。但基本工资与年度奖金偏重对以往业绩、短期业绩的评估，企业管理人员出于自身利益的考虑可能放弃、延缓或搁置那些短期内会给企业财务状况带来不利影响但有利于企业长期发展的计划，从而使企业长期发展面临不利的局面。而企业股份的价值是对企业内在价值及发展前景的直观、综合的反映。以股份期权为代表的股份支付制度以企业股份的价值作为支付的基础，并且其对员工绩效的考察期通常很长（一般在1年以上）、奖励金额通常较为可观，使得员工的利益同企业股份的价值、企业的长远发展有机联系起来，从而有利于理顺现代企业中委托代理关系下的利益分配关系，避免了经营者、普通员工的短期行为，这使得股份支付逐渐成为现代企业针对员工的主要的长期激励方式。

企业通过授予职工股票期权、认股权证等衍生工具或其他权益工具换取职工提供的服务，从而实现对职工的激励或补偿，属于职工薪酬的重要组成部分。由于股份支付以权益工具的公允价值为计量基础，因此，《企业会计准则第9号——职工薪酬》规定，以股份为基础的薪酬适用《企业会计准则第11号——股份支付》。

二、股份支付的特征

理解股份支付的定义，要把握以下几个关键词：职工或其他方、服务、权益工具。只有符合以下三个特征的交易才能按照股份支付进行处理：

1.企业与职工或其他方之间发生的交易

企业与股东之间无论是新发行股份，还是支付股票股利等，企业合并交易中的合并方与被合并方之间支付对价，均有可能会以股份的形式进行支付，但这些都不能按照股份支付准则的原则来处理。只有发生在企业与其职工或向企业提供服务的其他方之间的交易，才可能符合股份支付准则对股份支付的定义。

2.以获取职工或其他方服务为目的的交易

职工或其他方为企业提供了服务，企业以股份的形式支付代价。企业在这个交易中获取了其职工或其他方提供的服务（可以作为当期费用处理）或取得这些服务的权利（可以作为资产处理）。企业获取这些服务或权利的目的是用于其正常生产经营，不是转手获利等。

3.交易对价或其定价与企业自身权益工具的价值密切相关

股份支付交易同企业与其职工间其他类型交易的最大不同，是交易对价或其定价与企业自身权益工具未来的价值密切相关。在股份支付中，企业要么向职工支付其自身权益工具，要么向职工支付一笔现金，而其金额高低取决于结算时企业自身权益工具的公允价值。对价的特殊性可以说是股份支付的显著特征。

三、股份支付的分类

（一）按分享权益的类型不同划分

按分享权益的类型划分，股份支付可以分为股份增值权、模拟股票、股票期权、限制性股票计划、业绩股份、业绩单位、延期支付计划、股份奖励、管理层收购等，不同类型的股份支付的具体含义见表6-1。

表 6-1　　按分享权益的类型划分的各种股份支付的具体含义

股份支付种类	具体含义
股份增值权	企业给予激励对象（被激励人员）的一种权利，这种权利使得激励对象可以在规定的时间内获得规定数量的股份价格上升所带来的收益，但激励对象不拥有这些股份的所有权、表决权和配股权
模拟股票	企业授予激励对象一种"虚拟"的股票，激励对象可以据此享受一定数量的分红和股价升值收益，但不拥有"股票"的所有权、表决权，也不能对其进行转让和出售，激励对象在离开企业时自动失效
股票期权	也称认股权证，实际上是一种看涨期权，是指公司授予激励对象的一种权利，激励对象可以在规定的时间内（行权期）以事先确定的价格（行权价）购买一定数量的本公司流通股票（行权）。股票期权只是一种权利，而非义务，持有者在股票价格低于"行权价"时可以放弃这种权利，因而对股票期权持有者没有风险。实施股票期权的假定前提是公司股票的内在价值在证券市场能够得到真实的反映，由于在有效市场中股票价格是公司长期盈利能力的反映，而股票期权至少要在1年以后才能实现，所以被授予者为了使股票升值而获得价差收入，会尽力保持公司业绩的长期稳定增长，使公司股票的价值不断上升，这样就使股票期权具有了长期激励的功能。股票期权模式目前在美国最流行，运作方法也最规范
限制性股票计划	它是指事先授予激励对象一定数量的公司股票，但对股票的来源、抛售等有一些特殊限制，激励对象只有在规定的服务期限以后并完成特定业绩目标（如扭亏为盈）时，才可抛售限制性股票并从中获益，否则公司有权将免费赠与的限制性股票收回或以激励对象购买时的价格回购限制性股票
业绩股份	企业在考察期初预先为激励对象设定业绩目标。在考察期末，如果激励对象达到了预定的业绩目标，则企业授予其一定数量的股份或提取一定比例的奖励基金用于购买企业的股份，以此作为对激励对象的奖励
业绩单位	与业绩股份相似，不同之处在于业绩股份支付的是股份，而业绩单位支付的是现金，而且是按考核期市盈率计算的股价折算的现金。在这种激励机制下，激励对象得到的激励收益和企业股价的联系较小
延期支付计划	企业将激励对象的部分薪酬（如年度奖金等）按照当日企业股票市场价格折算成一定的股票数量，存入企业为激励对象单独设立的延期支付账户。在既定的期限后或在该激励对象退休后，再以企业股票的形式或根据期满时的股票市场价格以现金方式支付给激励对象
股份奖励	企业在考察期初奖励给激励对象一定数量的股份。如果在考察期被考核的指标没有达到最低标准，这些股份在考察期末全部归还企业，并根据超过最低标准的程度确定免于归还的股份数量。但即使归还股份，考察期内的股利还是属于受益人的
管理层收购	又称"经理层融资收购"，是指公司的管理者或经理层（个人或集体）利用借贷所融资本购买本公司的股份（或股权），从而改变公司所有者结构、控制权结构和资产结构，实现持股经营。同时，它也是一种极端的股权激励手段，因为其他激励手段都是所有者（产权人）对雇员的激励，而它则干脆将激励的主体与客体合而为一，从而实现了被激励者与企业利益、股东利益完整的统一

续表

股份支付种类	具体含义
管理层持股	即管理层持有一定数量的本公司股票并进行一定期限的锁定。激励对象得到公司股票的途径可以是公司无偿赠与，由公司补贴、被激励者购买，公司强行要求受益人自行出资购买等。激励对象在拥有公司股票后，成为自身经营企业的股东，与企业共担风险，共享收益。参与持股计划的被激励者得到的是实实在在的股票，拥有相应的表决权和分配权，并承担公司亏损和股票降价的风险，从而建立起企业、所有者与经营者三位合一的利益共同体。按照目前典型的做法，又可以分为三类：增值奖股、强制购股和直接购股
员工持股计划	它是指由公司内部员工个人出资认购本公司部分股份，并委托公司进行集中管理的产权组织形式。员工持股计划为企业员工参与企业所有权分配提供了制度条件，持有者真正体现了劳动者和所有者的双重身份。其核心在于通过员工持股运营，将员工利益与企业前途紧紧联系在一起，形成一种按劳分配与按资分配相结合的新型利益制衡机制。同时，员工持股后便承担了一定的投资风险，这就有助于唤起员工的风险意识，激发员工的长期投资行为。由于员工持股不仅使员工对企业运营有了充分的发言权和监督权，而且使员工更关注企业的长期发展，这就为完善科学的决策、经营、管理、监督和分配机制奠定了良好的基础

（二）按支付结算方式的不同划分

《企业会计准则第11号——股份支付》第二条规定，根据股份支付的方式，股份支付分为以权益结算的股份支付和以现金结算的股份支付。

以权益结算的股份支付，是指企业为获得服务而以股份或其他权益工具作为对价进行结算的交易。以权益结算的股份支付最常用的工具有两类：限制性股票和股票期权。限制性股票是指职工或其他方按照股份支付协议规定的条款和条件，从企业获得一定数量的本企业股票。企业授予职工一定数量的股票，在一个确定的等待期内或在满足特定业绩指标之前，职工出售股票要受到持续服务条款或业绩条件的限制。股票期权是指企业授予职工或其他方在未来一定期限内以预先确定的价格和条件购买本企业一定数量股票的权利。

以现金结算的股份支付，是指企业为获取服务而承担的以股份或其他权益工具为基础计算的交付现金或其他资产的义务的交易。以现金结算的股份支付最常用的工具有两类：现金股票增值权和模拟股票。现金股票增值权和模拟股票，是用现金支付模拟的股权激励机制，即与股票挂钩，但用现金支付。除不需要实际行权和持有股票外，现金股票增值权的运作原理与股票期权是一样的，而模拟股票的运作原理与限制性股票是一样的。

在确定不同的股权激励方式时，应充分考虑企业性质、市场竞争程度、所处行业、发展阶段、企业经营状况等多种因素，并且可以在企业不同时期、针对不同激励对象人员等进行个性化组合设计本公司股权激励机制。

四、股份支付的环节与时点

股份支付不是一个时点上的交易，而可能是很长一段时间的交易。从环节上说，典型的股份支付通常涉及四个主要环节：授予环节、等待可行权环节、行权环节和出售环节（如图6-1所示）。在这些环节中，有些时点是比较重要的，如授予日、等待期内的资产负债表日、可行权日、行权日、出售日、失效日。

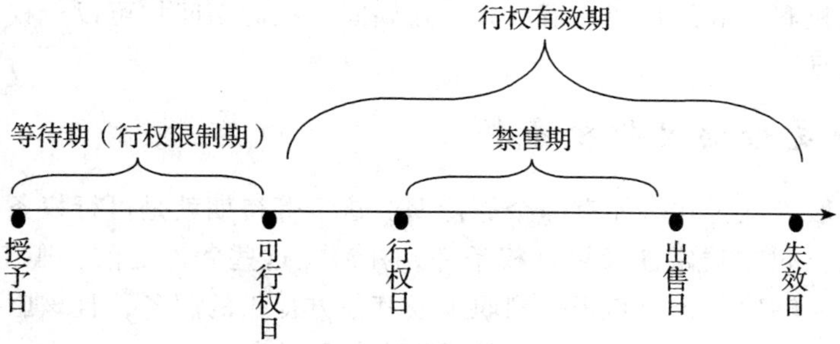

图6-1　典型的股份支付交易环节示意图

从图6-1可以看出，授予环节主要发生在授予日。等待可行权环节是从授予日到可行权日。除非立即可行权，否则股份支付均会存在等待期。行权环节从可行权日到实际行权日，这之间的时期称为行权有效期。出售环节一般在行权日后，这之间的时期称为禁售期。行权有效期不是无限的，行权有效期的最后一天即为失效日。

下面对上述几个时点进行专门介绍：

1.授予日

授予日是指股份支付协议获得批准的日期。“获得批准”是指企业与职工或其他方就股份支付的协议条款和条件已达成一致，该协议获得股东大会或类似机构的批准。这里的“达成一致”是指双方在对该计划或协议内容充分形成一致理解的基础上，均接受其条款和条件。如果按照相关法规的规定，在提交股东大会或类似机构之前存在必要程序或要求，则应履行该程序或满足该要求。

2.可行权日

可行权日是指可行权条件得到满足，职工或其他方从企业取得权益工具或现金权利的日期。有的股份支付协议是一次性可行权，有的则是分批可行权。一次性可行权和分批可行权就像根据购买合同是一次性付款还是分期付款一样。只有已经可行权的股票期权，才是职工真正拥有的“财产”，才能去择机行权。

3.等待期内的资产负债表日

从授予日至可行权日的时段，是可行权条件得到满足的期间，因此，称为“等待期”，又称“行权限制期”。在这个期间的每个期末，也就是资产负债表日，也需要进行会计处理。

4.行权日

行权日是指职工和其他方行使权利、获取现金或权益工具的日期。例如，持有股票期权的职工行使了以特定价格购买一定数量本公司股票的权利，该日期即为行权日。

行权是按期权的约定价格实际购买股票，一般在可行权日之后到期权到期日之前的可选择时段内（即行权有效期）行权。

5.出售日

出售日是指股票的持有人将行使期权所取得的期权股票出售的日期。按照我国法规规定，用于期权激励的股份支付协议，应在行权日与出售日之间设立禁售期，其中，国有控股上市公司的禁售期不得低于2年。

6.失效日

失效日是指权利失效的日期。行权有有效期间，在此期间均可以行权，有效期的最后一天，即为失效日。

五、股份支付的可行权条件

一般来说，股份支付均可能有一个等待期。这个等待期就是可行权条件得到满足的期间。因此，股份支付中通常涉及可行权条件，在满足这些条件之前，职工无法获得股份。可行权条件是指能够确定企业是否得到职工或其他方提供的服务，且该服务使职工或其他方具有获取股份支付协议规定的权益工具或现金权利的条件。

可行权条件包括服务期限条件和业绩条件。

（一）服务期限条件

服务期限条件是指职工完成规定服务期间才可行权的条件。比如，在股份支付协议中规定，职工从2×18年1月1日开始，连续在本企业工作满3年，即可享受一定数量的股票期权。

以服务期限为可行权条件的处理比较简单。在等待期内的每个资产负债表日，都要计算从授予日到该资产负债表日的期限，将其与可行权条件的期限进行比较，以便计算应确认的成本或费用金额。

（二）业绩条件

业绩条件是指企业达到特定业绩目标，职工才可行权的条件，具体包括市场条件和非市场条件。

1.市场条件

市场条件是指行权价格、可行权条件以及行权可能性与权益工具的市场价格相关的业绩条件，如股份支付协议中关于股价至少上升至何种水平职工可相应取得多少股份的规定。企业在确定权益工具在授予日的公允价值时，应考虑市场条件的影响，而不考虑非市场条件的影响。但市场条件是否得到满足，不影响企业对预计可行权情况的估计。

2.非市场条件

非市场条件是指除市场条件之外的其他业绩条件，如股份支付协议中关于达到最低盈利目标或销售目标才可行权的规定。企业在确定权益工具在授予日的公允价值时，不考虑非市场条件的影响。但非市场条件是否得到满足，影响企业对预计可行权情况的估计。对于可行权条件为业绩条件的股份支付，只要职工满足了其他所有非市场条件（如利润增长率、服务期限等），企业就应当确认已取得的服务。

［例6-1］区分不同类型的可行权条件

资料：2×18年1月，为奖励并激励高管，上市公司MM公司与其管理层签署股份支付协议，规定如果管理层成员在其后3年中都在公司中任职服务，并且公司股价每年均提高10%以上，管理层成员即可以低于市价的价格购买一定数量的本公司股票。

同时作为协议的补充，公司把全体管理层成员的年薪提高了50 000元，但公司将这部分年薪按月存入公司专门建立的内部基金，3年后，管理层成员可用属于其个人的部分抵减未来行权时支付的购买股票的款项。如果管理层成员决定退出这项基金，可随时全额提取。MM公司以期权定价模型估计授予的此项期权在授予日的公允价值为6 000 000元。

在授予日，MM公司估计3年内管理层离职的比例为每年10%；第2年年末，MM公司调整其估计离职率为5%；到第3年年末，公司实际离职率为6%。

在第1年中，公司股价提高了10.5%，第2年提高了11%，第3年提高了6%。公司在第1年、第2年年末均预计下年能实现当年股价增长10%以上的目标。

问题：此例中涉及哪些条款和条件？MM公司应如何处理？

分析：如果不同时满足服务3年和公司股价年增长10%以上的要求，管理层成员就无权行使其股票期权，因此，两者都属于可行权条件，其中服务满3年是一项服务期限条件，10%的股价增长要求是一项市场业绩条件。虽然公司要求管理层成员将部分薪金存入统一账户保管，但不影响其可行权，因此，统一账户条款是非可行权条件。

按照股份支付准则的规定，第1年年末确认的服务费用为：

$6\,000\,000\times\frac{1}{3}\times90\%=1\,800\,000$（元）

第2年年末累计应确认的服务费用为：

$6\,000\,000\times\frac{2}{3}\times95\%=3\,800\,000$（元）

第3年年末累计应确认的服务费用为：

$6\,000\,000\times94\%=5\,640\,000$（元）

由此，第2年应确认的费用为：

$3\,800\,000-1\,800\,000=2\,000\,000$（元）

第3年应确认的费用为：

$5\,640\,000-3\,800\,000=1\,840\,000$（元）

最后，94%的管理层成员满足了市场条件之外的全部可行权条件。尽管股价年增长10%以上的市场条件未得到满足，MM公司在3年的年末也均确认了收到的管理层提供的服务，并相应确认了费用。

六、股份支付的作用

股份支付的积极作用主要体现在以下几个方面：

（一）降低企业代理成本

在现代企业制度下，企业所有权和经营权相分离，实质上形成了一种委托代理关系：所有者作为其财产的委托人，必须支付给代理人一定的代理费用来委托其代理所有者对企业进行营运管理。由于信息不对称，委托人无法知道、监督代理人的工作努力程度。而通过授予代理人一定的股份期权等形式的股份支付报酬，能够将经营者的薪酬和企业长期业绩更为紧密地联系起来，使得企业经营者能够分享他们的工作给股东带来的收益，也使得股东能更为轻松地解决由于信息不对称带来的管理和监督难题。

（二）提升企业经营业绩

股份支付从长远眼光考核激励对象对提升公司经营业绩所作的贡献，它有利于矫正激励对象的短视心理，在一定程度上防止激励对象为在短期内提升公司的经营业绩而采取急功近利、竭泽而渔的做法。股份支付作为一种促使激励对象积极为股东谋取利益的货币性激励工具，它不仅改变了企业对激励对象“重约束、轻激励”的不平衡局面，而且使得激励对象因正常离职等原因离开企业后仍可继续分享企业利润、增加个人收益。因此，激励对象出于自身未来经济利益的考虑，会在其任职期间致力于企业的长期发展，从长远的角度努力提升公司的经营业绩。

（三）提高员工的工作积极性

股份支付将员工（包括经理人员，下同）的薪酬同公司的业绩相联系，也就是将公司所有者的利益和员工的利益达到了一定程度上的一致。公司经营业绩的好坏直接关系到员工能否通过股份支付制度获益。因此，公司的员工会尽力争取提高公司竞争能力和获利能力，从而提高公司的管理效率和他们自身的工作积极性。

（四）吸引、留住高素质人才

成长型企业，尤其是高新技术企业，一般急需大量的高素质经营管理、关键技术人才，但同时可能缺乏足够的现金支付薪酬的能力。此时，企业通过设计合理的股份支付方案，既可以提高员工的实际收入水平，又避免了成长型企业现金大量流出，有利于吸引、留住富有一定冒险和创新精神的高素质人才来企业大显身手。国内外的实践证明，股份支付在奖励、激励公司的高级经理人员、对公司有突出贡献的员工方面发挥了重要的、积极的作用。股份支付已经在世界各国广为流行，它越来越成为现代公司的管理、激励制度之一。

然而，任何事物都有其两面性。股份支付尽管具备上述积极作用，但是，如果一旦在设计、实施、监管环节出现漏洞、舞弊，其消极影响也是值得警惕的。随着20世纪90年代后期IT泡沫的破灭以及世通、安然等公司财务丑闻的频频爆发，人们不得不开始对股票期权为代表的股份支付的负面影响进行反思。在21世纪这个重视人力资源的知识经济时期，股份支付制度在经历了一段时间的发展低潮后，通过不断的改革与完善，有望再次迎来一个发展的黄金时期。我国要大力推行股份支付制度，在注重其积极作用的同时，还应当看到其可能导致的消极影响，尤其是在我国目前企业治理机制尚不健全、法制环境尚不完善等条件下，对其应保持谨慎、乐观的态度。

第二节　股份支付的会计处理

一、以权益结算的股份支付的确认与计量

（一）以权益结算的股份支付的确认与计量原则

1.换取职工服务的股份支付的确认和计量原则

就确认时点来看，换取职工服务的股份支付可以分为有等待期的股份支付和授予后立即可行权的股份支付。

对于有等待期的换取职工服务的股份支付，企业应当以股份支付所授予的权益工具的公允价值计量。在等待期内的每个资产负债表日，企业应以对可行权权益工具数量的最佳估计为基础，按照权益工具在授予日的公允价值，将当期取得的服务计入相关资产成本或当期费用，同时计入资本公积中的其他资本公积。在这种情况下，需要对未来可行权权益工具的数量进行最佳估计，用估计的权益工具的数量乘以权益工具在授予日的公允价值就可以得出应计入当期费用或资产成本的金额。由于这一部分还未实际行权，并不是企业的

股份数量增加，因此，先计入资本公积中。

对于授予后立即可行权的换取职工提供服务的权益结算的股份支付，应在授予日按照权益工具的公允价值，将取得的服务计入相关资产成本或当期费用，同时计入资本公积中的股本溢价。

2.换取其他方服务的股份支付的确认和计量原则

对于换取其他方服务的股份支付，企业应当以股份支付所换取的服务的公允价值计量。企业应当按照其他方服务在取得日的公允价值，将取得的服务计入相关资产成本或费用。

如果其他方服务的公允价值不能可靠计量，但权益工具的公允价值能够可靠计量，企业应当按照权益工具在服务取得日的公允价值，将取得的服务计入相关资产成本或费用。

比较上述两种情况的确认与计量原则可以发现，换取其他方服务的股份支付一般是以所取得服务的公允价值来确定计入当期费用或资产成本的金额；而换取职工服务的股份支付是以相关权益工具的公允价值来确定计入当期费用或资产成本的金额。

（二）以权益结算的股份支付的会计处理

股份支付的会计处理必须以完整、有效的股份支付协议为基础。

1.授予日

除了立即可行权的股份支付外，企业在授予日不需要做会计处理。对于立即可行权的股份支付，其会计处理与可行权日的会计处理相同。

2.等待期内每个资产负债表日

对于以权益结算的股份支付，企业应当在等待期内的每个资产负债表日，将取得职工或其他方提供的服务计入当期费用或资产成本，同时确认所有者权益。计入成本或费用的金额应当按照授予日权益工具的公允价值计量，即使权益工具的公允价值发生变动，也不确认其后续公允价值变动。由于未来可行权的职工人数会发生变动，企业必须根据最新取得的可行权职工人数变动等后续信息做出最佳估计，修正预计可行权的权益工具数量。

根据上述权益工具的公允价值和预计可行权的权益工具数量，计算截至当期累计应确认的成本或费用金额，再减去前期累计已确认金额，作为当期应确认的成本费用金额。

在等待期的资产负债表日，企业根据授予日权益工具的公允价值乘以预计可行权的权益工具数量，按照职工所付出服务的性质，借记“生产成本”、“制造费用”、“管理费用”、“销售费用”、“研发支出”和“在建工程”等科目，贷记“资本公积——其他资本公积”科目。

3.可行权日

在可行权日，也就是等待期结束，有权利参加行权的职工人数应当确定，预计可行权权益工具的数量也应当确定，这应与未来实际可行权工具的数量保持一致。至于未来是否实际行权，则另当别论。因此，可行权日的会计处理和等待期内的资产负债表日处理一样，只是可行权权益工具的数量是确定的。

4.可行权日之后

对于权益结算的股份支付，在可行权日之后不再对已确认的成本或费用和所有者权益总额进行调整。

5.行权日

企业应在行权日根据行权情况，确认股本和股本溢价，同时结转等待期内确认的资本公积（其他资本公积）。

根据行权时收到的款项，借记“银行存款”科目，结转等待期内确认的资本公积，借记“资本公积——其他资本公积”科目，根据转换成的股本数，贷记“股本”科目，按其差额，贷记“资本公积——股本溢价”科目。

（三）以权益结算的股份支付的应用举例

为说明上述问题，特举例说明。

［例6-2］附服务年限条件的权益结算的股份支付。

资料：MM公司为上市公司。2×13年12月，MM公司董事会批准了一项股份支付协议。协议规定，2×14年1月1日，公司向其400名管理人员每人授予1 000份股票期权。这些管理人员必须从2×14年1月1日起在公司连续服务3年，服务期满时才能够以每股5元的价格购买1 000股MM公司股票。公司估计该期权在授予日（2×14年1月1日）的公允价值为12元人民币。

（1）第1年有40名管理人员离开MM公司，该公司估计3年中离开的管理人员比例将达到20%。

（2）第2年又有20名管理人员离开公司，公司将估计的管理人员离开比例修正为15%。

（3）第3年又有30名管理人员离开。

（4）第4年年末（2×17年12月31日），有30名管理人员放弃了股票期权。

（5）第5年年末（2×18年12月31日），剩余280名管理人员全部行权，MM公司股票面值为每股1元，管理人员以每股5元购买。

要求：请对MM公司的上述事项进行会计处理。

分析：

1.计算费用和资本公积。

计算过程见表6-2。

表6-2 费用和资本公积计算表 单位：元

年份	计算	当期费用	累计费用
2×14	400×（1-20%）×1 000×12×1÷3	1 280 000	1 280 000
2×15	400×（1-15%）×1 000×12×2÷3-1 280 000	1 440 000	2 720 000
2×16	310×1 000×12-2 720 000	1 000 000	3 720 000

2.会计处理。

（1）授予日。

2×14年1月1日，授予日不做处理。

（2）等待期内的每个资产负债表日。

①2×14年12月31日。

借：管理费用等 1 280 000

　贷：资本公积——其他资本公积 1 280 000

②2×15年12月31日。

借：管理费用等　1 440 000

　贷：资本公积——其他资本公积　1 440 000

③2×16年12月31日。

借：管理费用等　1 000 000

　贷：资本公积——其他资本公积　1 000 000

（3）可行权日及之后。

①2×17年12月31日。

不调整成本费用和资本公积。

②2×17年12月31日。

借：银行存款（280×1 000×5）　1 400 000

　资本公积——其他资本公积　3 720 000

　贷：股本（280×1 000×1）　280 000

　　资本公积——股本溢价　4 840 000

［例6-3］附非市场业绩条件的权益结算的股份支付。

资料：2×16年1月1日，MM公司为其200名管理人员每人授予1 000份股票期权，其可行权条件为：2×16年年末，公司当年净利润增长率达到20%；2×17年年末，公司2×16—2×17年2年净利润平均增长率达到15%；2×18年年末，公司2×16—2×18年3年净利润平均增长率达到10%。每份期权在2×16年1月1日的公允价值为20元。

2×16年12月31日，净利润增长了18%，同时有16名管理人员离开，公司预计2×17年将以同样速度增长，即2×16—2×17年2年净利润平均增长率能够达到18%，因此，预计2×17年12月31日可行权。另外，预计第2年又将有16名管理人员离开公司。

2×17年12月31日，公司净利润仅增长了10%，但公司预计2×16—2×18年3年净利润平均增长率可达到12%，因此，预计2×18年12月31日可行权。另外，实际有20名管理人员离开，预计第3年将有24名管理人员离开公司。

2×18年12月31日，公司净利润增长了8%，3年平均增长率为12%，满足了可行权条件（即3年净利润平均增长率达到10%）。当年有16名管理人员离开。

要求：编制MM公司2×16—2×18年的会计分录。

分析：本例的可行权条件是一项非市场业绩条件。

第1年年末，虽然没能实现净利润增长20%的要求，但公司预计下年将以同样的速度增长，因此，能实现2年平均增长15%的要求，所以公司将其预计等待期调整为2年。第2年年末，虽然2年实现15%增长的目标再次落空，但公司仍然估计能够在第3年取得较理想的业绩，从而实现3年平均增长10%的目标，所以公司将其预计等待期调整为3年。第3年年末，目标实现。公司根据实际情况确定累计费用，并据此确认了第3年费用的调整。

费用和资本公积计算过程见表6-3。

会计分录如下：

（1）2×16年12月31日。

借：管理费用　1 680 000

　贷：资本公积——其他资本公积　1 680 000

表 6-3 费用和资本公积计算表 单位：元

年份	计算	当期费用	累计费用
2×16	（200-16-16）×1 000×20×1÷2	1 680 000	1 680 000
2×17	（200-16-20-24）×1 000×20×2÷3-1 680 000	186 666.67	1 866 666.67
2×18	（200-16-20-16）×1 000×20-1 866 666.67	1 093 333.33	2 960 000

（2）2×17年12月31日。

借：管理费用 186 666.67

贷：资本公积——其他资本公积 186 666.67

（3）2×18年12月31日。

借：管理费用 1 093 333.33

贷：资本公积——其他资本公积 1 093 333.33

二、以现金结算的股份支付的确认与计量

（一）以现金结算的股份支付的确认与计量原则

在实际行权或者结算之前，以现金结算的股份支付实质上是企业欠职工的一项负债。企业应当在等待期内的每个资产负债表日，以对可行权情况的最佳估计为基础，按照企业承担负债的公允价值，将当期取得的服务计入相关资产成本或当期费用，同时计入负债，并在结算前的每个资产负债表日和结算日对负债的公允价值重新计量，将其变动计入公允价值变动损益。

对于授予后立即可行权的现金结算的股份支付，企业应当在授予日按照企业承担负债的公允价值计入相关资产成本或费用，同时计入负债，并在结算前的每个资产负债表日和结算日对负债的公允价值重新计量，将其变动计入损益。

（二）以现金结算的股份支付的会计处理

股份支付的会计处理必须以完整、有效的股份支付协议为基础。

1.授予日

和权益结算的股份支付相同，除了立即可行权的股份支付外，企业在授予日不做会计处理。

2.等待期内每个资产负债表日

对于现金结算的股份支付，企业应当在等待期内的每个资产负债表日，将取得职工或其他方提供的服务计入成本或费用，同时确认负债。现金结算的股份支付在未结算前确认为负债，这相当于是欠职工的薪酬负债，这是和权益结算的股份支付较大的区别之一。

根据某一资产负债表日预计可行权工具的数量乘以当日权益工具的公允价值，借记“生产成本”“制造费用”“管理费用”“研发支出”“在建工程”“销售费用”等科目，贷记“应付职工薪酬——股份支付”科目。

值得注意的是，对于现金结算的股份支付，如果各个资产负债表日的权益工具的公允

价值发生变化，应当按照每个资产负债表日权益工具的公允价值重新计量，确定成本或费用和应付职工薪酬，其会计分录的做法不变。

3.可行权日

在可行权日，也就是等待期结束，有权利参加行权的职工人数应当确定，预计应付职工薪酬也应当确定，这应和未来实际应支付金额保持一致。因此，可行权日的会计处理和等待期内的资产负债表日处理一样，只是应付金额是确定的。

4.可行权日之后

对于现金结算的股份支付，企业在可行权日之后不再确认成本或费用，但是由于赖以计算负债的权益工具公允价值发生变动引起的负债（应付职工薪酬）公允价值的变动应当进行确认，计入当期损益，即公允价值变动损益。这也是和权益结算的股份支付较大的区别之一。

5.行权日

企业应在职工行权日根据行权情况，按照所支付现金，借记“应付职工薪酬——股份支付”科目，贷记“银行存款”等科目。

（三）以现金结算的股份支付的应用举例

为说明现金结算的股份支付的会计处理，特举例说明。前已述及，以现金结算的股份支付的主要支付工具是现金股票增值权，本例就用现金股票增值权来说明。

[例6-4] 现金股票增值权的会计处理。

资料： 2×13年12月，MM公司为其400名中层以上职员每人授予1 000份现金股票增值权，并规定这些职员从2×14年1月1日起在该公司连续服务3年，即可按照当时股价的增长幅度获得现金，该增值权应在2×18年12月31日之前行使。MM公司估计的该增值权在负债结算之前的每一资产负债表日以及结算日的公允价值和可行权后的每份增值权现金支出额，见表6-4。

表6-4 各年公允价值与支付现金一览表 单位：元

年份	公允价值	支付现金
2×14	28	
2×15	30	
2×16	36	32
2×17	42	40
2×18		50

第1年有40名职员离开MM公司，MM公司估计3年中还将有30名职员离开；第2年又有20名职员离开公司，公司估计还将有20名职员离开；第3年又有30名职员离开。第3年年末，有140人行使股票增值权取得了现金。第4年年末，有100人行使了股票增值权。第5年年末，剩余70人也行使了股票增值权。

要求： 编制MM公司2×14—2×18年的会计分录。

分析：

1.费用和负债计算过程见表6-5。

表6-5 费用和负债计算表 单位：元

年份	负债计算 (1)	支付现金计算 (2)	负债 (3)	支付现金 (4)	当期费用 (5)
2×14	（400−70）×1 000×28×1÷3		3 080 000		3 080 000
2×15	（400−80）×1 000×30×2÷3		6 400 000		3 320 000
2×16	（400−90−140）×1 000×36	140×1 000×32	6 120 000	4 480 000	4 200 000
2×17	（400−90−140−100）×1 000×42	100×1 000×40	2 940 000	4 000 000	820 000
2×18	0	70×1 000×50	0	3 500 000	560 000
总额				11 980 000	11 980 000

【表中：(1)计算得出(3)，(2)计算得出(4)，当期(3)−前一期(3)+当期(4)=当期(5)】

2.会计分录。

(1) 2×14年12月31日。

借：管理费用　3 080 000

　贷：应付职工薪酬——股份支付　3 080 000

(2) 2×15年12月31日。

借：管理费用　3 320 000

　贷：应付职工薪酬——股份支付　3 320 000

(3) 2×16年12月31日。

借：管理费用　4 200 000

　贷：应付职工薪酬——股份支付　4 200 000

借：应付职工薪酬——股份支付　4 480 000

　贷：银行存款　4 480 000

(4) 2×17年12月31日。

借：公允价值变动损益　820 000

　贷：应付职工薪酬——股份支付　820 000

借：应付职工薪酬——股份支付　4 000 000

　贷：银行存款　4 000 000

(5) 2×18年12月31日。

借：公允价值变动损益　560 000

　贷：应付职工薪酬——股份支付　560 000

借：应付职工薪酬——股份支付　3 500 000

　贷：银行存款　3 500 000

三、两种股份支付的综合比较

根据《企业会计准则第11号——股份支付》规定，分析权益结算与现金结算不同形式股份支付的异同。

（一）权益结算与现金结算股份支付的相同点

一是支付媒介相同。不论是以权益结算的股份支付还是以现金结算的股份支付都要涉及权益工具，比如股份等。

二是目的相同。这两种股份支付都是企业的激励手段，以获取职工或其他方服务为目的。

三是计量属性相同。这两种股份支付都以公允价值计量，所不同的是，权益结算的股份支付以授予日公允价值计量，现金结算的股份支付以等待期内每一个资产负债表日的公允价值重新计量。

四是都要满足一定的可行权条件。可行权条件包括服务期限条件和业绩条件。其中，业绩条件包括：市场条件和非市场条件。

五是除授予后立即可行权的股份支付外，企业在授予日都不做会计处理。

六是都要将取得的服务确认为相关的成本或费用（管理费用、销售费用等）。

（二）权益结算与现金结算股份支付的不同点

一是属性不同。权益结算的股份支付需要确认资本公积——其他资本公积，给企业形成的是一项所有者权益；现金结算的股份支付形成的则是一项负债（应付职工薪酬）。

二是企业承担的义务不同。以权益结算，企业要授予股份或认股权，不承担支付现金或其他资产的义务，经济利益未流出企业；以现金结算，企业最终要承担交付现金或其他资产的义务，会导致经济利益流出企业。

三是会计处理不同。以权益结算的股份支付，等待期内每个资产负债表日以对可行权权益工具数量的最佳估计为基础，按照权益工具授予日的公允价值，将当期取得的服务计入相关资产成本或当期费用，同时计入资本公积中的其他资本公积。会计分录为：

借：管理费用等

　贷：资本公积——其他资本公积

可行权日之后，不再对已确认的成本费用和所有者权益总额进行调整。行权日会计处理：

借：资本公积——其他资本公积

　贷：股本

　　资本公积——股本溢价

现金结算的股份支付，等待期内按资产负债表日权益工具的公允价值重新计量，确认成本费用和相应的应付职工薪酬。会计分录为：

借：管理费用等

　贷：应付职工薪酬——股份支付

可行权日之后，不再确认成本费用，但负债（应付职工薪酬）公允价值的变动应计入当期损益（公允价值变动损益）。会计分录为：

负债公允价值上升时，

借：公允价值变动损益

　贷：应付职工薪酬——股份支付

负债公允价值下跌时，做相反分录：

行权日会计处理：

借：应付职工薪酬——股份支付

　贷：银行存款

四是公允价值的确定不同。以权益结算的股份支付采用的是权益授予日的公允价值，其后不存在变动；而以现金结算的股份支付采用的是结算前每个资产负债表日的公允价值，其值处于变动状态，等待期内的变动额均记入费用科目，还必须确认公允价值变动损益，同时相应增减负债。

四、股份支付的信息披露

与股份支付有关的信息披露，包括已经确认与计量的项目在表内的披露，还有一些在报表附注中的披露。

（一）表内披露

无论是权益结算的股份支付，还是现金结算的股份支付，在等待期内的每个资产负债表日确认与计量的资产成本应在资产负债表中列示，而相关费用应在利润表中列示。权益结算的股份支付确认的资本公积在资产负债表的所有者权益中列示，现金结算的股份支付确认的应付职工薪酬在资产负债表的流动负债中列示。其他相关的确认与计量的信息披露基本上按照会计分录中的项目进行。

（二）表外披露

表外披露分为两个方面：一是与股份支付本身有关的信息；二是股份支付交易对当期财务状况和经营成果的影响（见表6-6）。

表 6-6　以权益结算和以现金结算股份支付会计处理比较

对比		权益结算	现金结算
项目计量标准		按照授予职工和提供类似服务的其他方的权益工具的公允价值计量	按照承担债务性工具的公允价值计量
授予日	授予日后立即可行权	成本费用为授予日权益工具的公允价值加相关成本费用，同时增加资本公积——其他资本公积	成本费用为授予日企业承担负债的公允价值及相关成本费用，同时增加负债
	存在等待期	不做会计处理	
等待期每个资产负债表日	可行权的权益工具数量	根据最新取得的可行权职工人数变动等后续信息作出最佳估计，修正预计可行权的权益工具数量。在可行权日，最终预计可行权权益工具的数量应当与实际可行权工具的数量一致	
	公允价值的变动	等待期内的每个资产负债表日，不确认公允价值变动，只根据行权数量变动而重新计算每年确认的成本费用（授予日权益工具的公允价值×可行权日权益工具的数量的最佳估计值×N/等待期-以前年度确认的成本费用），同时增加资本公积（其他）（N为1，2，3，…，等待期，自然数）。 会计分录为： 借：管理费用等 　贷：资本公积——其他资本公积	等待期内的任何公允价值变动都要重新计算公允价值，每年确认的成本费用=每个资产负债表日权益工具的公允价值×可行权日权益工具的数量的最佳估计值×N/等待期-以前年度确认的成本费用，同时增加企业负债（N为1，2，3，…，等待期，自然数）。 会计分录为： 借：管理费用等 　贷：应付职工薪酬——股份支付

续表

对比	权益结算	现金结算
可行权日	行权日按照实际行权金额，增加银行存款、股本，同时结转等待期内确认的资本公积，差额计入资本公积（股本溢价）。 ①行权价>0时，资本溢价=行权价格×行权日权益工具实际数量+其他资本公积-行权时权益工具的实际数量的面值； ②行权价=0时，资本溢价=其他资本公积-行权时权益工具的实际数量的面值。 不再对已确认的成本费用和所有者权益总额进行调整。 会计分录为： 借：银行存款 　　资本公积——其他资本公积 　贷：股本 　　　资本公积——股本溢价	行权日调整至可行权水平，按照实际行权金额冲减负债，差额计入当期损益。对负债公允价值的变动计入当期损益（公允价值变动损益），不再确认为获取职工提供服务的费用。 会计分录为： 借：公允价值变动损益 　贷：应付职工薪酬——股份支付 借：应付职工薪酬——股份支付 　贷：银行存款
行权条件未能满足	冲减因行权数量变动引起的公允价值的变动，不对其他原因形成公允价值的变动进行调整	冲减相关成本费用，同时冲减负债

1.与股份支付本身有关的信息披露

企业应当在附注中披露与股份支付有关的下列信息：

（1）当期授予、行权和失效的各项权益工具总额；

（2）期末发行在外的股份期权或其他权益工具行权价格的范围和合同剩余期限；

（3）当期行权的股份期权或其他权益工具以其行权日价格计算的加权平均价格；

（4）权益工具公允价值的确定方法。

另外，企业对性质相似的股份支付信息可以合并披露。

2.股份支付对当期财务状况和经营成果的影响的信息披露

企业应当在附注中披露股份支付交易对当期财务状况和经营成果的影响，至少包括下列信息：

（1）当期因以权益结算的股份支付而确认的费用总额；

（2）当期因以现金结算的股份支付而确认的费用总额；

（3）当期以股份支付换取的职工服务总额及其他方服务总额。

第三节　股份支付的特殊问题

一、权益工具公允价值的确定

这里的权益工具，根据《企业会计准则第22号——金融工具确认与计量》，是指能证明拥有某个企业在扣除所有负债后的资产中的剩余权益的合同，其实质就是指所有者权益，而在所有者权益中，股份是重要的组成部分。

股份支付中权益工具的公允价值的确定，应当以市场价格为基础。一些股份和股票期权没有一个活跃的交易市场，在这种情况下，应当考虑估值技术。在通常情况下，企业应当按照《企业会计准则第22号文件——金融工具确认和计量》的有关规定确定权益工具的公允价值，并根据股份支付协议的条款和条件进行调整。

（一）限制性股票

限制性股票公允价值的确定相对比较简单，股票在市场上自由交易，属于存在活跃市场的金融资产，因此，其市价即为权益工具的公允价值。但如果限制性股票的取得条件包含了市场条件，将使激励方式具有期权的特征，应准确认定所属期权工具的类别并按估值模型确定其公允价值。

（二）股票期权和股票增值权

对于授予职工的股票期权，因其通常受到一些不同于交易期权的条款和条件的限制，因而在许多情况下难以获得其市场价格。如果不存在条款和条件相似的交易期权，就应通过期权定价模型来估计所授予的期权公允价值。从概念上讲，股份增值权的公允价值和股票期权相同，都包括时间价值和内在价值两部分，其公允价值也可以采用期权定价模型确定。

股票期权和股票增值权公允价值的确定比较复杂。一般情况下，激励期权并不在市场上进行交易，因此，无法获取市场价格，应采用期权估价模型来确定其公允价值。期权估价模型有很多，比较常用的主要有布莱克–斯科尔斯模型（B–S）和二项模型。利用这类模型估计期权公允价值需考虑的主要因素有：期权的行权价格、期权期限、基础股份的现行价格、估计的预计波动率、股份的预计股利、期权期限内的无风险利率等。

此外，企业选择的期权定价模型还应考虑熟悉情况和自愿的市场参与者在确定期权价格时会考虑的其他因素，但不包括那些在确定期权公允价值时不考虑的可行权条件和再授予特征因素。确定授予职工的股票期权的公允价值，还需要考虑提早行权的可能性。

1.期权定价模型的输入变量的估计

在估计基础股份的预计波动率和股利时，目标是尽可能接近当前市场或协议交换价格所反映的价格预期。在通常情况下，对于未来波动率、股利和行权行为的预期寻找一个合理的区间，这时应将区间内的每项可能数额乘以其发生概率，加权计算上述输入变量的期望值。

2.预计提早行权

出于各种原因，职工经常在期权失效日之前提前行使股票期权。考虑预计提早行权对期权公允价值的影响的具体方法，取决于所采用的期权定价模型的类型。但无论采用何种方法，估计提早行权时都要考虑以下因素：等待期的长度、以往发行在外的类似期权的平均存续时间、基础股份的价格（有时根据历史经验，职工在股价超过行权价格达到特定水平时倾向于行使期权）、职工在企业中所处的层级（有时根据历史经验，高层职工倾向于较晚行权）、基础股份的预计波动率（一般而言，职工倾向于更早地行使高波动率的股份期权）。

3.预计波动率

预计波动率是对预期股份价格在一个期间内可能发生的波动金额的度量。期权定价模型中所用的波动率的量度，是一段时间内股份的连续复利回报率的年度标准差。波动率通常以年度表示，而不管计算时使用的是何种时间跨度基础上的价格，如每日、每周或每月的价格。一个期间股份的回报率（可能是正值也可能是负值）衡量了股东从股份的股利和价格涨跌中受益的多少。股份预计年波动率是指一个范围（置信区间），连续复利年回报率预期处在这个范围内的概率大约为2/3（置信水平）。估计预计波动率要考虑以下因素：

（1）如果企业有股票期权或其他包含期权特征的交易工具（如可转换公司债券）的买卖，则应考虑这些交易工具所内含的企业股价波动率。

（2）在与期权的预计期限（考虑期权剩余期限和预计提早行权的影响）大体相当的最近一个期间企业股价的历史波动率。

（3）企业股份公开交易的时间。与上市时间更久的类似企业相比，新上市企业的历史波动率可能更大。

（4）波动率向其均值（即其长期平均水平）回归的趋势，以及表明预计未来波动率可能不同于以往波动率的其他因素。有时，企业股价在某一特定期间因为特定原因剧烈波动，如收购要约或重大重组失败，则在计算历史平均年度波动率时，可剔除这个特殊期间。

（5）获取价格要有恰当且规则的间隔。价格的获取在各期应保持一贯性。例如，企业可用每周收盘价或每周最高价，但不应在某些周用收盘价、某些周用最高价。再如，获取价格时应使用与行权价格相同的货币来表示。

除了上述考虑因素，如果企业因新近上市而没有关于历史波动率的充分信息，应按可获得交易活动数据的最长期间计算历史波动率，也可考虑类似企业在类似阶段可比期间的历史波动率。如果企业是非上市企业，估计预计波动率是没有历史信息可循的，可考虑以下替代因素：

（1）在某些情况下，定期向职工（或其他方）发行期权或股份的非上市企业，可能已为其股份设立了一个内部“市场”。估计预计波动率时可以考虑这些“股价”的波动率。

（2）如果上述方法不适用，而企业以类似上市企业股份为基础估计其自身股价的价值，企业可考虑类似上市股份的历史或内含波动率。

（3）如果企业未以类似上市企业股价为基础估计其自身股份价值，而是采用了其他估计方法对自身股价进行估价，则企业可推导出一个与该估价方法基础一致的预计波动率估计数。

4.预计股利

计量所授予的股份或期权的公允价值时是否应当考虑预计股利，取决于被授予方是否有权取得股利或股利等价物。

如果职工被授予期权，并有权在授予日和行权日之间取得基础股份的股利等价物（可现金支付，也可抵减行权价格），所授予的期权应当像不支付基础股份的股利那样进行估价，即预计股利的输入变量应为零。相反，如果职工对等待期内或行权前的股利或股利等价物没有要求权，对股份或期权在授予日公允价值的估计就应考虑预计股利因素。一般来说，预计股利应以公开可获得的信息为基础。不支付股利且没有支付股利计划的企业应假设预计股利收益率为零。如果无股利支付历史的新企业被预期在其职工股票期权期限内开始支付股利，可使用其历史股利收益率（零）与大致可比的同类企业的股利收益率均值的平均数。

5.无风险利率

无风险利率一般是指期权行权价格以该货币表示的、剩余期限等于被估价期权的预计期限（基于期权的剩余合同期限，并考虑预计提早行权的影响）的零息国债当前可获得的内含收益率。如果没有此类国债，或环境表明零息国债的内含收益率不能代表无风险利率，应使用适当的替代利率。

6.资本机构的影响

通常情况下，交易期权是由第三方而不是企业签出的。当这些股票期权行权时，签出人将股份交付给期权持有者。这些股份是从现有股东手中取得的，因此，交易期权的行权不会产生稀释效应。

如果股票期权是从企业签出的，在行权时需要增加已发行在外的股份数量（要么正式增发，要么使用先前回购的库存股）。假定股份将按行权价格而不是行权日的市场价格发行，这种现实或潜在的稀释效应可能会降低股价，因此，期权持有者行权时，无法获得像行使其他方面类似但不稀释股价的交易期权一样多的利益。这一问题能否对企业授予股票期权的价值产生显著影响，取决于各种因素，包括行权时增加的股份数量（相对于已发行在外股份数量）。如果市场已预期企业将会授予期权，则可能已将潜在稀释效应体现在了授予日的股价中。企业应考虑授予的股票期权未来行权的潜在稀释效应，是否可能对股票期权在授予日的公允价值构成影响。企业可修改期权定价模型，以将潜在稀释效应纳入考虑范围。

二、权益工具公允价值无法可靠确定时的处理

在极少数情况下，授予权益工具的公允价值无法可靠计量，企业应在获取服务的时点、后续的每个资产负债表日和结算日，以内在价值计量该权益工具，内在价值的变动应计入当期损益。同时，企业应以最终可行权或实际可行权的权益工具数量为基础，确认取得服务的金额。内在价值是指交易对方有权认购或取得的股份的公允价值，与其按照股份支付协议应当支付的价格间的差额。

企业对上述以内在价值计量的已授予权益工具进行结算，应当遵循以下要求：

（1）结算发生在等待期内的，企业应当将结算作为加速可行权处理，即立即确认本应于剩余等待期内确认的服务金额。

（2）结算时支付的款项应当作为回购该权益工具处理，即减少所有者权益。结算支付的款项高于该权益工具在回购日内在价值的部分，计入当期损益。

三、可行权条件和条款的变更与修改

在通常情况下，股份支付协议生效后，不应对其条款和条件随意修改。但在某些情况下，可能需要修改授予权益工具的股份支付协议中的条款和条件。例如，股票除权、除息或其他原因需要调整行权价格或股票期权数量。此外，为了得到更佳的激励效果，有关法规也允许企业依据股份支付协议的规定，调整行权价格或股票期权数量，但应当由董事会

做出决议并经股东大会审议批准，或者由股东大会授权董事会决定。《上市公司股权激励管理办法（试行）》对此做出了严格的限定，必须按照批准股份支付计划的原则和方式进行调整。

在会计上，无论已授予的权益工具的条款和条件如何修改，甚至取消权益工具的授予或结算该权益工具，企业都应至少确认按照所授予的权益工具在授予日的公允价值来计量获取的相应的服务，除非因不能满足权益工具的可行权条件（除市场条件外）而无法可行权。

1.条款和条件的有利修改

如果修改了某些条款或条件，对职工有利，那么企业应当分别以下情况，确认导致股份支付公允价值总额升高以及其他对职工有利的修改的影响：

（1）如果修改增加了所授予的权益工具的公允价值，企业应按照权益工具公允价值的增加相应地确认取得服务的增加。权益工具公允价值的增加是指修改前后的权益工具在修改日的公允价值之间的差额。

如果修改发生在等待期内，在确认修改日至修改后的可行权日之间取得服务的公允价值时，应当既包括在剩余原等待期内以原权益工具授予日公允价值为基础确定的服务金额，也包括权益工具公允价值的增加。

如果修改发生在可行权日之后，企业应当立即确认权益工具公允价值的增加。

如果股份支付协议要求职工只有先完成更长期间的服务才能取得修改后的权益工具，则企业应在整个等待期内确认权益工具公允价值的增加。

（2）如果修改增加了所授予的权益工具的数量，企业应将增加的权益工具的公允价值相应地确认为取得服务的增加。

如果修改发生在等待期内，在确认修改日至增加的权益工具可行权日之间取得服务的公允价值时，应当既包括在剩余原等待期内以原权益工具授予日公允价值为基础确定的服务金额，也包括权益工具公允价值的增加。

（3）如果企业按照有利于职工的方式修改可行权条件，如缩短等待期、变更或取消业绩条件（而非市场条件），企业在处理可行权条件时，应当考虑修改后的可行权条件。

2.条款和条件的不利修改

如果企业以减少股份支付公允价值总额的方式或其他不利于职工的方式修改条款和条件，企业仍应继续对取得的服务进行会计处理，如同该变更从未发生，除非企业取消了部分或全部已授予的权益工具。具体包括如下几种情况：

（1）如果修改减少了所授予的权益工具的公允价值，企业应当继续以权益工具在授予日的公允价值为基础，确认取得服务的金额，而不应考虑权益工具公允价值的减少。

（2）如果修改减少了授予的权益工具的数量，企业应当将减少部分作为已授予的权益工具的取消来进行处理。

（3）如果企业以不利于职工的方式修改了可行权条件，如延长等待期、增加或变更业绩条件（而非市场条件），企业在处理可行权条件时，不应当考虑修改后的可行权条件。

[例6-5] 泸州老窖股权激励计划的变更与实施分析。

泸州老窖股份有限公司是具有400多年酿酒历史的国有控股上市公司，拥有我国建造最早（始建于公元1573年）、连续使用时间最长、保护最完整的老窖池群，1996年经国务院批准为全国重点文物保护单位，被誉为“中国第一窖”，以其独一无二的社会、经济、历史、文化价值成为世界酿酒史上的奇迹。

2010年1月，泸州老窖公司股权激励方案获得通过。高管、业务骨干共计143人将获得股权激励，包括泸州老窖董事长谢明、总经理张良等人在内，共1 344万份期权。除了洋河在上市之前便完成股权激励，泸州老窖成为第二家进行股权激励的白酒上市公司。在此3年半之前，泸州老窖也曾启动过一次股权激励。2006年7月，泸州老窖的股权激励方案获得通过，但随后因为国资委与财政部颁布了《国有控股上市公司（境内）实施股权激励试行办法》，国有控股上市公司需按照该文件的规定予以规范，因此，在此后很长的一段时间内，泸州老窖对原方案进行了修订，并最终获得四川省国资委的批复。根据这次修订后的方案，计划授予激励对象的股票期权为1 344万份，占当前公司总股本的0.96%。获得激励的人员中，高管共11人。

与3年半之前的那个方案相比，新方案的变化不小。首先，期权总量由2 400万份下降为1 344万份。更为显著的是，高管期权数量大幅削减，从之前的1 625万份减少至485万份。以董事长谢明为例，之前的方案是240万份，现在是58万份。与此同时，骨干员工期权数则由775万份增至859万份。本次授予的股票期权的行权价格为不低于12.78元，有效期为自股票期权授权日起5年。

泸州老窖股权激励计划的变更及实施，为我们提供了一个国有控股企业管理层持股的经典案例。

（1）国有绝对控股

分析泸州老窖2000—2010年间持股在5%以上的大股东股权结构发现，长期以来，泸州老窖都处于国有绝对控股的状态，国有产权的持股比例（含直接持股和间接持股）一直都超过50%（尽管国有控股的比例从2000年的74.82%减少到2010年的53.67%），同时，在泸州老窖基本上不存在其他持股超过5%以上的大股东。

（2）管理层高度稳定

泸州老窖的现任高管团队组建于2004年5月底。表6-7列示了前后两份股权激励方案中的激励对象（董事及高级管理人员）。

通过比较两份激励方案激励对象中的董事及高级管理人员名单，可以看到这两份方案所激励的董事及高级管理人员具有高度的一致性，除2006年方案中的龙成珍董事不在2010年的方案中以外，其他激励对象除了职务发生一些变化之外均完全一致。同时，在2010年的方案中，也并未增加新的高管层面的激励对象。此外，在股权激励方案实施之前的各个年份，所有公司高管基本上都未持有泸州老窖的股份。2006—2010年间，泸州老窖的高管团队十分稳定，稳定的高管团队有利于各项战略经营决策的稳步推进和顺利开展。

（3）近年经营业绩

分析泸州老窖及其对比公司（贵州茅台和五粮液，在此期间，这两家国有企业均未实施过股权激励方案）2000—2010年间的主要经营指标后发现，从2005—2010年，泸州老窖的经营绩效有了大幅度的增长，具体来说：①泸州老窖的净资产收益率（ROE）从2005年的3.01%增长到2010年的45.16%，从原来2005年排在贵州茅台和五粮液之后，而且差距明显，到2010年明显超越贵州茅台和五粮液；②泸州老窖的总资产报酬率（ROA）

表 6-7　泸州老窖前后两份股权激励方案中的激励对象

2006年股权激励方案		2010年股权激励方案	
激励对象	所任职务	激励对象	所任职务
谢明	董事长	谢明	董事长
张良	董事、总经理	张良	董事、总经理、党委书记
蔡秋全	董事、副总经理	蔡秋全	董事、副总经理
沈才洪	董事、副总经理	沈才洪	董事、副总经理
龙成珍	董事	—	—
江域会	监事会主席	江域会	董事、纪委书记
刘淼	销售公司总经理	刘淼	副总经理
郭智勇	总经理助理	郭智勇	副总经理
张顺泽	总经理助理	张顺泽	副总经理
何诚	酿酒公司总经理	何诚	酿酒公司总经理
林锋	营销总监	林锋	销售公司总经理
敖治平	财务部部长	敖治平	财务部部长

也有着类似ROE的变化趋势；③泸州老窖的销售净利率从2005年的3.02%成长到2010年的42.46%，从原来2005年排在贵州茅台和五粮液之后，而且差距明显，到2010年基本上与贵州茅台比较接近；④总资产周转率也从2005年的0.57次（在三家企业中排名第二），增加到2010年的0.77次（排名第一）。

（4）2006年方案未能实施的原因分析

泸州老窖2006年6月的股权激励方案顺利地获得了泸州市国资委和临时股东大会的通过，但尚未来得及实施，证监会、国资委、财政部就陆续出台了许多新的监管法规和监管措施，这使得泸州老窖原有的股权激励方案在用这些新的监管法规和监管措施进行审视时，有很多的不规范之处，从而无法进入正式实施阶段。具体来说主要是两个方面的原因：

第一，激励的预期收益过高。泸州老窖2006年6月的股权激励方案，主要是违背了2006年9月发布的《国有控股上市公司（境内）实施股权激励试行办法》第十六条的有关规定，即“在股权激励计划有效期内，高级管理人员个人股权激励预期收益水平，应控制在其薪酬总水平（含预期的期权或股权收益）的30%以内”。这样，随着泸州老窖股票价格在2006年6月以后的快速上涨，其高管人员股权激励的预期收益最高的甚至超过了1亿元，而高管人员的实际年薪却不到100万元，显然这一条件无法得到有效满足。

第二，具体条款和公司治理结构有待进一步完善。根据前述有关法规的要求，上市公司要实施股票期权激励，在公司治理结构方面要满足更高的标准，而这些标准恰恰是泸州老窖还没有完全满足的。具体包括：行权条件中没有考虑行业标准；首次实施股权激励计划授予的股权数量占股本总额的比例过高；行权限制期/等待期偏短；尚未开展公司治理专项活动（上市公司自查阶段、公众评议阶段和整改提高阶段）；独立董事比例未达到董事会的半数以上，而且薪酬委员会成员并不是全由独立董事组成；一名公司监事被纳入股权激励对象等。上述原因的存在，导致泸州老窖2006年的股权激励方案很难获得通过，必须要根据新的监管法规和要求进行相应的调整。

（5）对2010年股权激励方案成功实施的探讨

泸州老窖的行业排名基本上是在第三位，处于贵州茅台和五粮液之后，同时又受到洋河股份等后起之秀的挑战。这样的行业地位比较尴尬，要前进一步非常困难，但要后退却非常容易，同时，即使要保持住现有的地位也会面临很大压力。要保证公司在行业中的地位和未来发展，需要有足够的激励强度，而如何向高管和骨干员工提供足够的、合适的股权激励就成为一个很现实的问题。经过3年多的等待，公司激励方案终于在2010年成功实施，对比2006年的方案，我们发现如下几点变化：

第一，激励数量及激励份额占总股本的比例明显降低。激励数量由2006年方案的2 400万份（占总股本的2.85%）降为2010年方案的1 344万份（占总股本的0.96%），其主要目的在于满足《国有控股上市公司（境内）实施股权激励试行办法》第十四条的有关规定，即上市公司首次实施股权激励计划授予的股权数量原则上应控制在上市公司股本总额的1%以内。

第二，激励份额在激励对象之间的结构分布发生明显变化。在2006年方案中，董事及高管人员所获激励份额占总激励份额的67.71%，其中董事长谢明和总经理张良各占10%，而骨干员工所占比例仅为32.29%。在2010年的方案中，这一比例差不多刚好反过来，董事及高管人员所占比例大幅降低为36.09%，其中董事长谢明和总经理张良各占4.32%，而骨干员工所占比例则大幅增加至63.91%，同时，2010年方案所激励的骨干员工数量也比原来的方案有明显增加。

第三，激励方案的等待期和有效期发生变化。激励方案的等待期从1年变为2年，其目的在于满足《国有控股上市公司（境内）实施股权激励试行办法》第二十一条的有关规定，即行权限制期原则上不得少于2年，在限制期内不可以行权。这一规定可以在一定程度上限制激励对象的机会主义行为。

第四，激励方案的股票来源和行权价格没有发生变化。前后两个方案的激励股票来源均为定向增发，没有差异。泸州老窖方案中最容易引起争议的地方就是，前后两个方案的行权价格完全没有发生变化，均为12.78元。在设计2006年6月的股权激励方案时，12.78元的行权价格是有一定的合理性的，其确定依据为在草案公布前一个交易日的公司标的股票的收盘价11.11元的基础上再乘以115%。但是，在设计2010年1月的股权激励方案时，股票价格已经发生了根本性的变化。此时，如果将2010年1月的方案视作一个全新方案的话，根据《国有控股上市公司（境内）实施股权激励试行办法》第十八条的规定，上市公司股权的授予价格应不低于股权激励计划草案摘要公布前一个交易日的公司标的股票收盘价或者股权激励计划草案摘要公布前30个交易日内的公司标的股票平均收盘价中的较高者，那么行权价格就应该在35~40元，远远高于原方案中的12.78元。这也是2010年1月的方案是以2006年6月方案的修订稿形式出现，而不是以一个全新方案的形式出现的最根本原因。

第五，行权条件和行权安排比较。从行权条件的角度来看，2010年方案的设计要求更高，而且引入了行业比较的相对业绩评价。对净资产收益率指标的要求从2006年方案的不得低于10%提高到2010年方案的不得低于30%且不得低于同行业上市公司75位值。尽管对净利润增长率的要求从原方案的不低于30%调整到新方案的不低于12%，但这主要是与泸州老窖在经历了2005—2010年的高速成长阶段之后，净利润的进一步成长潜力必然会有所下降有关。

从行权安排的角度来看，两份方案都比较强调在业绩考核合格之后分阶段行权，2006年方案分3年行权，可行权比例分别为40%、30%和30%；2010年方案也是分3年行权，但是对可行权比例做了适度调整，分别为30%、30%和40%，更强调对高管的长期激励。

在行权安排方面的最大变化，是根据国资委、财政部2008年12月联合发布《关于规范国有控股上市公司实施股权激励制度有关问题的通知》的有关要求，增加了薪酬管制条款，即在行权有效期内，激励对象获取的股权激励收益占本期股票期权授予时薪酬总水平（含股权激励收益）的最高比重不得超过40%。激励对象已行权的股票期权获得的股权激励实际收益超出上述比重的，尚未行权的股票期权不再行使。对比比较见表6-8。

表6-8 前后两个股票期权激励方案的比较

比较	2006年方案	2010年方案
有无明确薪酬管制安排	无	1.有 2.授予的期权数量和份额有明显下降 3.高管对所获期权占比有明显下降 4.对股票期权的预期收益水平加以限制
激励方面的表现（面向未来）	1.行权价高出当时市价15% 2.有效期10年 3.授予的期权数量和份额相对较高 4.高管所获期权占比相对较高	1.除行权价格外，行权条件和行权安排相对更加规范 2.等待期由1年延长为2年 3.就低不就高的行权价格，提高了激励强度
福利方面的表现（利益分配）	1.择时（股市低迷时）提出激励方案 2.行权条件和行权安排相对比较简单 3.等待期限仅为1年，相对较短	1.就低不就高的行权价格，即使股价大跌，通过行权仍能获得满意收益，容易导致高管努力水平下降 2.有效期减为5年
奖励/补偿方面表现（面向过去）	无	就低不就高的行权价格，与过去5年的良好经营业绩表现，以及2006年6月的另一项面向经销商等的成功定向增发因素交织在一起

资料来源：殷友利．泸州老窖股权激励计划的变更与实施［EB/OL］．［2012-11-28］．http：//www.gzfunds.com/gzjj/news/newsContent.jsp？cId=gz-gzgc&nId=16068&sId=38.

在国有企业中，如何向高管和骨干员工提供足够的、合适的股权激励是一个很现实的问题。由于法律法规不健全、国有企业治理结构不完善、企业评价机制不健全、经理人市场不健全等多重原因，同时也因为国有资产具有敏感性，从整体而言，国有企业的股权激励制度，尤其是地方国企的股权激励制度建立和推进的速度一直非常缓慢，这不可避免地影响了国有企业高级管理人员和核心技术人员的积极性，从而严重地影响了国有企业生产效率和市场竞争力的提高。因此，创新和完善国有控股上市公司甚至是国有控股的非上市公司的股权激励机制，对于深化国有企业改革和完善社会主义市场经济的建设，都有深刻的历史意义。股权激励方案的设计是否合理，如何选择和利用适合各个公司的股权激励工具、行权条件如何适时变革与调整是关系到方案能否成功实施的关键。

3.取消或结算

如果企业在等待期内取消了所授予的权益工具或结算了所授予的权益工具（因未满足可行权条件而被取消的除外），企业应当：

（1）将取消或结算作为加速可行权处理，立即确认原本应在剩余等待期内确认的金额。

（2）在取消或结算时支付给职工的所有款项均应作为权益的回购处理，回购支付的金额高于该权益工具在回购日公允价值的部分，计入当期费用。

（3）如果向职工授予新的权益工具，并在新权益工具授予日认定所授予的新权益工具是用于替代被取消的权益工具的，企业应以与处理原权益工具条款和条件修改相同的方式，对所授予的替代权益工具进行处理。权益工具公允价值的增加是指在替代权益工具的授予日，替代权益工具公允价值与被取消的权益工具净公允价值之间的差额。被取消的权益工具净公允价值是指其在取消前立即计量的公允价值减去因取消原权益工具而作为权益回购支付给职工的款项的净额，如果企业未将新授予的权益工具认定为替代权益工具，则应将其作为一项新授予的股份支付进行处理。企业如果回购其职工已可行权的权益工具，应当借记所有者权益，回购支付的金额高于该权益工具在回购日公允价值的部分，计入当期费用。

股权激励取消的会计处理分为两种情况：未达到非市场条件和达到市场条件。如果因为达到市场条件而未行权，则不调整已经确认的费用；如果因为未达到非市场条件（如业绩）而不能行权，则应调整已经确认的费用。

（1）不能满足非市场条件而取消或终止股权激励计划

若激励对象未能达到非市场条件（服务期限条件、业绩条件等），则激励对象实际最终没有被授予权益工具，相应地，与该股权激励计划相关的累计成本、费用为零。在会计处理上，应将原已确认的费用冲回，即在权益结算的股份支付中，服务期限条件和非市场业绩条件是决定授予权益工具的数量的。如果激励对象未满足服务期限条件和非市场业绩条件，则最终被授予的权益工具数量为零，相应地，与该股份支付计划相关的累计成本、费用也就为零，需要把以前期间就该股份支付计划已确认的成本、费用全部在当期冲回。这是由股份支付的基本原理决定的。

［**例6-6**］未能满足非市场条件而取消股权激励计划。

资料：2×17年1月1日，MM公司授予20名激励对象每人100份股票期权，公司每个会计年度对公司财务业绩指标进行考核，以达到公司财务业绩指标作为激励对象行权的必要条件，其可行权条件为2年内公司净利润增长均达到10%，每份期权在2×17年1月1日的公允价值是10元。

2×17年年末，MM公司净利润增长为12%，并且企业预计下一年会有相同幅度的增长。因此，企业在这一资产负债表日确认费用10 000元。

要求：对上述事项进行会计处理。

分析：

借：管理费用等　　　　10 000

贷：资本公积——其他资本公积（20×100×10×1÷2）　10 000

2×18年年末，由于市场发生变化，MM公司净利润增长为8%，未能达到非市场的业绩条件，不能行权。应将原已确认的费用冲回。

借：以前年度损益调整　-10 000

贷：资本公积——其他资本公积　-10 000

（2）能够满足非市场条件下取消或终止股权激励计划

能够满足非市场条件，即预计激励对象能够满足服务期限条件、业绩条件等指标。此时，激励对象将因为能够满足激励指标而被视为将被授予权益工具。但是由于权益工具价格低于行权价格，行权将产生负收益。在这一情况下，很多上市公司考虑到权益工具价格可能长时间低于行权价格，激励对象不能得到正常的激励收入而直接取消激励计划。取消股权激励计划通常源于公司或者员工主动的行为。会计处理结果视同加速行权，将剩余等待期内应确认的金额立即计入当期损益，同时确认资本公积。

具体的处理方法（是作为冲回处理还是加速行权处理、冲回全部还是部分、冲回的损益影响确认在哪一年度等），需要根据具体的股权激励计划条款进行分析，不能一概而论。如果取消的仅是其中某一期解锁的股票而不是全部标的股票，并且取消的原因是没有实现可行权条件中的非市场条件，则所冲回的费用也仅限于截至目前累计已经确认的与该期取消解锁的股权相关的费用，其他各期不受影响。国际财务报告准则（IFRS）规定，在这种分期解锁的情况下，分不同期限解锁的各期视作不同的股份支付，分别在其各自的等待期内摊销计入费用。冲回的损益影响确认在哪一个年度，取决于何时可以确定非市场条件不再得到满足。

［例6-7］ 能够满足非市场条件而取消股权激励计划。

资料： MM公司为上市公司，2×16年1月10日，MM公司向30名公司高级管理人员授予了3 000万股限制性股票，授予价格为6元，授予后锁定3年。2×16年、2×17年、2×18年为申请解锁考核年，每年的解锁比例分别为30%、30%和40%，即900万股、900万股和1 200万股。经测算，授予日限制性股票的公允价值总额为30 000万元。该计划为一次授予、分期行权的计划。各期解锁的业绩条件如下。

第一期：2×16年净利润较2×14年增长率不低于25%。

第二期：2×16年和2×17年两年净利润平均数较2×14年增长率不低于30%。

第三期：2×16—2×18年三年净利润平均数较2×14年增长率不低于40%。

2×16年11月30日，MM公司公告预计2×16年全年净利润较2×14年下降20%~50%。2×16年12月13日，MM公司召开董事会，由于市场需求大幅度萎缩，严重影响了公司当年以及未来一两年的经营业绩，公司预测股权激励计划解锁条件中关于经营业绩的指标无法实现，故决定终止实施原股权激励计划，激励对象已获授的限制性股票由公司回购并注销。2×16年12月28日，MM公司股东大会审议通过上述终止及回购方案。

问题： MM公司终止实施原股权激励计划应该如何进行会计处理？

分析：

（1）第一期解锁部分未能达到可行权条件，即“2×16年净利润较2×14年增长率不低于25%”而导致职工不能解锁相应的限制性股票，属于不能满足非市场条件（业绩条件）而取消或终止股权激励计划，2×16年度不确认与这一部分相关的股权激励费用9 000万元，不进行任何会计处理。

（2）第二期和第三期由于市场原因而取消股份支付计划，应按照加速行权处理，将剩余的授予日权益工具的公允价值全部在取消当期确认。即在取消日加速确认第二期、第三期的费用21 000万元（会计分录中金额以万元表示）。

借：管理费用等　　21 000

　贷：资本公积——其他资本公积（9 000+12 000）　　21 000

四、回购股份进行职工期权激励

企业以回购本企业股份的形式奖励本企业职工的，属于以权益结算的股份支付，应当按照以权益结算的股份支付进行会计处理。所不同的是，回购股份也要进行会计处理，因此，基本思路如下：

（一）回购股份

企业回购股份时，应当按照回购股份的全部支出作为库存股处理，同时进行备查登记。会计分录为：借记“库存股”科目，贷记“银行存款”等科目。

（二）确认成本费用

按照《企业会计准则第11号——股份支付》对职工权益结算股份支付的规定，企业应当在等待期内每个资产负债表日按照权益工具在授予日的公允价值，将取得的职工服务计入成本或费用，同时增加资本公积（其他资本公积）。这和本章第二节的会计处理相同。

（三）职工行权

企业应于职工行权购买本企业股份收到价款时，转销交付职工的库存股成本和等待期内资本公积（其他资本公积）累计金额，同时，按照其差额调整资本公积（股本溢价）。会计分录为：借记“银行存款”“资本公积——其他资本公积”等科目，贷记“股本”“库存股”科目，按其差额借或贷记“资本公积——股本溢价”科目。

五、集团股份支付的会计处理

如果由母公司和其全部子公司组成的企业集团内部发生股份支付，其会计处理有一定的特殊性，但这种特殊性主要表现在不同情况的股份支付应看作何种类型的股份支付，即应归属于权益结算的股份支付还是现金结算的股份支付。

2010年7月14日，财政部发布了《企业会计准则解释第4号》就上述问题的处理进行了原则性规定，主要包括：

（1）结算企业以其本身权益工具结算的，应当将该股份支付交易作为权益结算的股份支付处理；除此之外，应当作为现金结算的股份支付处理。

结算企业是接受服务企业的投资者的，应当按照授予日权益工具的公允价值或应承担负债的公允价值确认为对接受服务企业的长期股权投资，同时确认资本公积（其他资本公积）或负债。

（2）接受服务企业没有结算义务或授予本企业职工的是其本身权益工具的，应当将该股份支付交易作为权益结算的股份支付处理；接受服务企业具有结算义务且授予本企业职工的是企业集团内其他企业权益工具的，应当将该股份支付交易作为现金结算的股份支付处理。

□ 复习思考题

1.什么是股份支付？对企业和职工来说，股份支付有何意义？

2.股份支付有哪些主要环节？主要的日期有哪些？

3.权益结算的股份支付和现金结算的股份支付在授予日、等待期内、可行权日、可行权日之后、行权日等时点上的确认与计量方面有何区别？

4.什么是可行权条件？为什么要规定可行权条件？可行权条件有哪些类别？

5.对于可行权条件或条款的变更与修改，应如何进行处理？

6.回购股份激励职工和一般的股份支付有何区别？

第七章

中期财务报告

第一节 中期财务报告概述

一、中期财务报告的含义

中期财务报告是以中期为基础编制的财务报告。中期，是指短于一个完整的会计年度（自公历1月1日起至12月31日止）的报告期间，它可以是一个月、一个季度或者半年，也可以是短于一个会计年度的其他期间，如1月1日至9月30日的期间等。根据编制的期间不同，中期财务报告可分为月度财务报告、季度财务报告、半年度财务报告以及期初至本中期末的财务报告。

在市场经济条件下，投资者、债权人等对公开披露的财务报告信息的及时性和相关性提出了更高的要求，而中期财务报告可以使投资者对企业业绩评价和监督管理更加及时，更有助于及时发现企业存在的问题，寻求相应的应对措施，从而规范企业经营者行为，以满足投资者决策的需求，因此，中期财务报告目前已经成为年报之外非常重要的财务报告。我国《企业会计准则第32号——中期财务报告》要求我国上市公司必须公开披露半年报，但很多上市公司已经开始自愿披露季报。我国的中期报告不要求经过审计。

二、中期财务报告的构成

中期财务报告的构成与年度财务报告大同小异。我国中期财务报告准则对中期财务报告进行了详尽的规范。根据中期财务报告准则的规定，中期财务报告至少应当包括以下几部分：（1）资产负债表；（2）利润表；（3）现金流量表；（4）附注。这四部分是中期财务报告最基本的构成。与年度财务报告相比，中期财务报告准则不要求编制所有者权益变动表。

企业在编制中期财务报告时，应当注意以下几点：

（1）在中期财务报告中，企业至少要提供资产负债表、利润表、现金流量表和附注四个部分内容。对其他财务报表或相关信息，如所有者权益（或股东权益）变动表等，企业可以根据需要自行决定提供与否。但如果企业自愿提供其他财务报表或相关信息，则必须遵循中期财务报告准则的相关规定，比如，企业若提供中期所有者权益（或者股东权益）变动表，则其内容和格式也应当与上年度报表保持一致。

（2）中期财务报告的格式和内容应当与上年度财务报告相一致。如果当年新施行的会计准则对财务报表格式和内容作了修改，中期财务报告应当按照修改后的报表格式和内容编制，与此同时，在中期财务报告中提供的上年度比较财务报表的格式和内容也应当作相应的调整。假设最新中期财务报告准则规定，基本每股收益和稀释每股收益在中期利润表中应单独列示，而上年度利润表中并没有单独列示，则企业在提供比较中期财务报告时，对于上年度利润表应作相应调整，将基本每股收益和稀释每股收益单独列示。

（3）中期财务报告中的附注可适当简化。中期财务报告附注必须充分披露中期财务报告准则规定披露的信息，对于其他信息的披露，可遵循重要性原则，适当简化。

在我国，上市公司的半年报比较规范，企业除了按照会计准则的规定提供半年期资产负债表、半年期利润表和半年期现金流量表之外，还普遍提供半年期所有者权益变动表。从我国上市公司半年报的结构与披露的内容来看，与年度报告不存在本质性的区别。我国的上市公司一般都主动提供季报，但季报一般不提供所有者权益变动表，所披露的内容比较简单。由于中期财务报告无须审计，所以，目前我国上市公司所提供的中期财务报告一般都不经过审计。

三、中期财务报表的种类

根据我国会计准则的要求，作为母公司的上市公司提供的年度财务报表中包括母公司个别财务报表和合并财务报表两类。与年报类似，中期财务报表也分为母公司个别财务报表和企业集团合并财务报表。根据《企业会计准则第32号——中期财务报告》的要求，对于上年度编制合并财务报表的公司，中期末也应当编制合并财务报表；对于上年度同时提供母公司个别报表和合并报表的公司，中期末也应当同时编制母公司个别报表和合并报表。关于母公司单独的中期财务报表确认与计量的原则及报表编制要求，将在本章后两节重点阐述。关于中期合并财务报表，其报表的格式、合并范围和编制方法应当与上年度合并财务报表相一致，本章不再阐述。对于上年度包括在合并财务报表中、本中期处置的子公司，应当并入本中期合并范围；对于本中期新增的子公司，在本中期末应当纳入合并范围。

四、编制中期财务报告的基本原则

与编制年度财务报告一样，企业在编制中期财务报告时，应当遵守基本准则中的相关原则，尤其要遵守一致性、重要性和及时性的原则。

1. 一致性原则

企业在编制中期财务报告时，应当将中期视同一个独立的会计期间，所采用的会计政策应当与年度财务报告所采用的会计政策相一致，且在编制中期财务报告时不得随意变更会计政策。

2. 重要性原则

企业在编制中期财务报告时，必须坚持重要性原则。重要性原则是指企业对于某项重要的会计信息，必须在中期财务报告中予以报告，否则就会影响或误导投资者等会计信息使用者对这段时间企业财务状况、经营成果和现金流量情况的正确判断。企业在遵循重要性原则时应注意以下几点：

（1）重要性程度的判断应当以中期财务数据为基础，而不得以预计的年度财务数据为基础。这里所指的“中期财务数据”，既包括本中期的财务数据，也包括年初至本中期末的财务数据。

（2）重要性原则要求企业在中期财务报告中应当提供与理解企业本中期末财务状况、中期经营成果和中期现金流量相关的所有信息。企业在运用重要性原则时，应当避免在中期财务报告中由于不确认、不披露或者忽略某些信息而对信息使用者决策产生误导。

（3）重要性程度的确定需要具体情况具体分析和具备一定的职业判断。通常，在判断某一项目的重要性程度时，应当将该项目的金额和性质结合在一起予以考虑，而且在判断项目金额重要性时，应当以资产、负债、净资产、营业收入、净利润等直接相关项目数字作为比较基础，并综合考虑其他相关因素。在一些特殊的情况下，单独依据项目的金额或者性质就可以判断其重要性，例如，企业发生会计政策变更，该变更事项对当期期末财务状况或者当期损益的影响可能比较小，但对以后期间财务状况或者损益的影响却比较大，因此，会计政策变更从性质上属于重要事项，应当在中期财务报告中予以披露。

3. 及时性原则

企业编制中期财务报告的目的就是为了向会计信息使用者提供比年度财务报告更加及时的会计信息，以提高会计信息的决策有用性。中期财务报告所涵盖的会计期间短于一个会计年度，所以，提供的会计信息更加具有及时性。为了在中期及时提供相关的财务信息，企业在会计计量上应该使用更多的会计估计手段。例如，企业通常会在会计年度末对存货进行全面、详细的实地盘点，因此，对年末存货可以达到较为精确的计价，但是在中期末，由于时间上的限制和成本方面的考虑，不大可能对存货进行全面、详细的实地盘点，在这种情况下，对于中期末存货的计价就可在更大程度上依赖会计估计。

就会计原则而言，一致性、重要性和及时性是编制中期财务报告时必须遵守的几条重要原则，但其他一些会计原则，如可比性原则、谨慎性原则、实质重于形式原则等，在编制中期财务报告时也应当予以遵循。

第二节　中期财务报告会计确认与计量的原则

会计确认和计量主要涉及确认什么、怎样确认和确认多少等会计问题，涉及的原则应该包括会计准则对会计确认和计量的全部要求，包括会计确认的一般标准（符合要素定义等）、会计确认的基础（权责发生制）、会计计量属性的要求（历史成本、公允价值等）以及会计信息的质量特征等。在编制年度财务报告时，企业应当根据基本准则和具体准则的要求对财务报表要素进行正确的确认和计量。与年度财务报告一样，企业在编制中期财务报告时，也要涉及会计要素的会计确认与计量问题。中期财务报告的会计确认与计量是指中期财务报表中相关会计要素的确认和计量，主要涉及以下几个方面：

一、中期财务报告会计确认与计量的基本原则

企业在编制中期财务报告时，对于中期财务报告的会计确认和计量，应该坚持以下基本原则：

1.与年度财务报告相一致的会计确认与计量原则

中期财务报告中会计要素的确认和计量原则应当与年度财务报告所采用的原则相一致，即企业在中期根据所发生交易或者事项对资产、负债、所有者权益（或股东权益）、收入、费用和利润等会计要素进行确认和计量时，应当符合会计要素的定义以及相关会计确认和计量的标准，不能因为中期财务报告期间的缩短而改变会计确认和计量的原则。企业在编制中期财务报告时，不能根据会计年度内以后中期将要发生的交易或者事项来判断当前中期的有关项目是否符合会计要素的定义，也不能人为地均衡会计年度内各中期的收益和费用。

[例7-1] 中期财务报告营业收入的确认方法。

资料：甲公司是一家图书代理商，其日常经销中收到订单和购书款与发送图书往往分属于不同的中期。

问题：该图书代理商如何确认其中期财务报告收入？

分析：如果该公司编制中期财务报告，则中期收入确认的原则如下。

如果甲公司编制中期财务报告，则在其收到订单和购书款的中期不能确认图书销售收入，因为在此中期，与图书所有权有关的风险和报酬尚未转移，不符合收入确认的条件，甲公司只能在发送图书的那个中期才能确认收入，因为，在这个中期，与图书所有权有关的风险和报酬已经转移，可见，甲公司中期收入的确认标准与年度收入的确认标准应该保持一致。

[例7-2] 中期财务报告资产减值损失的确认方法。

资料：乙公司是一家上市公司，根据现行企业会计准则的规定需要编制半年报。在2×18年6月30日，乙公司对存货进行了盘点，发现一批账面价值为1万元的存货已经损毁。

问题：对于这批存货减值损失，乙公司在中期报告中应该如何披露？

分析：乙公司发现损毁的1万元存货在2×18年6月30日已无任何价值，在未来，该存货不会再给企业带来任何经济利益，不再符合资产的定义，因此，乙公司在当年编制半年度财务报告时，不能再将该批存货作为资产列报，而应当确认一项损失，在这一问题的处理上，乙公司应该选择与年度会计处理相一致的原则。

[例7-3] 中期财务报告重大事项的披露方法。

资料：丙公司是一家软件开发商，根据企业的财务制度，按季度编制财务报告。2×17年4月1日，丙公司将其2×17年新版MNX管理信息系统软件投放市场。4月10日，丙公司收到戊公司（财务软件开发商）来函，声明MNX管理信息系统软件中的财务管理软件包与该公司开发的并已于2×16年申请专利的财务管理系统相同，要求丙公司停止侵权行为，并赔偿损失1 000万元。丙公司不服，继续销售其新产品。戊公司遂于4月15日将丙公司告上法庭，要求其停止侵权行为，并赔偿该公司损失1 000万元。法院受理了此案，作了数次调查取证后，初步认定丙公司的确侵犯了戊公司的专利权，根据有关规定，

丙公司大约要赔偿800万~1 000万元的损失。为此，丙公司在6月30日提出，希望能够庭外和解，戊公司表示同意。8月2日，双方经过数次调解，没有达成和解协议，只能再次通过法律诉讼程序。9月20日，法院判决，丙公司立即停止对戊公司的侵权行为，赔偿戊公司损失980万元。丙公司不服，继续上诉。12月1日，二审判决，维持原判。2×18年1月20日，根据最终判决，丙公司被强制执行，向戊公司支付侵权赔偿款980万元。

问题：对于此事项，丙公司应如何在中期财务报告中作相关披露呢？

分析：在本例中，对于丙公司而言，在2×17年年末，该赔偿事项已经成为确定事项，因此，丙公司应在2×17年年度资产负债表中确认980万元的负债。但是，因为丙公司编制季度财务报告，所以在2×17年第2季度和第3季度中期财务报告中，丙公司都需要及时披露此事项。基于例题中资料，根据年报会计确认和计量的基本原则，在2×17年第2季度末，丙公司应该确认一项金额为900万元（（800+1 000）÷2）的预计负债。在2×17年第3季度财务报告中，由于法院一审已经判决，要求丙公司赔偿980万元，所以，丙公司在第3季度财务报告中应当再确认80万元负债，以反映丙公司在第3季度末的现时义务。

2.以年初至本中期末为基础的计量原则

中期财务报告准则规定，中期会计计量应当以年初至本中期为基础，财务报告的频率不应当影响年度结果的计量。也就是说，无论企业中期财务报告的频率是月度、季度，还是半年度，企业中期会计计量的结果最终应当与年度财务报告中的会计计量结果相一致。为此，企业中期财务报告的计量应当以年初至本中期末为基础，即企业在中期应当以年初至本中期末作为中期会计计量的期间基础，而不应当仅仅以本中期作为会计计量的期间基础。如企业编制第2季度财务报表，应当以1月1日至6月30日为计量期间考虑会计计量问题，而不应该仅仅以第2季度的状况为基础考虑会计计量问题。

[例7-4] 中期财务报告借款费用的确认方法。

资料：丁公司于2×17年11月利用专门借款资金开工兴建一项固定资产。2×18年3月1日，该项固定资产建造工程由于资金周转发生困难而停工，公司预计在一个半月内即可获得补充专门借款，事实上，丁公司直到6月15日才解决资金周转问题，工程才得以重新开工。

问题：对于此项业务，丁公司应如何在中期财务报告中计量与专门借款相关的利息费用呢？

分析：根据《企业会计准则第17号——借款费用》的规定，固定资产的购建活动发生非正常中断并且中断时间连续超过3个月，应当暂停借款费用的资本化，将在中断期间发生的借款费用计入当期费用，不能计入固定资产的成本。据此，如果丁公司编制季报，则在第1季度报表中，由于得知所购建固定资产的非正常中断时间将短于3个月，所以，3月份的借款费用可以计入固定资产的建造成本。但在2×18年第2季度，丁公司的固定资产建造活动又中断了两个半月，这样，在2×18年第2季度中期财务报告中，如果企业仅仅以第2季度发生的交易或者事项作为会计计量的基础，那么，公司在第2季度发生工程非正常中断的时间不足3个月，所以，借款费用依然可以计入固定资产的建造成本。但根据中期财务报告应以年初至本中期末为基础的计量原则，丁公司2×18年第2季度发生的借款费用中有两个半月的费用（4月1日至6月15日之间的借款费用）应该计入当期损益。因为，如果以2×18年1月1日至6月30日为第2季度报表计量基础，那么，固定资产购建活动发生非正常中断并且中断时间已经连续超过了3个月。不仅如此，第1季度已经资本化了的3月份的借款费用也应当费用化，调减在建工程成本，调增财务费用，只有这样，才能保证按中期会计计量的最终结果与年度会计计量结果相一致。

总之，根据现行中期财务报告的规定，单纯以某个中期为基础对中期财务报告进行计量是不正确的。为了避免企业中期会计计量与年度会计计量的不一致，防止企业因财务报告的频率而影响其年度财务结果的计量，企业必须以年初至本中期末为基础进行中期财务报告的会计计量。

3.会计政策应当与年度财务报告相一致的原则

为了保持企业前后各期会计政策的一贯性，提高会计信息的可比性和有用性，企业在中期应当采用与年度财务报告相一致的会计政策，且不得随意变更会计政策。如果上年度资产负债表日之后，企业按规定变更了会计政策，且该变更后的会计政策将在本年度财务报告中采用，则中期财务报告也应当采用变更后的会计政策。

对于中期财务报告会计政策的变更，企业应注意以下两点：

（1）中期财务报告准则不允许各中期随意变更会计政策，企业中期会计政策的变更应当符合《企业会计准则第28号——会计政策、会计估计变更和差错更正》规定的条件，只有在满足下列条件之一时，才能在中期进行会计政策变更：

①法律、行政法规或者国家统一的会计制度等要求变更；

②会计政策变更能够提供更可靠、更相关的会计信息。

（2）企业在中期进行会计政策变更时，应当确保该项会计政策将在年度财务报告中采用。

4.关于中期财务报告会计估计的变更

对于中期财务报表项目在中期发生了会计估计变更的，根据中期财务报告准则及《企业会计准则第28号——会计政策、会计估计变更和差错更正》的规定，企业只需在以后中期及年度财务报告中反映会计估计变更后的金额，并在附注中作相应披露，无须对年内前一个或前几个中期财务报告（如季报）作追溯调整，也无须重编年内前一个或前几个中期的财务报告（如季报）。

二、季节性、周期性或者偶然性收入确认和计量的原则

在通常情况下，企业的收入都是在一个会计年度内均匀发生的，各中期的营业收入差异不会很大，但也有某些企业的收入具有季节性、周期性或者偶然性特征。季节性收入是指企业取得的具有季节性特征、不在一个会计年度均匀发生的营业收入，这些营业收入的取得或者营业成本的发生主要集中在全年的某一季节或者某段期间内。例如，供暖企业的营业收入主要来自于冬季，冷饮企业的营业收入主要来自于夏季。周期性收入是企业取得的具有周期性特征的、不在一个会计年度均匀发生的营业收入，赚取周期性收入的企业往往每隔一个周期就会获得一笔稳定的营业收入或者支付一定的成本。例如，房地产开发企业的开发项目通常需要在1年以上，比如2~3年才能完成，因此，其营业收入通常也是2~3年才能完成一个循环周期。偶然性收入是企业从某些偶发事项中取得的一些非经常性收入，比如企业因意外获得的保险赔偿金等。

对于季节性收入、周期性收入和偶然性收入，中期财务报告准则规定企业应当在发生

时予以确认和计量，不应当为了平衡各中期的收益而将这些收入在会计年度的各个中期之间进行分摊。同时，中期财务报告准则还规定，如果季节性、周期性或者偶然性收入在会计年度末允许预计或者递延，在中期财务报告中也允许预计或者递延。这些收入的确认标准和计量基础都应当遵循《企业会计准则第14号——收入》的规定。

[例7-5] 周期性收入在中期财务报告中的确认。

资料：A公司为一家房地产开发公司，采取滚动方式开发房地产，即每开发完成一个房地产项目，再开发下一个房地产项目。该公司于2×17年1月1日开始开发一住宅小区，小区建设完工需2年。公司采取边开发、边销售楼盘的策略。假定该公司在2×17年各季度分别收到楼盘销售款1 000万元、3 000万元、2 500万元和2 000万元；分别支付开发成本2 000万元、1 500万元、2 200万元和1 800万元；在2×18年各季度分别收到楼盘销售款2 500万元、3 000万元、3 000万元和1 000万元；分别支付开发成本1 000万元、1 700万元、1 500万元和300万元。小区所有商品房于2×18年11月完工，12月全部交付给购房者，并办理完有关产权手续。

要求：该房地产商应如何在中期财务报告中确认其周期性收入？

分析：在本例中，A公司的经营业务具有明显的周期性特征，根据企业会计准则的规定，公司只有在每个周期房地产开发项目完成并实现对外销售后，才能确认收入。因此，A公司只有在2×18年12月所建商品房完工后，当商品房有关的风险和报酬已经转移给了购房者时，才能确认收入。在2×18年12月之前的各中期既不能预计收入，也不能将已经收到的楼盘销售款直接确认为收入，只能将其作为预收款处理。对于开发项目所发生的成本也应当首先归集在“开发成本”中，待到确认收入时，再结转相应的成本。

三、不均匀发生的费用确认与计量的原则

在通常情况下，与企业经营和管理活动有关的费用往往是在一个会计年度的各个中期内均匀发生的，各中期之间发生的费用不会有太大的差异。但是，对于某些费用，如员工培训费等，往往集中在会计年度的个别中期内，属于会计年度内不均匀发生的费用。中期财务报告准则规定，企业在会计年度中不均匀发生的费用，应当在发生时予以确认和计量，不应当为了平衡各中期之间的收益而将这些费用在会计年度的各个中期之间进行分摊，但如果企业会计准则允许会计年度内不均匀发生的费用在会计年度末预提或者待摊的，在中期末财务报告中也允许预提或者待摊。

[例7-6] 不均匀发生费用在中期财务报告中的确认。

资料：B公司根据年度培训计划，在2×18年6月对员工进行了专业技能和管理知识方面的集中培训，共发生培训费用30万元。

要求：B公司应如何在中期财务报告中确认这笔培训费？

分析：在本例中，对于该项培训费用，B公司应当直接计入6月份的损益，不能在6月份之前预提，也不能在6月份之后分摊。

四、中期财务报告会计政策变更的处理原则

中期财务报告准则规定，企业在中期发生了会计政策变更的，应当按照《企业会计准则第28号——会计政策、会计估计变更和差错更正》规定处理，并在财务报表附注中作

相应的披露。会计政策变更的累积影响数能够合理确定且涉及本会计年度以前中期财务报表相关项目数字的，应当予以追溯调整，视同该会计政策在整个会计年度一贯采用；同时，上年度可比中期财务报表也应当作相应调整。

中期财务报告准则对中期会计政策变更会计处理的规定是：当中期会计政策变更时，企业应当根据中期财务报告准则的要求，对以前年度比较中期财务报表最早期间的期初留存收益和其他相关项目的数字，进行追溯调整；同时，涉及本会计年度内会计政策变更以前各中期财务报表相关项目数字的，也应当予以追溯调整，视同该会计政策在整个会计年度和可比中期财务报表期间一贯采用。如果会计政策变更的累积影响数不能合理确定，以及不涉及本会计年度以前中期财务报表相关项目数字的，应当采用未来适用法。同时，在财务报表附注中应说明会计政策变更的性质、内容、原因及影响数，如果累积影响数不能合理确定的，也应当说明理由。

中期财务报告准则对中期会计政策变更在附注中披露的规定是：当中期会计政策变更时，企业应当披露会计政策变更对以前年度的累积影响数，包括对比较中期财务报表最早期间期初留存收益的影响数、以前年度可比中期损益的影响数；披露会计政策变更对变更中期、年初至变更中期末损益的影响数；披露会计政策变更对当年度会计政策变更以前各中期损益的影响数。

第三节　比较中期财务报告的编制及披露

中期财务报告的基本构成、基本原则以及会计确认和计量的基础前面已经阐述，这里重点阐述比较中期财务报告的编制要求以及中期财务报告附注的披露要求。

一、比较中期财务报告的编制

为了提高财务报告信息的可比性、相关性和有用性，中期财务报告准则规定，企业在中期财务报告中提供的中期财务报表（包括母公司单独报表和合并财务报表）必须是比较中期财务报表，要求同时提供可比上期及本中期的相关财务信息。比较中期财务报表要求企业在中期财务报告中，除了提供本中期末资产负债表、本中期利润表和本中期现金流量表外，还要提供上年度及相关中期的财务报表。比较中期财务报表主要包括以下报表：

（1）本中期末的资产负债表和上年度末的资产负债表。

（2）本中期的利润表、年初至本中期末的利润表以及上年度可比期间的利润表。上年度可比期间的利润表包括上年度可比中期的利润表和上年度年初至上年可比中期末的利润表。

（3）年初至本中期末的现金流量表和上年度年初至上年可比中期末的现金流量表。

如果企业同时提供中期所有者权益变动表，也必须是比较所有者权益变动表。由于会计准则对于可比中期所有者权益变动表没有规范，从上市公司实际披露情况来看，做法不完全一致。比如2013年6月30日，平安银行半年度财务报告中提供的可比所有者权益变动表有两张，一张是2012年度平安银行所有者权益变动表，另一张是2012年上半年平安银行的所有者权益变动表；而2013年万科企业股份有限公司提供的可比所有者权益变动表只有2012年上半年万科公司的所有者权益变动表。从理论上分析，比较所有者权益变动表所提供的比较财务报表应该指上年度可比期间的报表。

[例7-7] 比较中期财务报告的编制。

资料： C公司按集团财务制度的规定编制季度财务报告。

问题： C公司每个季度应该编制哪些中期财务报告？

分析： 根据中期财务报告准则的规定，C公司在截至2×18年3月31日、6月30日和9月30日应当编制的第1季度、第2季度和第3季度中期财务报表分别见表7-1、表7-2和表7-3。

表7-1 C公司2×18年第1季度报表

报表类别	本年度中期财务报表时间（或期间）	上年度比较财务报表时间（或期间）
资产负债表	2×18年3月31日	2×17年12月31日
利润表	2×18年1月1日至3月31日	2×17年1月1日至3月31日
现金流量表	2×18年1月1日至3月31日	2×17年1月1日至3月31日

表7-2 C公司2×18年第2季度报表

报表类别	本年度中期财务报表时间（或期间）	上年度比较财务报表时间（或期间）
资产负债表	2×18年6月30日	2×17年12月31日
利润表（本中期）	2×18年4月1日至6月30日	2×17年4月1日至6月30日
利润表（年初至本中期末）	2×18年1月1日至6月30日	2×17年1月1日至6月30日
现金流量表	2×18年1月1日至6月30日	2×17年1月1日至6月30日

表7-3 C公司2×18年第3季度报表

报表类别	本年度中期财务报表时间（或期间）	上年度比较财务报表时间（或期间）
资产负债表	2×18年9月30日	2×17年12月31日
利润表（本中期）	2×18年7月1日至9月30日	2×17年7月1日至9月30日
利润表（年初至本中期末）	2×18年1月1日至9月30日	2×17年1月1日至9月30日
现金流量表	2×18年1月1日至9月30日	2×17年1月1日至9月30日

通过表7-1、表7-2和表7-3可以看出，在第1季度，由于“本中期”与“年初至本中期末”的期间是相同的，所以，在C公司2×18第1季度财务报表中只需要提供一张利润表，相应地，在C公司上年度比较财务报表中也只需提供一张利润表。但在C公司2×18第2季度和第3季度财务报表中，由于“本中期”与“年初至本中期末”的期间不同，因此，在各个期间都应该分别提供本中期和年初至本中期末利润表。

[例7-8] 比较中期财务报告的编制。

资料： 假设W公司是一家上市母公司，按企业会计准则的要求每年末编制母公司单独财务报表和集团财务报表，并于每年6月30日提供中期财务报告，且自愿提供中期所有者权益变动表。

问题：W公司6月30日应该编制哪些中期财务报告？

分析：2×18年6月30日W公司应该编制的比较中期财务报表见表7-4。

表7-4　W公司2×18年6月30日比较中期财务报表

报表类别	本年度中期财务报表时间（或期间）	上年度比较财务报表时间（或期间）
合并资产负债表	2×18年6月30日	2×17年12月31日
母公司资产负债表	2×18年6月30日	2×17年12月31日
合并利润表	2×18年1月1日至6月30日	2×17年1月1日至6月30日
母公司利润表	2×18年1月1日至6月30日	2×17年1月1日至6月30日
合并现金流量表	2×18年1月1日至6月30日	2×17年1月1日至6月30日
母公司现金流量表	2×18年1月1日至6月30日	2×17年1月1日至6月30日
合并所有者权益变动表	2×18年1月1日至6月30日	2×17年1月1日至6月30日
母公司所有者权益变动表	2×18年1月1日至6月30日	2×17年1月1日至6月30日

企业在编制比较中期财务报表时，还应注意以下几个方面：

（1）如果企业在中期因企业会计准则的变化而对财务报表项目进行了重新分类或其他调整，则上年度比较财务报表相关项目及金额也应该相应调整，以确保其与本年度中期财务报表具有可比性。同时，企业还应当在附注中说明财务报表项目重新分类的原因及内容。如果企业因原始数据收集、整理或者记录等方面的原因，无法对比较财务报表中的有关项目及金额进行调整，应当在附注中说明原因。

（2）如果企业在本中期会计政策发生了变更，而且该变更对本会计年度以前中期财务报表净损益和其他相关项目数字的累积影响数能够合理确定，则应当进行追溯调整。如果对比较财务报表可比期间以前的会计政策变更的累积影响数也能够合理确定，也应按规定调整比较财务报表最早期间的期初留存收益和其他相关项目。同时，还应在财务报表附注中说明会计政策变更的性质、内容、原因及影响数；无法追溯调整的，应当说明原因。

（3）对于在本年度中期内发生的以前年度损益调整事项，企业应当同时调整本年度财务报表相关项目的年初数，同时，比较财务报表中的相关项目及金额亦应作相应调整。

二、中期财务报告附注的披露

（一）中期财务报告附注的披露要求

中期财务报告附注是对中期资产负债表、利润表、现金流量表等报表中项目的文字描述或明细阐述以及对未能在这些报表中列示项目的说明等，其目的是使中期财务报告信息对会计信息使用者的决策更加有用。中期财务报告附注的披露应该坚持以下原则：

1.以年初至本中期末会计信息为基础的披露原则

编制中期财务报告的目的是为了向报告使用者提供自上年度资产负债表日之后所发生的重要交易或者事项，因此，中期财务报告附注应当以“年初至本中期末”为基础进行披露，而不应当仅仅披露本中期所发生的重要交易或者事项。

[例7-9] 中期财务报告附注的披露。

资料：D公司通常按季提供财务报告。2×18年3月5日，D公司对外投资，设立了一家子公司，该事项对D公司来说是一个重大事项。

问题：D公司在季度报告附注中应如何披露该事项？

分析：由于该事项对D公司来说是一个重大事项，根据中期财务报告附注以“年初至本中期末”为基础披露重大事项的原则，该公司对此事项不仅应当在2×18年第1季度财务报告附注中予以披露，而且还应当在2×18年第2季度财务报告和第3季度财务报告附注中进行披露。

[例7-10] 中期财务报告附注的披露。

资料：E公司为一家水果生产和销售企业，一般提供季度财务报告，其收获和销售水果主要集中在每年的第3季度。该公司在2×18年1月1日至9月30日间累计实现净利润400万元，其中第1季度发生亏损1 400万元，第2季度发生亏损1 200万元，第3季度实现净利润3 000万元。第3季度末的存货（库存水果）为50万元，由于过了销售旺季，可变现净值已经远低于账面价值，确认了存货跌价损失40万元。

问题：E公司在季度报告附注中应如何披露该事项？

分析：在本例中，尽管该批存货跌价损失仅仅占该公司第3季度净利润总额的1.3%（40÷3 000×100%），可能并不重要，但是该项损失占公司1—9月份累计净利润的10%（40÷400×100%），对E公司2×18年1—9月份的经营成果来讲，属于主要事项，因此，根据中期财务报告附注披露应当以“年初至本中期末”为基础披露的原则，该公司应当在第3季度财务报告附注中披露该事项。

2.披露重要交易或事项的原则

为了全面反映企业财务状况、经营成果和现金流量，中期财务报告附注应当对自上年度资产负债表日以后发生的，有助于理解企业财务状况、经营成果和现金流量变化情况的重要交易或者事项以“年初至本中期末”为基础进行披露，但同时，与理解本中期财务状况、经营成果和现金流量有关的重要交易或者事项，也必须在附注中予以披露。

[例7-11] 中期财务报告附注的披露。

资料：M公司在2×18年1月1日至6月30日累计实现净利润2 500万元，其中，第2季度实现净利润80万元，公司在第2季度转回前期计提的坏账准备100万元，第2季度末应收账款余额为800万元。

问题：M公司在季度报告附注中应如何披露该事项？

分析：在本例中，尽管该公司第2季度转回的坏账准备仅占该公司1—6月份净利润总额的4%（100÷2 500×100%），可能并不重要，但是该项转回金额占第2季度净利润的125%（100÷80×100%），占第2季度末应收账款余额的12.5%，对于理解第2季度经营成果和财务状况而言，属于重要事项，所以，该公司应当在第2季度财务报告附注中披露该事项。

（二）中期财务报告附注披露内容

中期财务报告准则规定，中期财务报告附注至少应当包括以下信息：

（1）中期财务报表所采用的会计政策与上年度财务报表相一致的声明。企业在中期会计政策发生变更的，应当说明会计政策变更的性质、内容、原因及影响数；无法进行追溯调整的，应当说明原因。

（2）会计估计变更的内容、原因及影响数；影响数不能确定的，应当说明原因。

（3）前期差错的性质及更正金额；无法追溯重述的，应当说明原因。

（4）企业经营的季节性或者周期性特征。

（5）存在控制关系的关联方发生变化的情况；关联方之间发生变化交易的，应当披露关联方关系的性质、交易类型和交易要素。

（6）合并财务报表的合并范围发生变化的情况。

（7）对性质特别或者金额异常的财务报表项目的说明。

（8）证券发行、回购和偿还情况。

（9）向所有者分配利润的情况，包括在中期内实施的利润分配和已提出或者已批准但尚未实施的利润分配情况。

（10）根据《企业会计准则第35号——分部报告》规定披露分部报告信息的，应当披露主要报告形式的分部收入与分部利润（亏损）。

（11）中期资产负债表日至中期财务报告批准报出日之间发生的非调整事项。

（12）上年度资产负债表日以后所发生的或有负债和或有资产的变化情况。

（13）企业结构变化情况，包括企业合并，对被投资单位具有重大影响、共同控制或者控制关系的长期股权投资的购买或者处置，终止经营等。

（14）其他重大交易或者事项，包括重大的长期资产转让及其出售情况、重大的固定资产和无形资产取得情况、重大的研究和开发支出、重大的资产减值损失情况等。

企业在披露中期财务报告附注信息时，应注意以下两点：

第一，凡涉及有关数据的，应当同时提供本中期（或者本中期末）和本年度初至本中期末的数据，以及上年度可比中期（或者可比期末）和可比年初至可比中期末的比较数据，例如，上述第5条有关关联方交易的信息和第10条分部收入与分部利润（亏损）信息等。

第二，在同一会计年度内，如果以前中期财务报告中的某项估计金额在最后一个中期发生了重大变更，而且企业又不单独编制该最后中期的财务报告的，企业应当在年度财务报告的附注中披露该项会计估计变更的内容、原因及影响金额。例如，某公司需要编制季度财务报告，但不需单独编制第4季度财务报告。假设该公司在第4季度里，对第1、2或者第3季度财务报表中所采用的会计估计，如固定资产折旧年限、资产减值、预计负债等估计作了重大变更，则需要在其年度财务报告附注中，按照《企业会计准则第28号——会计政策、会计估计变更和差错更正》的规定，披露该项会计估计变更的内容、原因及影响金额。同样，假如一家公司是需要编制半年度财务报告的企业，但不单独编制下半年度财务报告，如果该公司对于上半年度财务报告中所采用的会计估计在下半年作了重大变更，应当在其年度财务报告的附注中予以说明。

复习思考题

1. 什么是中期财务报告？说明中期财务报告的基本构成。
2. 说明中期财务报表编制的基本原则。
3. 说明中期财务报告会计确认与计量的原则。
4. 说明比较中期财务报表的编制内容。

第八章

分部报告

第一节 分部报告概述

分部报告是企业以经营分部为财务报告对象，分别报告企业各个经营部门（经营分部）的资产、负债、收入、费用、利润等财务信息的财务报告。随着市场经济的发展和经济全球化的深入，现代企业的生产经营规模日益扩大，经营范围也逐步突破单一业务界限，成为从事多种产品生产经营或从事多种业务经营活动的综合经营体。另外，现代企业经营的地域范围也在日益扩大，有的企业分别在国内不同地区甚至在国外设立分公司或子公司。随着企业跨行业和跨地区经营，许多企业生产和销售各种各样的产品并提供不同形式的劳务，这些产品和劳务广泛分布于各个行业或不同地区。由于企业生产的各种产品或提供的劳务在其整体的经营活动中所占的比重各不相同，其营业收入、成本费用以及产生的利润（亏损）也不尽相同。同样，每种产品或提供的劳务在不同地区的经营业绩也存在差异。只有分析每种产品或提供的劳务和不同经营地区的经营业绩，才能更好地把握企业整体的经营业绩。在这种情况下，反映不同产品或劳务以及不同地区经营风险和报酬的信息越来越受到会计信息使用者的重视。

企业的整体风险是由企业经营的各个业务部门（或品种）或各个经营地区的风险和报酬构成的。一般来说，企业在不同业务部门和不同地区的经营，会具有不同的利润率、发展机会、未来前景和风险。评估企业整体的风险和报酬，需要借助企业在不同业务和不同地区经营的信息，即分部报告信息。我国《企业会计准则第35号——分部报告》和《企业会计准则解释第3号》（以下简称“分部报告准则”）专门规范了企业分部报告的编制方法和应该披露的信息。根据分部报告准则的规定，对于存在多种经营或跨地区经营的企业，应当正确确定需要单独披露的报告分部，并充分披露每个报告分部的信息，以满足会计信息使用者的决策需求。本章将结合分部报告准则的规定，阐述报告分部的确定及相关分部信息的披露。

第二节　报告分部及其确定方法

报告分部是指在分部报告中单独披露其财务信息的经营分部。因此，要确定企业的报告分部，首先要确定企业的经营分部。

一、经营分部的概念及确定

（一）经营分部的概念

经营分部是企业确认分部报告中的报告分部的基础，是指企业内部同时满足下列条件的各组成部分：（1）该组成部分能够在日常经营活动中单独产生收入并发生费用；（2）企业管理层能够定期或分期评价该组成部分的经营成果，以决定向其配置资源和评价其业绩；（3）企业能够取得该组成部分的财务状况、经营成果和现金流量等会计信息。

在理解经营分部的概念时，注意把握以下要点：

（1）不是企业的每个组成部分都是经营分部或经营分部的一个组成部分。例如，企业的管理总部或某些职能部门一般不单独产生收入，或仅仅取得偶发性收入，在这种情况下，这些部门就不是经营分部或经营分部的一个组成部分。

（2）经营分部概念中所指的“企业管理层”强调的是一种职能，而不是具有特定头衔的某一具体管理人员。企业管理层可能是企业的董事长、总经理，也可能是由其他人员组成的管理团队。该职能主要是向企业的经营分部配置资源，并评价其业绩。

（3）对许多企业来说，根据经营分部的概念，通常就可以清楚地确定经营分部。但是，企业可能将其经营活动以各种不同的方式在财务报告中予以披露，如果企业管理层使用多种分部信息，其他因素可能更有助于企业管理层确定经营分部，如每一组成部分经营活动的性质、对各组成部分负责的管理人员和向董事会呈报的信息等。

（二）经营分部的确定方法

企业一般应当以内部组织结构、管理要求、内部报告制度为依据确定单独的经营分部。每一个经营分部一般应具有独自的经济特征，比如生产的产品或提供的劳务的性质、生产过程的性质、销售产品或提供劳务的方式、客户群等，不管哪一方面，只要具有独自的特征，都适合设定为一个经营分部，经济特征不相似的经营分部，必须分别确定为不同的经营分部，不可以合并。

但在实务中，并非所有的经营分部都适合作为独立的经营分部来考虑，在某些情况下，如果两个或两个以上的经营分部具有相似的经济特征，这些经营分部通常就会表现出相似的长期财务业绩，如长期平均毛利率、资金回报率、未来现金流量等，因此，企业应该将它们合并为一个经营分部，适合合并的经营分部包括：

1.单项产品或劳务性质相同或相似的经营分部

各单项产品或劳务的性质主要指产品或劳务的规格、型号和最终用途等。在通常情况下，如果产品和劳务的性质相同或相似，其风险、报酬率及成长率可能较为接近，因此，一般可以将其划分到同一经营分部中。对于性质完全不同的产品或劳务，则不应当将其划分到同一经营分部中。

[例8-1] 经营分部的确定方法。

甲公司主要从事产品的生产和销售，其业务范围包括饮料、奶制品及冰激凌、碗碟、炊具用品、巧克力、糖果及饼干、制药等。

问题：甲公司应如何确定其经营分部？

分析：甲公司经营的商品分别有食品（饮料、奶制品及冰激凌、巧克力、糖果及饼干）、炊具（碗碟、炊具用品）和药品，这几类商品的性质不完全相同，因此，应当分别作为独立的经营分部处理；而饮料、奶制品及冰激凌、巧克力、糖果及饼干等都属于食品类，适合合并为一个经营分部。

2.生产过程的性质相同或相似的经营分部

生产过程的性质主要包括采用劳动密集方式或资本密集方式组织生产、使用相同或相似设备和原材料、采用委托生产或加工方式生产等。对于其生产过程的性质相同或相似的，可以将其划分为一个经营分部，如可以分别按资本密集型和劳动密集型划分经营分部。对于资本密集型的部门而言，其占用的设备较为先进，占用的固定资产较多，相应地负担的折旧费也较多，其经营成本受资产折旧费用影响较大，受技术进步因素的影响也较大；而对于劳动密集型部门而言，其使用的劳动力较多，相对而言其受劳动力的成本即人工费用的影响较大，因而，其经营成果受人工成本高低的影响较大。

3.产品或劳动的客户类型相同或相似的经营分部

产品或劳动的客户类型主要包括大宗客户、零散客户等。同一类型的客户，如果其销售条件基本相同，例如相同或相似的销售价格、销售折扣或售后服务，往往具有相同或相似的风险和报酬，适合设置为一个经营分部；而其他不同类型的客户，由于其销售条件不尽相同，往往具有不同的风险和报酬，就不适合设置为一个经营分部。例如，某计算机生产企业，生产的计算机可以分为商用计算机和个人用计算机，商用计算机主要的销售客户是企业，一般是大宗购买，对计算机专业性要求比较强，售后服务相对较为集中；而个人用计算机，其客户对计算机的通用性要求比较高，其售后服务相对比较分散。因此，商用计算机和个人用计算机就不适合合并为一个经营分部。

4.销售产品或提供劳务的方式相同或相似的经营分部

销售产品或提供劳务的方式主要包括批发、零售、自产自销、委托销售、承包等。如果经营分部销售产品或提供劳务的方式相同或相似，往往具有相同或相似的风险和报酬，适合设置为一个经营分部，但如果各经营分部销售产品或提供劳务的方式不同，其承受的风险和报酬也不相同，就不适合合并为一个经营分部。比如，在赊销方式下，可以扩大销售规模，但发生的收账费用较大，并且发生应收账款坏账的风险也很大；而在现销方式下，则不存在应收账款的坏账问题，不会发生收账费用，但销售规模的扩大有限。因此，分别采用赊销和现销方式销售产品或提供劳务的分部就不适合合并为一个经营分部。

5.生产产品或提供劳务受法律、行政法规的影响相同或相似的经营分部

企业生产的产品或提供的劳务总是处于一定的经济法律环境之下，受法律和行政法规的影响，包括法律法规规定的经营范围或交易定价机制等，在不同法律环境下生产的产品或提供的劳务可能面临不同的风险和报酬，所以，对不同法律环境下生产的产品或提供的劳务应分别设置经营分部，而具有相同或相似法律环境的产品生产或劳务提供，适合合并设置经营分部，只有这样，才能向会计信息使用者提供不同法律环境下产品生产或劳务提

供的信息，有利于会计信息使用者对企业未来的发展走向作出判断和预测。比如，商业银行、保险公司等金融企业易受特别的、严格的监管政策影响，该类企业在考虑以产品或劳务确定经营分部时，应特别考虑各项产品或劳务所受监管政策的影响。

［例8-2］经营分部的确定方法。

资料：乙公司是一家全球性公司，总部设在美国，主要生产A、B、C、D 4个品牌的皮箱、手提包、公文包、皮带等，同时负责相关产品的运输、销售，每种产品均由独立的业务部门完成。生产的产品主要销往中国内地、中国香港、日本、欧洲、美国等地。乙公司各项业务2×18年12月31日的有关资料见表8-1，不考虑其他因素。假定乙公司管理层定期评价各业务部门的经营成果，以配置资源、评价业务；各品牌皮箱的生产过程、客户类型、销售方式等类似；经预测，生产皮箱的4个部门今后5年内平均销售毛利率与2×18年差异不大。

表8-1 乙公司有关业务资料 金额单位：万元

项目	品牌A	品牌B	品牌C	品牌D	手提包	公文包	皮带	销售公司	运输公司	合计
营业收入	106 000	130 000	100 000	95 000	260 000	230 000	69 000	270 000	50 000	1 310 000
其中：对外交易收入	100 000	120 000	80 000	90 000	180 000	150 000	50 000	270 000	50 000	1 090 000
分部间交易收入	6 000	10 000	20 000	5 000	80 000	80 000	19 000			220 000
业务及管理费	74 200	92 300	69 000	66 500	156 000	142 600	55 200	220 000	30 000	905 800
其中：对外交易费用	60 000	78 300	57 000	62 000	149 000	132 000	47 200	205 000	30 000	820 500
分部间交易费用	14 200	14 000	12 000	4 500	7 000	10 600	8 000	15 000		85 300
利润总额	31 800	37 700	31 000	28 500	104 000	87 400	13 800	50 000	20 000	404 200
销售毛利率（%）	30	29	31	30	40	38	20	18.5	40	
资产总额	350 000	400 000	300 000	250 000	650 000	590 000	250 000	700 000	300 000	3 790 000
负债总额	150 000	170 000	130 000	100 000	300 000	200 000	150 000	300 000	180 000	1 680 000

问题：乙公司应怎样确定其经营分部？

分析：在本例中，乙公司的各组成部分能够分别在日常经营活动中产生收入、发生费用；乙公司管理层定期评价各组成部分的经营成果以配置资源、评价业绩；乙公司能够取得各组成部分的财务状况、经营成果和现金流量等会计信息，因此，各组成部分满足经营分部的定义，可以单独确定为经营分部。与此同时，乙公司生产A、B、C、D品牌皮箱的4个部门，销售毛利率分别是30%、29%、31%、30%，即具有相近的长期财务业绩；4个品牌皮箱的生产过程、客户类型、销售方式等类似，具有相似的经济特征。因此，乙公司在确定经营分部时，可以将生产A、B、C、D品牌皮箱的4个部门予以合并，作为一个经营分部（皮箱分部）。

二、报告分部的概念及确定

（一）报告分部的概念

报告分部是指在分部报告中单独披露其财务信息的经营分部。根据分部报告准则的规定，并非所有的经营分部都有必要在分部报告中单独披露相关的财务信息。前面已经阐述，经营分部的划分通常以不同的风险和报酬为基础，而不论其是否重要。存在多种产品经营或者跨多个地区经营的企业可能会拥有大量规模较小、不是很重要的经营分部，如果单独披露大量规模较小的经营分部信息不仅会给财务报告使用者带来困惑，也会给财务报告编制者带来不必要的披露成本。因此，在确定报告分部时，应当考虑重要性原则，在通常情况下，符合重要性标准的经营分部才能确定为报告分部。

（二）报告分部的确定标准

根据前面的阐述，只有符合重要性标准的经营分部才能确定为报告分部。根据分部报告准则的规定，判断经营分部是否重要的标准主要有以下三个，满足三者中任意一条标准，都被认为是重要分部，并应确定为报告分部：

1.分部收入占所有分部收入合计的10%或者以上的经营分部

分部收入，是指可归属于经营分部的对外交易收入和对其他分部交易收入。分部收入主要由可归属于经营分部的对外交易收入构成，通常为营业收入。可归属于经营分部的收入来源于两个渠道：一是可以直接归属于经营分部的收入，即直接由经营分部的业务交易而产生；二是可以间接归属于经营分部的收入，即将企业交易产生的收入在相关经营分部之间进行分配，按属于某经营分部的收入金额确认为分部收入。

分部收入通常不包括下列项目：（1）利息收入（包括因预付或借给其他分部款项而确认的利息收入）和股利收入（采用成本法核算的长期股权投资取得的股利收入），但分部的日常活动就是金融性质的除外。（2）营业外收入，如固定资产盘盈、处置固定资产净收益、出售无形资产净收益、罚没收益等。（3）处置投资产生的净收益，但分部的日常活动是金融性质的除外。（4）采用权益法核算的长期股权投资确认的投资收益，但分部的日常活动是金融性质的除外。

［例8-3］报告分部的确定方法。

资料：沿用例8-2的资料。

要求：运用“分部收入占所有分部收入合计的10%或者以上”的重要性标准，确认乙公司的报告分部。

分析：乙公司各经营分部占总收入的百分比见表8-2。

表8-2 分部收入占总收入的百分比 金额单位：万元

项目	品牌A	品牌B	品牌C	品牌D	手提包	公文包	皮带	销售公司	运输公司	合计
营业收入	106 000	130 000	100 000	95 000	260 000	230 000	69 000	270 000	50 000	1 310 000
分部收入占总收入比例（%）	8.1	9.9	7.6	7.3	19.8	17.6	5.3	20.6	3.8	100

根据表8-2可知，手提包分部、公文包分部和销售公司分部都满足“分部收入占所有

分部收入合计的10%或者以上”的重要性标准，因此，应单独作为报告分部，其余经营分部因不完全满足重要性标准，不能单独作为报告分部。在本例中，乙公司A、B、C、D 4个品牌皮箱单独取得的收入都不超过总收入的10%，但4个品牌皮箱合并后收入合计431 000万元，占所有分部收入合计1 310 000万元的比例为32.9%（431 000÷1 310 000×100%），满足了报告分部的重要性标准，因此，合并后的皮箱分部应确定为单独的报告分部。

2.分部利润（亏损）的绝对额占所有盈利分部利润合计数或者所有亏损分部亏损合计数的绝对额两者中较大者的10%或者以上的经营分部

分部利润（亏损），是指分部收入减去分部费用后的余额。在计算分部利润（亏损）时，应注意将不属于分部收入和分部费用的项目剔除。

分部费用，是指可归属于经营分部的对外交易费用和对其他分部交易费用。分部费用主要由可归属于经营分部的对外交易费用构成，通常包括营业成本、税金及附加、销售费用等。与分部收入的确认相同，归属于经营分部的费用也来源于两个渠道：一是可以直接归属于经营分部的费用，即直接由经营分部的业务交易而发生；二是可以间接归属于经营分部的费用，即将企业交易发生的费用在相关分部之间进行分配，按属于某经营分部的费用金额确认为分部费用。

分部费用通常不包括下列项目：(1) 利息费用（包括因预收或向其他分部借款而确认的利息费用），如发行债券产生的利息费，但经营分部的日常活动是金融性质的除外。(2) 营业外支出，如处置固定资产、无形资产等发生的净损失。(3) 处置投资发生的净损失，但经营分部的日常活动是金融性质的除外。(4) 采用权益法核算的长期股权投资确认的投资损失，但经营分部的日常活动是金融性质的除外。(5) 与企业整体相关的管理费用和其他费用。

[例8-4] 报告分部的确定方法。

资料：沿用例8-2的资料。

要求：运用分部利润（亏损）的绝对额占各分部绝对额总额比例的重要性标准，确认乙公司的报告分部。

分析：乙公司各经营分部利润占利润总额的百分比见表8-3。

表8-3 分部利润占利润总额的百分比 金额单位：万元

项目	皮箱	手提包	公文包	皮带	销售公司	运输公司	合计
分部利润	129 000	104 000	87 400	13 800	50 000	20 000	404 200
分部利润占利润总额百分率（%）	31.9	25.7	21.6	3.5	12.4	4.9	100

表8-3数据显示，皮箱分部、手提包分部、公文包分部和销售公司分部的利润占所有盈利分部利润的百分比都超过了10%，根据“分部利润占所有盈利分部利润百分比10%或者以上”的标准，都应该确定为报告分部，而皮带分部和运输公司的分部利润占所有盈利分部利润的百分比都不足10%，根据分部利润百分比判断标准，都不能单独确认为报告分部。

3.分部资产占所有分部资产合计额的10%或者以上的经营分部

分部资产是指经营分部日常活动中使用的可归属于该经营分部的资产，不包括递延所得税资产。企业在计量分部资产时，应当按照分部资产的账面净值进行计量，即按照原值扣除相关累计折旧或摊销额以及累计减值准备后的金额计量。

企业在确认分部资产时，应注意分部资产与分部利润（亏损）、分部费用等之间存在的对应关系，这些关系主要包括：（1）如果分部利润（亏损）包括利息或股利收入，分部资产中就应当包括相应的应收账款、贷款、投资或其他金融资产。（2）如果分部费用包括某项固定资产的折旧费用，分部资产中就应当包括该项固定资产。（3）如果分部费用包括某项无形资产或商誉的摊销额或减值额，分部资产中就应当包括该项无形资产或商誉。

由两个或两个以上经营分部共同享有的资产，其归属权取决于与该资产相关收入和费用的分配，与共享资产相关的收入和费用归属哪个经营分部，共享资产就应该分配给哪个经营分部。共享资产的折旧费或摊销费应该在其所归属的分部经营成果中扣减。

［例8-5］报告分部的确定方法。

资料：沿用例8-2的资料。

要求：运用分部资产占所有分部资产百分比的标准判断运输公司分部和公文包分部是否应当成为报告分部。

分析：乙公司各经营分部资产占资产总额的百分比见表8-4。

表8-4 **分部资产占资产总额的百分比** 金额单位：万元

项目	皮箱	手提包	公文包	皮带	销售公司	运输公司	合计
分部资产	1 300 000	650 000	590 000	250 000	700 000	300 000	3 790 000
分部资产占资产总额百分率（%）	34.3	17.2	15.6	6.6	18.5	7.8	100

表8-4数据显示，皮箱分部、手提包分部、公文包分部和销售公司的分部资产占所有分部资产总额的百分比都超过了10%，根据“分部资产占所有分部资产合计10%或者以上”的标准，都应该确定为报告分部，而皮带分部和运输公司的分部资产占所有分部资产总额的百分比都不足10%，根据分部资产百分比判断标准，都不能单独确认为报告分部。

从例8-3、例8-4和例8-5可以看出，乙公司的皮带分部和运输公司，不论采取哪一个重要性判断标准，都不能单独设为报告分部。

（三）报告分部确定的其他相关规定

企业在根据重要性10%规则确认报告分部时，还必须遵守分部报告准则关于分部报告确定的以下相关规定：

1.不满足报告分部确认标准的经营分部的处理

如果经营分部未满足上述10%重要性标准，可以按照下列规定确定报告分部：

（1）企业管理层如果认为披露该经营分部信息对会计信息使用者有用，那么，无论该经营分部是否满足10%的重要性标准，都可以将该经营分部直接指定为报告分部。

（2）将未满足报告分部确认标准的经营分部与一个或一个以上的具有相似经济特征、满足经营分部合并条件的其他经营分部合并，作为一个报告分部。对经营分部10%的重要性测试可能会导致企业拥有大量未满足10%数量临界线的经营分部，在这种情况下，如果企业没有直接将这些经营分部指定为报告分部，就可以将它们适当合并成一个报告分部。

（3）不将该经营分部直接指定为报告分部，也不将该经营分部与其他未作为报告分部的经营分部合并为一个报告分部的，企业在披露分部信息时，应当将该经营分部的信息与其他组成部分的信息合并，作为“其他项目”单独在分部报告中披露。

2. 分部报告中各个报告分部对外交易收入合计应占企业总收入的75%以上

根据分部报告准则的规定，企业在确定报告分部时，除了要满足前述报告分部10%重要性的确定标准外，还要注意报告分部的75%外部交易收入约束条件。“报告分部的75%外部交易收入约束条件”是指被确定为报告分部的经营分部，不管数量有多少，各个报告分部的对外交易收入合计数占企业总收入的比重必须达到75%。如果报告分部对外交易收入的总额未达到企业总收入75%，则企业必须增加报告分部数量，将原未作为报告分部的经营分部确认为报告分部，直到该比重达到75%。此时，其他未作为报告分部的经营分部很可能未满足前述规定的10%重要性标准，但为了使报告分部的对外交易收入合计额占合并总收入或企业总收入的总体比重能够达到75%的比例要求，也应当将其确定为报告分部。

[例8-6] 报告分部的确定方法。

资料：沿用例8-2的资料。根据前面的分析，乙公司的皮箱分部、手提包分部、公文包分部、销售公司分部应单独作为报告分部。

要求：分析乙公司是否满足报告分部对外交易收入合计占企业总收入的75%这条规定。

分析：乙公司4大报告分部对外交易收入占企业总收入的百分比见表8-5。

表8-5 对外交易收入占企业总收入的百分比 金额单位：万元

项目	皮箱	手提包	公文包	销售公司	小计	……	合计
营业收入	431 000	260 000	230 000	270 000	1 191 000	……	1 310 000
其中：对外交易收入	390 000	180 000	150 000	270 000	990 000	……	1 090 000
分部间交易收入	41 000	80 000	80 000		201 000	……	220 000
对外交易收入占企业总收入的百分比（%）	35.78	16.51	13.76	24.77	90.82	……	100

表8-5显示，皮箱分部、手提包分部、公文包分部、销售公司分部4个报告分部的对外交易收入占企业总收入的比例分别为35.78%、16.51%、13.76%、24.77%，合计为90.82%，远远超过了外部交易收入大于75%的限制性标准，因此，乙公司只需设置4个报告分部，不需要再增加报告分部的数量。

3. 分部报告中报告分部的数量不应该超过10个

根据前述报告分部的确定标准以及外部交易收入占企业总收入75%的约束条件，企业最终确定的报告分部数量可能会超过10个，如果这样，企业提供的分部信息可能变得非常繁琐，不利于会计信息使用者理解和使用，因此，分部报告准则规定，在分部报告中，报告分部的数量不应超过10个。如果按照规定标准确定的报告分部数量超过10个，企业应当考虑将具有相似经济特征、满足经营分部合并条件的报告分部进行合并，以确保报告分部的数量不超过10个。

4. 分部报告中报告分部的确定应遵循可比性原则

企业在确定报告分部时，除应遵循相应的确定标准及约束条件外，还应当考虑不同会计期间分部信息的可比性和一致性。对于某一经营分部，在上期可能满足报告分部的确定条件从而确定为报告分部，但本期可能并不满足报告分部的确定条件，基于可比性原则，如果企业认为该经营分部仍然重要，单独披露该经营分部的信息能够更有助于会计信息使用者了解企业的整体情况，则无须考虑该经营分部确定为报告分部的条件，仍应当将该经营分部确定为本期的报告分部。

反之，对于某一经营分部，在本期可能满足报告分部的确定条件从而确定为报告分部，但上期可能并不满足报告分部的确定条件从而未确定为报告分部，基于可比性原则，企业亦可以将以前会计期间该分部信息进行重述，并追溯披露该分部信息，如果重述所需要的信息无法获得，或者不符合成本效益原则，则无须重述以前会计期间的分部信息。不论是否对以前期间相应的报告分部进行重述，企业均应当在报表附注披露这一事实。

第三节　分部信息的披露

企业应当在财务报表附注中披露分部报告，充分揭示各个报告分部的相关信息。分部信息的披露应当有助于会计信息使用者评价企业各分部所从事经营活动的性质、财务影响及经营所处的经济环境。企业应当以对外提供的财务报表为基础披露分部信息；对外提供合并财务报表的企业，应当以合并财务报表为基础披露分部信息。在财务报表附注中应当披露的分部信息主要包括：

一、描述性信息

企业应当在财务报表附注中披露如下与分部报告相关的描述性信息：

1. 确定报告分部考虑的因素

确定报告分部考虑的因素通常包括企业管理层是怎样对报告分部进行管理的，例如按照产品和服务管理、按地理区域管理或综合各种因素进行组织管理等。

[例8-7] 分部报告描述性信息的披露。

资料： 沿用例8-1的资料。

问题： 乙公司在其分部报告中应如何披露其报告分部确定的信息？

分析： 乙公司在财务报表附注中披露其确定报告分部考虑的因素，描述如下：

本公司的报告分部都是提供不同产品或服务的业务单元。由于各种业务需要不同的技术和市场战略，因此，本公司分别独立管理各个报告分部的生产经营活动，分别评价其经营成果，以决定向其配置资源、评价其业绩。

2.报告分部的产品和劳务的类型

[例8-8] 分部报告描述性信息的披露。

资料：沿用例8-2的资料。

问题：乙公司在其分部报告中应如何披露有关产品和业务类型的信息?

分析：乙公司在财务报表附注中披露的报告分部的产品和业务的类型如下。

本公司有4个报告分部，分别为皮箱分部、手提包分部、公文包分部和销售公司分部。皮箱分部负责生产皮箱；手提包分部负责生产手提包；公文包分部负责生产公文包；销售公司分部负责销售本公司各组成部分生产的各种产品。

二、每一报告分部的利润（亏损）、资产总额、负债总额信息

1.每一报告分部的利润（亏损）信息

企业应当在财务报表附注中披露每一报告分部的利润（亏损）信息，包括利润（亏损）总额及其组成项目。同时，还应披露与利润（亏损）相关的每一报告分部的下列信息：

（1）对外交易收入和分部间交易收入。

（2）利息收入和利息费用。但是，报告分部的日常活动是金融性质的除外。

（3）折旧费用和摊销费用，以及其他重大的非现金项目。

（4）采用权益法核算的长期股权投资确认的投资收益。

（5）所得税费用或所得税收益。

（6）其他重大的收益或费用项目。

2.每一报告分部的资产总额、负债总额信息

企业应当在财务报表附注中披露每一报告分部的资产总额、负债（不包括递延所得税负债）总额信息，包括资产总额组成项目的信息。同时，还应当在附注中披露与资产相关的每一报告分部的下列信息：

（1）采用权益法核算的长期股权投资金额。

（2）非流动资产（不包括金融资产、独立账户资产、递延所得税资产）金额。

对于两个或多个经营分部共同承担的负债，其分配取决于与共同负债相关费用的分配，与共同负债相关费用分配给哪个经营分部，该共同负债也应当分配给哪个经营分部。

[例8-9] 报告分部财务信息的披露。

资料：沿用例8-2的资料。假定乙公司总部资产总额为20 000万元，总部负债总额为12 000万元，其他资料见表8-1。

要求：根据有关资料，编制乙公司报告分部有关的财务信息。

分析：根据表8-1，编制乙公司报告分部的利润（亏损）、资产及负债信息，见表8-6。

乙公司各报告分部的利润（亏损）、资产及负债信息见表8-7。

表 8-6　　乙公司其他资料　　金额单位：万元

项目	品牌A	品牌B	品牌C	品牌D	手提包	公文包	皮带	销售公司	运输公司	合计
折旧费用	8 250	8 850	5 900	5 320	20 620	13 150	8 100	23 620	14 500	108 310
摊销费用	750	900	1 040	490	860	1 350	230	210		5 830
利润总额	31 000	28 000	32 050	37 950	104 000	87 400	17 000	50 000	16 800	404 200
所得税费用	7 750	7 000	8 012.5	9 487.5	26 000	21 850	4 250	12 500	4 200	101 050
净利润	23 250	21 000	24 037.5	28 462.5	78 000	65 550	12 750	37 500	12 600	303 150
资本性支出	20 000	15 000	50 000	8 500	35 000	7 600		850	400	137 350

表 8-7　　乙公司各报告分部利润（亏损）、资产及负债信息　　金额单位：万元

项目	皮箱分部	手提包分部	公文包分部	销售公司分部	其他	分部间抵销	合计
一、对外交易收入	390 000	180 000	150 000	270 000	100 000		1 090 000
二、分部间交易收入	41 000	80 000	80 000		19 000	(220 000)	
三、对联营和合营企业的投资收益							
四、资产减值损失							
五、折旧费和摊销费	31 500	21 480	14 500	23 830	22 830		114 140
六、利润总额（亏损总额）	129 000	104 000	87 400	50 000	33 800		404 200
七、所得税费用	32 250	26 000	21 850	12 500	8 450		101 050
八、净利润（净亏损）	96 750	78 000	65 550	37 500	25 350		303 150
九、资产总额	1 300 000	650 000	590 000	700 000	550 000		3 790 000
十、负债总额	550 000	300 000	200 000	300 000	330 000		1 680 000
十一、其他重要的非现金项目							
折旧费和摊销费以外的其他非现金费用	93 500	35 000	7 600	850	400		137 350
对联营企业和合营企业的长期股权投资							
长期股权投资以外的其他非流动资产增加额							

分部报告信息在不同行业的披露内容不完全相同，研究上市公司披露的分部信息发现，在分部报告中披露的信息与年报信息基本相似，分部报告中的信息是年报信息根据一定的标准分解后的信息，这一点在例8-9中阐述得非常清楚。

三、分部会计政策及其变更的信息

1.分部会计政策及其变更

分部会计政策是指与披露分部报告特别相关的会计政策。一般来说，分部会计政策应

当与编制企业集团合并财务报表或企业财务报表时所采用的会计政策一致，但某些分部信息采用了分部特有的会计政策，比如分部的确定、分部间转移价格的确定方法，以及将收入、费用、资产和负债分配给报告分部的基础等。

企业应当在附注中披露与报告分部利润（亏损）计量相关的下列分部会计政策：（1）分部间转移价格的确定基础；（2）相关收入和费用分配给报告分部的基础；（3）确定报告分部利润（亏损）使用的计量方法的变更及变更的性质及影响等。

企业还应当在附注中披露与分部资产、负债计量相关的下列分部会计政策：（1）分部间转移价格的确定基础；（2）相关资产或负债分配给报告分部的基础。

如果企业因管理战略或内部组织结构改变对经营业务范围作出变更或对经营地区作出调整，使企业原已确定的报告分部所面临的风险和报酬产生较大差异，则必须改变原报告分部的分类。在这种情况下，企业就应当对此项分部会计政策变更予以披露。对于分部会计政策的变更，应当提供前期比较数据。对于某一经营分部，如果本期满足报告分部的确定条件确定为报告分部，即使前期没有满足报告分部的确定条件未确定为报告分部，也应当提供前期的比较数据。但是，重述信息不切实可行的除外。分部会计政策变更时，不论企业是否提供前期比较数据，均应在附注中披露这一事实。

2.分部间转移价格的确定及变更

企业在计量分部之间发生的交易收入时，需要确定分部间转移交易价格。在一般情况下，分部之间的交易定价不同于市场公允交易价格，为准确计量分部间转移价格，企业在确定分部间交易收入时，应当以实际交易价格为基础计量。由于企业不同期间生产的产品的成本不同，可能会导致不同期间分部间转移价格的确定产生差异，造成转移交易价格的变更。对于分部间转移价格的确定及变更，企业除了应在附注中披露转移价格的确定基础，对于转移交易价格的变更情况，也应当在附注中进行披露。

四、报告分部与企业信息总额衔接的信息

企业披露的分部信息，应当与合并财务报表或企业财务报表中的总额信息相衔接。具体衔接内容包括：

1.报告分部收入总额应当与企业收入总额相衔接

报告分部收入包括可归属于报告分部的对外交易收入和对其他分部交易收入。报告分部收入总额在与企业收入总额进行衔接时，需要将报告分部之间的内部交易进行抵销。各个报告分部的收入总额，加上未包含在任何报告分部中的对外交易收入金额之和，扣除报告分部之间交易形成的收入总额，应当与企业收入总额一致。

2.报告分部利润（亏损）总额应当与企业利润（亏损）总额相衔接

报告分部利润（亏损）是报告分部收入总额，扣除报告分部费用总额之后的差额。报告分部利润（亏损）总额与企业利润（亏损）总额进行衔接时，需要将报告分部之间的内部交易产生的利润（亏损）进行抵销。各个报告分部的利润（亏损）总额，加上未包含在任何报告分部中的利润（亏损）金额之和，扣除报告分部之间交易形成的利润（亏损）金额之和，应当与企业利润（亏损）总额一致。

3.报告分部资产和负债总额应当与企业资产和负债总额相衔接

企业资产总额由归属于报告分部的资产总额和未分配给各个报告分部的资产总额组

成。企业负债总额由归属于报告分部的负债总额和未分配给各个报告分部的负债总额组成。

［例8-10］报告分部与企业信息总额的衔接。

资料：表8-8和表8-9是Z人寿保险公司在2×18年年报中披露的资产信息以及附注分部报告中披露的分部资产信息。

要求：分析Z人寿公司报告分部资产与企业资产总额的衔接情况。

分析：通过表8-8和表8-9可以看出，分部报告和年报中披露的资产信息在项目分类上基本相同，并且报告分部资产的合计数与年报资产的总额是相等的。

表8-8 Z人寿保险股份有限公司资产负债表（资产部分）

2×18年12月31日 单位：人民币百万元

项目	金额
货币资金	47 839
交易性金融资产	9 693
应收利息	18 193
应收保费	7 274
应收分保账款	22
应收分保未到期责任准备金	57
应收分保未决赔款准备金	32
应收分保寿险责任准备金	13
应收分保长期健康险责任准备金	706
保户质押贷款	23 977
债权计划投资	12 566
其他应收款	3 154
定期存款	441 585
可供出售金融资产	548 121
持有至到期投资	246 227
长期股权投资	20 892
存出资本保证金	6 153
在建工程	2 080
固定资产	16 498
无形资产	3 726
其他资产	1 687
独立账户资产	84
资产总计	1 410 579

表 8-9 Z 人寿保险股份有限公司分部报告（资产部分）

2×18 年 12 月 31 日 单位：人民币百万元

项目	个人业务	团体业务	短期保险业务	其他业务	合计
货币资金	44 465	2 628	437	309	47 839
交易性金融资产	8 989	531	88	85	9 693
应收利息	16 930	1 001	167	95	18 193
应收分保未到期责任准备金	—	—	57	—	57
应收分保未决赔款准备金	—	—	32	—	32
应收分保寿险责任准备金	13	—	—	—	13
应收分保长期健康险责任准备金	706	—	—	—	706
保户质押贷款	23 977	—	—	—	23 977
债权计划投资	11 578	684	114	190	12 566
定期存款	411 823	24 344	4 050	1 368	441 585
可供出售金融资产	509 608	30 124	5 012	3 377	548 121
持有至到期投资	230 339	13 616	2 265	7	246 227
长期股权投资	—	—	—	20 892	20 892
存出资本保证金	5 288	313	52	500	6 153
独立账户资产	84	—	—	—	84
可分配资产合计	1 263 800	73 241	12 274	26 823	1 376 138
其他资产					34 441
合计					1 410 579

复习思考题

1. 什么是分部报告？说明其编制的意义。
2. 说明经营分部确定的方法。
3. 说明报告分部确定的方法。

第九章

清算会计

第一节 企业清算概述

一、企业清算中涉及的概念

（一）企业清算的含义

企业清算是指在企业面临终止的情况下，负有清算义务的主体按照法律规定的方式、程序对企业的资产、负债、股东权益等作全面的清理和处置，使得企业与其他社会主体之间产生的权利和义务归于消灭，从而为企业的终止提供合理依据的行为。

公司终止的原因[①]多种多样，但根据《中华人民共和国公司法》（以下简称《公司法》）的规定，公司清算的最基本分类是破产清算与非破产清算。

非破产清算是指在公司法人资产足以清偿债务的情况下，依照公司法的规定所进行的清算，包括自愿的解散清算和强制的解散清算。此种清算的财产除用以清偿公司的全部债务外，还要将剩余的财产分配给债权人和股东。

破产清算是指在企业不能清偿到期债务的情况下，依照《中华人民共和国企业破产法》（以下简称《破产法》）的规定所进行的清算。《公司法》规定："公司被依法宣告破产的，依照有关企业破产的法律实施破产清算。"

此二者进行区分的依据主要是企业依法清算的程序不同。

企业终止时，如果财产足以偿还债务，所进行的清算为非破产清算，理论上全部债权人的债权均能实现，而且往往还存在剩余财产可供分配；如果财产已不足以偿还全部债务，则必须按照破产清算程序进行清算，按照法定程序和公平受偿原则清偿破产企业职工工资、劳动保险费用、所欠税款、破产债权后，企业终止。

实践中，也存在一种特殊的情况，即公司终止时，由于尚未进行清算，对其资产负债

---

① 企业终止的原因很多，根据我国相关法规的规定，企业终止的原因可以归纳为：1. 企业营业期限届满，自行终止；2. 企业章程所设立的经营目的业已达到，企业不需要继续经营；3. 企业章程所设立的经营目的根本无法实现，且企业无发展前途；4. 企业章程规定的终止事由出现；5. 股东大会或企业最高权力机构决定终止；6. 企业合并或分立，要求企业终止；7. 企业违反国家法律、法规，危害社会公共利益被依法撤销；8. 企业宣告破产。

情况并不十分清楚，可能首先启动的是非破产清算，但经清理公司的财产和债权债务关系后，发现其财产不足以偿还全部债务，这时，非破产清算程序将无法进行下去。这就需要清算组织或者债权人按照破产法的有关规定向人民法院提起破产清算程序，从而由非破产清算程序转为破产清算程序。

（二）企业破产的概念

所谓破产①，是指当债务人的全部资产不足以清偿到期债务时，债权人通过一定程序将债务人的全部资产供其平均受偿，从而使债务人免除不能清偿的其他债务，并由法院宣告破产解散。当企业资产的公允价值低于其全部债务，亦无债务展期、和解、重整的可能性时，企业实际上已经破产。

从法律上讲，企业破产有两层含义：其一是资不抵债时发生的实际意义上的破产，即债务人因其负债超过其资产的公允价值，不能清偿其到期债务而发生的一种状况；其二是指债务人因不能清偿到期债务而被法院宣告破产。此时债务人资产的公允价值可能低于负债，也可能等于或超过负债，这种破产是法律意义上的破产。

二、企业清算的程序

（一）企业非破产清算的程序

一个企业的非破产清算，必须按一定程序分清企业应负的责任，及时处理债权债务，合理地分配财产、费用，避免因企业清算所造成的各种经济损失和纠纷。

根据我国《公司法》的规定，公司清算的一般程序如下：

1.组织清算组

按《公司法》规定，自愿解散的有限责任公司的清算组应当由股东组成，股份有限公司的清算组应当由股东大会确定；如果是强制解散，清算组则应由主管机关从股东、有关机关及其专业人员中指定。

2.公告和通知债权人，催报债权

清算组成立后应在10日内通知已知的债权人并于60日内在报纸上至少公告3次，债权人应当在接到通知书之日起30日内，未接到通知书的自第一次公告之日起90日内，向清算组申报债权，逾期未申报者，即视为放弃债权，不列入清算债权。

3.编造财产账册，制订清算方案

清算组应登记债权，清理财产，编制资产负债和财产清单，然后制订清算方案，并报股东会或者有关主管机关确认。

4.清偿债务

公司财产足以清偿全部债务的，按下列顺序清偿：

第一，支付清算费用；

第二，支付职工工资和劳保费用；

第三，缴纳所欠税款；

① 据美国《时代周刊》2009年7月17日报道，《时代周刊》评选出全球十大破产案，其中通用汽车只排名第四，雷曼兄弟公司排名第一。全球十大破产案：1.雷曼兄弟：2008年9月15日，美国；2.华盛顿互惠银行：2008年9月28日，洛杉矶；3.世界通讯公司：2002年8月1日，美国；4.通用汽车：2009年6月1日，美国底特律；5.安然：2002年1月9日，美国；6.康赛可保险金融公司：2002年12月17日，美国；7.克莱斯勒：2009年6月9日，美国；8.桑恩柏格房贷公司：2009年5月1日，美国；9.太平洋天然气电力公司：2001年4月6日，美国旧金山；10.德士古：2003年5月20日，美国加州。

第四，清偿公司债务。

5.分配剩余财产

在清偿债务后，公司的剩余财产按股东出资比例进行再次分配（股份公司按股权分配）。

6.注销执照

清算组在终结分配后，应制作清算终结报告，报股东会或主管机关认可后，申请注销公司法人资格，吊销营业执照。

（二）企业破产清算的程序

企业的破产清算往往要履行严格的法律程序，按照《破产法》的相关规定，公司破产清算的程序主要包括：

1.成立清算组[①]

人民法院应当在宣告企业破产之日起十五日内[②]成立清算组，接管破产企业，清算组应当由股东、有关机关及专业人士组成。

2.破产管理人接管破产公司

《破产法》规定，法院裁定受理破产申请的，应当同时指定管理人。管理人可以由有关部门、机构的人员组成的清算组或者依法设立的律师事务所、会计师事务所、破产清算事务所等社会中介机构担任。人民法院宣告企业破产后，破产企业由破产管理人接管，负责对破产企业的财产进行管理、清理、估价、处理、分配，代表破产企业参与民事活动，其行为对人民法院负责并向人民法院汇报工作。

3.破产财产分配

由破产管理人提出破产财产分配方案，在债权人会议上讨论通过，报人民法院批准后由破产管理人具体执行。

破产管理人分配破产财产前，首先应拨付清算费用，包括：（1）破产财产管理、变卖、分配所需的费用；（2）破产案件诉讼费；（3）为债权人的共同利益而在破产程序中支付的其他费用。

破产财产在优先支付清算费用后，按以下顺序清偿：（1）破产企业拖欠的职工工资、劳动保险费用；（2）破产企业拖欠税款；（3）破产债权。

4.清算终结

破产财产清算分配完毕，由破产管理人向人民法院汇报清算分配工作的情况，并申请人民法院裁定破产终结，未得到清偿的债权，不再进行清偿。

5.注销登记

企业破产，破产财产分配完毕，企业法人依法终止其民事行为能力，破产管理人向破产公司的原登记机关申请注销原公司登记。

（三）企业破产清算与非破产清算的程序比较

破产清算和非破产清算两者相同之处在于企业面临终止，需要清理资产和债权债务，最终向企业登记机关办理注销手续，退出市场。

---

① 《破产法》规定，用“破产管理人”取代旧破产法的“破产清算组”，负责在企业重整或破产清算程序中，全面接管破产企业并负责破产财产的保管、清理、估价、处理和分配等破产清算事务。

② 《公司法》第十章公司解散和清算，第一百八十四条。

两者的主要不同有：

1.清算的条件不同

破产清算以企业法人的财产不能清偿全部债务为条件，资不抵债、缺乏现金流使企业丧失清偿能力，只有通过破产清算借助司法强制力才能使债权人公平受偿。引起非破产清算的原因是企业解散，常见的有企业经营期满、股东大会决定解散等事由，理论上资产大于负债，清偿债务后还有剩余资产分配给出资人。

2.清算的法律依据不同

企业破产清算依据的主要有《破产法》、《中华人民共和国民事诉讼法》和《最高人民法院关于审理企业破产案件若干问题的规定》等法律、司法解释。非破产清算主要适用于《公司法》《全民所有制工业企业法》《中华人民共和国企业法人登记管理条例》《外商投资企业清算办法》等法律法规。

3.是否进入破产程序不同

破产清算是法院受理破产申请，经审查裁定宣告破产后进行的清算，法院指定管理人履行清算职责，债权异议的审查、财产的变价和财产的分配方案，都由法院最终确定。当清算完毕后，法院裁定终结破产程序。可以说，整个破产清算工作在法院的主持和监督下进行。

非破产清算则是由企业的清算义务主体组成清算组进行清算，如有限责任公司的清算组由股东组成，股份有限公司的清算组由董事或股东大会确定的人员组成，按照《公司法》确定的程序进行清算。虽然《公司法》第一百八十四条规定，公司应当在解散事由出现之日起十五日内成立清算组，开始清算。逾期不成立清算组进行清算的，债权人可以申请人民法院指定有关人员组成清算组进行清算。人民法院应当受理该申请，并及时组织清算组进行清算。但法院一般在公司股东、董事、监事、债权人或其他利害关系人中指定清算组成员，由他们负责清算事务，法院并不对清算事务插手，与破产清算程序完全不同。

4.财产执行程序是否中止不同

破产清算以全体债权人公平受偿为目的，因此，法律规定破产案件受理后，禁止对个别债权人进行清偿，防止其他债权人的利益受损。为了加大对债务人财产保护的力度，保护措施溯及破产申请受理前六个月内，当债务人达到破产界限时，仍对个别债权人进行清偿，经管理人申请，法院有权撤销。

针对财产的执行程序往往依据个别债权人申请而启动，强制处置债务人财产使申请人的债权得到实现，很可能使其他债权落空，结果与全体债权人公平受偿的立法宗旨相违背。于是，立法者设计了“自动中止”的制度安排，破产程序开始后，针对债务人财产的强制执行行为即告中止，执行申请人与其他债权人一起等待财产统一分配。

但是，在非破产清算中，虽然《公司法》第一百八十六条规定，在申报债权期间，清算组不得对债权人进行清偿，但该规定不能对抗法院或行政机关采取的执行措施。

5.债务人是否免责不同

破产清算的最大优势是将破产财产公平地分配给债权人，破产程序终结后，债务人对未能清偿的债务不再清偿，即所谓的破产免责主义。

非破产清算必须保证每个债权人都得到清偿，如果减免债务除非得到债权人的同意。

三、企业清算涉及的主要会计事项

（一）企业非破产清算的会计事项

企业非破产清算涉及的会计事项主要包括以下几个方面：

（1）编制清算年度年初至清算日的财务报表；

（2）编制债权债务清册；

（3）评估资产净值；

（4）反映和监督清算费用；

（5）资产变现并偿还债务；

（6）核算企业清算净损益；

（7）按清算净收益计算、缴纳所得税；

（8）在所有者之间分配剩余财产，并结清会计账簿，编制清算报告。

（二）企业破产清算的会计事项

破产企业在宣告破产并成立破产管理人后，应接受破产管理人的指导，协助破产管理人对企业的各种财产进行全面的清理登记，编制清册；同时对各项资产损失、债权债务进行全面核定查实。

破产清算的会计事项主要包括：

1.破产财产清查

破产管理人应对破产公司的债权、债务、实有财产（固定资产、无形资产）等情况进行全面审核和清理。清查时，可以采用审阅法、盘存法、抽查法、核对法等方法。

2.编制破产清算日的有关报表

破产管理人应首先封存破产公司的原有账册，另行设立专用账册；其次，编制破产清算日的公司目录及资产负债表，这种资产负债表又叫作破产负债表。

3.变卖破产财产

破产管理人应对破产公司的财产进行估价，估价的方法有账面价值法、重置成本法、现行市价法、收益现值法等。不同的财产可采用不同的方法。估价后，需要把财产进行变现。

4.收取各种债权

对于公司应清收的各项债权，作为财产收入来处理。

5.单独核算破产清算净损益

破产清算净损益也是清算收益与清算费用和清算损失相比较的结果。

破产清算费用主要包括：（1）清算工作人员的费用；（2）诉讼费用；（3）咨询费用；（4）利息净支出等。

破产清算损失主要包括：（1）财产盘亏损失；（2）财产变现损失；（3）财产估价损失；（4）坏账损失等。

破产清算收益主要包括：（1）财产盘盈收益；（2）财产变现收益；（3）财产估价收益；（4）不用归还的债务；（5）转让土地使用权净收益；（6）其他收益等。

6.破产财产对公司债权人的分配

若破产财产的余额不能全部清偿其债权人的债务，应按所持有的债务比例进行分配。

7.编报破产财务报表

通过编报破产财务报表反映破产企业清算后的财务状况。

（三）企业破产清算与非破产清算会计事项的比较

清算的会计处理工作主要包括对企业的清算财产加以确认、计量和重估计价，以及进行处置变现，确认、计量清算债权并据以分配清算财产，对全部清算过程进行会计核算并编报有关企业清算的会计报表。

破产清算和非破产清算会计事项基本相同，都需要对以下事项进行会计处理：

（1）清理公司财产，编制资产负债表和财产清单；

（2）处理公司未了结的业务，包括代表公司参加民事诉讼或仲裁活动；

（3）进行资产评估；

（4）制订清算方案；

（5）资产经过评估后，清算组应在征得债权人同意后，会同财政部门和国有资产管理部门批准后，进行变卖或拍卖；

（6）清偿债务。清算组应对享有优先受偿的债务，包括有抵押、质押、留置权益的债务进行优先受偿。

正常生产经营的会计制度不适用于非破产清算，国家也没有出台非破产清算会计处理的单独规定，所以目前绝大多数内资企业在非破产清算期间对相关的清算业务未进行相应的会计处理。非破产清算与破产清算有许多相同之处，所以在会计处理上应参照财政部于2016年12月20日发布的《企业破产清算有关会计处理规定》[①]，并根据非破产清算的特点对会计核算进行适当调整，达到既能反映企业清算过程的财务状况，又有利于管理部门对企业清算进行有效控制的目的。

四、企业清算会计的特点及科目设置

（一）企业清算会计的特点

企业清算会计是财务会计的一个分支，它专门从事对清算企业在清算期间的财务信息进行记录、核算和报告的会计管理活动。由于清算会计服务于企业的终止阶段，所以，它有别于常规财务会计，具有其自身的特点。

1.清算会计目标有别于常规财务目标

在持续经营的条件下，企业从事正常的生产经营活动。服务于正常生产经营活动的常规财务会计的目标是提供企业现实的财务状况，反映企业的经营成果和资金的变动情况，预测和展示企业未来的财务能力和获利能力。

当企业进入清算状态后，正常的生产经营活动已经停止，清算业务的主要活动是财产清理变现、债务清偿和剩余财产分配等。此时，清算会计的主要活动是要反映清算过程中的财务状况，它所提供的会计信息，已不再用来说明生产经营过程中销售、成本、费用、

① 在会计制度层面，财政部早在1997年就发布了《国有企业试行破产有关会计处理问题暂行规定》（财会字〔1997〕28号），但是该文件仅适用于破产的国有企业，并不适用其他的破产企业。
2006年2月15日，财政部发布了《企业会计准则——基本准则》和38项具体准则（部分准则随后进行了调整和更新，目前是42项具体准则），标志着我国企业会计准则体系初步建成。但是由于企业会计准则的基本假设之一是持续经营假设，因此准则并不适用于破产企业。
随着我国市场经济体制的不断发展与完善，企业在市场竞争中适者生存，实施破产的企业越来越多。基于上述的各种原因，财政部于2016年7月4日发布了《企业破产清算有关会计处理规定（征求意见稿）》，经过半年时间的意见征集，于2016年12月20日出台了正式的《企业破产清算有关会计处理规定》。

盈利等方面的情况，而是用来说明清算过程中的财产变现、债务清偿、资金流转和清算净损益等方面的情况。

2.清算会计的计量基础和核算原则有所变化

清算过程中，人们最关心的是企业资产的变现能力和债务清算程度。这样，在持续经营前提下常规会计核算的历史成本计量基础已不再适用，清算会计核算必须以清算价值（或变现价值）为计量基础。常规会计核算遵循的历史成本计价、配比和权责发生制等会计原则已不再适用，取而代之的是清算价格、收付实现制等原则。

3.清算会计循环变为单周期核算活动

在持续经营前提下，一个企业的会计核算必须在一个会计期间内完成一系列的会计程序，并于会计期初开始，于会计期末结束，这一过程循环往复，周而复始。当企业进入清算状态后，持续经营的会计前提消失了，清算会计循环周期不再以年为单位，而是以清算业务完成实际耗用的时间为准。

4.清算会计的报表体系比较独特

由于信息使用者的变化和对信息内容要求的不同，清算企业的报表一般由三部分组成：（1）财产现状类报表，如清算资产负债表、债权债务清单等；（2）变现偿债类报表，用来反映清算过程中清算财产变卖和债务的偿还进度、偿还比例等方面的情况，一般在清算过程中分阶段或者一次性编制；（3）清算损益类报表，用来反映清算期间财务状况和理财过程，如清算利润表等，一般在清算结束时编制。

（二）会计科目的设置①

企业终止进入清算期，必须设置“清算费用”和“清算损益”两个科目单独核算。存在土地转让业务的企业，还应设置“土地转让收益”科目。

（1）“清算费用”科目。本科目核算清算期间发生的清算人员的酬金、公告费用、咨询费用、诉讼费用和利息等支出。

（2）“清算损益”科目。本科目核算清算期间所发生的收益或损失。

（3）“土地转让收益”科目。本科目核算被清算企业转让土地使用权取得的收入，企业所支付的职工安置费，发生的与转让土地使用权有关的成本、税费，如应缴的有关税金、支付的土地评估费用等，也在本科目中核算。

清算结束时，清算收益减去清算费用和清算损失，加上土地转让收益后的余额为清算净收益，在依照税法规定弥补以前年度亏损后，应当视同利润按照规定的税率缴纳所得税。该科目余额应转入“利润分配”科目。

（三）清算损益的计量

企业在清算过程中，会发生清算收益或损失、土地转让收益和清算费用。

清算收益或损失是指清算期内企业在处置清算财产过程中取得财产的变卖收入超过资产的账面价值所发生的收益和重新确认债务中发生的负债的减少金额，以及在处置清算财产过程中取得的财产变卖收入小于资产的账面价值所发生的损失、不能收回的应收账款和重新确认债务中发生的负债的增加金额等。

土地转让收益是指转让土地使用权取得的收入减去以此收入支付的职工安置费等支付

① 破产清算会计科目及其核算在后面单独举例说明。

后的净收益。

清算费用是指在清算过程中发生的各种清算费用。

清算收益减去清算损失和清算费用加上土地转让收益后的余额，即为清算净损益。

清算净损益的计算公式为：

清算净损益=清算收益-清算损失-清算费用+土地转让收益

[例9-1] 清算净损益的计算举例说明。

资料：某企业为有限责任公司，于2×18年10月1日宣告终止，实行清算，9月30日的资产负债表（简表）见表9-1。

表9-1 资产负债表

2×18年9月30日

单位：万元

资产	金额	负债及股东权益	金额
货币资金	360	短期借款	80
应收账款	576	应付账款	100
存货	720	长期借款	108
预付款项	24	负债合计	288
长期股权投资	200		
固定资产原值	1 800	实收资本	1 800
减：累计折旧	552	资本公积	800
固定资产净值	1 248	未分配利润	280
无形资产	40	所有者权益合计	2 880
资产总计	3 168	负债及股东权益总计	3 168

在清算过程中，首先对该企业的资产和负债进行全面清查，然后处理这些资产和负债，假定该企业清算情况如下：

（1）应收账款收回货币资金5 400 000元，发生360 000元坏账损失。

（2）存货盘亏500 000元，其余变卖收到货币资金6 000 000元。

（3）预付款项240 000元予以转销。

（4）长期股权投资收到转让所得4 000 000元。

（5）固定资产全部变现，收到货币资金14 000 000元。

（6）无形资产转让所得600 000元。

（7）负债2 880 000元全部予以偿还（不计利息）。

（8）发生清算费用1 000 000元。

要求：由以上资料可以计算出该企业的清算净损益。

分析：

（1）清算收益为3 720 000元。

其中：

长期股权投资=4 000 000-2 000 000=2 000 000（元）

固定资产=14 000 000-（18 000 000-5 520 000）=1 520 000（元）

无形资产=600 000-400 000=200 000（元）

（2）清算损失为1 800 000元。

其中：

应收账款=5 760 000-5 400 000=360 000（元）

存货=7 200 000-6 000 000=1 200 000（元）

预付款项=240 000元

（3）清算费用=1 000 000元

（4）清算净损益=3 720 000-1 800 000-1 000 000=920 000（元）

由于清算业务的会计原理与常规业务的会计原理大不相同，因此，清算的会计核算方法与常规会计核算的方法有所不同。本章以下分别具体举例说明企业非破产清算与破产清算的会计处理。

第二节　非破产清算的会计处理

一、非破产清算会计处理的步骤

企业非破产清算过程中的会计处理一般要经过以下几个步骤：

（1）编制清算日的资产负债表；

（2）核算清算费用；

（3）核算变卖财产物资的损益；

（4）核算收回的债权和清偿的债务；

（5）弥补以前年度亏损；

（6）核算剩余股东权益；

（7）编制清算费用表、清算利润表和清算结束日资产负债表；

（8）归还各类所有者的权益。

二、非破产清算的会计处理举例

下面举例说明企业由于经营期限届满和由于连年发生亏损而进行的清算。

1.企业由于经营期限届满而进行的清算

［例9-2］经营期限届满而进行的清算。

资料：假设宏达股份有限公司于2×08年8月1日开业，按照公司章程规定经营期为10年，2×18年8月1日结业。2×18年8月1日经股东大会讨论一致通过决议决定终止经营，自即日起办理清算。

要求：按步骤对该公司进行相关的清算会计处理，编制相关的报表。

分析：清算会计处理步骤如下：

(1) 编制清算日的资产负债表。

这里的清算日，应该是2×18年7月31日。该股份有限公司清算日的资产负债表见表9-2（假定该公司无欠缴税款）。

表 9-2 资产负债表（清算前）

编制单位：宏达股份有限公司　　2×18年7月31日　　单位：万元

资 产	金 额	负债及股东权益	金 额
流动资产：		流动负债：	
货币资金	700	短期借款	60
应收票据	140	应付票据	40
应收账款	900	应付账款	40
减：坏账准备	20	流动负债合计	140
应收账款净额	880		
存货	1 280	非流动负债：	
流动资产合计	3 000	长期借款	120
		负债合计	260
非流动资产：			
固定资产原值	840	股东权益：	
减：累计折旧	300	股本	2 400
固定资产净值	540	其中：优先股	600
长期待摊费用	20	普通股	1 800
非流动资产合计	560	资本公积	240
		盈余公积	400
		未分配利润	260
		股东权益合计	3 300
资产总计	3 560	负债及股东权益总计	3 560

（2）核算清算费用。

2×18年8月1日至8月31日整个清算期间一共发生各项清算费用210 000元（包括清算人员酬金60 000元，公告费用24 000元，利息支出102 000元，咨询费用24 000元），全部用银行存款支付。

有关账务处理如下：

借：清算费用　　210 000

　贷：银行存款　　210 000

（3）核算企业财产物资变卖损益。

①处理存货。其中：

原材料账面价值2 400 000元，出售价2 800 000元；

在产品账面价值2 400 000元，出售价2 200 000元；

低值易耗品账面价值800 000元，出售价400 000元；

产成品账面价值7 200 000元，出售价8 400 000元。

原材料和产成品均以超过账面价值的价格出售，这部分记入“清算损益”科目的贷方；在产品和低值易耗品均以低于账面价值的价格出售，这部分记入“清算损益”科目的借方。

有关账务处理为：

借：银行存款　　13 800 000

　贷：原材料　　2 800 000

　　库存商品　　8 400 000

　　生产成本　　2 200 000

　　低值易耗品　　400 000

借：原材料　　400 000

　库存商品　　1 200 000

　贷：清算损益　　1 600 000

借：清算损益　　600 000

　贷：生产成本　　200 000

　　低值易耗品　　400 000

②处理固定资产。将所有固定资产变卖共获得收入7 000 000元，超过账面净值1 600 000元，先将变价收入入账：

借：银行存款　　7 000 000

　贷：固定资产　　7 000 000

③将累计折旧冲销固定资产，将溢价收入转入“清算损益”科目。

借：累计折旧　　3 000 000

　贷：固定资产　　1 400 000

　　清算损益　　1 600 000

④将长期待摊费用200 000元一次摊销完毕。

借：清算损益　　200 000

　贷：长期待摊费用　　200 000

（4）核算企业收回债权和清偿债务。

①收回应收票据1 400 000元。

借：银行存款 1 400 000

　贷：应收票据 1 400 000

②核算收回的应收账款8 600 000元，冲销坏账准备200 000元，其余200 000元无法收回，作为坏账损失列入“清算损益”科目。

借：银行存款 8 600 000

　　坏账准备 200 000

　　清算损益 200 000

　贷：应收账款 9 000 000

③归还银行短期借款600 000元（应支付利息30 000元，已列入清算费用），偿还应付票据400 000元，偿还应付账款400 000元，归还长期借款1 200 000元（支付利息72 000元也已列入清算费用）。

根据上述业务作账务处理为：

借：短期借款 600 000

　贷：银行存款 600 000

借：应付票据 400 000

　贷：银行存款 400 000

借：应付账款 400 000

　贷：银行存款 400 000

借：长期借款 1 200 000

　贷：银行存款 1 200 000

（5）核算剩余股东权益。

①将清算费用转入“清算损益”科目。

借：清算损益 210 000

　贷：清算费用 210 000

②计算清算损益。到现在为止，“清算损益”科目的借方发生额为1 210 000元，贷方发生额为3 200 000元，经过计算，将清算损益结转到“利润分配”科目。

借：清算损益 1 990 000

　贷：利润分配 1 990 000

③按清算净损益计算并缴纳所得税（按25%计算缴纳）。

应交所得税=1 990 000×25% =497 500（元）

借：利润分配 497 500

　贷：银行存款 497 500

④支付本年度优先股1—7月份股利。

借：利润分配 400 000

　贷：银行存款 400 000

（6）编制清算费用表（见表9-3）、清算利润表（见表9-4）、清算结束日资产负债表（见表9-5）。

表 9-3 清算费用表

编制单位：宏达股份有限公司 2×18 年 8 月 1 日—2×18 年 8 月 31 日 单位：元

费用项目	金额
清算人员酬金	60 000
公告费用	24 000
咨询费用	24 000
利息支出	102 000
合计	210 000

表 9-4 清算利润表

编制单位：宏达股份有限公司 2×18 年 8 月 1 日—2×18 年 8 月 31 日 单位：元

清算损失及清算费用	金 额	清算收益	金 额
清算费用	210 000	变卖存货溢价收入	1 600 000
应收账款坏账损失	200 000	变卖固定资产溢价收入	1 600 000
变卖存货损失	600 000		
摊销长期待摊费用	200 000		
合计	1 210 000	合计	3 200 000

表 9-5 资产负债表（清算后）

编制单位：宏达股份有限公司 2×18 年 8 月 31 日 单位：元

资 产	金 额	股东权益	金 额
银行存款	34 092 500	优先股	6 000 000
		普通股	18 000 000
		资本公积	2 400 000
		盈余公积	4 000 000
		未分配利润	3 692 500
资产总计	34 092 500	股东权益总计	34 092 500

（7）分配剩余资产。

清算结束后的剩余财产为货币资金 34 092 500 元。

由于该公司是股份有限公司，所以剩余财产必须先分配给优先股股东，然后再分配给普通股股东。作账务处理为：

借：股本——优先股 6 000 000

　贷：银行存款 6 000 000

假设普通股共有 18 万股，原来每股面值为 100 元，现在每股可分得 156.07 元。作账务处理为：

借：股本——普通股　　18 000 000
　　资本公积　　2 400 000
　　盈余公积　　4 000 000
　　利润分配——未分配利润　　3 692 500
　贷：银行存款　　28 092 500

2.企业由于连年发生亏损而终止清算

［例9-3］连年发生亏损而终止清算。

资料：假设宏发公司于2×05年9月1日开业，但近几年来，由于经营管理不善，连年发生亏损，经股东大会讨论一致通过决议决定终止经营，自2×18年9月1日起办理清算。

要求：按步骤对该公司进行相关的清算会计处理，编制相关的报表。分析：这种情况下的会计处理步骤与前一种情况是一致的。具体说明如下：

（1）编制清算日的资产负债表（见表9-6）。

表9-6　　资产负债表（清算前）

编制单位：宏发公司　　2×18年8月31日　　单位：元

资 产	金 额	负债及股东权益	金 额
流动资产：		流动负债：	
货币资金	888 320	短期借款	800 000
其中：库存现金	8 320	应付票据	320 000
银行存款	880 000	应付账款	15 200 000
应收票据	880 000	应付职工薪酬	320 000
应收账款	11 071 680	应交税费	480 000
减：坏账准备	320 000	流动负债合计	17 120 000
应收账款净额	10 751 680	非流动负债：	
存货	15 328 000	长期借款	1 600 000
流动资产合计	27 848 000	负债合计	18 720 000
非流动资产：		股东权益：	
固定资产原值	20 528 000	股本	32 000 000
减：累计折旧	4 056 000	资本公积	3 200 000
固定资产净值	16 472 000	盈余公积	1 600 000
		未分配利润	（11 200 000）
		股东权益合计	25 600 000
资产总计	44 320 000	负债及股东权益总计	44 320 000

（2）核算清算费用。

2×18年9月1日至9月30日期间共支付各项清算费用280 000元（包括清算人员酬金128 000元，公告费用32 000元，咨询费用32 000元，诉讼费用88 000元）。

有关账务处理为：

借：清算费用 280 000
　贷：库存现金 8 320
　　银行存款 271 680

（3）核算企业财产物资变卖损益。

①处理存货。其中，原材料账面价值3 200 000元，产成品账面价值8 000 000元，溢价出售为原材料3 840 000元，产成品9 760 000元。超过账面价值部分列入“清算损益”科目。在产品账面价值3 200 000元，低值易耗品账面价值928 000元，折价出售为在产品2 880 000元，低值易耗品320 000元。低于账面价值部分列入“清算损益”科目。

借：银行存款 16 800 000
　贷：原材料 3 840 000
　　生产成本 2 880 000
　　库存商品 9 760 000
　　低值易耗品 320 000

借：原材料 640 000
　库存商品 1 760 000
　贷：清算损益 2 400 000

借：清算损益 928 000
　贷：生产成本 320 000
　　低值易耗品 608 000

②处理固定资产收入17 600 000元，超过账面净值1 128 000元。

先将变价收入入账。

借：银行存款 17 600 000
　贷：固定资产 17 600 000

再将累计折旧冲销固定资产，并将溢价部分转入“清算损益”科目。

借：累计折旧 4 056 000
　贷：固定资产 2 928 000
　　清算损益 1 128 000

（4）核算企业收回债权和清偿债务。

①收回应收票据880 000元，支付贴现利息24 000元。

借：银行存款 856 000
　清算费用 24 000
　贷：应收票据 880 000

②收回应收账款10 720 000元，冲销坏账准备320 000元，其余31 680元无法收回，作为坏账损失。

借：银行存款　　10 720 000

　　坏账准备　　320 000

　　清算损益　　31 680

　贷：应收账款　　11 071 680

③清偿应付职工薪酬。

借：应付职工薪酬　　320 000

　贷：银行存款　　320 000

④支付应交税费480 000元。

借：应交税费　　480 000

　贷：银行存款　　480 000

⑤归还短期借款800 000元，并将支付的利息24 000元列入“清算费用”科目。

借：短期借款　　800 000

　　清算费用　　24 000

　贷：银行存款　　824 000

⑥偿还应付票据320 000元及应付账款15 200 000元。

借：应付票据　　320 000

　　应付账款　　15 200 000

　贷：银行存款　　15 520 000

⑦归还长期借款1 600 000元，并将支付的利息80 000元列入“清算费用”科目。

借：长期借款　　1 600 000

　　清算费用　　80 000

　贷：银行存款　　1 680 000

（5）核算剩余股东权益。

①将清算费用转入“清算损益”科目。

借：清算损益　　408 000

　贷：清算费用　　408 000

②计算清算净损益。“清算损益”科目借方合计为1 367 680元，贷方合计为3 528 000元，则清算净损益为2 160 320元（3 528 000−1 367 680）。将其结转到“利润分配”科目。

借：清算损益　　2 160 320

　贷：利润分配　　2 160 320

清算净损益应先弥补以前年度亏损，若有剩余，再计算并缴纳所得税。本例清算净损益为2 160 320元，不足以弥补以前年度亏损11 200 000元，所以不用计算缴纳所得税。

③计算剩余财产。经过上述清偿后，剩余财产为27 760 320元。

（6）编制清算报表。

有关清算费用表见表9-7、清算利润表见表9-8、清算后资产负债表见表9-9。

（7）分配剩余资产。

将剩余资产27 760 320元分配给普通股股东，原来每股面值为100元，共320 000股，由于企业连年发生亏损，剩余财产不足以发还全部股本，每股只能按86.751元分配，作账务处理为：

表 9-7 清算费用表

编制单位：宏发公司 2×18 年 9 月 1 日—2×18 年 9 月 30 日 单位：元

费用项目	金 额
清算人员酬金	128 000
公告费用	32 000
咨询费用	32 000
诉讼费用	88 000
利息支出	128 000
合 计	408 000

表 9-8 清算利润表

编制单位：宏发公司 2×18 年 9 月 1 日—2×18 年 9 月 30 日 单位：元

清算损失及清算费用	金 额	清算收益	金 额
清算费用	408 000	变卖存货溢价收入	2 400 000
应收账款坏账损失	31 680	变卖固定资产溢价收入	1 128 000
变卖存货损失	928 000		
合计	1 367 680	合计	3 528 000

表 9-9 资产负债表（清算后）

编制单位：宏发公司 2×18 年 9 月 30 日 单位：元

资 产	金 额	股东权益	金 额
银行存款	27 760 320	股本	32 000 000
		资本公积	3 200 000
		盈余公积	1 600 000
		未分配利润	（9 039 680）
资产总计	27 760 320	股东权益总计	27 760 320

借：股本 32 000 000
　　资本公积 3 200 000
　　盈余公积 1 600 000
　贷：利润分配 9 039 680
　　　银行存款 27 760 320

第三节 破产清算的会计处理

一、破产清算会计处理的主要步骤

（1）编制清算日的资产负债表；

（2）核算清算费用；

（3）核算变价收入；

（4）核算收回的债权及清偿的债务；

（5）核算剩余的股东权益；

（6）编制清算报表；

（7）归还各类股东权益。

二、破产清算会计新增会计科目

破产管理人接管破产企业的会计档案等财务资料后，应当在企业被法院宣告破产后，增设以下会计科目。破产企业可以根据实际需要，在一级科目中设置明细科目。增设的会计科目分为债务类、累计清算净损益类和清算损益类。

（一）新增债务类科目

应付破产费用：本科目核算破产企业在破产清算期间发生的破产法规定的各类破产费用。

应付共益债务：本科目核算破产企业在破产清算期间发生的破产法规定的各类共益债务。

（二）新增累计清算净损益类科目

累计清算净损益：本科目核算破产企业在编制破产财务报表日结转的当期清算净损益科目余额。破产企业财产与债务的差额，也在本科目核算。

（三）新增清算损益类科目

财产处置净损益：本科目核算破产企业在破产清算期间处置破产财产产生的、扣除相关处置费用后的净损益。

债务清偿净损益：本科目核算破产企业在破产清算期间清偿债务产生的净损益。

计量基础调整净损益：本科目核算破产企业在破产清算期间按照破产清算净值调整财产账面价值，以及按照清偿价值调整债务账面价值产生的净损益。

其他收益：本科目核算除财产处置、债务清偿以外，在破产清算期间发生的其他收益。

破产费用：本科目核算破产企业破产清算期间发生的破产法规定的各项破产费用，主要包括破产案件的诉讼费用，管理、变价和分配债务人财产的费用，管理人执行职务的费用、报酬和聘用工作人员的费用。本科目应按发生的费用项目设置明细账。

共益债务费用：本科目核算破产企业破产清算期间发生的破产法规定的共益债务相关的各项费用。根据破产法，共益债务是指，在人民法院受理破产申请后，为全体债权人的共同利益而管理、变卖和分配破产财产而负担的债务，主要包括因管理人或者债务人请求对方当事人履行双方均未履行完毕的合同所产生的债务、债务人财产受无因管理所产生的债务、因债务人不当得利所产生的债务、为债务人继续营业而应支付的劳动报酬和社会保险费用以及由此产生的其他债务、管理人或者相关人员执行职务致人损害所产生的债务以及债务人财产致人损害所产生的债务。

其他费用：本科目核算破产企业破产清算期间发生的各项除破产费用和共益债务费用之外的其他费用。

所得税费用：本科目核算破产企业破产清算期间发生的企业所得税费用。

当期清算净损益：本科目核算破产企业破产清算期间结转的上述各类清算损益科目余额。

破产管理人可根据破产企业的具体情况，增设、减少或合并某些会计科目。

三、破产清算的会计处理举例

破产清算是企业发生严重亏损以致资不抵债而不得不宣告破产时进行的清算，所以与非破产清算在清偿企业债务时有些不同，既不能全额偿还，也没能力支付股东或所有者款项。为了说明问题，我们举例看一看破产清算与非破产清算在会计处理上有哪些不同。

[例9-4] 企业因破产清算进行的会计处理。

资料：假定ABC股份公司2×04年开业，由于经营管理不善，连年发生亏损，现有资产不能抵偿债务，经全体股东大会讨论决定申请破产，经人民法院裁定，自2×17年9月1日起按破产程序进行清算。该公司清算前的资产负债表见表9-10。

表9-10 资产负债表（清算前）

编制单位：ABC股份公司 2×17年8月31日 单位：元

资 产	金 额	负债及股东权益	金 额
流动资产：		流动负债：	
货币资金	3 852 000	短期借款	2 400 000
其中：库存现金	12 000	应付票据	1 200 000
银行存款	3 840 000	应付账款	22 800 000
应收票据	480 000	应付职工薪酬	1 200 000
应收账款	13 200 000	应交税费	720 000
减：坏账准备	360 000	流动负债合计	28 320 000
应收账款净额	12 840 000	非流动负债：	
存货	8 400 000	长期借款	12 000 000
流动资产合计	25 572 000	负债合计	40 320 000
		股东权益：	
非流动资产：		股本	48 000 000
固定资产原值	9 120 000	资本公积	4 800 000
减：累计折旧	3 000 000	盈余公积	2 400 000
固定资产净值	6 120 000	未分配利润	（63 828 000）
非流动资产合计	6 120 000	股东权益合计	（8 628 000）
资产总计	31 692 000	负债及股东权益总计	31 692 000

在清算过程中，发生如下经济业务：

（1）支付各项清算费用1 212 000元，包括清算人员酬金168 000元，公告费用48 000元，咨询费用48 000元，诉讼费用60 000元，利息净支出888 000元；

（2）处理存货共获得价款8 400 000元，其中，原材料和产成品溢价出售超过账面价值720 000元，在产品和低值易耗品折价出售低于账面价值720 000元；

（3）处理固定资产收入6 840 000元，超过账面价值720 000元；

（4）在上述被处理固定资产中有一建筑物原来作价2 400 000元，用作长期借款的担保品，现在应当优先偿还有抵押的借款；

（5）收回应收票据480 000元，应收账款12 000 000元，冲销坏账准备后还有840 000元无法收回，作为坏账损失，记入“清算损益”科目的借方；

（6）经过上述处理后，剩余财产仅剩下银行存款27 960 000元。

要求：按步骤对该公司进行相关的清算会计处理，编制相关的报表。

分析：

1.破产宣告日余额结转

将企业“应付账款”“其他应付款”等科目中属于破产法所规定的破产费用的余额转入“应付破产费用”科目。属于破产法所规定的共益债务的余额，转入“应付共益债务”科目。

相关会计处理如下：

本例中，为计算方便，假定其中各50%的应付职工薪酬和应交税费归属于破产费用。

借：应付账款　　600 000
　　应交税费　　360 000
　贷：应付破产费用　　960 000

借：应付账款　　600 000
　　应交税费　　360 000
　贷：应付共益债务　　960 000

2.处置破产财产的账务处理

借：银行存款　　480 000
　贷：应收票据　　480 000

借：银行存款　　12 000 000
　　资产处置净损益　　840 000
　贷：应收账款　　12 840 000

借：银行存款　　8 400 000
　贷：存货[①]　　8 400 000

借：银行存款　　6 840 000
　贷：固定资产　　6 120 000
　　　资产处置净损益　　720 000

3.清偿债务的账务处理

在进行破产公司剩余财产的分派时，必须按照法律规定的程序清偿：

---

① 此处简化处理，不分别做原材料、产成品、在产品和低值易耗品，也不考虑增值税相关处理。

（1）清偿相关破产费用960 000，清偿相关共益债务960 000。

借：应付破产费用　　960 000

　　应付共益债务　　960 000

　贷：银行存款　　1 920 000

（2）清偿应归还债权人款项。

该公司所欠债权人款项达36 000 000元，包括短期借款2 400 000元，应付票据1 200 000元，应付账款22 800 000元，长期借款9 600 000元（12 000 000−2 400 000），而现有的剩余财产只有银行存款26 040 000元（27 960 000−1 920 000）。因此，只能按72.33%的比例部分偿还债权（偿还比例用26 040 000÷36 000 000来求得）。

通过计算，可以归还的负债按比例计算的金额分别为：短期借款1 736 000元，应付票据868 000元，应付账款16 492 000元，长期借款6 944 000元。作账务处理为：

借：短期借款　　1 736 000

　　应付票据　　868 000

　　应付账款　　16 492 000

　　长期借款　　6 944 000

　贷：银行存款　　26 040 000

剩余无力归还的部分总额为9 960 000元，应当转入“清算损益”科目。

借：短期借款　　664 000

　　应付票据　　332 000

　　应付账款　　6 308 000

　　长期借款　　2 656 000

　贷：清算损益　　9 960 000

（3）将清算费用转入“清算损益”科目，并结转“清算损益”。

借：清算损益　　1 212 000

　贷：清算费用　　1 212 000

经过上述会计处理后，编制清算费用表（略）、清算利润表（见表9-11）、清算后资产负债表（见表9-12）。

表9-11　清算利润表

编制单位：ABC股份公司　　2×17年9月1日—2×17年9月30日　　单位：元

清算损失及清算费用	金额	清算收益	金额
清算费用	1 212 000	变卖存货溢价收入	720 000
应收账款坏账损失	840 000	变卖固定资产溢价收入	720 000
变卖存货损失	720 000	短期借款按比例偿还后的差额转入	664 000
		应付票据按比例偿还后的差额转入	332 000
		应付账款按比例偿还后的差额转入	6 308 000
		长期借款按比例偿还后的差额转入	2 656 000
合计	2 772 000	合计	11 400 000

表 9-12 资产负债表（清算后）

编制单位：ABC股份公司 2×17年9月30日 单位：元

资 产	金 额	股东权益	金 额
未弥补亏损	55 200 000	股本	48 000 000
		资本公积	4 800 000
		盈余公积	2 400 000
资产总计	55 200 000	股东权益总计	55 200 000

同时，表中清算收益与清算损失及清算费用两项的差额为8 628 000元，作账务处理如下：

借：清算净损益 8 628 000

贷：利润分配 8 628 000

这样结转后，该公司清算后剩余的未分配亏损为5 520万元。

最后，作账务处理。

由于该公司资产不能抵偿负债，除按比例偿还的债务外，作结清账务的处理为：

借：股本 48 000 000

资本公积 4 800 000

盈余公积 2 400 000

贷：利润分配 55 200 000

复习思考题

1. 企业终止的原因有哪些？
2. 什么是企业清算？企业清算会计有什么特点？
3. 企业非破产清算与企业破产清算的会计处理有什么区别？
4. 破产管理人与破产清算组有区别吗？区别是什么？
5. 清算净损益如何计算？
6. 2016年12月20日财政部发布的《企业破产清算有关会计处理》规定的内容和主要变化有哪些？

第十章

特殊行业会计

第一节　生物资产会计

一、生物资产的概念与分类

生物资产是指与农业生产相关的有生命的动物和植物。生物资产定义为“有生命的动物和植物”，意味着一旦原有动植物停止其生命活动，就不再是“生物资产”。这一界限对生物资产和农产品进行了本质区分。农产品与生物资产密不可分，当其附着在生物资产上时，作为生物资产的一部分，不需要单独进行会计处理，而当其从生物资产上收获后，就离开了生物资产这个母体，一般具有鲜活、易腐的特征，所以应当区别于一般工业企业的产成品而单独进行核算。

《企业会计准则第5号——生物资产》对收获时点的农产品的会计处理进行了规范，即应当采用规定的方法，从消耗性生物资产或生产性生物资产生产成本中转出，确认为收获时点的农产品的成本。在此之后农产品的加工、销售等会计处理，应当适用《企业会计准则第1号——存货》。准则所称“农业”，包括种植业、畜牧养殖业、林业和水产业等行业。

生物资产是指有生命的动物和植物，在这一点上，与国际会计准则所规定的活的动物或植物的概念完全相同。但是，我国《企业会计准则》将生物资产分为消耗性生物资产、生产性生物资产和公益性生物资产三大类，并就三大类生物资产的定义、包含的内容和相应的会计处理分别进行了规范。而国际会计准则是不包括公益性生物资产的。之所以将公益性生物资产也界定为生物资产的一类，是因为企业拥有或控制的公益性生物资产，虽然不能直接为企业带来经济利益，但具有“服务潜能”，有助于企业从相关资产获得经济利益，从而满足生物资产确认的条件。

（一）消耗性生物资产

消耗性生物资产是指为出售而持有的或在将来收获为农产品的生物资产，包括生长中的大田作物、蔬菜、用材林以及存栏待售的牲畜等。从这一定义可以看出消耗性生物资产类似一般企业的存货，不同的是它们是有生命的资产，如农田中的小麦作物，可以收获为小麦；蔬菜可用于出售；用材林可以生产出木材。

（二）生产性生物资产

生产性生物资产是指为产出农产品、提供劳务或出租等目的而持有的生物资产，包括经济林、薪炭林、产畜和役畜等。生产性生物资产具有自我成长性，类似企业的固定资产，属于有生命的劳动手段，如可生产果品经济林、食用油料、工业原料、药材、产畜、役畜等。

生产性生物资产与消耗性生物资产相比，主要的区别是其持有的目的不同。消耗性生物资产持有的目的是出售或者是即将收获成为农产品；而生产性生物资产持有的目的是为了在生产经营中长期地、多次反复地使用，利用其进行繁殖，或者不断产出农产品或者是长期役用。

（三）公益性生物资产

公益性生物资产是指以防护、环境保护为主要目的的生物资产，包括防风固沙林、水土保持林和水源涵养林等。公益性生物资产不能直接为企业带来经济利益，但具有服务潜能，有助于企业从相关资产获得经济利益，如防风固沙林和水土保持林，它们可以起到防风固沙、保持水土的功效；风景林可以起到美化环境、休息游览的功能。

二、生物资产的会计特征

生物资产的会计核算具有以下两个特征：

第一，生物资产通过生物转化活动促进其在数量和质量方面发生变化，进而会影响其核算的价值发生变化；

第二，生物资产的生命周期可能与会计期间不一致，因此在按会计期间对生物资产进行财务状况报告或计算折旧时应该考虑其生命周期。

三、生物资产的确认与初始计量

（一）生物资产的确认条件

生物资产从会计要素上说，属于资产类。因此，只有同时满足下列条件，才能将其作为资产予以确认：

（1）企业因过去的交易或者事项而拥有或者控制该生物资产。

（2）与该生物资产有关的经济利益或很可能流入企业。其中，“服务潜能”界定了公益性生物资产的确认标准。企业拥有或控制的公益性生物资产，虽然不能直接为企业带来经济利益，但具有服务潜能，有助于企业从相关资产获得经济利益，因此应当确认为生物资产。公益性生物资产的确认标准与消耗性和生产性生物资产有所不同，这是因为引入了“服务潜能”的概念。

（3）该生物资产的成本能够可靠地计量。

（二）生物资产会计科目的设置

根据《企业会计准则应用指南——会计科目和主要账务处理》的规定，生物资产的核算分别采用“消耗性生物资产”、“生产性生物资产”、“生产性生物资产累计折旧”和“公益性生物资产”四个会计科目。

1.“消耗性生物资产”科目

本科目核算企业（农业）持有的消耗性生物资产的价值。该科目应当按照消耗性生物资产的种类、群别等来进行明细核算。期末借方余额，反映的是企业消耗性生物资产的价值。

2.“生产性生物资产”科目

本科目核算企业（农业）持有的生产性生物资产的原价。本科目应当分为“未成熟生产性生物资产”和“成熟生产性生物资产”以及“生产性生物资产”的种类、群别、所属部门等进行明细核算。生产性生物资产发生减值的，应在本科目下设置“减值准备”明细科目进行核算，也可以单独设置“生产性生物资产减值准备”科目进行核算。期末借方余额，反映企业生产性生物资产的价值。

3.“生产性生物资产累计折旧”科目

本科目核算企业（农业）对成熟生产性生物资产计提的累计折旧。本科目应当按照生产性生物资产的种类、群别、所属部门等进行明细核算。本科目主要用于企业对成熟生产性生物资产按期计提折旧时，借记“农业生产成本”“管理费用”等科目，贷记本科目。在资产负债表日，本科目通常有期末贷方余额，反映企业成熟生产性生物资产的累计折旧额。

4.“公益性生物资产”科目

本科目核算企业（农业）持有的公益性生物资产的价值。本科目应当按照公益性生物资产的种类或项目进行明细核算。期末借方余额，反映企业公益性生物资产的价值。

（三）生物资产的初始计量

企业对生物资产应当按照取得时的实际成本进行初始计量。

生物资产的取得方式与固定资产的取得方式大致相同，也包括外购、自制、投资者投入、债务重组、非货币性交换、企业合并等方式。不同的取得方式下，相应的取得成本也不尽相同。以下按照其取得方式分别介绍其会计处理：

1.外购

外购生物资产的成本，包括购买价款、相关税费、运输费、保险费以及可直接归属于购买该资产的其他支出。

［例10-1］外购生物资产的成本计算与会计分录。

资料：A公司从市场上购入100匹种马，支付对方总价款80 000元，发生的运输费用是500元，装卸费用400元，其他可直接归属于购买种马的支出为2 000元，种马作为企业的生产性生物资产。

要求：根据上述资料，进行A公司的有关账务处理。

分析：A公司的账务处理为：

借：生产性生物资产——产畜 82 900

　贷：银行存款 82 900

2.自行栽培、营造、繁殖或养殖

［例10-2］自行营造林业类消耗性生物资产的成本计算与会计分录。

资料：A公司自行营造的白桦林，属于林木类消耗性生物资产，郁闭前发生造林费50 000元，抚育费、营林设施费、良种试验费、调查设计费合计是10 000元，应分摊土地租赁费用等必要支出30 000元。用支票支付总价款90 000元。

要求：根据上述资料，进行有关账务处理。

分析：A公司有关账务处理为：

借：消耗性生物资产——白桦林　　90 000

　贷：银行存款　　90 000

［例10-3］自行营造林业类生产性生物资产的成本计算与会计分录。

资料：A公司自行营造的白桦林，用于生产薪炭，属于林木类生产性生物资产。郁闭前发生造林费50 000元，抚育费、营林设施费、良种试验费、调查设计费合计是10 000元，应分摊土地租赁费用等必要支出30 000元。总成本应当是90 000元，其中用支票支付了30 000元，其余的款项尚未支付。

要求：根据上述资料，进行有关账务处理。

分析：A公司有关账务处理为：

借：生产性生物资产——白桦林　　90 000

　贷：银行存款　　30 000

　　　应付账款　　60 000

3.投资者投入

投资者投入生物资产的成本，应当按照投资合同或协议约定的价值确定，但合同或协议约定价值不公允的除外。

［例10-4］投资者投入生物资产的成本计算与会计分录。

资料：C公司接受投资者投入一批生物资产，作为本公司的生产性生物资产，该批生物资产的账面原值为200 000元，已经计提折旧为50 000元，双方协商按照当时的市场价值150 000元来确定投资额。

要求：根据上述资料，进行有关账务处理。

分析：C公司账务处理为：

借：生产性生物资产　　150 000

　贷：股本　　150 000

4.其他方式取得

非货币性资产交换、债务重组和企业合并等其他方式取得的生物资产，应当分别按照《企业会计准则第7号——非货币性资产交换》、《企业会计准则第12号——债务重组》和《企业会计准则第20号——企业合并》确定其取得成本。

另外，应计入生物资产成本的借款费用，按照《企业会计准则第17号——借款费用》处理。

消耗性和生产性林木类生物资产发生的借款费用，应当在郁闭时停止资本化[①]；因择伐、间伐或抚育更新性质采伐而补植林木类生物资产发生的后续支出，应当计入林木类生物资产的成本；生物资产在郁闭或达到预定生产经营目的后发生的管护、饲养费用等后续支出，应当作为费用计入当期损益。

天然起源的生物资产的成本，应当按照名义金额确定，同时计入当期损益，名义金额

① 消耗性生物资产郁闭前的相关支出应予资本化，郁闭后的相关支出计入当期费用。郁闭是判断消耗性生物资产相关支出（包括借款费用）资本化或者费用化的时点。郁闭之前的林木类消耗性生物资产处在培植阶段，需要发生较多的造林费、抚育费、营林设施费、良种试验费、调查设计费等相关支出，这些支出应当予以资本化，计入林木成本；郁闭之后的林木类消耗性生物资产基本上可以比较稳定地成活，一般只需要发生较少的管护费用，应当计入当期费用。

为1元人民币，即借记“消耗性生物资产”“生产性生物资产”“公益性生物资产”科目，贷记“营业外收入”科目。

［例10-5］生产性林木类生物资产发生的借款费用资本化计算与会计分录。

资料：A公司自行营造的白桦林，用于生产薪炭，属于林木类生产性生物资产。郁闭前发生的已经支付的造林费、抚育费、营林设施费、良种试验费、调查设计费合计是120 000元。为了营造此林，公司专门向农业银行借款60 000元，其中应当予以资本化的借款费用是28 000元。

要求：根据上述资料，进行有关账务处理。

分析：A公司账务处理为：

借：生产性生物资产——白桦林 148 000

　贷：银行存款 120 000

　　长期借款 28 000

四、生物资产的后续计量

如果说初始计量是对交易和事项的数量加以衡量、计算和确定，以便在复式簿记系统中能被记录并转化为以货币表现的财务信息，后续计量则要衡量和确定该交易与事项的货币数量在初始计量后的变动情况，以反映企业财务状况及变动的财务成果。

一般来说，以历史成本计量为中心的传统会计计量侧重的是初始计量——传统会计环境稳定少变，资产形态单一，大部分资产和负债在初始计量后，其价值基本不变，原则上不需要后续计量[①]。

新经济形势下传统的资产定义和资产形态发生了巨大的变化，风险价值已成为资产价值的重要内容。以历史成本进行的初始计量，当资产价值频繁变化时，已不能满足信息使用者的要求，后续计量在所难免；有的资产甚至根本不存在历史成本，如衍生金融工具，仅仅是一种合约，从签约到结算，金融资产和金融负债具有很大不确定性，需要经常以公允价值进行后续计量。

《企业会计准则》要求企业应当按照规定对生物资产进行后续计量，但符合下面所列规定的除外：有确凿证据表明生物资产的公允价值能够持续可靠取得的，应当对生物资产采用公允价值计量。

采用公允价值计量的，应当同时满足下列条件：

（1）生物资产有活跃的交易市场[②]；该生物资产能够在交易市场中直接交易。

（2）能够从交易市场上取得同类或类似生物资产的市场价格及其他相关信息，从而对生物资产的公允价值作出合理估计。

这就是说，生物资产通常按照成本计量。目前我国对于生物资产的计量主要以历史成本为基本模式，只有在很少的情况下，才采用以公允价值为基础的计量模式[③]。

① 除非两种情况：第一，同质资产的销售和处置；第二，按历史成本计量资产的折旧和耗用，但是这两种情况并非是严格意义上的后续计量，它只是对原始价值的调整。

② 活跃的交易市场，是指同时具有以下特征的市场：市场内交易的对象具有同质性；可以随时找到自愿交易的买方和卖方；市场价格的信息是公开的。

③ 《国际会计准则第41号》规定除不能够取得可靠的公允价值外，一律采用公允价值来计量。我国《企业会计准则》规定：生物资产通常应当按照成本进行计量，当公允价值能够持续取得时，可以采用公允价值来计量。这充分体现了与国际准则的趋同，另外也体现出谨慎性原则。与《企业会计准则第3号——投资性房地产》不同，生物资产准则并未明确规定，采用公允价值计量模式一经确定，不得随意变更。

（一）按历史成本进行后续计量

具体说来，消耗性生物资产按成本减去累计跌价准备后的金额来计量；未成熟的生产性生物资产按成本减去累计减值准备后的金额来计量；成熟的生产性生物资产按成本减去累计折旧及累计减值准备后的金额计量；公益性生物资产按成本计量，不提折旧，也不计提减值准备，这主要是因为公益性生物资产具有非经营性的特点。

1.生物资产计提折旧

企业对达到预定生产经营目的的生产性生物资产，应当按期计提折旧，并根据用途分别计入相关资产的成本或当期损益。这里特别说明一下，目前我国所得税法只对生产性生物资产作出了计税基础和折旧的规定。生产性生物资产计算折旧的最低年限如下：（1）林木类生产性生物资产，为10年；（2）畜类生产性生物资产，为3年。

企业应当根据生产性生物资产的性质、使用情况和有关经济利益的预期实现方式，合理确定其使用寿命、预计净残值和折旧方法。可选用的折旧方法包括年限平均法、工作量法、产量法等。年限平均法又称直线法，是将生物资产的折旧额均衡地分摊到各期的一种方法。

工作量法是根据实际的工作量计提折旧的一种方法。产量法是根据生物资产实际的产出能力来计提折旧的一种方法。

［例10-6］生产性生物资产累计折旧计算与会计分录。

资料：企业有一片经济林，属于生产性生物资产，原价是25万元，预计可使用年限为10年，预计净残值率是4%。

要求：根据上述资料，进行有关折旧的计算与账务处理。

分析：有关计算与账务处理如下：

年折旧额=250 000×（1−4%）÷10=24 000（元）

月折旧额=24 000÷12=2 000（元）

按期计提折旧时：

借：农业生产成本（或管理费用）	2 000	
贷：生产性生物资产累计折旧		2 000

生产性生物资产的使用寿命、预计净残值和折旧方法一经确定，不得随意变更。但是，发生减值情况[①]的除外。

企业确定生产性生物资产的使用寿命，应当考虑下列因素：

（1）该资产的预计产出能力或实物产量；

（2）该资产的预计有形损耗，如产畜和役畜衰老、经济林老化等；

（3）该资产的预计无形损耗，如因新品种的出现而使现有的生产性生物资产的产出能力和产出农产品的质量等方面相对下降、市场需求的变化使生产性生物资产产出的农产品相对过时等。

应当注意的是，新的会计准则中对公益性生物资产要求进行单独的分类核算，不对其计提折旧和计提减值准备。

2.会计政策、会计估计变更和差错更正

使用寿命或预计净残值的预期数与原先估计数有差异的，或者有关经济利益预期实现

① 企业至少应当于每年年度终了对生产性生物资产的使用寿命、预计净残值和折旧方法进行复核。

方式有重大改变的，应当作为会计估计变更，按照《企业会计准则第28号——会计政策、会计估计变更和差错更正》处理，调整生产性生物资产的使用寿命或预计净残值或者改变折旧方法。

3.生物资产的减值

企业至少应当于每年年度终了对消耗性生物资产和生产性生物资产进行检查，有确凿证据表明由于遭受自然灾害、病虫害、动物疫病侵袭或市场需求变化等原因，使消耗性生物资产的可变现净值或生产性生物资产的可收回金额低于其账面价值的，应当按照可变现净值或可收回金额低于账面价值的差额，计提生物资产跌价准备或减值准备，并计入当期损益。

上述可变现净值和可收回金额，应当分别按照《企业会计准则第1号——存货》和《企业会计准则第8号——资产减值》确定。具体地说，这三类生物资产减值规定如下：

消耗性生物资产减值的影响因素已经消失的，减计金额应当予以恢复，并在原已计提的跌价准备金额内转回，转回的金额计入当期损益。

生产性生物资产减值准备一经计提，不得转回，这主要是防止用其来操纵利润，对于长期资产禁止转回已经计提的减值。更为重要的是它体现了生物资产的特性。

公益性生物资产不计提减值准备。

[例10-7] 生物资产减值准备计算与会计分录。

资料：企业有一片经济林，属于生产性生物资产，因遭受自然灾害而发生了减值，估计的减值经计算约为50 000元。

要求：根据上述资料，进行有关账务处理。

分析：发生减值时应进行的账务处理为：

借：资产减值损失 50 000

　贷：生物资产减值准备 50 000

（本题如果是消耗性生物资产，则贷记消耗性生物资产跌价准备）

（二）按公允价值进行后续计量

前已述及，如果有确凿证据表明生物资产的公允价值能够持续并且能可靠取得的，应当对生物资产采用公允价值计量。比照投资性房地产准则，由于对于采用公允价值计量模式的投资性房地产，平时不计提折旧，也不进行摊销，在公允价值计量模式下的投资性房地产不存在减值问题。所以本教材认为，企业应当以资产负债日的公允价值为基础调整其账面价值，公允价值与账面价值之间的差额计入当期损益。

具体来说，企业应在资产负债表日，对有确凿证据表明消耗性、生产性、公益性这三大类的生物资产的公允价值能够持续可靠取得的，应当对这些生物资产采用公允价值计量。如果其会计期末的公允价值高于账面价值的，借记“消耗性生物资产”（或者生产性生物资产、公益性生物资产）科目，贷记“公允价值变动损益”科目；反之，则进行相反的会计处理。

[例10-8] 期末，以公允价值计量的生物资产，重新计量与编制会计分录。

资料：2×18年12月31日，某生物资产股份公司其账面生物资产一直采用公允价值进行计量，其中消耗性生物资产账面余额30万元，但市场价值为36万元；生产性生物资产账面余额100万元，但市场价值为80万元；公益性生物资产账面余额60万元，但市场价值为120万元。

要求：根据上述资料，进行有关账务处理。

分析：如果没有其他因素影响，则该公司的会计处理应在月末进行如下调整：

借：消耗性生物资产 60 000

　　公益性生物资产 600 000

　贷：公允价值变动损益 660 000

借：公允价值变动损益 200 000

　贷：生产性生物资产 200 000

五、生物资产的收获

生物资产收获之后成为农产品的，应当按照《企业会计准则第1号——存货》处理。

农产品与生物资产密不可分，当其附在生物资产上时，构成生物资产的一部分。收获的农产品从生物资产这一母体分离后，不再具有生命和生物转化能力，因此，应当作为存货处理。比如，奶牛产出的牛奶、绵羊产出的羊毛、收获后的蔬菜、果树采摘后的水果等。

收获时点的农产品的成本，应当采用规定的方法，分别从消耗性生物资产、生产性生物资产的生产成本中转出，确认为收获时的农产品的成本。以下分别说明：

（1）对于消耗性生物资产，应当在收获或出售时，按照其账面价值结转成本。结转成本的方法包括加权平均法、个别计价法、蓄积量比例法、轮伐期年限法等。加权平均法、个别计价法是常用方法。相关的会计处理是借记“农产品”科目，贷记“消耗性生物资产”科目，已提跌价准备的，还应同时结转跌价准备，借记“存货跌价准备——消耗性生物资产”科目；对于不通过入库直接销售的鲜活产品等，按实际成本，借记“主营业务成本”科目，贷记“消耗性生物资产”科目。

[例10-9] 消耗性生物资产的收获。

资料：甲种植企业，2×18年6月入库小麦20吨，成本为10 000元。

要求：根据上述资料，进行有关账务处理。

分析：甲企业的账务处理如下：

借：农产品——小麦 10 000

　贷：消耗性生物资产——小麦 10 000

（2）生产性生物资产收获的农产品成本，按照产出或采收过程中发生的材料费、人工费和应分摊的间接费用等必要支出计算确定，并采用加权平均法、个别计价法、蓄积量比例法、轮伐期年限法等方法，将其账面价值结转为农产品成本。相关的会计处理是借记“农产品”科目，贷记“农业生产成本”科目。

①农产品收获过程中发生的直接材料、直接人工等直接费用，直接计入相关成本核算对象，借记“农业生产成本——农产品”科目，贷记“库存现金”“银行存款”“原材料”“应付职工薪酬”“生产性生物资产累计折旧”等科目。

[例10-10] 农产品收获过程中发生的直接材料、直接人工等直接费用，直接计入相关成本。

资料：甲奶牛养殖企业2×18年1月发生奶牛（已进入产奶期）的饲养费用如下：领用饲料5 000千克，计2 000元，应付饲养人员工资3 000元，以现金支付防疫费500元。

要求：根据上述资料，进行有关账务处理。

分析：甲企业的账务处理如下：

借：生产成本——农业生产成本（牛奶）　5 500
　贷：原材料　2 000
　　应付职工薪酬　3 000
　　库存现金　500

②农产品收获过程中发生的间接费用，如材料费、人工费、生产性生物资产的折旧费等应分摊的共同费用，应当在生产成本中归集，借记“农业生产成本——共同费用”科目，贷记“库存现金”“银行存款”“原材料”“应付职工薪酬”“生产性生物资产累计折旧”等科目；在会计期末按一定的分配标准，分配计入有关的成本核算对象，借记“农业生产成本——农产品”科目，贷记“农业生产成本——共同费用”科目。

（3）生物资产改变用途后的成本，应当按照改变用途时的账面价值确定。

①产畜或役畜淘汰转为育肥畜，或者林木类生产性生物资产转为林木类消耗性生物资产时，按转群或转变用途时的账面价值，借记“消耗性生物资产”科目，按已计提的累计折旧，借记“生产性生物资产累计折旧”科目，按其账面余额，贷记“生产性生物资产”科目。已计提减值准备的，还应同时结转已计提的减值准备。

育肥畜转为产畜或役畜，或者林木类消耗性生物资产转为林木类生产性生物资产时，应按其账面余额，借记“生产性生物资产”科目，贷记“消耗性生物资产”科目。已计提跌价准备的，还应同时结转跌价准备。

[例10-11] 生产性生物资产的用途改变为消耗性生物资产。

资料：2×18年4月，甲企业自行繁殖的50头种畜转为育肥畜，此批种畜的账面原价为1 000 000元，已经计提的累计折旧为400 000元，已经计提的资产减值准备为60 000元。

要求：根据上述资料，进行有关账务处理。

分析：甲企业的账务处理如下：

借：消耗性生物资产——育肥畜　540 000
　　生产性生物资产累计折旧　400 000
　　生产性生物资产减值准备　60 000
　贷：生产性生物资产——成熟生产性生物资产（种畜）　1 000 000

②消耗性生物资产、生产性生物资产转为公益性生物资产时，应按其账面余额或账面价值，借记“公益性生物资产”科目，按已计提的生产性生物资产累计折旧，借记“生产性生物资产累计折旧”科目，按账面余额，贷记“消耗性生物资产”“生产性生物资产”科目。已计提跌价准备或减值准备的，还应同时结转跌价准备或减值准备。

公益性生物资产转为消耗性生物资产或生产性生物资产时，应按其账面余额，借记“消耗性生物资产”或“生产性生物资产”科目，贷记“公益性生物资产”科目。

[例10-12] 消耗性生物资产转为公益性生物资产。

资料：2×18年7月，由于区域生态环境的需要，甲林业有限责任公司的12公顷造纸原料林（杨树）被划为防风固沙林，仍由公司负责管理，该林的账面余额为80 000元，已经计提的跌价准备为10 000元。

要求：根据上述资料，进行有关账务处理。

分析：甲企业的账务处理如下：

借：公益性生物资产——防风固沙林（杨树） 70 000
　　存货跌价准备——消耗性生物资产 10 000
　贷：消耗性生物资产——造纸原料林（杨树） 80 000

［例10-13］公益性生物资产转为生产性生物资产。

资料：2×18年9月，甲林业有限责任公司根据所属区域的林业发展规划和相关政策调整，将以马尾松为主的400公顷防风固沙林，全部转为以采脂为目的的商品林，该马尾松林的账面价值为1 000 000元。其中，已经具备采脂条件的为300公顷，账面价值为800 000元，其余的尚不具备采脂条件。2×18年11月，甲公司根据国家政策规定，将100公顷作为防风固沙林的杨树转为作为造纸原料的商品林，该杨树林的账面余额为90 000元。

要求：根据上述资料，进行有关账务处理。

分析：甲企业的账务处理如下：

2×18年9月：

借：生产性生物资产——成熟生产性生物资产（马尾松） 800 000
　　　　　　　　　——未成熟生产性生物资产（马尾松） 200 000
　贷：公益性生物资产——防风固沙林（马尾松） 1 000 000

2×18年11月：

借：消耗性生物资产——造纸原料林（杨树） 90 000
　贷：公益性生物资产——防风固沙林（杨树） 90 000

六、生物资产的处置

生物资产出售、盘盈、盘亏或死亡、毁损时，应当将处置收入扣除其账面价值和相关税费后的余额计入当期损益。

（一）生物资产出售的会计处理

出售消耗性生物资产，应按实际收到的金额，借记“银行存款”等科目，贷记“主营业务收入”等科目；应按其账面余额，借记“主营业务成本”等科目，贷记“消耗性生物资产”科目。已计提跌价准备的，还应同时结转跌价准备。

出售生产性生物资产时，应按实际收到的金额，借记“银行存款”等科目，按已计提的累计折旧，借记“生产性生物资产累计折旧”科目，按其账面余额，贷记“生产性生物资产”科目，按其差额，借记“营业外支出——处置非流动资产损失”科目或贷记“营业外收入——处置非流动资产利得”科目。已计提减值准备的，还应同时结转已计提的减值准备。

［例10-14］出售消耗性生物资产。

资料：甲畜牧养殖企业于2×18年5月将育成的40头仔畜出售给乙食品加工厂，价款总额为40 000元，货款尚未收到。出售时仔畜的账面余额为28 000元，未计提跌价准备。

要求：根据上述资料，进行有关账务处理。

分析：甲企业的账务处理如下：

借：应收账款——乙食品加工厂 40 000

　贷：主营业务收入 40 000

借：主营业务成本 28 000

　贷：消耗性生物资产——育肥畜 28 000

（二）生物资产盘盈、盘亏、毁损的会计处理

盘盈的生物资产，借记“消耗性生物资产”“生产性生物资产”“公益性生物资产”等科目，贷记“待处理财产损溢”科目。

盘亏、毁损的生物资产，借记“待处理财产损溢” 科目，贷记“消耗性生物资产”“生产性生物资产”“公益性生物资产”等科目。

盘盈、盘亏、毁损的生物资产，按管理权限报经批准后处理时，按可收回的保险赔偿或过失人赔偿，借记“其他应收款”科目；按本科目余额，借记或贷记“待处理财产损溢”科目；按其借方差额，属于管理原因造成的，借记“管理费用”科目，属于非正常损失的，借记“营业外支出——非常损失”；按其贷方差额，贷记“管理费用”“营业外收入”科目。

[例10-15] 盘亏消耗性生物资产的相关会计处理。

资料：2×18年1月10日，甲养马企业死亡2~4个月幼马3匹，其账面余额为300元；1月28日，经查明，这3匹幼马是因为体弱而被其他幼马踩踏而死。

要求：根据上述资料，进行有关账务处理。

分析：甲企业的账务处理如下：

2×18年1月10日：

借：待处理财产损溢 300

　贷：消耗性生物资产——2~4个月幼马 300

2×18年1月28日：

借：管理费用 300

　贷：待处理财产损溢 300

[例10-16] 盘亏生产性生物资产的相关会计处理。

资料：甲养畜企业于2×18年8月4日丢失两头种畜，账面原值为1 500元，已经计提折旧500元；9月28日经查实，饲养员张某应赔偿600元。

要求：根据上述资料，进行有关账务处理。

分析：甲企业的账务处理如下：

2×18年8月4日：

借：待处理财产损溢 1 000

　　生产性生物资产累计折旧 500

　贷：生产性生物资产——种畜 1 500

2×18年9月28日：

借：其他应收款——张某 600

　　管理费用 400

贷：待处理财产损溢 1 000

七、生物资产的列报与披露

（一）生物资产的表内列报

将“农业生产成本”科目的借方余额减去“存货跌价准备——消耗性生物资产跌价准备”科目贷方余额后，列入资产负债表中的“存货”项目中，并且在表中单独列示存货中的消耗性生物资产金额。

“生物性在建工程”科目的借方余额减去“生物性在建工程减值准备”科目贷方余额后，列入资产负债表中的“在建工程”项目中。

“生产性生物资产”科目的借方余额减去“生物资产累计折旧”科目贷方余额后，以净额列入资产负债表中的“固定资产”项目中。

（二）生物资产的表外披露

企业应当在附注中披露与生物资产有关的下列信息：

（1）生物资产的类别，以及各类生物资产的实物数量和账面价值。

（2）各类消耗性生物资产的跌价准备累计金额，以及各类生产性生物资产的使用寿命、预计净残值、折旧方法、累计折旧和减值准备累计金额。

（3）天然起源生物资产的类别、取得方式和实物数量。

（4）用于担保的生物资产的账面价值。

（5）与生物资产相关的风险情况与管理措施。

（6）企业应当在附注中披露与生物资产增减变动有关的下列信息：

①因购买而新增加的生物资产；

②因自行培育而新增加的生物资产；

③因出售而减少的生物资产；

④因盘亏或死亡、毁损而减少的生物资产；

⑤计提的折旧及计提的跌价准备或减值准备；

⑥因接受捐赠、盘盈等而增加的部分；

⑦因产出农产品而减少的部分；

⑧因天然起源而增加的部分；

⑨其他变动。

第二节　油气开采会计

一、油气行业与油气开采

石油天然气行业（简称“油气行业”）属于采掘工业，也属于重工业。油气行业，是指从事石油天然气勘探、开发、开采和运输销售业务的行业。根据国际上通行的划分，石油天然气业务分为上游活动和下游活动两部分。上游活动是指勘探、发现、取得和开发石油天然气储量直到储量能够开始被销售和使用之前的各种活动，利用开采设施将石油天然气从井下提升到地面并进行必要的处理过程也列入上游活动范围之内；下游活动是指对石油天然气进行炼制、加工、分配和销售的过程。油气行业的上游和下游活动都涉及会计问题，但上游活动的生产经营特征明显区别于其他行业，而下游活动属于加工业，与其他行业（产品制造业）区别不十分明显，因此，本章主要以上游活动为阐述问题的范围。

在我国，有三大石油公司，分别是中国石油天然气集团公司、中国石油化工集团公司、中国海洋石油总公司。这三大石油公司均在海外资本市场成功上市，要求它们的财务会计与报告必须按照国际惯例来进行。为使我国的油气行业的会计核算与国际趋同，财政部在2006年颁布了《企业会计准则第27号——石油天然气开采》，专门对石油天然气开采的确认、计量与披露进行了规范。这项准则也主要是以上游活动为规范范围，至于下游活动中的石油产品的加工与销售可以比照其他制造业进行处理。

二、油气行业生产活动与支出种类

石油天然气生产活动是指从矿权取得起到油气从地下采出地面的全过程。整个过程可以分为四个阶段：矿权取得阶段、勘探阶段、开发阶段和开采阶段。相应地，支出也分为矿区取得支出、勘探支出、开发支出和开采支出。

（一）矿权取得阶段与矿区取得支出

矿权取得阶段包括从普查开始到矿权分享协议签署为止的全过程。在这个阶段，发生的支出叫矿区取得支出。矿区取得支出是指为了取得一个矿区的探矿权和采矿权而发生的购买、租赁支出，包括探矿权价款、采矿权价款、土地使用权、签字费、租赁定金、购买支出、咨询顾问费、审计费以及与获得矿区有关的其他支出。

（二）勘探阶段和勘探支出

油气勘探是指为了识别勘探区域或探明油气储量而进行的地质调查、地球物理勘探、钻探活动以及其他相关活动。油气勘探包括：（1）确认可以授权勘察的区域；（2）勘察被认为具有石油天然气储量勘探前景的特定区域，包括钻探勘探井和勘探型地层实验井。在这个阶段，发生的支出主要是油气勘探支出。油气勘探支出包括钻井勘探支出和非钻井勘探支出。钻井勘探支出主要包括钻探区域探井、勘探型详探井、评价井和资料井等活动发生的支出；非钻井勘探支出主要包括进行地质调查、地球物理勘探等活动发生的支出。

（三）开发阶段和开发支出

油气开发是指为了取得探明矿区中的油气而建造或更新井及相关设施的活动。在这个阶段，发生的支出主要是油气开发支出。油气开发支出是为了获得探明储量和提供用于采集、处理、聚集和储存石油、天然气的设施而发生的支出，包括开采探明储量的开发井的成本和生产设施的支出，这些设施包括矿区输油管、分离器、处理器、加热器、储罐、提高采收率系统和附近的天然气加工设施。

（四）开采阶段和生产成本

开采阶段是指将石油天然气从地下采出地面并送往集输站以备销售的过程。在这个阶段发生的支出被称做油气生产成本。油气生产成本是指在油田把石油和天然气提升到地面，并对其进行聚集、处理加工和储存的活动的成本。矿区取得支出、油气勘探支出和油气开发支出的发生都是为了生产石油天然气所发生的支出，因此，从广义上来看，油气生产成本包括取得、勘探、开发和生产的所有成本。

三、油气资产的确认

（一）油气资产的含义

油气资产是指油气开采企业所拥有或者控制的井及相关设施和矿区权益。开采油气所必需的辅助设备和设施（如房屋、机器等），作为一般固定资产管理，不属于油气资产。

油气资产主要由两个部分组成：一是矿区权益；二是井及相关设施。

（二）矿区权益的确认

矿区权益，是指企业取得的在矿区内勘探、开发和生产油气的权利。

矿区权益分为探明矿区权益和未探明矿区权益。

探明矿区，是指已发现探明经济可采储量的矿区；未探明矿区，是指未发现探明经济可采储量的矿区。

探明经济可采储量，是指在现有技术和经济条件下，根据地质和工程分析，可合理确定的能够从已知油气藏中开采的油气数量。

矿区，是指企业进行油气开采活动所划分的区域或独立的开发单元。矿区的划分是确定油气资产、计提油气资产折耗、进行减值测试等的基础。

为取得矿区权益而发生的成本应当在发生时予以资本化。企业为取得矿区权益发生的支出因取得方式不同而不同，申请取得矿区权益的支出主要包括探矿权使用费、采矿权使用费、土地或海域使用权支出、中介费以及可直接归属于矿区权益的其他申请取得支出。购买取得矿区权益的支出主要包括购买价款、中介费以及可直接归属于矿区权益的其他购买取得支出。

在矿区权益取得后发生的探矿权使用费、采矿权使用费和租金等维持矿区权益的支出，应当在发生时计入当期损益。

（三）井及相关设施的确认

取得了矿区权益以后，油气企业可以进行勘探和开发活动。油气勘探与开发的目的是形成可以开采石油的井及相关设施。井及相关设施的成本主要来自油气勘探支出和油气开发支出的资本化部分。

1.油气勘探支出的资本化

油气勘探支出包括钻井勘探支出和非钻井勘探支出。非钻井勘探支出于发生时计入当期损益。对于钻井勘探支出的处理，有两种方法可供选择：成果法和全部成本法。根据我国《企业会计准则》的规定，对于钻井勘探支出的资本化应当采用成果法，即只有发现了探明经济可采储量的钻井勘探支出才能资本化，结转为井及相关设施成本，否则计入当期损益。具体来说：

（1）钻井勘探支出在完井后，确定该井发现了探明经济可采储量的，应当将钻探该井的支出结转为井及相关设施成本。

（2）确定该井未发现探明经济可采储量的，应当将钻探该井的支出扣除净残值后计入当期损益。

（3）确定部分井段发现了探明经济可采储量的，应当将发现探明经济可采储量的有效井段的钻井勘探支出结转为井及相关设施成本，无效井段钻井勘探累计支出转入当期损益。

（4）未能确定该探井是否发现探明经济可采储量的，应当在完井后一年内将钻探该井的支出予以暂时资本化。

对于暂时资本化的探井，在完井一年时仍未能确定该探井是否发现探明经济可采储量，如果同时满足下列条件的，应当将钻探该井的资本化支出继续暂时资本化：

①该井已发现足够数量的储量，但要确定其是否属于探明经济可采储量，还需要实施进一步的勘探活动。

②进一步的勘探活动已在实施中或已有明确计划并即将实施。

如果不同时满足上述两个条件，原已暂时资本化的钻井勘探支出应当计入当期损益。

钻井勘探支出已费用化的探井又发现了探明经济可采储量的，已费用化的钻井勘探支出不作调整，重新钻探和完井发生的支出应当予以资本化。

2.油气开发支出的资本化

油气开发活动所发生的支出，应当根据其用途分别予以资本化，作为油气开发形成的井及相关设施的成本。

需要注意的是，在探明矿区内，钻井至现有已探明层位的支出，作为油气开发支出；为获取新增探明经济可采储量而继续钻至未探明层位的支出，作为钻井勘探支出。

四、油气资产的初始计量

（一）账户的设置

为反映油气资产的增减变化，专门设置“油气资产”账户，可以按照油气资产的类别、不同矿区或油田等进行明细核算。

由于油气勘探支出、油气开发支出在发生时不能直接计入油气资产价值，因此，需要设置“油气勘探支出”和“油气开发支出”账户反映油气企业在勘探和开发过程中发生的成本，待符合资本化条件时，再从这些账户转入“油气资产”账户中。

为分别反映矿区权益和井及相关设施的价值，也可以在“油气资产”下设置两个明细项目“油气资产——矿区权益”和“油气资产——井及相关设施”。

（二）矿区权益取得的初始计量

企业为取得矿区权益而发生的成本应当在发生时予以资本化。企业取得的矿区权益，应当按照取得时的成本进行初始计量。矿区权益的不同取得方式，其初始成本的确定也各不相同。

1.申请取得的矿区权益

对于企业申请取得的矿区权益，应当按照在申请取得过程中发生的探矿权使用费、采矿权使用费、土地或海域使用权支出、中介费以及可直接归属于矿区权益的其他申请取得支出，借记“油气资产——矿区权益”科目，贷记“银行存款”“应付票据”等科目。

2.购买取得的矿区权益

对于企业购买取得的矿区权益，应当按照购买价款、中介费以及可直接归属于矿区权益的其他购买取得支出，借记“油气资产——矿区权益”科目，贷记“银行存款”“应付票据”等科目。购买取得矿区权益后发生的探矿权使用费、采矿权使用费和租金等维持矿区权益的支出，应当按照有关支出金额，借记“管理费用”科目，贷记“银行存款”科目。

3.其他方式取得的矿区权益

除了自行申请和购买取得矿区权益，还可以接受投资者投入矿区权益、通过债务重组或非货币性资产交换取得矿区权益。

（1）投资者投入的矿区权益

投资者投入的矿区权益，应当按照投资合同或协议约定的价值作为初始成本，借记“油气资产——矿区权益”科目，按照投资者出资构成实收资本（或股本）的部分，贷记“实收资本”（或股本）科目，按照两者之间的差额，贷记“资本公积——资本溢价（或股本溢价）”科目。

（2）通过债务重组取得的矿区权益

企业通过债务重组取得的矿区权益，应当按照受让的矿区权益的公允价值加上应支付的相关税费作为矿区权益的成本。企业应当按照受让的矿区权益的公允价值加上应支付的相关税费，借记“油气资产”科目，按照重组债权已计提的减值准备，借记“坏账准备”科目，按照重组债权的账面余额，贷记“应收账款”等科目，按照应支付的相关税费，贷记“银行存款”“应交税费”等科目，按照借贷双方之间的差额，借记“营业外支出——债务重组损失”科目或贷记“营业外收入——债务重组收益”科目。

（3）通过非货币性资产交换取得的矿区权益

非货币性资产交换取得矿区权益，是指企业通过换出存货、固定资产、无形资产等非货币性资产而换入的矿区权益。应该按照《企业会计准则第7号——非货币性资产交换》进行处理。

（三）矿区权益的转换

未探明矿区（组）内发现探明经济可采储量而将未探明矿区（组）转为探明矿区（组）的，应当按照其账面价值转为探明矿区权益，借记“油气资产——探明矿区权益”科目，贷记“油气资产——未探明矿区权益”科目。

未探明矿区因最终未能发现探明经济可采储量而放弃的，应当按照放弃时的账面价值转销未探明矿区权益并计入当期损益。因未完成义务工作量等因素导致发生的放弃成本，计入当期损益，借记“勘探费用”科目，贷记“油气勘探支出”科目。

（四）井及相关设施的初始计量

1.油气勘探支出

企业在勘探过程中发生的支出，应当借记“油气勘探支出”科目，贷记“银行存款”“累计折旧”“应付职工薪酬”等科目。勘探过程完工，属于发现探明经济可采储量的钻井勘探支出，借记“油气资产——井及相关设施”科目，贷记“油气勘探支出”科目；属于未发现探明经济可采储量的钻井勘探支出，借记“勘探费用”科目，贷记“油气勘探支出”科目。

［例10-17］油气勘探支出的会计处理。

资料：2×18年1月1日—6月30日，中国石油天然气集团公司所属某子公司在勘探过程中发生工程人员工资8 000 000元、机械设备折旧费4 000 000元、其他支出2 000 000元（以银行存款支付）。探明储量的勘探作业结束，结转相关应资本化的勘探支出12 000 000元，其余的不符合资本化条件。

要求： 根据上述资料编制有关会计分录。

分析： 该公司的会计处理为：

借：油气勘探支出	14 000 000	
贷：应付职工薪酬		8 000 000
累计折旧		4 000 000
银行存款		2 000 000
借：油气资产——井及相关设施	12 000 000	
勘探费用	2 000 000	
贷：油气勘探支出		14 000 000

2.油气开发支出

油气开发活动所发生的支出，应当根据其用途分别予以资本化，作为油气开发形成的井及相关设施的成本。

企业应当根据油气开发过程中发生的支出，借记“油气开发支出”科目，贷记“银行存款”“累计折旧”“应付职工薪酬”等科目。开发工程达到预定可使用状态时，借记“油气资产——井及相关设施”科目，贷记“油气开发支出”科目。

［例10-18］ 油气开发支出的会计处理。

资料： 2×18年4月1日—6月30日，中国石油天然气集团公司所属某子公司在油气开发过程中发生职工工资540 200元，机械设备折旧费408 000元，其他支出328 800元（以银行存款支付）。假定6月30日开发完成，形成井及相关设施，假定不考虑其他因素。

要求： 根据上述资料编制有关会计分录。

分析： 该公司的会计处理为：

借：油气开发支出	1 277 000	
贷：应付职工薪酬		540 200
累计折旧		408 000
银行存款		328 800
借：油气资产——井及相关设施	1 277 000	
贷：油气开发支出		1 277 000

（五）弃置义务的确认与计量

对于石油天然气开采行业的油气资产，确定其初始入账成本还应考虑弃置费用。弃置费用通常是指根据国家法律和行政法规、国际公约等规定，企业承担环境保护和生态恢复等义务所确定的支出，如恢复环境等义务。在确认井及相关设施成本时，弃置义务应当以矿区为基础进行预计，主要涉及井及相关设施的弃置、拆移、填埋、清理和恢复生态环境等所发生的支出。对于油气资产的弃置费用，如果符合预计负债确认条件的，应当将该义务确认为预计负债，并相应增加井及相关设施的账面价值。不符合预计负债确认条件的，在废弃时发生的拆卸、搬移、场地清理等支出，应当计入当期损益。

企业应当按照弃置费用的现值计入相关油气资产的成本。在油气资产的使用寿命内，按照预计负债的摊余成本和实际利率计算确定的利息费用，在发生时计入财务费用。

[例10-19] 弃置费用的会计处理。

中国石油天然气集团公司所属某子公司主要从事石油天然气的生产和销售。2×18年12月31日，该公司某油气井达到预定可使用状态投入使用，预计使用寿命为10年。根据有关法律，该公司在该油气井使用寿命届满时应对环境进行复原，预计发生弃置费用3 000 000元。该公司采用的折现率为10%。

要求：

（1）根据上述资料，编制油气资产初始入账时的会计分录。

（2）计算各年产生的利息费用，并写出相关会计处理。

分析：

（1）2×18年12月31日按弃置费用的现值计入油气资产原价。

借：油气资产——井及相关设施　　（3 000 000×0.38554）1 156 620

　贷：预计负债——油气井弃置费用　　1 156 620

（2）2×19年12月31日—2×28年12月31日利息费用的计算见表10-1。

表10-1 利息费用计算表 单位：元

年　度	利息费用 （1）=（2）×10%	预计负债账面价值 （2）=上期（2）+（1）
2×18		1 156 620
2×19	115 662	1 272 282
2×20	127 228.20	1 399 510.20
2×21	139 951.02	1 539 461.22
2×22	153 946.12	1 693 407.34
2×23	169 340.73	1 862 748.07
2×24	186 274.81	2 049 022.88
2×25	204 902.29	2 253 925.17
2×26	225 392.52	2 479 317.69
2×27	247 931.77	2 727 249.46
2×28	272 724.95	2 999 974.41*
合　计	1 843 354.20	—

注：*与弃置费用的到期值差了25.59元，系计算尾差。

2×19年12月31日确认利息费用的会计处理如下：

借：财务费用　　115 662

　贷：预计负债——油气井弃置费用　　115 662

2×20—2×28年确认利息费用的会计处理同2×19年的方法。

五、油气资产的折耗

油气资产属于递耗资产，所谓递耗资产，是指通过开采、采伐、利用而逐渐耗竭，以致无法恢复或者难以恢复、更新或按原样重置的自然资源，如矿藏等。油气资产的折耗，是指油气资产随着当期开发进展而逐渐转移到所开采产品（油气）成本中的价值。

（一）油气资产折耗的范围

油气资产由矿区权益和井及相关设施两个部分组成。其中，矿区权益又分为探明矿区权益和未探明矿区权益。根据我国《企业会计准则》的规定，未探明矿区权益不计提折耗。

（二）油气资产折耗的方法

根据我国会计准则的规定，企业应当采用产量法或年限平均法对油气资产计提折耗。企业选用的油气资产折耗方法，一经选定，不得随意变更。

1.产量法

产量法，又称单位产量法。该方法是以单位产量为基础对探明矿区权益的取得成本和井及相关设施成本计提折耗。采用该方法对油气资产计提折耗时，矿区权益应以探明经济可采储量为基础，井及相关设施以探明已开发经济可采储量为基础。折耗额可按照单个矿区计算，也可按照若干具有相同或类似地质构造特征或储层条件的相邻矿区所组成的矿区组计算。

（1）探明矿区权益折耗额的计算公式

探明矿区权益折耗额=探明矿区权益账面价值×探明矿区权益折耗率

探明矿区权益折耗率=探明矿区当期产量÷（探明矿区期末探明经济可采储量+探明矿区当期产量）

（2）井及相关设施折耗额的计算公式

矿区井及相关设施折耗额=期末矿区井及相关设施账面价值×矿区井及相关设施折耗率

矿区井及相关设施折耗率=矿区当期产量÷（矿区期末探明已开发经济可采储量+矿区当期产量）

探明已开发经济可采储量，包括矿区的开发井网钻探和配套设施建设完成后已全面投入开采的探明经济可采储量，以及在提高采收率技术所需的设施已建成并已投产后相应增加的可采储量。

[例10-20] 产量法下的折耗额。

资料：2×18年12月31日，中国石油天然气集团公司所属某子公司于2×18年取得的已探明矿区权益账面价值为80 000 000元。探明矿区当期产量为200万吨，探明矿区期末探明经济可采储量为2 300万吨。

要求：计算该公司折耗额。

分析：计算过程如下：

探明矿区权益折耗率=200÷（200+2 300）=8%

探明矿区权益折耗额=80 000 000×8%= 6 400 000（元）

2.年限平均法

年限平均法，又称直线法。该方法将油气资产成本均衡地分摊到各会计期间。采用该方法计算的每期油气资产折耗金额相等，这与固定资产计提折旧采用的年限平均法相同。

（三）油气资产折耗的会计处理

为反映油气资产计提的折耗，应当设置"累计折耗"科目。该科目和"油气资产"一样，可按油气资产的类别、不同矿区或油田进行明细核算。企业按期（月）计提油气资产的折耗时，借记"生产成本"等科目，贷记"累计折耗"科目。

［例10-21］油气资产折耗的会计处理。

资料： 根据例10-20，2×18年12月31日，该公司计算出的探明矿区权益的折耗额为6 400 000元，计算出的井及相关设施折耗额为3 200 000元。

要求： 编制该公司计提油气资产折耗的会计分录。

分析： 该公司的会计处理为：

借：生产成本——油气资产折耗费	9 600 000	
贷：累计折耗——矿区权益折耗		6 400 000
——井及相关设施折耗		3 200 000

六、油气资产的转让

对于油气企业来说，油气资产的转让主要是转让矿区权益。

（一）转让探明矿区权益

转让探明矿区权益，分为转让全部探明矿区权益和转让部分探明矿区权益两种。企业转让全部探明矿区权益的，应当将转让所得与矿区权益账面价值的差额计入当期损益。转让部分探明矿区权益的，按照转让权益和保留权益的公允价值比例，计算确定已转让部分矿区权益账面价值，转让所得与已转让矿区权益账面价值的差额计入当期损益。

企业应当按照转让矿区权益获得的价款，借记"银行存款"科目，按照转让矿区权益已计提的折耗，借记"累计折耗"科目，按照转让矿区权益已计提的减值准备，借记"油气资产减值准备"科目，按照转让矿区权益的账面原价，贷记"油气资产"科目，按照借贷双方之间的差额，借记"营业外支出"科目或贷记"营业外收入"科目。

（二）转让未探明矿区权益

1.转让单独计提减值准备的未探明矿区权益

企业转让单独计提减值准备的全部未探明矿区权益的，应当将转让所得与未探明矿区权益账面价值的差额，计入当期损益。转让单独计提减值准备的部分未探明矿区权益的，如果转让所得大于矿区权益账面价值，将其差额计入当期损益；如果转让所得小于矿区权益账面价值，以转让所得冲减矿区权益账面价值，不确认损益。

企业应当按照转让矿区权益获得的价款，借记"银行存款"科目，按照转让矿区权益已计提的减值准备，借记"油气资产减值准备"科目，按照转让矿区权益的账面原价，贷记"油气资产"科目，按照借方余额大于贷方余额的差额，贷记"营业外收入"科目。

在转让所得小于矿区权益账面价值的情况下，企业应当按照转让矿区权益获得的价款，借记"银行存款"科目，贷记"油气资产"科目。

2.转让以矿区组为基础计提减值准备的未探明矿区权益

企业转让以矿区组为基础计提减值准备的未探明矿区权益的，如果转让所得大于矿区权益账面原值，将其差额计入当期损益；如果转让所得小于矿区权益账面原值，以转让所得冲减矿区权益账面原值，不确认损益。转让该矿区组最后一个未探明矿区的剩余矿区权益时，转让所得与未探明矿区权益账面价值的差额，计入当期损益。

企业应当按照转让矿区权益获得的价款，借记“银行存款”科目，按照转让矿区权益的账面原价，贷记“油气资产”科目，按照借方余额大于贷方余额的差额，贷记“营业外收入”科目。

在部分转让且转让所得小于矿区权益账面价值的情况下，企业应当按照转让矿区权益获得的价款，借记“银行存款”科目，贷记“油气资产”科目。

七、油气资产的减值

在资产负债表日，对于油气资产也要进行减值测试。矿区权益和井及相关设施都有可能发生减值。但是，对于矿区权益，应区分探明矿区权益和未探明矿区权益分别进行测试，而井及相关设施可以和探明矿区权益采用一样的方法。为反映油气资产的减值，应当设置“油气资产减值准备”科目。

（一）探明矿区权益和井及相关设施的减值

探明矿区权益和井及相关设施的减值按照《企业会计准则第8号——资产减值》进行处理。具体来说，企业应当在发生减值迹象时，计算探明矿区权益和井及相关设施的可收回金额。其中，可收回金额是指油气资产的公允价值减去处置费用后的净额与该资产预计未来现金流量的现值两者之间较高者。其中，处置费用包括与资产处置有关的法律费用、相关税费、搬运费以及为使资产达到可销售状态所发生的直接费用等。如果油气资产的可收回金额高于其账面价值，则说明油气资产没有发生减值，不需要计提油气资产减值准备。如果油气资产的可收回金额低于其账面价值，则说明油气资产发生了减值，企业应当按照油气资产的可收回金额低于其账面价值的差额，计提油气资产减值准备，借记“资产减值损失”科目，贷记“油气资产减值准备”科目。

（二）未探明矿区权益的减值

对于未探明矿区权益，应当至少每年进行一次减值测试。单个矿区取得成本较大的，应当以单个矿区为基础进行减值测试，并确定未探明矿区权益减值金额。单个矿区取得成本较小且与其他相邻矿区具有相同或类似地质构造特征或储层条件的，可按照若干具有相同或类似地质构造特征或储层条件的相邻矿区所组成的矿区组进行减值测试。

未探明矿区权益公允价值低于账面价值的差额，应当确认为减值损失，计入当期损益。

按照矿区组进行减值测试并计提减值准备的，确认的减值损失不分摊至单个矿区权益的账面价值。

未探明矿区权益减值损失一经确认，不得转回。

［例10-22］未探明矿区权益减值的会计处理。

资料： 2×18年12月31日，中国石油天然气集团公司所属某子公司对某矿区权益进行减值测试时发现其可能发生减值，计算确定的可收回金额为60 000 000元，该矿区权益的账面价值为80 000 000元。

问题： 对于该减值事项怎样进行会计处理？

分析： 该公司的会计处理为：

借：资产减值损失　　20 000 000

　　贷：油气资产减值准备　　20 000 000

八、油气生产的会计处理

油气生产是指将油气从油气藏提取到地表以及在矿区内收集、拉运、处理、现场储存和矿区管理等活动。在这个过程中发生的支出属于油气生产成本。

（一）油气生产成本的构成

油气的生产成本包括油气资产的折耗（即相关矿区权益折耗和井及相关设施折耗）、固定资产折旧（主要指辅助设备及设施折旧）以及操作费用等。操作费用包括油气生产和矿区管理过程中发生的直接和间接费用。

油气生产成本包括：

1.操作费用项目

操作费用主要包括：（1）直接材料；（2）直接燃料；（3）直接动力；（4）生产及管理人员薪酬；（5）驱油物注入费；（6）井下作业费；（7）测井试井费；（8）维护及修理费；（9）稠油热采费；（10）轻烃回收费；（11）油气处理费；（12）天然气净化费；（13）运输费；（14）其他费用。

2.固定资产折旧、油气资产折耗

固定资产折旧主要指油气企业拥有的油气生产辅助设备及设施的折旧。油气资产折耗主要指矿区权益和井及相关设施的折耗。

（二）油气生产成本的会计处理

油气生产成本主要是计算所开采的石油、天然气的成本，也就是油气企业生产产品的成本。石油、天然气成本计算以区块为对象，按照区块和成本项目归集和分配各项费用，分别计算各项成本。这与一般制造业计算成本的程序和方法大致相同。在会计处理方面，不如油气资产的处理那么特殊，因此，在本书中，不再举例说明。

九、油气开采的披露

企业应当在附注中披露与石油天然气开采活动有关的下列信息：

（1）拥有国内和国外的油气储量年初、年末数据，也就是说，企业应当在附注中披露国内、国外的油气储量的年初数、年末数。

（2）当期在国内和国外发生的矿区权益的取得、油气勘探和油气开发各项支出的总额，也就是说，企业应当在附注中披露当期国内、国外矿区权益的取得成本总额、油气勘探支出总额和油气开发成本总额。

（3）探明矿区权益、井及相关设施的账面原值，累计折耗和减值准备累计金额及其计提方法；与油气开采活动相关的辅助设备及设施的账面原价，累计折旧和减值准备累计金额及其计提方法。

第三节　保险合同会计

一、保险合同概述

（一）保险合同的概念

1.原保险合同

原保险合同，是指保险人向投保人收取保费，对约定的可能发生的事故因其发生所造成的财产损失承担赔偿保险金责任，或者当被保险人死亡、伤残、疾病或者达到约定的年龄、期限时承担给付保险金责任的保险合同。

原保险合同定义中所指的保险合同，是指保险人与投保人约定保险权利义务关系，并承担源于被保险人保险风险的协议。保险合同分为原保险合同和再保险合同。从原保险合同的定义可以看出，原保险合同的最基本特征在于，保险人向投保人收取保费后，根据合同规定，被保险人或其财产发生保险事故可能导致保险人承担赔付保险金责任，从而使保险人承担了源于被保险人的保险风险。

2.再保险合同

再保险合同，是指一个保险人（再保险分出人）分出一定的保费给另一个保险人（再保险接受人），再保险接受人对再保险分出人由原保险合同所引起的赔付成本及其他相关费用进行补偿的保险合同。

从再保险合同的定义可以看出，它具有以下特点：第一，再保险合同属于保险合同的一种。根据《企业会计准则》的规定，保险合同是指保险人与投保人约定保险权利义务关系，并承担源于被保险人保险风险的协议。第二，从会计主体来看，再保险合同是保险人与保险人之间签订的合同，而不是保险人与通常意义上的投保人之间签订的合同。第三，从再保险合同与原保险合同之间的关系来看，再保险合同独立于原保险合同。

（二）再保险合同与原保险合同的比较

相对于原保险合同而言，再保险合同负债的计量更为困难。这是因为，再保险接受人收到有关的理赔和保费调整的信息，可能在时间上较迟。同时，再保险合同有时是为了满足某些特定的需要而设计的，因此，再保险合同组合中合同的相似性相对于原保险合同而言可能更差些。此外，就合同条款而言，再保险合同中的部分条款可能是原保险合同所不具备的，如限额损失条款、较高的免赔额或者对保费的追溯调整。所有这些，都影响着再保险合同负债的计量。

二、原保险合同的确认与计量

（一）原保险合同收入的确认与计量

1.原保险合同收入的含义

原保险合同收入是指保险人为履行原保险合同规定的义务而向投保人收取的对价收入。原保险合同收入具有以下行业特点：（1）原保险合同收入增加的同时也增加了保险负债。对于非寿险原保险合同，保险人所收到的保险费由于保险期间与会计期间不一致，造成当期所收取的保险费与保险风险时间不配比。因此，根据会计核算的权责发生制原则，对于保险风险未经过期间的收入应当通过负债进行相应的调整。（2）形成原保险合同收入来源的保险费是对未来保险成本的预见，而不是实际的保险成本。保险业务为每一个保险商品确定价格，不可能根据该原保险合同实际发生的保险成本确定，而是通过业务人员，根据过去保险风险发生的概率统计，以现在的经验对未来可能发生的保险成本进行预测，与一般工商企业根据实际成本确定售价的方法正好相反。

不同原保险合同保费收入具有不同的特征。非寿险原保险合同保费收入具有以下特征：（1）非寿险原保险合同保费收入以一次性收取为原则，以分期收取为例外。（2）假定保险风险平均于保险期间，保险期间较短，保费收入不必平均设计。（3）保费收入的实现过程与保险风险承担的过程一般形成同步对应关系。（4）保费不采取平均化收取，且保险期间较短，原保险合同没有现金价值，因此，不能向保单持有者提供保单质押贷款。（5）保险费与保险期间一般成比例关系，可以先交后调整，或在期间根据保险风险实际发生概率对下期保费进行适当调整。寿险原保险合同保费收入具有以下特征：（1）寿险原保险合同保费收入以分期收取为原则，以一次性收取为例外。（2）由于保险风险无法平均于保险期间，且保险期间较长，保费多为平均化设计。（3）保险风险不均衡，导致保险人当期收取的保费与应收取的保费不一致，在保险初期形成了保费溢余，所在原保险合同具有一定的储蓄性质，形成可为保单持有人贷款提供质押的保单现金价值。（4）保费的交纳虽为原保险合同生效的基本条件，除首期保费滞交将影响原保险合同生效外，其他各期保费的迟交因原保险合同具有保单现金价值，所以原保险合同的效力并不会完全受保费迟交的影响。（5）寿险原保险合同期间一般较长，且已交保费中有一定的预缴成分，如果当期假设与未来假设有较大差异，保险人也不能对所应收取的保费进行调整。

2.原保险合同收入的确认条件

保费收入同时满足下列条件的，才能予以确认：（1）原保险合同成立并承担相应保险责任；（2）与原保险合同相关的经济利益很可能流入；（3）与原保险合同相关的收入能够可靠地计量。

3.原保险合同收入的会计处理

（1）非寿险原保险合同收入的会计处理

首先，来看非寿险原保险合同保费金额的计算。一般情况下，保费的计算需要考虑三个因素，即保险金额、保险费率和保险期限。由于险种的变化，保费的交纳方法也出现了不同形式。归纳起来主要有两种：一种是直接交纳法，即投保人直接将规定的保费以现金形式交给保险人；另一种是投保人交纳的储金的运用收益作为保费。计算公式是：

保费=保险金额×保险费率×保险期限

其中，保险金额，是指保险人承担赔付保险金责任的最高限额。保险费率，即保险价格，是指保险人按照单位保险金额向被保险人收取保费的标准。如果是第三者责任险，保费的计量还需要在上述公式的基础上，再加上第三者固定保险费。计算公式如下：

保费=保险金额×保险费率×保险期限+第三者固定保险费

企业应当根据原保险合同约定的保费总额确定保险合同收入。具体来说，在满足保费收入确认条件的情况下，保险人应当根据非寿险原保险合同约定的保费总额，借记“库存现金”“银行存款”“应收保费”“预收保费”等科目，贷记“保费收入”科目。

［例10-23］保费收入的确认。

资料： 2×18年1月1日，甲财产保险股份有限公司（以下简称甲公司）与乙股份有限公司签订一份财产保险合同，合同主要条款如下：保险金额为2 000万元，保险期限为1年，保险费率为2%；合同签订当日，甲公司开始承担保险责任，乙股份有限公司一次性将保费交到甲保险公司。假定不考虑其他相关税费。

要求： 根据上述资料，进行有关账务处理。

分析： 甲公司账务处理如下：

借：银行存款　　400 000

　贷：保费收入　　400 000

［例10-24］预收保费业务。

资料： 2×18年1月1日，甲公司与丙股份有限公司签订一份财产保险合同，合同主要条款如下：保险金额为1 000万元，保险期限为1年，保险费率为2%；合同签订当日，丙股份有限公司一次性将保费交到甲公司；2月1日，甲公司开始承担保险责任。假定不考虑其他相关税费。

要求： 根据上述资料，进行有关账务处理。

分析： 甲公司账务处理如下：

①1月1日，甲公司收到保费。

借：银行存款　　200 000

　贷：预收保费　　200 000

②2月1日，甲公司开始承担保险责任。

借：预收保费　　200 000

　贷：保费收入　　200 000

［例10-25］应收保费业务。

资料： 2×15年1月1日，甲公司与丁股份有限公司签订一份财产保险合同，合同主要条款如下：保险金额为60 000万元，保险期限为4年，保险费率为2%；合同签订当日，甲公司开始承担保险责任；保费分4年于每年1月1日等额收取，合同签订当日，甲公司收取第1年保费。假定不考虑其他相关税费。

要求： 根据上述资料，进行有关账务处理。

分析： 甲公司账务处理如下：

①2×15年1月1日，甲公司确认保费收入并收取第1年保费。

借：银行存款　　3 000 000

　　应收保费　　9 000 000

　贷：保费收入　　12 000 000

②2×16年、2×17年、2×18年每年1月1日，甲公司分别收取第2年、第3年、第4年保费。

借：银行存款　　3 000 000

　贷：应收保费　　3 000 000

［例10-26］保户储金业务。

资料： 2×16年1月1日，甲公司与乙有限责任公司总经理张某签订一份合同，接受张某投保3年期家庭财产两全保险，合同主要条款如下：保险金额为200万元，保险储金每千元200元；合同签订当日，张某一次性交纳保险储金40万元，甲公司开始承担保险责任；合同约定的3年期银行存款年利率为3%。假定甲公司按年计提利息，不考虑其他相关税费。

要求：根据上述资料，进行有关账务处理。

分析：甲公司账务处理如下：

①2×16年1月1日，甲公司收到张某交纳的保险储金40万元。

借：银行存款　　400 000

　贷：保户储金　　400 000

②2×16年、2×17年、2×18年每年1月1日，甲公司计提银行存款利息12 000元。

借：利息支出　　12 000

　贷：保费收入　　12 000

③2×18年12月31日，甲公司退还张某保险储金40万元。

借：保户储金　　400 000

　贷：银行存款　　400 000

（2）寿险原保险合同收入的会计处理

对于寿险原保险合同收入来说，保费是根据“原保险合同双方权利和义务对等”的原则确定的。因此，对于投保人来说，按原保险合同约定交纳保费是投保人的义务，只有履行了交纳保费的义务后，寿险原保险合同的受益人才有在未来保险事故发生时领取保险金的权利。对于保险人来说，收取保费是其权利，给付保险金是其义务。保险费是保险基金的基本来源。因此，及时收取保险费，组织好保费收入的会计处理，对于增加保险人资金来源、增加偿付能力、提高经济效益，具有十分重要的意义。

寿险原保险合同保费也是由两部分组成的，即净保费和附加保费。净保费的计算需要使用生命表并考虑投资所取得的投资收益；附加保费主要是用于从事保险业务的保险人的各项业务开支和预期利润。保费的计算关键在于确定合理的保费率。

对于非寿险原保险合同，应当根据原保险合同约定的保费总额确定保费收入。对于寿险原保险合同，分期收取保费的，应当根据当期应收取的保费确定保费收入；一次性收取保费的，应当根据一次性应收取的保费确定保费收入。

①分期收取保费

在满足保费收入确认条件的情况下，保险人应当根据寿险原保险合同约定的当期应收取的保费金额，借记“库存现金”“银行存款”“应收保费”“预收保费”等科目，贷记“保费收入”科目。

［**例10-27**］保费收入业务。

资料：2×14年1月1日，乙人寿保险股份有限公司（以下简称乙公司）与甲股份有限公司财务总监王某签订一份合同，接受王某投保太平盛世·长安定期寿险A款，合同主要条款如下：（1）保险责任：被保险人在本合同生效或复效（以后发生者为准）180天内因疾病身故或全残，保险人给付身故或全残保险金，给付金额等于被保险人已交保险费之和，不计利息；被保险人因意外伤害身故或全残，或者在合同生效或复效（以后发生者为准）180天后因疾病身故或全残，保险人给付身故或全残保险金，给付金额等于保险合同约定的保险金额全数。(2) 保险期间：20年。(3) 保险金额和保险费：每份保险金额为1万元，共100份；保险费总额为6 000元，于2×14—2×18年每年1月1日等额交纳。假定合同签订当日，王某交纳第一期保费1 200元，乙公司开始承担保险责任，不考虑其他相关税费。

要求：根据上述资料，进行有关账务处理。

分析：乙公司账务处理如下：

2×14年1月1日—2×18年1月1日，乙公司每年分别收到保费1 200元。

借：银行存款 1 200

　贷：保费收入 1 200

[**例10-28**] 保费收入业务。

资料：2×14年1月1日，乙公司与丙股份有限公司财务经理李某签订一份合同，接受李某投保太平盛世·长发两全保险（万能型），合同主要条款如下：(1) 保险责任：①满期给付：被保险人生存至保险期满，保险人给付满期保险金，金额为满期日个人账户余额的全数。②身故或全残保障：被保险人在本合同生效180天内因疾病身故或全残，保险人给付身故或全残保险金，给付金额为即时保险金额的10%与保险事故发生日个人账户余额之和；被保险人因意外伤害身故或全残，或者于合同生效180天后因疾病身故或全残，保险人给付身故或全残保险金，给付金额为即时保险金额与保险事故发生日个人账户余额之和。(2) 保险期间：20年。(3) 保险金额和保险费：保险金额为100万元；保险费总额为5万元，于2×14—2×18年每年1月1日等额收取。假定合同签订当日，李某交纳第1期保费1万元，乙公司开始承担保险责任，不考虑其他相关税费。

要求：根据上述资料，进行有关账务处理。

分析：乙公司账务处理如下：

2×14年1月1日—2×18年1月1日，乙公司每年分别收到保费10 000元。

借：银行存款 10 000

　贷：保费收入 10 000

②一次性收取保费

在满足保费收入确认条件的情况下，保险人应当根据寿险原保险合同约定的一次性收取的保费金额，借记"库存现金""银行存款""应收保费""预收保费"等科目，贷记"保费收入"科目。

[**例10-29**] 保费收入业务。

资料：2×18年1月1日，乙公司与甲有限责任公司签订一份合同，接受甲有限责任公司投保团体重大疾病保险，合同主要条款如下：(1) 保险责任：①被保险人在本合同生效60天内（含60天）初次发生并经本公司指定或认可的医疗机构确诊患本合同所指重大疾病，本公司按照保险合同载明的保险金额的20%给付重大疾病保险金。②被保险人在本合同生效60天后初次发生并经本公司指定或认可的医疗机构确诊患本合同所指重大疾病，本公司按照保险合同载明的保险金额给付重大疾病保险金。(2) 保险期间：10年。(3) 保险金额和保险费：保险金额为50万元；保险费总额为8万元，于保险合同签订当日一次性支付。假定合同签订当日，甲有限责任公司一次性交纳保费8万元，乙公司开始承担保险责任，不考虑其他相关税费。

要求：根据上述资料，进行有关账务处理。

分析：乙公司账务处理如下：

借：银行存款 80 000

　贷：保费收入 80 000

［例10-30］保费收入业务。

资料：2×18年1月1日，乙公司与丁股份有限公司签订一份合同，接受丁股份有限公司投保团体终身寿险，合同主要条款如下：（1）保险责任：①被保险人因意外伤害或疾病身故，本公司按照保险合同载明的保险金额给付身故保险金。②被保险人因意外伤害或疾病造成身体高度残疾，本公司按照保险合同载明的保险金额给付身体高度残疾保险金。（2）保险期间：终身。（3）保险金额和保险费：保险金额为100万元；保险费总额为15万元，于保险合同签订当日一次性支付。假定合同签订当日，丁股份有限公司一次性交纳保费15万元，乙公司开始承担保险责任，不考虑其他相关税费。

要求：根据上述资料，进行有关账务处理。

分析：乙公司账务处理如下：

借：银行存款 150 000

　贷：保费收入 150 000

（二）退保费的会计处理

退保费是指投保人退保的情况下，保险公司向其支付的保险金。投保人要求提前解除保险合同，应由投保人提出书面申请，业务部门申请后，签发批单，并将批单及被保险人的有关单据交财会部门，财会部门审查无误后，编制记账凭证入账。保险人在确定应支付给被保险人的退保费时，其金额应当等于被保险人交纳的保险费，减去有关的保险费用，这既不会使被保险人受益，也不会使继续参加保险的被保险人受损，因此，退保费应当等于资产份额。但是，保险人实际支付的退保费，可能少于资产份额。

原保险合同提前解除的，保险人应当按照原保险合同约定计算确定应退还投保人的金额，作为退保费，计入当期损益。保险人已经确认保费收入的保险合同提前解除时，保险人应当按照保险合同约定计算确定应退还被保险人的金额，借记“退保费”科目，贷记“库存现金”“银行存款”等科目。

［例10-31］退保费业务。

资料：2×18年1月18日，丁有限责任公司由于生产经营困难，要求提前解除投保的财产保险合同。丙保险公司按照保险合同约定计算确定的应退还丁有限责任公司的金额为20万元，并于当日以银行存款转账支付。假定不考虑相关税费。

要求：根据上述资料，进行有关账务处理。

分析：丙公司账务处理如下：

借：退保费 200 000

　贷：银行存款 200 000

［例10-32］退保费业务。

资料：2×18年3月12日，甲股份有限公司由于生产经营困难，要求提前解除投保的团体重大疾病保险合同，丙保险公司按照保险合同约定计算确定的应退还甲股份有限公司的金额为10万元，并于当日以银行存款转账支付。假定不考虑相关税费。

要求：根据上述资料，进行有关账务处理。

分析：丙公司账务处理如下：

借：退保费　100 000

　贷：银行存款　100 000

［**例10-33**］退保费业务。

资料：2×18年2月4日，乙有限责任公司由于生产经营困难，要求提前解除投保的团体终身寿险保险合同，丁保险公司按照保险合同约定计算确定的应退还乙有限责任公司的金额为15万元。乙有限责任公司尚有贷款本金4万元、贷款利息1万元没有归还。丁保险公司以银行存款10万元转账支付。假定不考虑相关税费。

要求：根据上述资料，进行有关账务处理。

分析：丁公司账务处理如下：

借：退保费　150 000

　贷：银行存款　100 000

　　保户质押贷款　40 000

　　利息收入　10 000

（三）原保险合同准备金

1.原保险合同准备金的内容

原保险合同准备金包括未到期责任准备金、未决赔款准备金、寿险责任准备金和长期健康险责任准备金。从原保险合同准备金的定义可以看出，其具有如下特点：（1）原保险合同准备金源于保险人与投保人签订的保险合同。（2）原保险合同准备金的表现形式有多种。保险人与投保人签订的保险合同有两种，分别是非寿险原保险合同和寿险原保险合同，与其相对应的原保险合同准备金的表现形式也不同。对非寿险原保险合同而言，原保险合同准备金的表现形式是未到期责任准备金和未决赔款准备金；对于寿险原保险合同而言，原保险合同准备金的表现形式是寿险责任准备金和长期健康险责任准备金。（3）原保险合同准备金的履行会导致保险人的经济利益流出。

2.未到期责任准备金的会计处理

未到期责任准备金，是指保险人为尚未终止的非寿险保险责任提取的准备金。在通常情况下，保险公司可以按照年平均估算法、月平均估算法、季平均估算法三种方法计算确定未到期责任准备金。

保险人应当在确认非寿险保费收入的当期，按照保险精算确定的金额，提取未到期责任准备金，作为当期保费收入的调整，并确认未到期责任准备金负债。保险人应当在资产负债表日，按照保险精算重新计算确定的未到期责任准备金金额与已提取的未到期责任准备金余额的差额，调整未到期责任准备金余额。具体来说，保险人应当在确认非寿险保费收入的当期，按照保险精算确定的未到期责任准备金金额，借记“提取未到期责任准备金”科目，贷记“未到期责任准备金”科目。在会计期末，保险人应当按照保险精算重新计算确定的未到期责任准备金金额低于已提取的未到期责任准备金余额的差额，借记“未到期责任准备金”科目，贷记“提取未到期责任准备金”科目。

［**例10-34**］未到期责任准备金业务。

资料：2×18年3月31日，甲公司保险精算部门计算确定的某财产保险合同未到期责任准备金金额为21万元；2×18年4月30日，甲公司保险精算部门重新计算确定的该财产保险合同未到期责任准备金金额为18万元。

要求：根据上述资料，进行有关账务处理。

分析：甲公司账务处理如下：

①2×18年3月31日，甲公司确认未到期责任准备金21万元。

借：提取未到期责任准备金　　210 000

　贷：未到期责任准备金　　210 000

②2×18年4月30日，甲公司冲减未到期责任准备金3万元（21-18）。

借：未到期责任准备金　　30 000

　贷：提取未到期责任准备金　　30 000

3.未决赔款准备金的会计处理

未决赔款准备金，是指保险人为非寿险保险事故已发生尚未结案的赔案提取的准备金。未决赔款准备金包括已发生已报案未决赔款准备金、已发生未报案未决赔款准备金和理赔费用准备金。已发生已报案未决赔款准备金，是指保险人为非寿险保险事故已发生并已向保险人提出索赔、尚未结案的赔案提取的准备金。已发生未报案未决赔款准备金，是指保险人为非寿险保险事故已发生、尚未向保险人提出索赔的赔案提取的准备金。理赔费用准备金，是指保险人为非寿险保险事故已发生尚未结案的赔案可能发生的律师费、诉讼费、损失检验费、相关理赔人员薪酬等费用提取的准备金。在估计未决赔款准备金的金额时，通常有三种估计方法：逐案估计法、平均值估计法和赔付率法。

保险人应当在非寿险保险事故发生的当期，按照保险精算部门确定的金额，提取未决赔款准备金，并确认未决赔款准备金负债。具体来说，保险人应当在非寿险保险事故发生的当期，按照保险精算部门确定的未决赔款准备金金额，借记“提取未决赔款准备金”科目，贷记“未决赔款准备金”科目。

[例10-35] 未决赔款准备金业务。

资料：2×18年1月31日，甲公司保险精算部门计算确定的某财产保险合同未决赔款准备金金额为10万元，其中，已发生已报案未决赔款准备金5万元，已发生未报案未决赔款准备金3万元，理赔费用准备金2万元。甲公司的账务处理如下：

要求：根据上述资料，进行有关账务处理。

分析：甲公司账务处理如下：

借：提取未决赔款准备金　　100 000

　贷：未决赔款准备金　　100 000

4.寿险原保险合同责任准备金的会计处理

寿险责任准备金，是指保险人为尚未终止的人寿保险责任提取的准备金。长期健康险责任准备金，是指保险人为尚未终止的长期健康保险责任提取的准备金。

保险人应当在确认寿险保费收入的当期，按照保险精算部门确定的金额，提取寿险责任准备金、长期健康险责任准备金，并确认寿险责任准备金负债和长期健康险责任准备金负债。具体来说，保险人应当在确认寿险保费收入的当期，按照保险精算部门确定的寿险责任准备金、长期健康险责任准备金金额，借记“提取寿险责任准备金”“提取长期健康险责任准备金”等科目，贷记“寿险责任准备金”“长期健康险责任准备金”等科目。

[例10-36] 寿险责任准备金业务。

资料： 2×18年3月31日，乙公司保险精算部门计算确定的某团体终身寿险保险合同寿险责任准备金金额为20万元，某重大疾病保险合同长期健康险责任准备金金额为15万元。

要求： 根据上述资料，进行有关账务处理。

分析： 乙公司账务处理如下：

借：提取寿险责任准备金 200 000
　贷：寿险责任准备金 200 000
借：提取长期健康险责任准备金 150 000
　贷：长期健康险责任准备金 150 000

5.原保险合同准备金的充足性测试

保险人至少应当于每年年度终了，对未决赔款准备金、寿险责任准备金、长期健康险责任准备金进行充足性测试。保险人按照保险精算重新计算确定的相关准备金金额超过充足性测试日已提取的相关准备金余额的，应当按照其差额补提相关准备金；保险人按照保险精算部门重新计算确定的相关准备金金额小于充足性测试日已提取的相关准备金余额的，不调整相关准备金。

保险人在非寿险保险事故发生的当期，已经根据保险精算部门确定的金额提取了未决赔款准备金；在确认寿险保费收入的当期，已经根据保险精算部门确定的金额提取了寿险责任准备金、长期健康险责任准备金。但是，随着时间的推移，保险精算部门确定未决赔款准备金、寿险责任准备金、长期健康险责任准备金时采用的假设可能会发生变化。例如，计算确定未决赔款准备金时采用的风险分布、经验数据等假设发生变化，计算确定寿险责任准备金、长期健康险责任准备金时采用的死亡率、疾病率、费用率、折现率、退保率等假设发生变化，都可能导致保险精算部门确定的未决赔款准备金、寿险责任准备金、长期健康险责任准备金金额有所调整，因此，保险人的保险责任也会相应地发生调整。基于会计核算中的稳健原则，会计准则要求保险人在会计期末进行充足性测试，重新计算未决赔款准备金、寿险责任准备金、长期健康险责任准备金金额，将其与已计提的相关准备金金额进行比较。如果重新计算的相关准备金金额超过已经提取的相关准备金余额，应当按照其差额进行补提；如果重新计算的相关准备金金额小于或等于已经提取的相关准备金余额，不应当按照其差额进行冲减。

在实际工作中，保险人在会计期末对未决赔款准备金、寿险责任准备金、长期健康险责任准备金进行充足性测试时，应当在面临大体类似风险的保险合同组合的基础上进行，不需要在单项保险合同的基础上进行。

具体来说，保险人在会计期末对未决赔款准备金、寿险责任准备金、长期健康险责任准备金进行充足性测试时，应当按照补提的未决赔款准备金、寿险责任准备金、长期健康险责任准备金金额，借记“提取未决赔款准备金”“提取寿险责任准备金”“提取长期健康险责任准备金”等科目，贷记“未决赔款准备金”“寿险责任准备金”“长期健康险责任准备金”等科目。

[例10-37] 未决赔数准备金业务。

资料： 2×18年3月31日，甲公司保险精算部门计算确定的某财产保险合同未决赔款准备金金额为18万元，已提取的相关未决赔款准备金金额为10万元。

要求： 根据上述资料，进行有关账务处理。

分析： 甲公司账务处理如下：

借：提取未决赔款准备金 80 000

　　贷：未决赔款准备金 80 000

[例10-38] 2×18年4月30日，乙公司保险精算部门计算确定的某团体终身寿险保险合同寿险责任准备金金额为15万元，已提取的相关寿险责任准备金金额为10万元；某重大疾病保险合同长期健康险责任准备金金额为15万元，已提取的相关长期健康险责任准备金金额为13万元。

要求： 根据上述资料，进行有关账务处理。

分析： 乙公司账务处理如下：

借：提取寿险责任准备金 50 000

　　贷：寿险责任准备金 50 000

借：提取长期健康险责任准备金 20 000

　　贷：长期健康险责任准备金 20 000

6.原保险合同解除的会计处理

原保险合同提前解除的，保险人应当转销相关未到期责任准备金、寿险责任准备金、长期健康险责任准备金余额，并计入当期损益。具体来说，已确认保费收入的非寿险原保险合同提前解除的，保险人应当按照已经提取的相关未到期责任准备金金额，借记"未到期责任准备金"科目，贷记"提取未到期责任准备金"科目。已确认保费收入的寿险原保险合同提前解除的，保险人应当按照已经提取的寿险责任准备金、长期健康险责任准备金金额，借记"寿险责任准备金""长期健康险责任准备金"等科目，贷记"提取寿险责任准备金""提取长期健康险责任准备金"等科目。

[例10-39] 未到期责任准备金业务。

资料： 2×18年1月18日，丁有限责任公司由于生产经营困难，要求提前解除投保的财产保险合同。丙保险公司已为该财产保险合同提取未到期责任准备金10万元。假定不考虑相关税费。

要求： 根据上述资料，进行有关账务处理。

分析： 丙保险公司的账务处理如下：

借：未到期责任准备金 100 000

　　贷：提取未到期责任准备金 100 000

[例10-40] 长期健康险责任准备金业务。

资料： 2×18年3月12日，甲股份有限公司由于生产经营困难，要求提前解除投保的团体重大疾病保险合同。丙保险公司已为该团体重大疾病保险合同提取长期健康险责任准备金10万元。假定不考虑相关税费。

要求： 根据上述资料，进行有关账务处理。

分析： 丙保险公司的账务处理如下：

借：长期健康险责任准备金 100 000

　　贷：提取长期健康险责任准备金 100 000

[例10-41] 寿险责任准备金业务。

资料：2×18年2月4日，乙有限责任公司由于生产经营困难，要求提前解除投保的团体终身寿险保险合同。丁保险公司已为该团体终身寿险保险合同提取寿险责任准备金15万元。假定不考虑相关税费。

要求：根据上述资料，进行有关账务处理。

分析：丁保险公司的账务处理如下：

借：寿险责任准备金　150 000

　贷：提取寿险责任准备金　150 000

（四）原保险合同成本

原保险合同成本主要包括发生的手续费或佣金支出、赔付成本，以及提取的未决赔款准备金、寿险责任准备金、长期健康险责任准备金等。赔付成本包括保险人支付的赔款、给付，以及在理赔过程中发生的律师费、诉讼费、损失检验费、相关理赔人员薪酬等理赔费用。保险人与投保人在签订原保险合同过程中发生的支出，以及为承担赔付保险金责任而提取的相关准备金，构成原保险合同成本的主要内容。对于非寿险原保险合同而言，原保险合同成本主要包括手续费支出、提取未决赔款准备金；对于寿险原保险合同而言，原保险合同成本主要包括手续费支出、提取寿险责任准备金、提取长期健康险责任准备金。

1.手续费支出的会计处理

保险人在取得原保险合同过程中发生的手续费、佣金，应当在发生时计入当期损益。具体来说，保险人在取得原保险合同过程中发生的手续费、佣金，应当按照实际发生的金额，借记“手续费支出”科目，贷记“银行存款”“应付手续费”“应付佣金”等科目。

[例10-42] 支出手续金业务。

资料：2×18年1月1日，甲公司支付给某银行代理手续费2万元，以银行存款支付。

要求：根据上述资料，进行有关账务处理。

分析：甲公司的账务处理如下：

借：手续费支出　20 000

　贷：银行存款　20 000

[例10-43] 支付佣金业务。

资料：2×18年2月1日，乙公司向某专门推销寿险业务的个人代理人支付佣金5万元，以银行存款支付。

要求：根据上述资料，进行有关账务处理。

分析：乙公司的账务处理如下：

借：手续费支出　50 000

　贷：银行存款　50 000

2.提取保险合同准备金的会计处理

（1）提取未决赔款准备金

保险人按照保险精算部门确定提取的未决赔款准备金，计入当期损益。保险人应当在确定支付赔付款项金额的当期，按照确定支付的赔付款项金额，计入当期损益；同时，冲减相应的未决赔款准备金余额。保险人应当在实际发生理赔费用的当期，按照实际发生的理赔费用金额，计入当期损益，同时冲减相应的未决赔款准备金余额。在非寿险保险事故发生的当期，保险人为承担赔付保险金责任而提取的未决赔款准备金，属于原保险合同成本的组成部分，应当在提取时计入当期损益。在实际支付赔付款项的当期，首先，保险人应当冲减已提取的相关未决赔款准备金余额；其次，保险人应当按照实际支付的赔付款项金额，确认赔付成本，计入当期损益。对于未决赔款准备金中的理赔费用准备金所包括的相关理赔人员职工薪酬，保险人应当在实际分配相关理赔人员职工薪酬的当期，按照实际分配的相关理赔人员职工薪酬金额，冲减相应的未决赔款准备金，同时按照分配的相关理赔人员职工薪酬金额，确认赔付成本，计入当期损益。

具体来说，保险人在非寿险保险事故发生的当期，按照保险精算部门确定的未决赔款准备金金额，借记“提取未决赔款准备金”科目，贷记“未决赔款准备金”科目。保险人在实际支付赔付款项的当期，按照相关未决赔款准备金余额，借记“未决赔款准备金”科目，贷记“提取未决赔款准备金”科目，同时按照实际支付的赔付款项金额，借记“赔付成本”科目，贷记“库存现金”“银行存款”等科目。保险人在实际分配相关理赔人员职工薪酬的当期，按照实际分配的相关理赔人员职工薪酬金额，借记“未决赔款准备金”科目，贷记“提取未决赔款准备金”科目，同时按照实际分配的相关理赔人员职工薪酬金额，借记“赔付成本”科目，贷记“应付职工薪酬”科目。

[例10-44] 赔付成本业务。

资料：2×18年3月31日，甲公司保险精算部门计算确定的某财产保险合同未决赔款准备金金额为13万元，其中，已发生已报案未决赔款准备金为5万元，已发生未报案未决赔款准备金为3万元，理赔费用准备金为5万元。3月31日，甲公司分配相关理赔人员职工薪酬3万元。4月12日，甲公司以银行存款实际支付该财产保险合同赔付款项8万元。

要求：根据上述资料，进行有关账务处理。

分析：甲公司的账务处理如下：

①3月31日，提取未决赔款准备金13万元。

借：提取未决赔款准备金	130 000	
贷：未决赔款准备金		130 000

②3月31日，分配相关理赔人员职工薪酬3万元。

借：未决赔款准备金	30 000	
贷：提取未决赔款准备金		30 000
借：赔付成本	30 000	
贷：应付职工薪酬		30 000

③4月12日，实际支付赔付款项8万元。

借：未决赔款准备金	100 000	
贷：提取未决赔款准备金		100 000
借：赔付成本	80 000	
贷：银行存款		80 000

（2）提取寿险责任准备金、提取长期健康险责任准备金

保险人按照保险精算部门确定提取的寿险责任准备金、长期健康险责任准备金，计入当期损益。保险人应当在确定支付赔付款项金额的当期，按照确定支付的赔付款项金额，

计入当期损益，同时冲减相应的寿险责任准备金、长期健康险责任准备金余额。保险人应当在实际发生理赔费用的当期，按照实际发生的理赔费用金额，计入当期损益，同时冲减相应的寿险责任准备金、长期健康险责任准备金余额。在确认寿险保费收入的当期，保险人为承担赔付保险金责任而提取的寿险责任准备金、长期健康险责任准备金，属于原保险合同成本的组成部分，应当在提取时计入当期损益。在实际支付赔付款项的当期，首先，保险人应当冲减已提取的相关寿险责任准备金、长期健康险责任准备金余额；其次，保险人应当按照实际支付的赔付款项金额，确认赔付成本，计入当期损益。

具体来说，保险人在确认寿险保费收入的当期，按照保险精算部门确定的寿险责任准备金、长期健康险责任准备金金额，借记“提取寿险责任准备金”“提取长期健康险责任准备金”等科目，贷记“寿险责任准备金”“长期健康险责任准备金”等科目。保险人在实际支付赔付款项的当期，按照相关寿险责任准备金、长期健康险责任准备金余额，借记“寿险责任准备金”“长期健康险责任准备金”等科目，贷记“提取寿险责任准备金”“提取长期健康险责任准备金”等科目，同时按照实际支付的赔付款项金额，借记“赔付成本”科目，贷记“库存现金”“银行存款”等科目。

[例10-45] 赔付成本业务。

资料：2×18年3月30日，乙公司保险精算部门计算确定的某团体终身寿险保险合同寿险责任准备金金额为80万元，某重大疾病保险合同长期健康险责任准备金金额为70万元。4月12日，乙公司以银行存款实际支付该团体终身寿险保险合同赔付款项60万元，支付该重大疾病保险合同赔付款项55万元。假定不考虑其他相关因素。

要求：根据上述资料，进行有关账务处理。

分析：乙公司的账务处理如下：

①3月30日，提取寿险责任准备金80万元、长期健康险责任准备金70万元。

借：提取寿险责任准备金	800 000	
贷：寿险责任准备金		800 000
借：提取长期健康险责任准备金	700 000	
贷：长期健康险责任准备金		700 000

②4月12日，分别支付赔付款项60万元、55万元。

借：寿险责任准备金	800 000	
贷：提取寿险责任准备金		800 000
借：赔付成本	600 000	
贷：银行存款		600 000
借：长期健康险责任准备金	700 000	
贷：提取长期健康险责任准备金		700 000
借：赔付成本	550 000	
贷：银行存款		550 000

（3）补提未决赔款准备金、寿险责任准备金、长期健康险责任准备金

保险人按照充足性测试补提的未决赔款准备金、寿险责任准备金、长期健康险责任准备金，计入当期损益。保险人在会计期末进行充足性测试补提的未决赔款准备金、寿险责任准备金、长期健康险责任准备金，属于保险合同成本的组成部分，应当在补提时计入当

期损益。具体来说，保险人在会计期末对未决赔款准备金、寿险责任准备金、长期健康险责任准备金进行充足性测试时，应当按照补提的未决赔款准备金、寿险责任准备金、长期健康险责任准备金金额，借记"提取未决赔款准备金""提取寿险责任准备金""提取长期健康险责任准备金"等科目，贷记"未决赔款准备金""寿险责任准备金""长期健康险责任准备金"等科目。

［例10-46］未决赔款准备金业务。

资料： 2×18年4月30日，甲公司保险精算部门计算确定的某财产保险合同未决赔款准备金金额为25万元，已提取的相关未决赔款准备金金额为18万元。

要求： 根据上述资料，进行有关账务处理。

分析： 甲公司的账务处理如下：

借：提取未决赔款准备金　　70 000

　贷：未决赔款准备金　　70 000

［例10-47］寿险责任准备金业务。

资料： 2×18年3月31日，乙公司保险精算部门计算确定的某团体终身寿险保险合同寿险责任准备金金额为21万元，已提取的相关寿险责任准备金金额为15万元；某重大疾病保险合同长期健康险责任准备金金额为18万元，已提取的相关长期健康险责任准备金金额为13万元。

要求： 根据上述资料，进行有关账务处理。

分析： 乙公司的账务处理如下：

借：提取寿险责任准备金　　60 000

　贷：寿险责任准备金　　60 000

借：提取长期健康险责任准备金　　50 000

　贷：长期健康险责任准备金　　50 000

3.损余物资的会计处理

保险人承担赔偿保险金责任取得的损余物资，应当按照同类或类似资产的市场价格计算确定的金额确认为资产，并冲减当期赔付成本。处置损余物资时，保险人应当按照收到的金额与相关损余物资账面价值的差额，调整当期赔付成本。具体来说，保险人承担赔偿保险金责任取得的损余物资，应当在取得时按照损余物资的公允价值，借记"损余物资"科目，贷记"赔付成本"科目。保险人处置损余物资时，应当按照实际收到的处置款项，借记"库存现金""银行存款"等科目，按照已计提的相关损余物资减值准备，借记"存货跌价准备"科目，按照实际收到的处置款项与相关损余物资账面价值的差额，借记或贷记"赔付成本"科目，按照相关损余物资的账面余额，贷记"损余物资"科目。

［例10-48］损余物资业务。

资料： 2×18年2月1日，甲公司某财产保险合同保险标的小轿车发生保险事故，甲公司在承担赔偿保险金责任后取得小轿车残余物资，公允价值为1.5万元。2月18日，甲公司将小轿车残余物资按1.4万元出售，不考虑其他相关税费。

要求： 根据上述资料，进行有关账务处理。

分析： 甲公司的账务处理如下：

①2月1日取得损余物资。

借：损余物资 15 000

贷：赔付成本 15 000

②2月18日处置损余物资。

借：银行存款 14 000

赔付成本 1 000

贷：损余物资 15 000

4.代位追偿款的会计处理

保险人承担赔付保险金责任应收取的代位追偿款，同时满足下列条件的，应当确认为应收代位追偿款，并冲减当期赔付成本：（1）与该代位追偿款有关的经济利益很可能流入；（2）该代位追偿款的金额能够可靠地计量。收到应收代位追偿款时，保险人应当按照收到的金额与相关应收代位追偿款账面价值的差额，调整当期赔付成本。

应收代位追偿款，是指保险人承担赔偿保险金责任后，依法向第三者责任人索赔不属于其免责范围所造成的损失而应当取得的赔款。应收代位追偿款应当在满足相关经济利益很可能流入、金额能够可靠计量两个条件时，一方面确认应收代位追偿款，一方面冲减赔付成本。在实际收回有关款项时，保险人应当按照实际收回的款项高于相关应收代位追偿款账面价值的差额，冲减赔付成本；按照实际收回的款项低于相关应收代位追偿款账面价值的差额，增加赔付成本。具体来说，保险人承担赔偿保险金责任确认的代位追偿款，应当按照确认的代位追偿款金额，借记“应收代位追偿款”科目，贷记“赔付成本”科目。实际收到代位追偿款时，按照实际收到的代位追偿款金额，借记“库存现金”“银行存款”等科目，按照已计提的相关坏账准备，借记“坏账准备”科目，按照实际收到的代位追偿款金额与相关应收代位追偿款账面价值的差额，借记或贷记“赔付成本”科目，按照相关应收代位追偿款的账面余额，贷记“应收代位追偿款”科目。

[例10-49] 代位追偿业务。

资料：2×18年2月3日，甲公司某财产保险合同保险标的小轿车发生保险事故，甲公司在承担赔偿保险金责任后，取得向责任方追偿的权利，估计追偿金额为3万元。4月18日，甲公司从责任方收回追偿款2.5万元，款项已存入银行。假定甲公司尚未为该应收代位追偿款计提坏账准备，不考虑其他相关税费。

要求：根据上述资料，进行有关账务处理。

分析：甲公司的账务处理如下：

①2月3日，确认代位追偿款。

借：应收代位追偿款 30 000

贷：赔付成本 30 000

②4月18日，收回代位追偿款。

借：银行存款 25 000

赔付成本 5 000

贷：应收代位追偿款 30 000

三、再保险合同的确认与计量

（一）再保险分出人会计处理的不得抵销原则

根据《企业会计准则》的规定，再保险分出人不应当将再保险合同形成的资产与有关原保险合同形成的负债相互抵销。再保险分出人不应当将再保险合同形成的收入或费用与有关原保险合同形成的费用或收入相互抵销。根据《企业会计准则》的这一规定，再保险分出人不应当将再保险合同形成的应收分保账款、应收分保未到期责任准备金、应收分保未决赔款准备金、应收分保寿险责任准备金、应收分保长期健康险责任准备金与原保险合同形成的未到期责任准备金、未决赔款准备金、寿险责任准备金、长期健康险责任准备金相互抵销；不应当将再保险合同形成的摊回未决赔款准备金、摊回寿险责任准备金、摊回长期健康险责任准备金与原保险合同形成的提取未决赔款准备金、提取寿险责任准备金、提取长期健康险责任准备金相互抵销；不应当将再保险合同形成的分出保费与原保险合同形成的保费收入相互抵销。

（二）再保险分出人的会计处理

1.分出保费的会计处理

再保险分出人应当在确认原保险合同保费收入的当期，按照相关再保险合同的约定，计算确定分出保费，计入当期损益。再保险分出人应当在原保险合同提前解除的当期，按照相关再保险合同的约定，计算确定分出保费的调整金额，计入当期损益。具体来说，在确认原保险合同保费收入的当期，再保险分出人按相关再保险合同约定计算确定的分出保费金额，借记“分出保费”科目，贷记“应付分保账款”科目。在原保险合同提前解除的当期，按相关再保险合同约定计算确定的分出保费的调整金额，借记“应付分保账款”科目，贷记“分出保费”科目。

[例10-50] 分出保费业务。

资料： 2×18年1月1日，甲保险公司向乙再保险公司分出一笔业务，分出保费金额为20万元。

要求： 根据上述资料，进行有关账务处理。

分析： 甲保险公司的账务处理如下：

借：分出保费	200 000	
贷：应付分保账款		200 000

[例10-51] 分出保费业务。

资料： 2×18年3月3日，甲保险公司向丙再保险公司分出的一笔业务，原保险合同取消。甲保险公司相应取消原有的分出保费5万元。

要求： 根据上述资料，进行有关账务处理。

分析： 甲保险公司的账务处理如下：

借：应付分保账款	50 000	
贷：分出保费		50 000

2.应收分保未到期责任准备金的会计处理

（1）确认应收分保未到期责任准备金的会计处理

再保险分出人在确认非寿险原保险合同收入的当期，应当按照相关再保险合同的约定，计算确认相关的应收分保未到期责任准备金资产，并冲减提取未到期责任准备金。具体来说，再保险分出人在确认非寿险原保险合同保费收入的当期，按相关再保险合同约定计算确定的相关应收分保未到期责任准备金金额，借记“应收分保未到期责任准备金”科目，贷记“提取未到期责任准备金”科目。

［**例10-52**］确认应收分保未到期责任准备金业务。

资料：甲保险公司在确认非寿险原保险合同保费收入时，计算得出应确认的应收未到期责任准备金金额为2万元。

要求：根据上述资料，进行有关账务处理。

分析：甲保险公司的账务处理如下：

借：应收分保未到期责任准备金	20 000	
贷：提取未到期责任准备金		20 000

（2）调整应收分保未到期责任准备金的会计处理

再保险分出人应当在资产负债表日调整原保险合同未到期责任准备金余额时，相应调整应收分保未到期责任准备金余额。具体来说，在资产负债表日调整原保险合同未到期责任准备金余额时，再保险分出人按相关再保险合同约定计算确定的应收分保未到期责任准备金的调整金额，借记或贷记“提取未到期责任准备金”科目，贷记或借记“应收分保未到期责任准备金”科目。

［**例10-53**］确认应收分保未到期责任准备金业务。

资料：2×18年3月30日，甲保险公司调整增加应收分保未到期责任准备金金额为5万元。

要求：根据上述资料，进行有关账务处理。

分析：甲保险公司的账务处理如下：

借：应收分保未到期责任准备金	50 000	
贷：提取未到期责任准备金		50 000

（3）转销应收分保未到期责任准备金的会计处理

再保险分出人应当在原保险合同提前解除的当期，在原保险合同提前解除而转销相关未到期责任准备金余额的当期：借记“提取未到期责任准备金”科目，贷记“应收分保未到期责任准备金”科目。

［**例10-54**］转销应收分保未到期责任准备金业务。

资料：2×18年4月2日，甲保险公司非寿险原保险合同提前解除，与此相关的应收分保未到期责任准备金金额为5万元。

要求：根据上述资料，进行有关账务处理。

分析：甲保险公司的账务处理如下：

借：提取未到期责任准备金	50 000	
贷：应收分保未到期责任准备金		50 000

3.摊回分保费用的会计处理

（1）确认摊回分保费用的会计处理

再保险分出人应当在确认原保险合同保费收入的当期，按照相关再保险合同的约定，计算确定应向再保险接受人摊回的分保费用，计入当期损益。具体来说，再保险分出人在确认原保险合同保费收入的当期，按相关再保险合同约定计算确定的应向再保险接受人摊回的分保费用，借记“应收分保账款”科目，贷记“摊回分保费用”科目。

［例10-55］确认摊回分保费用业务。

资料：2×18年5月2日，乙保险公司计算确定的应向再保险接受人摊回的分保费用金额为8万元。

要求：根据上述资料，进行有关账务处理。

分析：乙保险公司的账务处理如下：

借：应收分保账款　　80 000

　贷：摊回分保费用　　80 000

（2）转销摊回分保费用的会计处理

再保险分出人应当在原保险合同提前解除的当期，按照相关再保险合同的约定，计算确定摊回分保费用的调整金额，计入当期损益。具体来说，再保险分出人在原保险合同提前解除的当期，按相关再保险合同约定计算确定的摊回分保费用的调整金额，借记“摊回分保费用”科目，贷记“应收分保账款”科目。

［例10-56］转销摊回分保费用业务。

资料：2×18年3月5日，乙保险公司原保险合同提前解除，计算确定的摊回分保费用的调整金额为3万元。

要求：根据上述资料，进行有关账务处理。

分析：乙保险公司的账务处理如下：

借：摊回分保费用　　30 000

　贷：应收分保账款　　30 000

4.应收分保准备金资产的会计处理

（1）确认应收分保准备金资产的会计处理

再保险分出人应当在提取原保险合同未决赔款准备金、寿险责任准备金、长期健康险责任准备金的当期，按照相关再保险合同的约定，计算确定应向再保险接受人摊回的相应准备金，确认为相应的应收分保准备金资产。具体来说，再保险分出人在提取原保险合同未决赔款准备金、寿险责任准备金、长期健康险责任准备金的当期，按照相关再保险合同约定计算确定的应向再保险接受人摊回的未决赔款准备金、寿险责任准备金、长期健康险责任准备金金额，借记“应收分保未决赔款准备金”“应收分保寿险责任准备金”“应收分保长期健康险责任准备金”等科目，贷记“摊回未决赔款准备金”“摊回寿险责任准备金”“摊回长期健康险责任准备金”等科目。

［例10-57］确认应收分保准备金资产业务。

资料：2×18年3月31日，甲保险公司在提取原保险合同未决赔款准备金、寿险责任准备金、长期健康险责任准备金时，根据相关再保险合同约定计算确定的应向再保险接受人摊回的未决赔款准备金、寿险责任准备金、长期健康险责任准备金金额分别为2万元、4万元、6万元。

要求：根据上述资料，进行有关账务处理。

分析：甲保险公司的账务处理如下：

借：应收分保未决赔款准备金　　20 000

贷：摊回未决赔款准备金 20 000

借：应收分保寿险责任准备金 40 000

贷：摊回寿险责任准备金 40 000

借：应收分保长期健康险责任准备金 60 000

贷：摊回长期健康险责任准备金 60 000

需要注意的是，再保险分出人在对原保险合同准备金进行充足性测试补提未决赔款准备金、寿险责任准备金、长期健康险责任准备金时，按照相关再保险合同约定计算确定的应向再保险接受人摊回补提的未决赔款准备金、寿险责任准备金、长期健康险责任准备金金额，借记“应收分保未决赔款准备金”“应收分保寿险责任准备金”“应收分保长期健康险责任准备金”等科目，贷记“摊回未决赔款准备金”“摊回寿险责任准备金”“摊回长期健康险责任准备金”科目。

（2）冲减应收分保准备金的会计处理

再保险分出人应当在确定支付赔付款项金额或实际发生理赔费用而冲减原保险合同相应准备金余额的当期，冲减相应的应收分保准备金余额；同时，按照相关再保险合同的约定，计算确定应向再保险接受人摊回的赔付成本，计入当期损益。具体来说，再保险分出人在确定支付赔付款项金额或实际发生理赔费用而冲减原保险合同相应未决赔款准备金、寿险责任准备金、长期健康险责任准备金余额的当期，按照相关应收分保未决赔款准备金、应收分保寿险责任准备金、应收分保长期健康险责任准备金的相应冲减金额，借记“摊回未决赔款准备金”“摊回寿险责任准备金”“摊回长期健康险责任准备金”等科目，贷记“应收分保未决赔款准备金”“应收分保寿险责任准备金”“应收分保长期健康险责任准备金”等科目。再保险分出人按照计算确定的应向再保险接受人摊回的赔付成本金额，借记“应收分保账款”科目，贷记“摊回赔付成本”科目。

[例10-58] 冲减应收分保准备金。

资料：2×18年2月4日，甲保险公司向被保险人支付赔付款项20万元，按照相关再保险合同计算确定的相应应收分保未决赔款准备金、应收分保寿险责任准备金、应收分保长期健康险责任准备金金额分别为2万元、3万元、4万元，摊回的赔付成本金额为11万元。

要求：根据上述资料，进行有关账务处理。

分析：甲保险公司的账务处理如下：

借：摊回未决赔款准备金 20 000

贷：应收分保未决赔款准备金 20 000

借：摊回寿险责任准备金 30 000

贷：应收分保寿险责任准备金 30 000

借：摊回长期健康险责任准备金 40 000

贷：应收分保长期健康险责任准备金 40 000

借：应收分保账款 110 000

贷：摊回赔付成本 110 000

再保险分出人应当在原保险合同提前解除的当期，按照相关再保险合同的约定，转销相关应收分保准备金余额。具体来说，再保险分出人在原保险合同提前解除而转销相关未决赔款准备金、寿险责任准备金、长期健康险责任准备金余额的当期，按照相关应收分保未决赔款准备金、应收分保寿险责任准备金、应收分保长期健康险责任准备金余额，借记“摊回未决赔款准备金”“摊回寿险责任准备金”“摊回长期健康险责任准备金”科目，贷记“应收分保未决赔款准备金”“应收分保寿险责任准备金”“应收分保长期健康险责任准备金”等科目。

［例 10-59］冲减应收分保准备金。

资料：2×18 年 3 月 13 日，甲保险公司原保险合同提前解除，因此应转销的应收分保未决赔款准备金、应收分保寿险责任准备金、应收分保长期健康险责任准备金金额分别为 2 万元、1 万元、3 万元。

要求：根据上述资料，进行有关账务处理。

分析：甲保险公司的账务处理如下：

借：摊回未决赔款准备金	20 000	
贷：应收分保未决赔款准备金		20 000
借：摊回寿险责任准备金	10 000	
贷：应收分保寿险责任准备金		10 000
借：摊回长期健康险责任准备金	30 000	
贷：应收分保长期健康险责任准备金		30 000

再保险分出人应当在因取得和处置损余物资、确认和收到应收代位追偿款等而调整原保险合同赔付成本的当期，按照相关再保险合同的约定，计算确定摊回赔付成本的调整金额，计入当期损益。具体来说，在因取得和处置损余物资、确认和收到应收代位追偿款等而调整原保险合同赔付成本的当期，按相关再保险合同约定计算确定的摊回赔付成本的调整金额，借记或贷记“摊回赔付成本”科目，贷记或借记“应收分保账款”科目。

［例 10-60］摊回赔付成本。

资料：2×18 年 3 月 12 日，甲保险公司处置损余物资，按照相关再保险合同约定计算确定的摊回赔付成本的调整增加金额为 10 万元。

要求：根据上述资料，进行有关账务处理。

分析：甲保险公司的账务处理如下：

借：应收分保账款	100 000	
贷：摊回赔付成本		100 000

5.存入分保保证金的会计处理

存入分保保证金是指保险人按照合同约定存入的保证金。再保险分出人应当在发出分保业务账单时，将账单标明的扣存本期分保保证金确认为存入分保保证金；同时，按照账单标明的返还上期扣存分保保证金转销相关存入分保保证金。再保险分出人应当根据相关再保险合同的约定，按期计算存入分保保证金利息，计入当期损益。具体来说，再保险分出人发出分保业务账单时，按照账单标明的扣存本期分保保证金金额，借记“应付分保账款”科目，贷记“存入保证金”科目；按照账单标明的返还上期扣存分保保证金金额，借记“存入保证金”科目，贷记“应付分保账款”科目。再保险分出人按期计算存入分保保证金利息时，按照相关再保险合同约定计算确定的存入分保保证金利息金额，借记“利息支出”科目，贷记“应付分保账款”科目。

6.纯益手续费的会计处理

纯益手续费，又称盈余手续费，是指分保接受人同意在其取得的利润基础上付给分保分出人一定比例的报酬。对于当年结清合同的纯益手续费，在年底合同结束后编制；对于当年不能结清合同的纯益手续费，一般在第2年编制，以后每年年底调整一次。

再保险分出人应当根据相关再保险合同的约定，在能够计算确定应向再保险接受人收取的纯益手续费时，将该项纯益手续费作为摊回分保费用，计入当期损益。具体来说，再保险分出人在能够计算确定应向再保险接受人收取纯益手续费时，按相关再保险合同约定计算确定的纯益手续费，借记“应收分保账款”科目，贷记“摊回分保费用”科目。

［例10-61］确认收益手续费。

资料：2×18年3月31日，甲保险公司根据相关再保险合同计算确定的纯益手续费金额为2万元。

要求：根据上述资料，进行有关账务处理。

分析：甲保险公司的账务处理如下：

借：应收分保账款	20 000	
贷：摊回分保费用		20 000

7.非比例再保险合同分出保费的会计处理

对于超额赔款再保险等非比例再保险合同，再保险分出人应当根据再保险合同的约定，计算确定分出保费，计入当期损益。再保险分出人调整分出保费时，应当将调整金额计入当期损益。具体来说，对于超额赔款再保险等非比例再保险合同，按相关再保险合同约定计算确定的分出保费金额，借记“分出保费”科目，贷记“应付分保账款”科目。调整分出保费时，借记或贷记“分出保费”科目，贷记或借记“应付分保账款”科目。

（三）再保险接受人的会计处理

1.分保费收入的会计处理

分保费收入同时满足下列条件的，才能予以确认：（1）再保险合同成立并承担相应保险责任；（2）与再保险合同相关的经济利益很可能流入；（3）与再保险合同相关的收入能够可靠地计量。再保险接受人应当根据相关再保险合同的约定，计算确定分保费收入金额。具体来说，再保险接受人确认分保费收入时，借记“应收分保账款”科目，贷记“分保费收入”科目。

［例10-62］分保费收入。

资料：2×18年11月30日，乙保险公司与其他保险公司签订火灾险分入再保险合同，乙保险公司接受分保额为保费4万元的总保额的20%。

要求：根据上述资料，进行有关账务处理。

分析：乙保险公司的账务处理如下：

借：应收分保账款	8 000	
贷：分保费收入		8 000

再保险接受人应当在收到分保业务账单时，按照账单标明的金额对相关分保费收入、分保费用进行调整，调整金额计入当期损益。具体来说，再保险接受人收到分保业务账单时，按账单上标明的金额对分保费收入进行调整，按调整增加额，借记“应收分保账款”科目，贷记“分保费收入”科目；按调整减少额，借记“分保费收入”科目，贷记“应收

分保账款”科目。

［例10-63］分保费收入。

资料： 2×18年12月31日，乙保险公司收到其他保险公司发出的分保业务账单，根据分保业务账单，乙保险公司应调整增加分保费收入金额为1万元。

要求： 根据上述资料，进行有关账务处理。

分析： 乙保险公司的账务处理如下：

借：应收分保账款 10 000

　贷：分保费收入 10 000

2.分保费用的会计处理

分保费用是指分保接受人在承担分保业务过程中，应由分保接受人承担的手续费、税款及其他费用。再保险接受人应当在确认分保费收入的当期，根据相关再保险合同的约定，计算确定分保费用，计入当期损益。具体来说，再保险接受人在确认分保费收入的当期，按相关再保险合同约定计算确定的分保费用金额，借记“分保费用”科目，贷记“应付分保账款”科目。

［例10-64］分保费用。

资料： 2×18年11月30日，乙保险公司根据相关再保险合同规定计算确定的分保费用金额为60万元。

要求： 根据上述资料，进行有关账务处理。

分析： 乙保险公司的账务处理如下：

借：分保费用 600 000

　贷：应付分保账款 600 000

再保险接受人应当在收到分保业务账单时，按照账单标明的金额对相关分保费收入、分保费用进行调整，调整金额计入当期损益。具体来说，再保险接受人收到分保业务账单时，按账单标明的金额对分保费用进行调整，借记或贷记“分保费用”科目，贷记或借记“应付分保账款”科目。

［例10-65］分保费用。

资料： 2×18年10月31日，乙保险公司收到分保业务账单，分保业务账单列明的分保费用比原确认的分保费用少2万元。

要求： 根据上述资料，进行有关账务处理。

分析： 乙保险公司的账务处理如下：

借：应付分保账款 20 000

　贷：分保费用 20 000

再保险接受人应当根据相关再保险合同的约定，在能够计算确定应向再保险分出人支付的纯益手续费时，将该项纯益手续费作为分保费用，计入当期损益。具体来说，再保险接受人在能够计算确定应向再保险分出人支付的纯益手续费时，按相关再保险合同约定计算确定的纯益手续费，借记“分保费用”科目，贷记“应付分保账款”科目。

［例10-66］应付的纯益手续费。

资料： 2×18年12月31日，乙保险公司根据相关再保险合同计算确定的纯益手续费金额为5万元。

要求：根据上述资料，进行有关账务处理。

分析：乙保险公司的账务处理如下：

借：分保费用　50 000

　贷：应付分保账款　50 000

3.分保保险合同准备金的会计处理

分保接受人应当在确认非寿险保费收入的当期，按照保险精算确定的未到期责任准备金金额，借记“提取未到期责任准备金”科目，贷记“未到期责任准备金”科目。在会计期末，分保接受人应当按照保险精算重新计算确定的未到期责任准备金金额低于已提取的未到期责任准备金余额的差额，借记“未到期责任准备金”科目，贷记“提取未到期责任准备金”科目。分保接受人应当在非寿险保险事故发生的当期，按照保险精算确定的未决赔款准备金金额，借记“提取未决赔款准备金”科目，贷记“未决赔款准备金”科目。分保接受人应当在确认寿险保费收入的当期，按照保险精算确定的寿险责任准备金、长期健康险责任准备金金额，借记“提取寿险责任准备金”“提取长期健康险责任准备金”等科目，贷记“寿险责任准备金”“长期健康险责任准备金”等科目。

[例10-67] 提取分保合同寿险责任准备金。

资料：2×18年5月31日，乙再保险公司保险精算部门计算确定的某团体终身寿险保险合同寿险责任准备金金额为10万元，某重大疾病保险合同长期健康险责任准备金金额为15万元。

要求：根据上述资料，进行有关账务处理。

分析：乙再保险公司的账务处理如下：

借：提取寿险责任准备金　100 000

　贷：寿险责任准备金　100 000

借：提取长期健康险责任准备金　150 000

　贷：长期健康险责任准备金　150 000

分保接受人在会计期末对未决赔款准备金、寿险责任准备金、长期健康险责任准备金进行充足性测试时，应当按照补提的未决赔款准备金、寿险责任准备金、长期健康险责任准备金金额，借记“提取未决赔款准备金”“提取寿险责任准备金”“提取长期健康险责任准备金”等科目，贷记“未决赔款准备金”“寿险责任准备金”“长期健康险责任准备金”等科目。

[例10-68] 提取分保合同未决赔款准备金。

资料：2×18年3月31日，甲再保险公司保险精算部门计算确定的某财产保险合同未决赔款准备金金额为18万元，已提取的相关未决赔款准备金金额为10万元。

要求：根据上述资料，进行有关账务处理。

分析：甲再保险公司的账务处理如下：

借：提取未决赔款准备金　80 000

　贷：未决赔款准备金　80 000

4.分保赔付成本的会计处理

再保险接受人应当在收到分保业务账单的当期，按照账单标明的分保赔付款项金额，作为分保赔付成本，计入当期损益；同时，冲减相应的分保准备金余额。具体来说，收到分保业务账单的当期，按分保业务账单标明的分保赔付款项金额，借记“赔付成本”科目，贷记“应付分保账款”科目。按相应的分保保险合同准备金金额，借记“未决赔款准备金”“寿险责任准备金”“长期健康险责任准备金”等科目，贷记“提取未决赔款准备金”“提取寿险责任准备金”“提取长期健康险责任准备金”等科目。

［例10-69］分保赔付成本的确认。

资料：2×18年1月31日，甲再保险公司收到乙保险公司的分保业务账单，分保业务账单标明的非寿险保险合同分保赔付款项金额为2万元，相应的分保保险合同准备金为1万元。

要求：根据上述资料，进行有关账务处理。

分析：甲再保险公司的账务处理如下：

借：赔付成本	20 000	
贷：应付分保账款		20 000
借：未决赔款准备金	10 000	
贷：提取未决赔款准备金		10 000

5.存出分保保证金的会计处理

再保险接受人应当在收到分保业务账单时，将账单标明的扣存本期分保保证金确认为存出分保保证金；同时，按照账单标明的返还上期扣存分保保证金转销相关存出分保保证金。具体来说，再保险接受人收到分保业务账单时，按账单标明的再保险分出人扣存本期分保保证金，借记“存出保证金”科目，贷记“应收分保账款”科目；按账单标明的再保险分出人返还上期扣存分保保证金，借记“应收分保账款”科目，贷记“存出保证金”科目。

［例10-70］存的分保保证金。

资料：2×18年3月3日，甲再保险公司收到分保业务账单，分保业务账单中标明的乙保险公司扣存的本期分保保证金金额为2万元，返还上期扣存的分保保证金金额为1万元。

要求：根据上述资料，进行有关账务处理。

分析：甲再保险公司的账务处理如下：

借：存出保证金	20 000	
贷：应收分保账款		20 000
借：应收分保账款	10 000	
贷：存出保证金		10 000

再保险接受人应当根据相关再保险合同的约定，按期计算存出分保保证金利息，计入当期损益。具体来说，再保险接受人按期计算存出分保保证金利息时，借记“应收分保账款”科目，贷记“利息收入”科目。

［例10-71］存出分保保证金利息收入业务。

资料：甲再保险公司计算存出分保保证金利息收入金额为5万元。

要求：根据上述资料，进行有关账务处理。

分析：甲再保险公司的账务处理如下：

借：应收分保账款	50 000	
贷：利息收入		50 000

四、列报与披露

（一）原保险合同列报与披露

1.资产负债表中列报的信息

保险人应当在资产负债表中单独列示与原保险合同有关的下列项目：

（1）未到期责任准备金，也就是说，保险人应当在资产负债表中单独列示为非寿险原保险合同提取的未到期责任准备金的余额。

（2）未决赔款准备金，也就是说，保险人应当在资产负债表中单独列示为非寿险保险事故提取的未决赔款准备金的余额。

（3）寿险责任准备金，也就是说，保险人应当在资产负债表中单独列示为寿险原保险合同提取的寿险责任准备金的余额。

（4）长期健康险责任准备金，也就是说，保险人应当在资产负债表中单独列示为寿险原保险合同提取的长期健康险责任准备金的余额。

2.利润表中列报的信息

保险人应当在利润表中单独列示与原保险合同有关的下列项目：

（1）保费收入，也就是说，保险人应当在利润表中单独列示确认的原保险合同保费收入金额，应当根据“保费收入”科目的发生额分析填列。

（2）退保费，也就是说，保险人应当在利润表中单独列示因投保人退保而退还的保险费，应当根据“退保费”科目的发生额分析填列。

（3）提取未到期责任准备金，也就是说，保险人应当在利润表中单独列示为非寿险原保险合同提取的未到期责任准备金金额，应当根据“提取未到期责任准备金”科目的发生额分析填列。

（4）已赚保费，也就是说，保险人应当在利润表中单独列示实现的已赚保费，金额等于保费收入加上分保费收入，减去分出保费、提取未到期责任准备金和退保费后的余额。

（5）手续费支出，也就是说，保险人应当在利润表中单独列示为取得原保险合同而发生的手续费支出和佣金支出，应当根据“手续费支出”科目的发生额分析填列。

（6）赔付成本，也就是说，保险人应当在利润表中单独列示实际支出的赔付款项，包括为非寿险原保险合同支付的赔款，以及为寿险原保险合同支付的满期给付、生存给付、年金给付等，应当根据“赔付成本”科目的发生额分析填列。

（7）提取未决赔款准备金，也就是说，保险人应当在利润表中单独列示为非寿险保险事故提取的未决赔款准备金，应当根据“提取未决赔款准备金”科目的发生额分析填列。

（8）提取寿险责任准备金，也就是说，保险人应当在利润表中单独列示为寿险原保险合同提取的寿险责任准备金，应当根据“提取寿险责任准备金”科目的发生额分析填列。

（9）提取长期健康险责任准备金，也就是说，保险人应当在利润表中单独列示为寿险原保险合同提取的长期健康险责任准备金，应当根据“提取长期健康险责任准备金”科目的发生额分析填列。

3.附注中披露的信息

保险人应当在附注中披露与原保险合同有关的下列信息：

（1）代位追偿款的有关情况，也就是说，保险人应当在附注中披露未确认代位追偿款产生的原因，未确认的理由、金额以及对有关事实的描述。

（2）损余物资的有关情况，也就是说，保险人应当在附注中披露损余物资的种类、金额、入账价值的确定方法，以及损余物资形成的原因。

（3）各项准备金的增减变动情况，也就是说，保险人应当在附注中披露未到期责任准备金、未决赔款准备金、寿险责任准备金、长期健康险责任准备金的期初金额、本期增加数、本期减少数和期末余额。

（4）提取各项准备金及进行准备金充足性测试的主要精算假设和方法，也就是说，保险人应当在附注中披露提取未到期责任准备金、未决赔款准备金、寿险责任准备金、长期健康险责任准备金的主要精算假设和方法，以及进行未决赔款准备金、寿险责任准备金、长期健康险责任准备金充足性测试的主要精算假设和方法。

（二）再保险合同列报与披露

1.资产负债表中列示的信息

根据《企业会计准则》的规定，保险人应当在资产负债表中单独列示与再保险合同有关的下列项目：

（1）应收分保账款，也就是说，保险人应当在资产负债表中单独列示应收再保险分出人或再保险接受人账款的金额，应当根据“应收分保账款”科目的期末余额，减去“坏账准备”科目所属明细科目期末余额后的金额填列。

（2）应收分保未到期责任准备金，也就是说，再保险分出人应当在资产负债表中单独列示摊回的未到期责任准备金金额，应当根据“应收分保未到期责任准备金”科目的期末余额，减去“坏账准备”科目所属明细科目期末余额后的金额填列。

（3）应收分保未决赔款准备金，也就是说，再保险分出人应当在资产负债表中单独列示摊回的未决赔款准备金金额，应当根据“应收分保未决赔款准备金”科目的期末余额，减去“坏账准备”科目所属明细科目期末余额后的金额填列。

（4）应收分保寿险责任准备金，也就是说，再保险分出人应当在资产负债表中单独列示摊回的寿险责任准备金金额，应当根据“应收分保寿险责任准备金”科目的期末余额，减去“坏账准备”科目所属明细科目期末余额后的金额填列。

（5）应收分保长期健康险责任准备金，也就是说，再保险分出人应当在资产负债表中单独列示摊回的长期健康险责任准备金金额，应当根据“应收分保长期健康险责任准备金”科目的期末余额，减去“坏账准备”科目所属明细科目期末余额后的金额填列。

（6）应付分保账款，也就是说，保险人应当在资产负债表中单独列示应付再保险接受人或再保险分出人账款的金额，应当根据“应付分保账款”科目的期末余额填列。

2.利润表中列示的信息

根据《企业会计准则》的规定，保险人的下列项目应当在利润表中单独列示：

（1）分保费收入，也就是说，再保险接受人应当在利润表中单独列示确认的分保费收入，应当根据“分保费收入”科目的发生额分析填列。

（2）分出保费，也就是说，再保险接受人应当在利润表中单独列示确认的分出保费，应当根据“分出保费”科目的发生额分析填列。

（3）摊回分保费用，也就是说，再保险分出人应当在利润表中单独列示摊回的费用，应当根据“摊回分保费用”科目的发生额分析填列。

（4）分保费用，也就是说，再保险接受人应当在利润表中单独列示确认的分保费用，应当根据“分保费用”科目的发生额分析填列。

（5）摊回赔付成本，也就是说，再保险分出人应当在利润表中单独列示摊回的赔付成本，应当根据“摊回赔付成本”科目的发生额分析填列。

（6）分保赔付成本，也就是说，再保险接受人应当在利润表中单独列示确认的分保赔付成本，应当根据“分保赔付成本”科目的发生额分析填列。

（7）摊回未决赔款准备金，也就是说，再保险分出人应当在利润表中单独列示摊回的未决赔款准备金，应当根据“摊回未决赔款准备金”科目的发生额分析填列。

（8）摊回寿险责任准备金，也就是说，再保险分出人应当在利润表中单独列示摊回的寿险责任准备金，应当根据“摊回寿险责任准备金”科目的发生额分析填列。

（9）摊回长期健康险责任准备金，也就是说，再保险分出人应当在利润表中单独列示摊回的长期健康险责任准备金，应当根据“摊回长期健康险责任准备金”科目的发生额分析填列。

3.附注中披露的信息

根据《企业会计准则》的规定，保险人应当在附注中披露与再保险合同有关的下列信息：

（1）分入业务各项分保准备金的增减变动情况，也就是说，再保险接受人应当在附注中披露分保未到期责任准备金、分保未决赔款准备金、分保寿险责任准备金、分保长期健康险责任准备金的期初余额、本期增加额、本期减少额、期末余额。

（2）分入业务提取各项分保准备金及进行分保准备金充足性测试的主要精算假设和方法，也就是说，再保险接受人应当在附注中披露提取分保未到期责任准备金、分保未决赔款准备金、分保寿险责任准备金、分保长期健康险责任准备金的主要精算假设和方法，以及进行分保未决赔款准备金、分保寿险责任准备金、分保长期健康险责任准备金充足性测试的主要精算假设和方法。

复习思考题

1.什么是企业消耗性生物资产？

2.什么是企业生产性生物资产？

3.什么是企业公益性生物资产？

4.生物资产的确认条件包括哪些？

5.生物资产的可变现净值或可收回金额为零时的情形包括哪些？

6.生物资产会计科目主要涉及哪些？如何进行会计核算？

7.生物资产的后续计量模式包括哪些？有何区别？

8.生物资产的处置出售的会计处理原则？

9.生物资产盘盈、盘亏、毁损的会计处理方法？

10.生物资产的披露应当考虑哪些方面的问题？

11.石油天然气生产活动分为几个阶段？每个阶段都会发生哪些支出？

12.什么是油气资产？油气资产的组成内容包括什么？

13.对矿区权益和井及相关设施应如何确定其价值？

14.弃置义务是指什么？如何进行确认与计量？
15.如何对油气资产进行折耗？
16.对不同油气资产，如何计提减值？
17.保险公司会计核算有哪些特点？
18.财产保险的会计核算有哪些特点？
19.人身保险的会计核算有哪些特点？
20.人身保险业务准备金的内容是什么？
21.分保账单的有什么内容和作用？
22.分入业务和分出业务的核算方法是什么？